培文·历史　斯塔夫里阿诺斯全球史系列

GLOBAL
RIFT 全球分裂

［下册］　第三世界的历史进程

The Third World Comes of Age

〔美〕斯塔夫里阿诺斯 / 著　　　王红生 等 / 译
L. S. Stavrianos

北京大学出版社
PEKING UNIVERSITY PRESS

下册 目录

第四编　第三世界争取独立的斗争：20世纪

第十九章　防御性垄断资本主义、革命与新殖民主义的时代 …… 369

一、第三次工业革命和西方防御性垄断资本主义 / 370

二、颠倒的马克思主义 / 373

三、第三世界中的跨国公司 / 375

四、第三世界的革命运动 / 383

五、第一世界的反革命战略 / 387

第二十章　第一波全球性革命浪潮（1914—1939）：发韧于1917年俄国革命 …… 415

一、革命在俄国 / 417

二、"一国建设社会主义" / 421

三、"资产阶级和沙皇乱七八糟的东西" / 428

四、"五年计划" / 431

五、苏联革命与第三世界 / 436

第二十一章　第一波全球性革命浪潮（1914—1939）：革命在全球范围的展现 …… 441

一、第三世界的政治动力 / 443

二、共产国际与中国革命 / 448

三、甘地防止印度激进化 / 453

四、中东委任统治地 / 457

五、巴勒斯坦大三角 / 465

六、热带非洲 / 479

七、南非的特例 / 491

八、拉丁美洲的新殖民主义 / 495

第二十二章　第二波全球性革命浪潮（1939—）：1949 年中国革命的发端 507

一、中国革命 / 509

二、"延安道路"还是苏联道路？ / 519

三、十年动荡 / 523

四、后毛泽东时代 / 528

五、中国革命与第三世界 / 533

第二十三章　第二波全球性革命浪潮（1939—）：全球性革命现象 537

一、第三世界政治的动力 / 538

二、民族主义政权 / 543

三、社会革命政权 / 608

四、白人移民政权 / 647

第二十四章　共同的认识 691

一、天下大乱 / 692

二、全球性对抗 / 693

三、"是让步，还是进行结构变革" / 696

四、共同的认识 / 703

参考文献 715

[第四编]

第三世界
争取独立的斗争：20世纪

当这些发现成真时，在那一特殊时刻，实力的天平突然完全倒向了欧洲人一方，从此他们肆无忌惮地把一切非正义行为都施加在了那些偏远国家。而之后，也许当地土著居民变得越来越强大，世界不同地区的人们都有了实力，变得勇敢起来，彼此之间有了惧意，仅仅这一点就可以威慑那些独立国家，迫使它们改变先前的非正义行为，从而在某种程度上尊重彼此之间的权利。

美洲及东印度航路被发现时，欧洲人的优越势力使他们能为所欲为，在此等辽远的地方作出各种不合正义的事体。今后，此等地方的土人也许会日渐强盛，欧洲人也许会日趋衰落，使世界各地居民有同等的勇气和实力。只有这样，才能引起相互的恐惧，从而压倒一切独立国的专横，使它们能相互尊重彼此的权利。

——亚当·斯密:《国富论》(1776)

许多评论人士都忽视了这一点：我们正在经历着并非微小的变化，而是与500年历史的彻底决裂，是一次大的精神创伤。

——波尔图大主教戈麦斯·费雷拉
(Gomes Fereira，1975)

印度历史学家兼外交官潘尼迦曾把达·伽马1498年到达卡利卡特之后的几个世纪称为世界历史上的"达·伽马时代"。正如潘尼迦所说,这一时代的标志特征是"西方海洋势力支配广袤的亚洲大陆"[1],或许更确切地说,是支配整个非西方世界。差不多在达·伽马的探险之行五个世纪后,同样是一位葡萄牙人:波尔图大主教费雷拉已经意识到,葡萄牙的非洲帝国及其内部独裁统治处于风雨飘摇之时,"达·伽马"时代已经结束了,这样说并不失公允。不但西方国家对其海外大陆的控制遭到粉碎,而且葡萄牙殖民地的革命还引发了葡萄牙自身的革命,结束了全欧洲最古老的独裁政权。

19世纪第三世界的显著特征是其范围在全球扩展。非西方世界中只有先前白人定居的英国自治领、美国和日本帝国免受剥削和奴役的境地,实现了工业化,从而保持了政治和经济上的独立。而20世纪第三世界的显著特征却是其逐步解体。与马克思主义的说法相反,第三世界却成了全球革命运动的中心。那些宗主国,为了防止帝国主义体系解体,采取了包含政治、经济、文化等诸方面的综合策略抵制革命运动(参见第十九章)。然而其殖民体系却逐步坍塌,这一过程经历了三个明显的阶段。

第一个阶段截止到1914年,前面一章已经分析过。这一阶段是孕育期,各种自发的抵抗运动开始反抗西方资本主义的侵蚀,不过这些远称不上革命。第二个阶段,从1914年到1939年,在1917年俄国革命(参见第二十章)的刺激下,形成了第一次全球革命浪潮。然而，俄国革命并未像布尔什维克人期望的那样扩展到俄国以外的世界。因此，两次世界大战期间第三世界的革命运动属于民族主义革命而非社会主义革命。第三个阶段肇始于1939年，1949年中国革命的胜利预示着革命浪潮的到来。与早期的布尔什维克者不同，中国的马克思主义者并不寻求世界革命，然而却恰恰是在第二次世界大战后的几十年里，维持了几个世纪的欧洲殖民帝国逐步解体。有些殖民地国家通过社会主义革命取得了完全独立。其他殖民地国家获得了政治自由但却依然受到外国经济控制——因此，这是一种新形式的殖民主义（新殖民主义），拉丁美洲国家自19世纪早期开始便一直受此控制（参见第二十三章）。

第三世界的未来取决于全球革命势力和革命抵制势力的性质、力量和二者间的互动。当前的民族解放运动到底是世界社会主义革命的一个标志阶段，还是全球资本主义发展的一个标志阶段，将取决于最后的结果（参见第二十四章）。波尔图大主教已经正确地认识到，当前与"500年的历史决裂"的斗争是一次"精神创伤"。毫无疑问，它将会在接下来几十年的世界历史进程上投下自己的影子。

[注释]

1. K. M. Panikkar, *Asia and Western Dominance*（New York: John Day, 1954）, p.12.

> 当前的一系列发明意味着一场人类从未了解过的最广泛的科技革命。无论是其与我们日常生活的紧密程度还是其速度，都远超新石器时期的农业变革和早期的工业革命。
>
> ——查尔斯·斯诺（Charles Snow，1966）

第十九章　防御性垄断资本主义、革命与新殖民主义的时代

第一次工业革命的发生主要归功于机械工程师，第二次工业革命主要归功于工业科学家，而20世纪晚期的第三次工业革命却是在军用刺激下发轫。

纵观人类历史，备战促进了科技发展。众所周知，古希腊人从来没有兴趣把其科学猜想转化为实践，但是他们却发明了大型军用十字弩、喷火器和投石机。中世纪，火药随着前膛装滑膛炮和燧发枪的快速发展而用于军事。近代早期，巴黎一家食品店发明了食品罐装工艺，为法国革命军提供给养，拿破仑因此而给其颁予奖励。同样，第一次世界大战期间，军事领域把近期的发明应用于发展战机、坦克、有毒气体等新武器。不过第二次世界大战期间，一切都发生了质变——军事科技成为工业发展的助推剂。工业因而依赖于军事的副产品而发展，而不是相反，结果第三次工业革命应运而生。第三次工业革命以迥异于前两次工业革命的前所未有的速度和深度既影响了宗主国也影响了殖民地。

一、第三次工业革命和西方防御性垄断资本主义

第二次世界大战期间,科技对工业的影响格外直接,尤其明显。1945 年 7 月 16 日,新墨西哥的沙漠上空腾起的蘑菇云,标志着人们掌控了原子能的利用,原子时代到来。与此同时,多次遭受德国"V-2"导弹轰炸的伦敦人亲眼看到了升空的火箭,这将导向太空时代的到来。而部署在英国海岸的高射炮群则配备有预测系统——就像电脑一样具有反馈功能,预示着控制时代一系列电子成就的到来。原子能、控制技术和推动太空探索的火箭技术,这三项战时的发明也成为第三次科技革命之"高新技术"的基础。

原子能的使用让人想起了火的利用。当人类在约 50 万年前学会使用火时,他们在火的应用方面很相像:确保阴天中的热量获取,没有月亮的夜晚来照明。之后他们才逐步掌握了火的其他用途,如烧饭、熔化金属、烧陶及驱动蒸汽机。同样,核能也从最初的军事用途逐步应用到其他领域,如核电站、核潜艇、生化研究,以及医疗诊断和治疗。

当代高科技的第二个主要体现:火箭技术,发轫于 1957 年 10 月 4 日,第一颗人造卫星被送上太空绕地飞行,迎来了太空时代,其意义重大可直逼三亿多年前两栖动物首次从水下来到陆地上。而与之相似,人类现在正在探索生养他们的地球之外的地方。不过,鱼类需要数百万年时间才长出腹鳍和肺,从此这些器官开始发挥鳃的功能,而人类则可以借助器械在新环境中生存,因而不需要长期的生理进化。正因如此,才有了当前一系列发明计划:航天飞机,自动化医药空间工厂(可以生产各种疫苗和用于酶的探究方面的纯净的培养组织),自动化空间工厂(可以生产用于电路的几乎没有瑕疵的晶体),大型太阳能接收器(可以通过微波将太阳能发回地球上的接收站),建立太空殖民地(作为新的外太空探索计划的发射平台)。

美国物理学家杰拉德·奥尼尔(Gerald O'Neill)和苏联天体物理学家约瑟夫·什克洛夫斯基(Iosif Shklovsky)等科学家预测最终可在太空建立一个"人工生物圈",可以养活 100 亿人,比目前世界人口的两倍还要多。事实上,他们认为太空移民不可避免,毕竟地球面临着巨大的人口和环境压力。他们认为,进军太空是自然而然之事,不可避免,就像达·伽马和哥伦布发现新大陆后海外殖民也随之而来。

当前科技革命的第三个主要组成部分是控制技术,具体来说就是计算机和自动化结合而产生的技术。计算机上包含的一些装置,可以超常规速度运行,并完成复杂的逻辑和决策任务,逐步提高人类操作这些事情时的能力,甚至在这些方面逐步取代人类。自动化主要指运用高度自动化的机械和流程,从而大大减少了人类劳动或具体的人工控制步骤。近年来随着超导体技术发展,机器的形体也在不断缩小,

自动化这一电子技术的综合领域也取得了快速发展。超导体（常见的有硅片）可被用来传输电流或切断电流。这也使它们成为电子计算机的理想部件——电子计算机正是通过电流的自动流断来工作的。将较多的电路连接在硅片上，它们就共同组成了以硅片为基础的微机，也就是我们所熟悉的微处理器。微机已遍布现代科技的方方面面，被广泛应用在核电站设备的操作、企业办公室、超市收银台、纺织厂、电话交换系统及工厂生产线等领域。菲亚特也开始在一则电视广告中有理有据地吹嘘自己生产的轿车是"由电脑设计，通过激光制动，且在播放一段《费加罗的咏叹调》的时间里就可由机器人手动组装完成"。

说完工业，再说农业，第三次工业革命同样给农业带来了深远影响。美国是微电子领域发展的先驱，同样也是资本密集的农业产业科技的先驱。而在这方面，第二次世界大战再次发挥了重大的催化剂作用。战前，美国农场依然采取小规模的家庭经营模式，尚未雇用季节工经营，大型农业机械、大量化肥、杀虫剂、除草剂也还未投入使用。而战争爆发后，农产品需求激增，价格也因此飙升。短短几年里，美国农业的性质就发生了改变，从以家庭为单位而进行的产业，聚拢发展成为由农业产业公司控制的经济门类。

这一转变之所以成为可能，离不开两个有益条件。一方面，在 1950 年代和 1960 年代间，石油价格极其低廉，使得维持日益复杂的农业机械运转、生产大批量的化学产品订单成为可能。另一方面，联邦政府大力扶持农业产业发展，扶持方式包括提供直接的政府补贴、优惠税收待遇，还开展了耗资上亿美元的研发项目，专门援助农业产业经营而非家庭农场。

农业产业之所以处于优势地位，根本原因在于其非同寻常的生产力。其中一条常被引用的数据显示，如今 1 名美国农民可以养活 48 人。1920 年美国农业人口占总人口的 30.1%，到 1970 年这一比例已降为 4.8%。不过，这些数据有误导因素——它们只反映了人力效率的提高，却忽视了同样较高的能耗和浪费。就拿玉米为例，每公顷产量的提高，杂交种子的贡献率为 20%—40%，剩下的部分应归功于能源投入的提高，包括新型机械运转所用的燃料，以及生产化肥、杀虫剂和除草剂过程中所用的燃料。最终结果是，每生产一公顷玉米，就要消耗 80 加仑汽油。鉴于这一能源投入和生产效益比例，西方高能耗的农业生产体系成为历史上效率最低的之一。在亚洲的水稻种植体系中，单位卡路里的能耗可产出 5—50 卡路里的粮食。而在西方生产体系下，消耗 5—10 卡路里才能生产 1 卡路里的粮食。美国农业部的一份总结研究报告同样值得注意，其中说道："一个只需要一人操作的完全机械化的农业……总的来看，在技术层面是有效的"，大型农场的生产目的"不在于减少单位产量的成本，而在于增加销售额、提高产量、增加总收入"。[1]

尽管有上述种种考虑，美国小型农场的数量还是在继续减少。它从1930年代顶峰期的680万户减少到1980年的280万户，而到1985年据估计会只有100万户。如今美国6%的农场正在生产美国50%的农业产值。这些大型农场大都不是由公司所有和经营。田纳克公司的一位发言人曾说："农业是高风险产业，通常几乎没有任何利润可言，对大公司来说尤其如此。"(2) 尽管也有一些为人熟知的农业法人合资企业，比如波音公司位于太平洋西北地区的马铃薯种植公司，不过主流趋势正在朝着合同式农业发展，具体来说就是公司与农民签订合同并告诉他们怎么做。1970年，合同式生产的产出只占美国粮食产量的20%，而到1980年这一比例已经达到50%，到1985年有可能达到85%。当前的农业产业粮食系统中，关键问题不是谁拥有农场，而是谁掌控了农民。农民依附公司不仅仅是只通过合同方式，实质上公司垄断了燃料、设备、化肥、牲畜饲养、粮食加工和销售等在内的粮食生产链上的诸多重要环节，从而也在客观上造成了农民对公司的人身依附。

上述"粮食生产体系"与战前的"农业体系"毫无任何关联之处。大部分家庭作业模式下的农民背井离乡，扰乱了美国的农村社会结构。由于美国农业部资助研究项目，扶持农业产业科技发展，但却并未为家庭模式的农场经营提供科技支持，这也在某种程度上构成农民被迫离开农场的原因，他们只好拥堵在城市的贫民窟里，以至于如今看来吊诡的是，美国农业部的预算有很大一部分却要用来养活他们。许多农民涌向城市后，留下的美国农村社区社会生活贫乏、经济生活贫困。1974年的一项研究分析了加利福尼亚中心河谷的两个社区，其中一个由大公司的各种分支机构控制，而另一个则由几个小型农场组成。与前者相比，后者享有较高的生活水平，这里建有较多的公园、较多的可以从事零售贸易的小商店、包括道路和人行道在内的较为完善的硬件交通设施，其拥有的可供居民自我提高和娱乐的机构组织是前者的两倍。这里有两家报纸，而前者则只有一家。总之，这个由小型农场组成的社区生活质量要更高一些。

与前两次科技革命相比，第三次工业革命对日常生活的影响更为深刻，波及速度更快。其影响并不仅限于那些最先生产出硅片、最先发展农业产业科技的工业化国家。几乎与其同时，世界上其他地区也受到了影响，甚至是更具破坏性的影响。数以亿计的农民背井离乡，城镇化实现了，但工业化却未实现，环境恶化，富国和穷国收入差距逐步拉大，第三世界内部穷人和富人的收入差距也在进一步拉大。由此导致的结果就是，第三世界在20世纪成为全球革命活动的中心。而本身在技术上充满活力、积极进取的垄断资本主义如今却受阻而变为了防御性质，这是当今时代最为吊诡之事。垄断资本主义如今正式放弃了其海外殖民地，19世纪开始的进攻性的殖民扩张主义也一去不返。如今它正极力争取通过新殖民主义方式，或是各种各样直接或间接的活动去抵制革命运动,以间接方式维持统治。

二、颠倒的马克思主义

第三次工业革命直到第二次世界大战之前尚未开始,而第三世界的革命运动(就早期的零星抵抗运动而言)早在第一次世界大战期间就开始了。早期的革命运动是环境的综合产物,它们修正了马克思的断言:工业化的西方国家会引燃全球革命的烈火。像19世纪的其他社会科学理论家一样,马克思认为全球经济发展水平的平衡是客观存在的规律。工业化国家的工资水平只够满足维持生活必需品和劳动力再生的要求,因此其国内市场必然有限。利润随之会下降,国内资本投资相应也无利可逐。所以资本和技术也就会自动从发达地区流向欠发达地区,这为后者发展的早期阶段提供了较高的收益率。马克思因而预测:随着这些传统工业化中心的衰落,革命将会在那里首先到来。不过,马克思也确实担心一个社会主义的欧洲将来可能会遭到一个仍然属于资本主义的外部世界的包围和威胁! 1858年10月8日,他致信恩格斯:"目前的重大问题是:在欧洲大陆,革命是迫在眉睫了,一开头将采取社会主义性质的革命。但是,资产阶级社会的运动既然是在更广大的地区继续向上发展,这种革命是不是无可避免地将会在这一小地区被粉碎呢?"(3)

与马克思具有相同认识的罗莎·卢森堡指出,意大利北部城市的资本溢出推动了16世纪和17世纪荷兰的发展,而荷兰的资本也促成了英格兰18世纪的工业化。同样,列宁在其1917年所著的《帝国主义是资本主义的最高阶段》(*Imperialism: The Highest Stage of Capitalism*)一书中写道:"资本输出在那些输入资本的国家中对资本主义的发展发生影响,大大加速了这种发展。因此,如果说资本输出会在某种程度上引起输出国发展上的一些停滞,那也一定会有扩大和加深资本主义在全世界的进一步发展作为补偿的。"像马克思一样,列宁也认为,西方发达国家向崛起的新中心输出资本和技术,结果必然是正在走向衰落的传统的工业化中心会最早爆发革命。

不过,列宁在去世前不久认识到,他先前就革命所做的推断无法再被证明。在1923年2月最后的一篇口述文章中,列宁问道:"……如今在我们的小农生产方式下,我们国家[苏联]百废待兴,难道这种情况下我们要坐等西欧资本主义国家完成社会主义的发展?"列宁给出了否定的回答:"不过它们不会像我们先前所期望的那样完成这一发展。它们走向社会主义不是靠社会主义逐步走向成熟的模式实现,而是通过一些国家对另一些国家的剥削实现,通过掠夺那些在第一次帝国主义战争中首先被打败的国家和整个东方国家实现。"之后,列宁以其独特的洞察力总结道:

最终斗争的结果将取决于这一事实：俄国、印度、中国等，其人口占世界人口的绝大多数。而正是这些占绝对多数的人口在过去几年里以前所未有的速度卷入到斗争中；因此，对世界斗争的最终结果我们不应该有一丝一毫的怀疑。就此来看，社会主义的最终胜利是确定无疑的。[4]

20世纪第三世界的历史塑造，应该归功于列宁这灵光一闪的先验洞见。革命并未发生在期望的中心而实则发生在了边缘地区，这一重大转变主要是由于两个因素所致。一是，西方工业化国家的工人在赢得选举权、获得在工会中集会的权利后，权力增加。他们的工资，如英法两国的工人工资，在19世纪下半叶翻了将近一番。随着工资水平不再被局限于用来满足生物再生产，大城市中心的国内市场大幅扩展。随之而来，工人更感兴趣的自然是福利而非暴力。

这一趋势又由于一些西方国家政府作用的加强而维持了下来，这些国家都建立起了全面的福利体系。在这样的背景下，无论是第二次世界大战前的社会民主党，还是第二次世界大战后的共产党，都放弃了他们建立一个完全不同的新社会之愿景。因而，他们选择在维持现有社会秩序的前提下，通过改革来提高劳动力地位。为此，他们接受了世界被划分为剥削中心和受剥削边缘地区这一现状，正是在这种前提下，剥削中心的劳动力相对富足。

这也引发了第三世界革命运动背后的第二个因素，即宗主国地区的工资水平和生活水平不断提高，而此时第三世界的情况却在不断恶化。这两种倾向，对比明显且相互关联。垄断资本之所以能在国内支付较高的工资，恰恰得益于它们在边缘地区加大了剥削程度，从而能够获得较高利润。因此，1873年自由资本向垄断资本转变，从国际贸易角度来说，有利于那些生产工业制成品的宗主国家，而不利于那些输出原材料的边缘地区。西方资本和技术的利用，大大提高了海外种植园和矿山的生产力。然而，由于没有政治权利，没有工会来维权，加上人口增长而带来的就业压力增大，第三世界的工人并不像他们的宗主国同行那样在生活水平上有实质性提高。此外，工资水平并未增加，购买进口的工业制成品成本却在增加，他们就一直生活在这样的剪刀差中。而且，随着宗主国地区垄断行业的增加，工业制成品的价格不再受竞争因素决定，因而大幅提升。

以下数据揭示了第三世界国家贸易关系的恶化程度。1800—1880年间，英国的进出口交换比率不断下降，其指数从1801—1803年的245，下降到1843—1846年的118，接着又下降到1848—1856年的110，到1880年这一指数已经下降到100。因此，到1880年，英国若想获得与1800年同等数量的原材料，必须出口1880年2.5

倍的工业制成品数量。然而1880年后情况却发生了逆转，第三世界原材料出口国的进出口交换比率开始下降，从1896—1900年的163下降到1926—1930年的120，到1938年降到了100。第三世界国家出口相同数量的原材料，能换取的工业产品不到1880年的60%。联合国一项名为《欠发达国家进出口相对价格指数》的报告指出，1876—1948年间，原料出口国的进出口交换指数下降了35%—50%，这些国家在出口原材料上付出了沉重的代价。

三、第三世界中的跨国公司

第二次世界大战后第三次工业革命的到来和跨国公司（MNG）的出现，使得发达国家和欠发达国家由来已久的差距进一步拉大。跨国公司把农业和工业方面的高科技从第一世界引入第三世界，在此方式下，两个世界之间的差距变得尤为明显。

农业方面，从本章第一节中我们已经看到，第二次世界大战期间及战后，美国农业生产经历了从自给自足的家庭农场到科技含量高、能源消耗量大的粮食生产系统的转变，农业产业公司垄断了从粮种、化肥、杀虫剂到粮食加工和销售的所有生产环节。第二次世界大战后，这一新的粮食生产模式迅速扩展到海外，取代了传统的家庭农业模式，就像之前在美国发生的那样。农业综合产业的支持者断言，只有通过这种方式才能解决全球粮食生产和人口增长之间的矛盾。

美国农业体系向海外扩展的过程通常称作"绿色革命"。但在"绿色革命"向第三世界扩展的过程中，并没有考虑第三世界农民的利益，就像之前没有考虑美国农民的利益一样。比如，在墨西哥，97.7%的玉米地和绝大多数的小麦种植地都是旱地。墨西哥一研究组织"农业调查研究所"开启了一项研究项目，提高玉米和小麦种子的质量，以应用于小型旱地农场。但是洛克菲勒基金会的科学家们一出现，他们的努力就搁浅了，那些科学家们注重改变种子基因，并配以施肥灌溉来提高产量。培育出的新种子使得墨西哥实现了小麦自给，然而真正的受益者却是那些腰缠万贯的土地所有者——施肥灌溉的成本对他们来说不过九牛一毛。随着大型农场商业化之推进，墨西哥大部分农民不是失业就是转向其他行业。

尽管如此，洛克菲勒基金会对他们在墨西哥"成功的"实验项目却是感到欣慰。它建立了国际玉米和小麦改良中心，并建立了八个地区研究机构。在美国国内市场饱和、环境恶化问题也越来越引起关注的时刻，这一制度安排为美国的农业机械和农药开辟了新的市场，美国公司也从中而受益。比如，在菲律宾，埃索标准化肥和农业公司于1960年代开设并运营了400家农业服务店。菲律宾政府为农民购买粮种、化肥和农药提供补贴，并组建了一支由政府人员组成的销售团队。埃索公司进军农业领域，政府则保证向愿意购买埃索产品的农民提供补贴，从而保证了埃索公司的利润收入。

菲律宾、印度和巴基斯坦这三个国家是"绿色革命"的桥头堡,然而如同印度和巴基斯坦那样,菲律宾也迎来了令人失望的结果。最根本的问题与墨西哥面临的问题一样:这三个国家70%—90%的农民无法灌溉农田,几乎没钱购买化肥。印度农业部长莫汉·拉姆(Mohan Ram)于1969年概括了这一情况:

> "绿色革命"的受益者是那些享受特权的少数农场主,他们的经营规模较大或至少处于中等水平。3%—4%经营规模最大的农场主取得了所有政治影响力,利用他们的影响力,在与政府的协作中作出所有决策,攫取政府专家资源,掌握了他们所有的技术知识来为自己服务,而贫困农民得到的却是少之又少……富裕农民的政治经济地位一直在不断加强和巩固……大地产者正试图除掉(必要时甚至会动用武力)那些分层制佃农和先前的雇耕农,以求自我经营或是雇用农业劳动力进行耕种,榨取土地效益。(5)

"绿色革命"带来的效果,与先前预期的给农村地区带来繁荣和稳定恰恰相反。土地改革本是大幅增长、持续发展的前提,而"绿色革命"先是搁浅了这一目标,最终则抛开了这一议程。在"绿色革命"的刺激下,少数能用得起新农业科技的农民采取了无需过多劳动力的商业化经营模式。随着商业化的推进,本就近乎失业的农村下层农民纷纷涌向城市贫民窟,在那里他们发现自己和先前在农村时同样是"多余的"。这一新的城市低产阶级如今正在成为第三世界城市的主要人群。由此带来的直接结果就是物质财富差距加剧,社会矛盾激化,一些评论人士据此预测,"绿色革命"最终将会成为"红色革命"的前奏。

"粮食用于和平计划"同样给第三世界农业带来了破坏性效果。在该计划下,1954—1980年间,价值近300亿美元的粮食被提供给130多个国家。大部分美国人都认为这一援助是人道主义援助,是来帮助那些贫困国家的。然而实际上,1954年的《农业贸易与发展法案》(480号公法)却是旨在"推进美国的对外关系""提高美国农业稳定的经济效益,提高国民福祉"。直到1961年,法案在进行修正时才加上了"在全球范围内与饥饿作斗争"这一目标。

朝鲜战争后,加强"美国农业体系稳定"这一需要变得尤为突出。时任美国农业局主席提醒到,剩余粮食囤积"会损害我们的经济,除非我们能够找到足够的市场来维持继续生产"(6)。480号公法在寻求所需市场上也很成功。在"粮食用于和平计划"实施的头12年里,美国25%的出口农产品都受益于法案所给出的优惠条款。然而美国粮食如同洪水般的涌入,使得接受国的粮价大跌,当地农民根本无法与其竞争。最终结果便是当地粮食生产遭到损害，这些国家日益依赖于美国的粮食出口。代表美国粮食产业的贸易机构在当地的活动则又加强了这一模式，它促使当地民众养成美式饮食习惯，并可利用出口粮食换来的当地货币援引 480 号公法条款来推进它们的活动。因此，在当地民众的饮食方面，鱼逐步转成汉堡，米饭换成面包，当地的饮品也变为美国软饮。

480 号公法开拓了市场，搁浅了第三世界的粮食自给计划，其成功之处并不仅限于此。它也实现了法案的另一目标："推进美国的对外关系"。参议员休伯特·汉弗莱（Hubert Humphrey）是"粮食用于和平计划"的最早拥护者之一，他在参议院某委员会会议上（1957 年）明确认同这一成就，并为之欢呼：

> 我听说……他国民众也会因粮食而依赖于我们，对他人来说这不是什么好消息，但对我却是，因为人们在做其他事之前首先得吃饭。你要是想找到个方法让他人在与你的合作中倾向你、依赖你，在我看来，似乎粮食依赖再好不过了。(7)

里根的农业部长约翰·布洛克（John Block）在 1980 年的一次听证会上表达了同样的观点："粮食是武器，不过使用它是为了让他国与我们绑在一起。在这种情况下，它们更不愿意让我们失望了。"(8) 由于出现了一些不利报道，布洛克几天后改变了他的说法，将粮食重新定义成是"为了和平的工具"，尽管他心里可能并不会认同这一点。

这并不是说第三世界的农业生产力没有提高，毕竟有新的粮种出现，化肥和机械也投入了使用。然而，生产力日益提高，受益者却非农民，他们甚至发现自己的处境比先前还要糟。用于出口的粮食作物急剧增加，用于维持生存的粮食作物却在减少或停滞不前。比如，1964—1974 年间，拉丁美洲出口作物人均量提高了 27%，而同一时期维持生存的人均粮食量却下降了 10%。这就又回到了 19 世纪的模式，殖民主义者扩大作物生产并不是为了当地民众，而是为其自身出口以换取利润。比如，在法国殖民地越南，1860—1931 年间，40% 的耕地被用来种植用于出口的咖啡、茶、橡胶及稻米。这直接导致越南人均粮食占有量下降了 40%。这种农业产业经营模式近来在第三世界广泛扩展，带来了农业生产率的提高，但与之相伴而生的却是第三世界营养不良状况继续恶化，这实在是一种畸形现象。1978 年，联合国粮农组织报告显示，长期以来世界营养不良人口的数量急剧上升，已升至 4.5 亿。而同年，美国农业部的报告则显示，全球粮食人均生产量比 1960 年代初提高了 27%，在人均收入最低的 49 个国家，这一比率甚至高至 40%。

墨西哥是受美国全球范围内扩散其农业产业生产模式之影响的典型例子。墨西哥富裕农民与美国农民使用相同的生产技术，他们种植相同的杂交种子，从相同的公司购买机械、农业和化肥，从相同的银行借贷，将作物卖给相同的公司。他们出口的蔬菜占据了美国市场的60%，然而墨西哥无地农民的数量却从1950年的150万增加到1980年的500万。尽管美国也在进口墨西哥的草莓和冬季蔬菜，但是无地的农民却不得不非法或合法地涌入美国去找工作。在地球另一端，同样的模式也出现在印度。1956—1978年间，印度粮食产量翻了一番，人口增长了50%。然而同期人均粮食消费量却在下降，致使3.5亿人生活在贫困线以下，换句话说也就是，农村家庭月收入不足8美元，城市家庭月收入不足9美元。

粮食越来越多，挨饿的人也越来越多，将这两者结合到一起，也就揭示了第三世界前所未有的移民城市现象。1950年雅加达人口为170万，1975年增长到550万。1900年的内罗毕还不过是一个2000人的小村子，1980年其人口已达100万，而且到2000年很可能会增长到400万。1980年墨西哥城的人口已经达到1400万，这实在是让人难以想象，然而在接下来20年里很可能还会再增长1400万。这种类型的城市化并非与工业化相伴而生，这些新来者不得不去做一种不至于使自己饿死的工作，但却对国民经济没有丝毫贡献。他们只能是在街头摆摊，沿街叫卖，擦鞋，做点帮人跑腿的活儿，推手推车，或者是蹬三轮车。

工业化程度的不足，表明第三次工业革命既扭曲了第三世界的工业发展进程，也扭曲了其农业发展进程。正如第十三章中指出的那样，海外殖民地的工业化在殖民时期严重受阻。发达国家给出的政策理由是，继续出口原材料会扩大第三世界以出口为导向的经济体规模，进而提高其人均收入，创造出用于教育和社会服务的资金，最终在殖民地催生出类似于宗主国那样的发达现代社会。

然而，大萧条的发生和第二次世界大战的爆发，迫使第三世界国家重新评估上述假定。在大萧条的背景下，原材料价格水准大幅下跌，致使第三世界外汇储备短缺，因而无力购买工业制成品。第二次世界大战期间，列强全部投入军工生产，不再出口消费品，上述困境进一步加剧。第三世界国家不得不在出口原材料的同时采取进口替代战略作为补充。它们在这方面采取的方式包括：对工业制成品征收保护性关税，为国内企业提供低廉贷款，政府建设必需的工业基础设施，政府通过各种发展机构和开发公司参与工业化进程。

第二次世界大战后的重建和朝鲜战争的需求刺激了经济繁荣，这使第三世界国家进一步相信进口替代战略是一种长期可行的战略。拉丁美洲是最早采取该战略的地区，最开始一些年里，确实逐步发展出一系列产业，看上去正在走向自行加工当地的原材料，减少对外资和外来制成品的依赖，进而保持长期经济独立的过程，而经济独立也是该地区在 19 世纪早期取得的政治独立的必要补充。

然而，1955 年左右，希望开始破灭。通过保护性关税扶持起立的产业没有效果，而且需要进口资本密集的机器产品，这使外汇问题变得更加严重，失业率激增。最根本的问题则在于当地产业缺乏充足的国内市场。如果不进行土地改革，收入分配严重不合理状态就会持续存在，当地购买力也会因此而持续不足。结果迫使这些新兴产业集中进行奢侈品或半奢侈品生产，比如只有当地精英才能用得起的电冰箱、洗碗机、洗衣机和成套电视设备，先前这些一直都是从国外进口。但是这些产品在当地能卖出去的数量有限——大部分当地民众根本无力购买。这些产品也无法出口，发达国家生产此类产品的效率要高得多，价格也便宜。进口替代战略很快便停滞不前，第三世界国家依然受困于多种不发达的病症中：持续的经济依赖、大规模结构性失业、大量农村人口涌入城市，以及由此导致的没有实现工业化的城市化。

进口替代战略失败后，跨国公司提供了一项新经济战略。第二次世界大战后，跨国公司如雨后春笋般出现得益于以下因素。首先是宗主国稳定的技术进步。从西班牙征服者时代到当今时代，技术进步总是每一波海外扩张的前提。跨国公司能够通过自上而下的遥控模式在全球经营，离不开第三次工业革命期间的几项技术创新：集装箱货运、卫星通信、计算机现金管理系统。此外，生产过程的分工和次分工继续推进，以至于分散化经营根本不需要太多技巧，短时间就可学会。其次，关税壁垒的本意在于保护那些进口替代战略下的产业，结果其存在却成了跨国公司增长的另一个推动因素。当企业发现它们向第三世界国家出口产品遭遇关税壁垒时，它们仅仅需要把公司建在当地就行了，其生产的产品在面向当地市场的同时也在寻求外部市场。由于当地劳动力成本低，加之经营有方，它们很容易在当地进行渗透。最后，第三世界国家的政府迫切希望引进外资和企业来缓解其失业问题和外汇储备不足问题，这也推动了跨国公司的发展。跨国公司因而在当地享受了非常多的优惠，它们可以享受价格低廉甚至免费的建厂用地，使用当地基础设施，享受税收优惠，不受约束地盘剥利润；几乎完全可以从当地雇用劳动力，价格低廉。所有这一切把跨国公司打造成了"出口平台"，它们利用当地低廉的劳动力加工进口原材料，生产用于高精尖工业制成品的零部件，这些高精尖产品在发达国家市场上可以赚取较高利润。

由此来看，从 1950 年起跨国公司以年均 10% 的速度增长也就不足为奇了，与其相比，非国际化公司年均增速只有 4%。如今，一家中等产值的跨国公司可以在 11 个国家生产 22 种产品。1980 年，世界大型企业联合会（一经济组织）列出了全球 100 大经济单位。居于榜单前列的，可以想象，依次是美国、苏联、日本、西德、法国和中国等国家。然而这 100 个中，有 39 家却并非国家而是跨国公司。最大的公司埃克森公司的销售额仅低于榜上前 15 个国家的产值。只有三个社会主义国家（苏联、中国、波兰）的产值超过其销售额，而第三世界中则只有两个国家（巴西和印度）。

不断增多的跨国公司受到一些西方代言人的热捧，丹尼尔·莫伊尼汉（Daniel Moynihan）就是其中一位。1975年，时任美国驻联合国大使的他说道："跨国公司融合了现代管理技术和自由贸易政策，可以说是20世纪最有创意的国际组织。"(9) 莫氏的言论与19世纪曼彻斯特经济学派代言人的言论很相似，后者们坚持认为全球自由贸易有益于所有相关之人。然而，事实却是自始至终印度的纺织业逐步破产，爪哇和印度的农民被迫种植黄麻、棉花、印染作物，而不是种植粮食作物以防饥荒周而复发。中国因其胆敢反对神圣的自由贸易原则，限制从印度进口英国鸦片，而遭到武力惩罚。

直到今天，情况依然未变。尽管19世纪的曼彻斯特学派诸代言人和20世纪的莫伊尼汉之流有种种言论，但是平等的待遇只有在那些真正平等的国家中间才可称得上平等。真正的结果是，备受追捧的"自由贸易政策"施惠的是曼彻斯特而不是印度，今天受惠的是跨国公司而非第三世界。

一直有人争辩说，跨国公司为其所在国提供了急需的工作岗位，然而他们却并未去考虑这些岗位的性质。许多美国公司在香港设厂，其中60%的劳动力每周都要工作七天。这些劳动力还包括3.4万名14岁甚至以下的儿童，其中有一半人每天工作10个小时甚至更多。墨西哥吸引了最多的美国公司在其境内投资设厂，而它们原始的动力却是当地成年男性的小时工资可以低到50美分。之后工会迫使工资涨到每小时1.13美元，这些公司便开始向海地转移，在那里工作一天的工资可以低到1.3美元。

如果说这些工作岗位提供了平台来转移当地发展所需的技术能力，如此低的工资倒也说得过去。然而，组装电器设备、玩具，加工衣服或体育用品，并不需要多少技术。此外，当地工人能够学到的技术也大都与当地需求无关。因此，如果一家外国工厂在当地关闭，而转向它处寻求更低的工资，厂里的工人只能失业，而什么可用的技能也没学到。更为严重的是，跨国公司在与第三世界国家政府签订技术转让合同时往往会收取高昂的费用。比如，墨西哥每年交纳的技术转让费占其出口额的比重不低于15.9%。此外，联合国一项研究报告显示，80%的合同都禁止使用这些技术来生产出口产品。跨国公司希望以此限制竞争倒是可以理解，然而其实际结果却是，限制了第三世界国家通过出口来赚取外汇。此外，那些转移的技术往往属于资本密集而劳动力集约的类型，从而进一步加剧了早就已经非常严峻的资本短缺问题，以及长期以来困扰不发达国家的失业问题。

也有人争辩说，跨国公司为第三世界提供了工业化所必需的资金。然而，实际情况恰恰相反：更多的资本都从不发达国家流向了发达国家，而非从后者那里流向前者。联合国 1970 年一份调查报告显示，1957—1965 年间，总部设在美国的跨国公司，其在拉丁美洲投资的资金 83% 来自当地，或是来自其在当地再投资的收益，或是来自其在当地的储蓄。此外，跨国公司在全球经营，使得它们可以在子公司内进行买卖，因而它们可以低价进口第三世界的原材料，而后又高价向后者出口产品。最终的结果就是，每年资本都由穷国净流入富国，穷国高额的债务负担更是加速了这一趋势。高额负债从 1960 年的 190 亿美元上涨到 1970 年的 640 亿美元，到 1979 年已增至 3760 亿美元。这些不发达国家单是需要偿付的债务利息，就比以援助形式得到的借贷要多得多。

与进口替代工业化战略一样，跨国公司同样不能解决不发达国家面临的问题。跨国公司非但没有使第三世界摆脱对第一世界的经济附属地位，反而还使其得到进一步强化。原因在于，过去大部分资本都是从中心地区流向边缘地区，资助当地组建的企业，生产中心地区所需的原材料。而如今，跨国公司在第三世界建立运营自己的工厂，从而对第三世界经济体的控制达到了先前间接投资阶段未曾有过的程度。第一次世界大战之前，第三世界 75% 的外国投资都是间接投资，直接投资和控制性投资仅占 25%，现如今这两个数字则刚好相反。因此，西德最大商业银行的总裁，用下面一段话指出了第三世界国家易受他的金融势力影响的现实：

> 发展中国家首先要做的是……改善自身的投资环境，同时也应该改变对商业活动的整体态度……长远来看，单是环境的力量就可以催生必需的投资氛围，因为投资资金会自动流向那些可以提供必需条件的国家——如今有些国家已经具备了这些条件。其他国家毫无疑问会吸取教训，为了自身利益而去进行模仿。(10)

那些主权国家会去"吸取教训、进行模仿"，此种自信满满的说法反映出那些名义上独立的国家实际上不过是"公司国家"，让人想起与之类似的美国"公司城镇"（company towns，即一个小城镇的所有商业机构和建筑几乎都由一家公司所有），比如宾夕法尼亚的伯利恒（伯利恒钢铁公司）、亚利桑那州的比斯比（菲尔普斯·道奇铜业公司）和蒙大拿州的比优特（阿纳康达铜业）。

跨国公司为何不能为第三世界提供出路，第二个原因在于跨国公司加强了剥削程度，也强化了第三世界的从属程度。诚然，后者的目的就是为了确保前者，那位西德银行家的上述话语清晰地暗示了这一点。其剥削程度之高，从跨国公司的海外收益率上就可以看出来，它们无一例外都是大大高出跨国公司的国内收入。美国财政部负责内部事务的助理财长弗雷德·伯格斯滕（Fred Bergsten）在其写给《纽约时报》（1977年1月12日）的一封信中，将这一点清晰无误地说了出来：

> ……1976年美国在发展中国家的投资回报率为25%，比我们在发达国家直接投资的回报率高出两倍多……1976年我们在发展中国家直接投资的收益达到70亿美元，而投资总额仅为28亿美元。这些投资扩大了我们经济发展所需的重要战略原材料的生产。同时也刺激了接受国对美国商品、技术和管理技能的需求，从而促进了我们的出口。当前，美国在不生产石油的发展中国家的销售额，已经占到我们全部出口额的25%，从而为我们本国创造了数以百万计的工作岗位。

从第三世界榨取的高额收益大部分又投资在第三世界，这进一步证明了伯格斯滕言论的正确性。我们也因此看到了19世纪模式的再现，那时英国把从印度得来的高额收益投资在美国，并一直这样接龙下去（参见第十三章第一部分）。杰勒德·查连德论述了压榨穷国富国受惠这一模式的重现：

> 尽管欧洲在1965年获得了美国近50%的投资，但是美国从欧洲获得的投资收益却只占其在世界上其他地区投资总收益的20%多一点。1965—1968年间，拉丁美洲获得了11亿美元的投资，却付出了54亿美元，总共损失43亿美元，而欧洲则从中获得了8亿美元的收益。换句话说，似乎第三世界国家，在美国的中介作用下，在某种程度上资助了西欧和美国本身的发展。(11)

第三世界国家不仅遭遇了原材料和资本的流失，还遭受了科技劳动力资源的流失。联合国一项研究显示，1961—1971年间，5.3万多名科学家（包括工程师和医生）从第三世界移民美国。1965—1970年间工作在美国的科学家的净增量中，超过20%来自外国。该研究也指出，1970年移民美国的科学家对美国国民收入的贡献为37亿美元，而当年美国对第三世界的官方援助则只有31亿美元。(12)

这一切都意味着，富国与穷国之间的差距将会进一步扩大。不发达国家对全球收入的贡献率已由1850年的65%降为1960年的22%。世界银行前行长罗伯特·麦克纳马拉（Robert McNamara）在其告别演说中（1980年9月30日）认为，这一旧模式还会继续下去。接下来的五年里，不发达国家的年均增长率相比过去十年的2.7%和1960年代的3.1%，可能只有1.8%。《世界银行1980年年度报告》总结说："富国和穷国组成了国际共同体……这一共同体在接下来几十年里会充满冲击和动荡，在没有大的社会动乱中艰难维系。"[13]

实际上，社会动乱的先兆早已包含在了上文中分析的活跃在第三世界的各种历史力量。而且动乱也很可能会比以往爆发得更频繁，也比以往更激进。

四、第三世界的革命运动

第一世界和第三世界之间的差距进一步拉大，并没有导致全球范围的革命自动爆发，然而却第一次创造出了全球规模的革命爆发的可能性条件。不过，从革命倾向过渡到革命行动并不容易，也甚难逾越。

从不满到公开的武装革命，有许多因素都限制了这一跳跃的实现。有些因素是经济方面的因素，比如农民生产单位相互独立而存在；农民严格遵循例行的劳作制度，打破这一模式会严重危及自己的家庭；他们也渴望摆脱战乱而从事独立的自给式生产。此外也有强烈的社会因素制约着革命的发生。乡村是社会秩序继承和稳定的中心，那里每一位农民都有自己在秩序中被认可的位置。家庭关系、教堂和社区的力量非常强大，而游击队的生活却是异常艰辛，充满不确定性。最后，几千年来受压迫而形成的服从心理，成为革命强大的心理制约因素。传统上农民一直被排除在广泛的决策程序之外，因此他们既缺乏信心也缺乏知识来表达他们的愿望并为之付诸行动。

受到上述因素的制约，革命大都发生在情势困难的转型期：旧的社会制度逐步解体而新的社会制度尚未成型。过去这样的一个时期出现在中世纪早期，即在9世纪和10世纪，农奴制的形成过程激发了神圣罗马帝国内一些零星的革命运动。第二个这样的时期出现在中世纪晚期，欧洲农民起义反抗当时已经确立下来的封建秩序的货币化（参见第二章第一节）。当今世界，资本主义已经渗进全球乡村地区，全世界的农民正因逐步失业而被迫涌入那些不宜居住的城市贫民区，从而成就了有史以来最大规模的迁移。

然而，即使数以千万计的农民家庭流离失所，也没有导致全球范围的革命运动的爆发。点燃革命的烈火，需要两次世界大战提供的火星。两次世界大战削弱了殖民帝国的统治，激发了受压迫殖民地人民的民主主义诉求和对社会主义的瞻望。

可是，即便是两次世界大战带来的秩序中断和混乱局面本身，也不能引起本质上迥然相异于民族主义的政权交接的社会革命。社会重建需要一种可行的新秩序理念，对其强烈的憧憬驱使游击队员甘冒家庭和个人的危险而去战斗。然而，此种理念并非来自农民，尽管他们是第三世界游击队力量的主要组成部分。他们贡献人力，其他人必需提供理念或意识形态和领导力。正因如此，20世纪的革命运动进程，很大程度上取决于以下三种意识形态能否成功地获得农民支持：宗教复兴主义，改革主义和革命主义。

宗教复兴主义与 20 世纪早期的"保守反应"有关，前面我们在第十八章第二节中已经交代了这一点。但在今天，一个先前只为满足古老王朝利益和土地利益的运动，在某些地区正在吸引大众追随，它在表达传统诉求的同时，也体现了激进化的革命化的主张。宗教复古主义运动是对那些改良政体和革命政体的危机和失败的反应。这些政体面临着内外双重压力，促使其公民避入宗教寻求安慰，宗教成为不确定的世界里唯一明确的方向。埃及记者穆罕默德·海克尔（Mohammed Heikel）说："宗教已经成为一种政治表达的工具……各种包装起来的民族主义，不是为它们的过去而是为它们的未来而战，它们通过信仰寻求避难，信仰已经成为它们背水一战的最后一道防线。"[14]

当前，宗教复兴主义并不仅仅局限于第三世界。无论是发达国家还是不发达国家，每当人们失控或迷失方向时，通常的反应都是通过宗教寻求自我身份认同和内心的统一。既然宗教已经成为"一种政治表达的工具"，所以它也就既可用于实现保守的目的，又可用于实现革命的目的。在美国，1976 年的一份盖洛普民意调查显示，近 5000 万美国成年人（超过 18 岁以上具有投票权公民的三分之一）都改变了他们的宗教信仰，体验了种种"重生"。这些信福音主义者都有其政治主张。有些主张激进事业，提倡采取在大家庭和社区中的新生活方式。激进的卫斯理教徒－拿勒斯派、自由卫斯理公会派、救世军派、神授改革运动派——都是受到了约翰·卫斯理教义的影响，即利用"完美之爱"来解决包括贫困在内的各种社会弊病。呼声越来越高的是那些原教旨主义者，他们在堕胎、同性恋和是否应该在学校祈祷等问题上采取的是"赞扬传统家庭"的立场。他们还常常把圣经教义等同于资本主义发展不平衡、物质财富积累不受限制、随时准备动用武力打击"无神论共产主义"。

美国宗教复兴主义运动中这种相互矛盾的倾向同样存在于第三世界。比如，在中东地区，大多数毫不相干的政治派别都用伊斯兰主义来实现自己的政治目标。利比亚的卡扎菲上校，一直被埃及的萨达特和伊朗的前沙王称作"疯子"，他正致力于将利比亚转变成一个"民众国"或"合众国"。他在《绿皮书》中提出了一系列原则，很容易让人联想到毛泽东的"文化大革命"。四处的霓虹灯闪烁着一系列标语，比如"我们是合作伙伴，不是雇佣劳动者""永远革命""没有人民委员会，就没有民主"。卡扎菲上校为自己选择了一个身份"革命领导人"，致力于唤醒利比亚和整个世界，让它们意识到需要建立"民众掌控自己命运和财富"[15]的新型社会秩序。

《古兰经》中有关正义和社会公平的原则，也在其他激进的穆斯林国家，如阿尔及利亚和南也门受到追捧，同时也备受菲律宾的摩洛民族解放运动和撒哈拉的西撒哈拉民族解放阵线等的重视。在此幅政治光景的另一端是那些反动的伊斯兰政权，如统治巴基斯坦和沙特阿拉伯的反动政权。在沙特阿拉伯，《古兰经》教法掌控所有机构和行为实践，以至于许多清真寺都感到自己就像是穿上了"紧身衣"，快要喘不过气来。然而，由于这些标准代表着绝对正确，任何离经叛道行为被视为堕落的可能性也就变大了。因此，沙特阿拉伯政府愤怒地抗议英国的电视纪录片《公主之死》（Death of a Princess），片中映射了沙特阿拉伯王室内部存在的腐败和非法性行为。1979年11月，穆斯林武装分子占领了麦加大清真寺，他们指责沙特阿拉伯王室用宗教掩盖其腐败堕落的事实，要求王室下台，这也使沙特阿拉伯政府感到惊恐万分。

类似的就伊斯兰主义的解读和使用存在的不一致倾向，在伊朗表现得尤为明显。1973年，当伊朗伊斯兰左派游击队圣战组织还在地下从事反对国王的运动时，他们就发表了下述声明：

> 马克思主义和伊斯兰主义并不相同。然而，很明显，伊斯兰主义更接近于马克思主义而非巴拉维主义。谁更接近伊斯兰主义？是与美帝国主义斗争的越南人还是支持犹太复国运动的国王？……国王惧怕革命的伊斯兰主义。这就是为什么他一直宣扬穆斯林不能做革命者。他认为一个人不能同时有两种身份，不是穆斯林就是革命者。然而在现实世界里，真正的情况恰恰相反：一个穆斯林要么是一个革命者，要么就不是真正的穆斯林。[16]

无独有偶，拉丁美洲的"解放神学派"也表达了相同的观点：基督徒必须是革命者，否则就不是基督徒（参见第二十三章第二节）。正如伊朗国王迫害圣战组织，拉丁美洲诸如斯特罗斯纳和皮诺切特在内的独裁者也迫害激进的教徒，后者把耶稣解读为革命领导人而努力追随。

现在从宗教复兴主义转到改良主义。我们发现改良主义运动实质上是民族主义运动，其主要支持者为西化的商人、教师、牧师、官员和军官。尽管他们的言论充满革命主义基调，但他们追求的却是改良主义目标。他们小心谨慎地避免进行根本性的社会变革，因而否认了马克思主义的核心阶级斗争。他们为征地提供补偿，支持农村新中产阶级的发展，新的中产阶级成了社会新秩序的支柱之一。主要变革出现在城市，资产阶级在那里从事工商业活动并投资农村地产，财富明显向他们聚拢。

早期的民族资产阶级政权主要包括以下几个：中国的共和主义者，他们推翻了清王朝；年轻的土耳其党人，他们废黜了苏丹哈米德；立宪主义者，他们在墨西哥革命中打败了激进的萨帕特主义者和比利亚主义者；埃及的华夫脱党，他们从英国那里得到了让步；印度的国大党，他们同样在英国那里获得让步。第二次世界大战后的改良主义政体包括纳赛尔领导的埃及，塞古·杜尔领导的几内亚，莫迪博·凯塔领导的马里，恩克鲁玛领导的加纳，苏加诺领导的印度尼西亚，贝拉斯科将军领导的秘鲁，以及本贝拉和布迈丁领导的阿尔及利亚。

第三种意识形态，即革命主义或社会主义，随着1917年的布尔什维克革命而成为第三世界的可行选择之一。布尔什维克革命在俄国爆发并非偶然，那里备受沙俄政权和灾难性的第一次世界大战剥削的贫苦农民一直都非常激进，因此他们选择追随社会主义领导人列宁而非资产阶级领导人克伦斯基。同样，俄国革命没有成功地扩散到德国也不是偶然。德国农民相对来说比较富裕，因此他们支持改良主义的社会民主党人而非革命的斯巴达克派。随着中东欧社会主义革命的失败，殖民大国在两次世界大战期间压制第三世界的革命运动成为可能。

然而，第二次世界大战释放了新一轮的社会主义革命，从中国开始一直扩散到东南亚、古巴和葡属非洲殖民地。此外，东欧建立了一系列共产主义政权，有的是通过自己的努力建立起来的，如南斯拉夫和阿尔巴尼亚，但大部分都是在苏联红军推进过程中建立起来的。

这就是20世纪在第三世界已完成的大革命和正在发生的大革命的背景，这与马克思的预期根本不同。这些殖民地革命运动有一个显著特点就是其发展速度，正是由此革命运动也变得复杂起来，也更为有效。正如上章所述，第一次世界大战之前已经爆发了许多早期的抵抗运动。这些发生在菲律宾、墨西哥、波斯、古巴、朝鲜、非洲和其他地区的早期起义或曰抵抗运动并无先例可循。它们缺乏革命理论分析帝国主义性质，指导持久的游击战争。它们也无法指望得到国际革命组织、同情它们的和平团体和社会改良组织的援助。

而当前的第三世界革命者就不需要再在孤立和无知中运作了。越南人在几十年的抗法、抗日和反对美国干涉的斗争中得到了广泛的国际支持，无论是官方的还是非官方的。更重要的是，经过长期试验，吸取失败教训，研究其他革命运动，它们创造出了一套成功的革命运作战略。"在通向社会主义和共产主义的路上，"一位杰出的越南领导人宣布，"没有一个国家永远是正确的。""每一个国家都会犯错误，都必须改正错误。没有什么是永恒的，必须要变，因为这是一条新道路，我们必须学习他国经验，同时也要从自身工作和实际中学习。我们必须不断改正自我。从社会主义到共产主义并非一路顺风顺水，而是充满曲折。"(17)

毛泽东、胡志明、卡布拉尔和切·格瓦拉的著作在第三世界被广泛学习，他们的教义也经过改良而结合了当地实际。第二次世界大战后几十年里，革命运动领导人的自信心和独立性也大大提高。希腊民族解放阵线（EMA）是战后第一个挑战西方反制革命运动努力的抵抗组织。在轴心国占领期间，阵线领导人民进行了抵抗，因而获得了大规模的民众支持。然而阵线中的共产主义领导人唯莫斯科马首是从，他们听从斯大林的盼咐允许英国军队在希腊登陆，而登陆的军队就是去镇压他们的。与此同时，斯大林在外交上却保持沉默，严格遵循其与丘吉尔就巴尔干半岛苏英势力范围划分的协议。

与之相比，如今的第三世界革命者在接受援助的同时并不唯莫斯科和北京之命是从。毛泽东曾经鼓励第三世界领导人坚持革命道路而根本无视莫斯科的对外政策路线。如今，第三世界正逐步接受其建议，其代价则是它们无视莫斯科、北京和其他任何具有"霸权主义"诉求的国家。莫桑比克总统萨莫拉·马谢尔（Samora Machel）清楚地说明了其独立性和自信心：

> 我们犯过错误，也知道了如何改正错误。我们有过成功，也明白了在此基础上如何进一步将其扩大。在这一过程中我们发展了基于我们实践的理论，之后我们发现我们自己的这一理论在不同的情况下经过不同时空的检验而被理论化了。这一理论和理论化就是马克思列宁主义……我们不是从书本中挑选的马克思列宁主义。……正是在我们的斗争实践中，我们吸取每次经验教训，提出自己的理念，建构起指导斗争的理论工具……(18)

20世纪的革命运动尽管经历了各种曲折，但却也取得了巨大的成功。自1917年以来，一系列非资本主义的政权在苏联、中国、朝鲜、印度支那、古巴、葡萄牙的非洲前殖民地、南也门、埃塞俄比亚和索马里建立起来。这些国家的领土占全世界的28%，人口占全世界的三分之一。这一模式很可能会持续下去，因此，20世纪最后二十年里很可能会出现规模直逼第二次世界大战后这二十年的新一波革命运动。尽管早期的革命运动主要是民族主义运动，然而考虑到新殖民主义的不可行性已明显无疑，未来的革命运动将会主要导向社会主义革命，它既具有世俗性质，也具有宗教性质。

五、第一世界的反革命战略

西方列强从一开始就通过直接或间接的方式抵制第三世界的革命运动。早在19世纪，它们就支持中国的满清王朝、印度王公、非洲部落首领和中东地区的苏丹或国王们反对其各自的敌人，后者都是民主主义者或立宪主义者。因此，吊诡的一幕出现了，西方成了第三世界里西化分子的敌人。20世纪，西方列强依然延续了这一模式，它们支持中国的蒋介石、韩国的李承晚、南越的阮文绍、菲律宾的马科斯、伊朗的礼萨汗、扎伊尔的蒙博托，而反对具有革命象征主义的领导人毛泽东、胡志明、卡布拉尔、马谢尔和卡斯特罗。毛泽东基于自身体验，认识到了这一盛行模式：

> 自从1840年鸦片战争失败那时起，先进的中国人，经过千辛万苦，向西方国家寻找真理，努力学习西方。我自己在青年时期，学的也是这些东西。这些是西方资产阶级民主主义的文化，即所谓新学，包括那时的社会学说和自然科学，与中国封建主义的文化即所谓旧学是对立的。
>
> 帝国主义的侵略打破了中国人学西方的迷梦。很奇怪，为什么先生老是侵略学生呢？[19]

抵制革命战略之所以会延续下来，并不是源于西方决策者的误判或不合常理的愚昧。几个世纪以来此种模式一直延续而未中断，说明有其制度根源。19世纪早期，工业资本主义充满活力，带来了自由贸易帝国主义，发动鸦片战争，干涉太平天国起义，破坏穆罕默德·阿里发展一个经济上独立埃及的努力。同样，在19世纪晚期的垄断资本主义下，西方列强疯狂争夺殖民地，带来了殖民帝国主义，广大的第三世界被分割成了几个欧洲列强的地盘。

垄断资本主义今天依然存在，不过它必须要应对震撼边缘国家的民族主义和社会主义革命运动。直接的殖民统治在军事上已不可行，在经济上也受到限制。结果便出现了大规模的"非殖民化运动"，殖民主义也转为新殖民主义。如果说殖民主义是一种超级大国实施直接统治的体系，那么新殖民主义就是一种间接统治体系，殖民大国允许殖民地在政治上独立，但却对其实施经济控制，进行经济剥削。

殖民主义依赖宗主国的管理人员，包括文官和军官，他们又支持和利用当地最为保守的人士，包括半封建主和部落人士进行统治。与其相反，新殖民主义则将目光投向了当地的资产阶级。在殖民主义走入尾声的几年，他们是最强硬的反殖民主义者，而如今却成了新殖民主义的首要同盟军。阿米尔卡·卡布拉尔（Amilcar Cabral）将新殖民主义的目标敏锐地定义为"伪造出资产阶级来压制革命运动，尽可能地使小资产阶级成为革命的中立者"[20]。缪尔达尔对新殖民主义的缘起和性质给出了类似的界定：

> 全球范围的殖民权力体系一直运转到第二次世界大战，它拥有一个固定的机制，该机制几乎是自动地引导殖民列强与当地特权集团结盟。它们可以依靠这些组织群体，因为在维护"法律和秩序"方面二者拥有共同利

益,而"法律和秩序"也就意味着维持经济和社会现状。

为了便于进行统治,殖民大国因而认为在殖民地维持甚至加强不平等的经济社会结构在整体上是有益的……通常情况下,恰恰是殖民帝国创造出了这些新的特权人士和特权群体,以此来巩固其在殖民地的统治。

毫无疑问,在殖民主义消失之后,类似的运作机制仍然在起作用;就像在之前一样,类似机制也存在于与政治独立、经济欠发达殖民地国家的关系中,这些国家主要是在拉丁美洲。这就是为何用"新殖民主义"来定义这一机制。[21]

依照上述逻辑不难得出:以间接控制为特征的新殖民主义体系要想维持下去,就要保证新独立的政权在性质和目标上都必须是完全的民族主义性质的。换句话说,如果这些政权是社会主义革命政权,寻求制度重建,寻求重建与宗主国的关系,很显然新殖民主义是行不通的。革命主义者希望建立水平而非垂直的经济联系,既寻求政治独立也寻求经济独立,这必然会与新殖民体系想要继续让其依赖自身起冲突。

这也是为何第二次世界大战后几十块殖民地取得了政治独立,然而其独立过程却不尽相同。民族主义领导人和政党很容易就获得了政治独立,只有几个地区如阿尔及利亚、肯尼亚和罗得西亚是例外,那里的白人定居区依然存在。相反,任何地区的独立运动中只要存在诞生一个社会主义革命政权的危险时,殖民帝国就会坚决拒绝给予其独立。在这种情况下,它们的反应或是武力镇压,或是秘密"破坏",或是采用其他任何必要的策略拒绝向革命者移交权力,或是剥夺革命者的权力。之所以会出现这两种不同的反应,既非偶然,也不是源于个人的反复无常。实际上,这是由垄断资本主义的内在要求决定的,无论是在过去国际卡特尔盛行的几十年,还是在跨国公司盛行的这几十年,这一点在本质上都没有什么不同。

当前的垄断资本主义伴随不公平的收入和财富分配而来,又为这一现象所进一步推动,19世纪的情况也是如此。在这种情况下,消费需求不足,难以消耗当前的产品生产,几乎不能为剩余资本提供有利可图的投资机会。为了解决这一困境,美国国内作出了许多努力,包括在"西进运动"和罗斯福"新政"时期,政府采取强制性稳定和一体化措施,第二次世界大战后维持较高的军费开支。然而从一直持续到第二次世界大战爆发的高失业率和当前仍然存在的滞涨状况来看,这两项措施都未奏效。因而第三世界的重要性日益突出,这尤其体现在下述三个方面:原材料供应地,过剩资本的投资市场,最近又成了那些为寻求廉价劳动力而离开本土的企业之理想港湾。然而,要想确保第三世界能够发挥上述作用,就要确保第三世界依然是世界市场经济必不可少的一部分。当前为了保证这一点,西方也就找到了自己抵制革命运动战略的正当性，就像它在过去一直以来所做的那样。

英国是19世纪的头号殖民大国，因此也就领导着那个世纪全世界的反革命势力，无论是在镇压太平天国起义，还是镇压印度民族起义，还是镇压非洲不时出现的起义中，都体现了这一点。第一次世界大战后，美国逐步取代了英国的这一角色，尤其是在西半球。第二次世界大战后，美国成为资本主义世界不可否认的领袖。与其他交战国相比，第二次世界大战期间美国本土并未遭到入侵，其工业大幅发展，科技实力无可匹敌，因此它在战后成为首屈一指的国家。1948年，美国的国民生产总值（2600亿美元）几乎是英国、法国、西德、意大利四国总和（880亿美元）的三倍。另外一点也很重要：战后美国未出现萧条，战时长期压抑的国内需求得到释放，美国投资海外重建和安置工作的需求激增，这两个方面共同保证了美国在杜鲁门时代的繁荣。之后经历了艾森豪威尔两个任期内相对的增速减缓，到肯尼迪时期出现了新一轮的飞速增长。这主要得益于军费开支稳步增加，而这又为实施侵略性的对外政策提供了支持。这也就不难理解为何亨利·卢斯（Henry Luce）会满怀信心地期待着未来，欢呼"美国世纪"的到来。

第二次世界大战一爆发，美国的政策制定者们就开始在"美国世纪"的框架内进行起思考，并考虑了为实现这一目标所需采取的必要战略。就美国外交政策的制定和执行过程来说，对外关系委员会发挥了主要作用，1941年7月24日，该委员会向总统和国务卿递交了一份备忘录，概述了它对美国政策、美国在当前战争中的作用、美国在战后可能扮演的角色等问题的看法。备忘录开头就强调："美国经济比较适于出口特定的工业制成品和农产品，而进口大量的原材料和粮食"。美国经济若想避免"在可能的压力下（如外贸盈余难以处理或消费品严重不足）而自我解体，继续推动这种进出口模式至关重要"。

备忘录明确了一个"重大区域"，借此美国经济不需要进行大的调整就可以继续维持下去。这一区域几乎囊括整个世界（德国占领下的欧洲除外），具体来说包括联合王国、未被占领的英联邦成员国和大英帝国殖民地、荷兰东印度殖民地、中国和日本。这一地区若在军事上无法得到防护、经济上无法连成一体，就会切断美国重要物资进口链，阻碍美国过剩的农产品和工业制成品出口，从而严重影响美国经济发展。因此在接下来的时间里，美国对外政策的目标就是遏制德国和日本对"重大区域"的威胁。战后"重塑世界有很多事情要做，这一点在欧洲尤为迫切"。因而备忘录列出了一系列需要进一步研究的议题，其中包括创立国际经济组织以稳定各国货币，创立国际金融机构以加强对落后地区的投资、推动落后地区的发展。[22]

与对外关系委员会接触频繁的罗斯福政府接受了这些提议，并为随后几届政府所继承。美国在战时援助英国、遏制日本，战后采取一系列经济政治政策，比如成立国际货币基金组织和世界银行、发动针对苏联的"冷战"、在第三世界掀起反革命运动，均体现了上述原则。

战后二十年里，美国有效地控制了"重大区域"。然而到1960年代末，越南战争失败已成定局，来自独立的西欧国家和日本的经济挑战日益增加，"滞涨"这一新型国内问题难以解决，动荡的第三世界各种运动此起彼伏，所有这一切明显导致"美国世纪"提前结束。美国应该如何应对这个混乱不堪的新世界？这一问题引发的"大争论"催生了三种主要思想流派。一种是基辛格的"现实主义政治"或曰"均势战略"，侧重军事实力；采取单边行动（或越顶外交），有些情况下把美国的盟友放在了难堪的境地（比如向中国打开国门对日本的影响），而在另外一些情况下则把美国放到了自行其是的孤立境地（比如在越南的所作所为）。第二种是"三边主义"模式，就是把美国、日本、西欧诸国联合起来，组成统一战线来对付苏东集团和第三世界的激进政权。最后一种来源于右翼思潮，里根政府的那些代言人是其典型代表。他们认为美国正在对一个越来越具有帝国主义倾向和越来越强大的苏联让步，他们支持进行全面军事防疫，竭力应对苏联的侵略和第三世界的革命运动——他们认为这两者之间相互促进，不可分割。

上述三种流派在诸如《限制战略武器条约》、缓和［国际关系］、巴拿马运河和军事防御方面等问题上的看法截然不同。不过，不同之处仅在实现基本战略目标所需的策略上，三者在战略上是一致的。他们都希望获得第三世界的原材料，自由进入第三世界市场，维持西方在国际体系中的主导地位，这也就意味着他们希望维持不平等的全球财富和权力分配体系。实现这一首要的保守目标，体现在美国对外政策的各个阶段，体现在政治、经济、文化三个方面，这也是接下来要论述的重点。

（1）反革命的政治策略

为了抵制第三世界革命运动，西方在政治方面走出的第一步上文已经交代清楚了，具体来说就是有选择性地给予领导民族主义革命而非社会主义革命的领导人独立地位。因此，印度、锡兰（今斯里兰卡）、缅甸和大部分英法非洲殖民地相对来说都和平地取得了独立。而在这些国家，殖民主义终结后新殖民主义便随之而来，无一例外。统治精英的肤色的确涂上了更暗的色调，然而当地的组织机构、它们与前宗主国的经济关系并没有从根本上得到重组。此种背景下向独立地位的过渡，是多么舒服、多么和谐，又是多么的徒具其形。下文中对印度大吉岭避暑胜地社会生活的描述清晰地体现了这一点。从英国殖民统治到独立后的1977年，这里的生活几乎没有发生什么变化。

当酷暑铺满整个平坦宽阔的恒河河谷，温度也高达49°之际，成千的印度人涌向山区，每年这个时候他们都会这么做。

大吉岭这一英国人心目中最佳的避暑胜地，此时又回到了其当令之季。"当然这里已不同往昔，那时涌来的游客名流荟萃，喜气洋洋，"孟加拉王公如是说。71年里，他在这个位于加尔各答以北480公里处的避暑胜地度过了绝大多数夏日。"不过，人们还是会来到这里享受清凉……"

如今来自各地的游客不是英国人，而是印度人，不过其他方面几乎没有什么变化。这些"夏日游客"，就像别人称呼他们的那样，非常高兴能有机会穿着粗糙的花呢服装，系着粗糙的领巾状领带，拄着手杖，漫步在大吉岭的林荫小道上，那些小道看起来就像是海滩前的木板道，四边则是世界最高峰的秀丽景色……

他们住的旅馆，有着华而不实的山墙，旅馆的名字也有些夸大其词，如"温达美小窝""长青之园""夏日胜地"。他们待在这里读着加尔各答报上有关自己家乡热浪袭袭的报道，自得其乐，就像那些夏日里涌向密歇根州或缅因州度假的游客所做的那样。

旅馆的阳台四周是弓形的绿色栏杆，放眼望去，四周高陡的梯坡上生长着茶树，他们坐在这里呷着出产在这里的茶叶冲泡的浓茶。

不过玛丽戈尔德·威斯登（Marigold Wisden）这位经营此处的英国妇女说，如今已不同往昔了。往日里，年轻的单身男士——他们大都是茶园的主人——往往穿着白色的长筒袜，银扣拖鞋，来参加这里一年一度的狂欢舞会。而如今，几所宾馆的宴会厅里，夜生活的最高形式就是庄严的狐步舞，跳舞者都是那些加尔各答的富商和他们的妻子，她们穿着镶金刻钻的莎丽服。

"你知道，这有点古印度的味道"，一位孟买家庭主妇说，她有天晚上曾在这里喝茶。

"这也是我们喜爱的大吉岭生活的一方面——它让我们想起了过去。"[23]

对大吉岭社会生活的描述，交代清楚了为何西方政府会对第三世界的民族主义者采取一种政策，而对第三世界的革命者却采取另一种政策。武力镇压和多年的流血抗争，已经成了渴求经济政治独立的殖民地的宿命。一方面，前殖民地国家在独立后要么自选要么被迫选择走上了新殖民主义道路，它们的经历证明并非平静无澜，并非没有暴力。实际情况证明，革命风暴往往是推迟了而已。问题的原因在于民族主义领导人面临难以解决的困境。他们既要尊重外国政府和投资者的利益，又要维护本国精英的利益,然而这么做也就意味着他们践行承诺"发展经济、提高人民生活水平"的机会就减少了。

这一矛盾是第三世界政府长期不稳定的根源,也是独立后军人精英往往取代文人精英而掌权的根源。大多数第三世界国家都经历过统治精英的循环,从独立前的殖民主义的代理人到民族主义的政治领导人再到军事官僚。三类精英具有几乎相同的思想认识,因为他们都是在殖民统治的保护或影响下接受的教育。

这些第三世界的精英们面临着各种各样的内部压力或外部强加给他们的压力,很难应对国家独立后面临的各种基本问题,从而引发了频繁的动乱。世界银行 1980 年的报告预测,1980 年代动乱将会愈加频发。西方政策制定者面对这一困境采取了其压制革命运动的总体战略中的第二种策略,具体包括公开的武装干涉,秘密的"破坏活动",支持那些实力稍弱的"帝国主义国家",将其打造成"小伙伴"来维持战略地区的现状。

很少有人了解美国公开的武装干涉已经运用到了什么样的地步。一份题为"1798—1945 美国在海外动用武装力量的情况"的报告,应参议员埃弗里特·德克森(Everett Dirksen)要求,准备了出来并刊登在了《国会议实录》中(1969 年 6 月 23 日),其中列举了近 160 次美国在海外用兵的情况,大部分都发生在第三世界。比如,1900—1925 年间,美国在中国和洪都拉斯的干涉次数各为 7 次,6 次干涉巴拿马,4 次干涉多米尼加共和国,在哥伦比亚、墨西哥和古巴的干涉次数均为 3 次,在危地马拉、海地、朝鲜、尼加拉瓜和土耳其分别干涉两次,在摩洛哥、菲律宾和叙利亚分别干涉一次。有些干涉持续时间比较长,如美国军队在 1915—1934 年间占领海地,以便"在频发的带来威胁的暴乱中维持秩序";美国军队于 1917—1933 年间占领古巴,以便"在动乱及之后未定的局势中保护美国利益"。[24]

第二次世界大战后,美国加快了干涉的步伐来应对愈加频发的起义。1976 年,在国防部的委托下,布鲁金斯研究所发布了一份 700 页的报告,列出了自 1946 年 1 月 1 日到 1975 年 10 月 31 日期间,美国为实现其政治目的 215 次在海外动用武力的情况。从时间跨度上来说,报告始于 1946 年派遣"密苏里号"军舰将土耳其驻美大使的遗体从华盛顿运回伊斯坦布尔(当时苏联正要求在土耳其建立军事基地),止于越南战争。

美国为实现其政治目的而在海外动用武装力量的程度令人惊愕,不过需要指出的是,许多次规模宏大的武装干涉均以灾难性的失败而告终,其中比较明显的例子有加入多国部队讨伐布尔什维克革命,支持蒋介石镇压中国共产党,支持法国干预越南和自身直接介入越南。

在越南的灾难性经历使得美国不再重视压制第三世界国家的起义,而将目光转向了恢复北大西洋公约组织的活力。然而越南战争结束才六年，国务卿亚历山大·黑格就宣布，"国际恐怖主义"（这是里根政府给予第三世界革命的代名词）将会取代人权而成为我们的关切点。

这并非仅限于说词。在中东地区，美国或扩大现有的基地，或修建一系列新的基地，从埃及的拉斯·巴纳斯港一直延伸到印度洋上的迪戈加西亚岛，到处都是美国的军事基地。1981 年 3 月，美国通过了一项总值 9.82 亿美元的军事援助项目，向土耳其、摩洛哥、阿曼及一些波斯湾国家和东南亚国家的右翼独裁政权提供武器和培训，用以对付当地的游击运动。此外，快速部署部队迅速扩大，自越南战争后美国再次具备了在全球范围内进行干涉的能力。1981 年初，美国向萨尔瓦多派出了几十名军事培训人员，这是比较公开的活动。然而几乎没有美国人知道，五角大楼计划在 1981 年 9 月之前向 53 个国家派出人员总数为 1667 的 323 个安全援助队。

对付那些激进主义的政权和起义运动，相比公开武装干涉，秘密的"破坏活动"更为有效。随着一些出版物的零星出现，秘密活动的使用程度也逐步显现。这些出版物包括中情局前特工如菲利普·阿吉（Phillip Agee）的《中情局内幕：工作日记》（*Inside the Company: A CIA Diary*）、维克多·马尔凯蒂（Victor Marchetti）的《中情局与情报崇拜》（*The CIA and the Cult of Intelligence*）、约翰·斯托克韦尔（John Stockwell）的《寻找敌人：中情局的故事》（*The Search of Enemies: A CIA Story*）、威尔伯·埃夫兰（Wilbur Eveland）的《沙绳》（*Ropes of Sand*）、克米特·罗斯福（Kermit Roosevelt）的《反政变：为控制伊朗所做的斗争》（*Countercoup: The Struggle for the Control of Iran*）；也包括美国参议院的报告，比如"所谓的涉及外国领导人的刺杀阴谋"（1975）、"1963—1973 年间在智利的秘密行动"（1975）；还包括一些详细的研究，比如迈克尔·克莱尔（Michael Klare）的《提供镇压服务：美国对海外独裁政权的支持》（*Supplying Repression: U.S. Support for Authoritarian Regimes Abroad*），以及由诺姆·乔姆斯基（Noam Chomsky）和爱德华·赫尔曼（Edward Herman）合著的《人权的政治经济学》（*The Political Economy of Human Rights*，1979 年，两卷本）。

马尔凯蒂的叙述清晰地揭示了秘密行动的规模程度，据他估计，中情局 1.65 万人中有 1.1 万人服务于"刺杀行动"，中情局每年 75 亿美元经费有 55 亿都用在这上面。无论是刺杀吴庭艳、卢蒙巴、特鲁希略和施奈德，还是针对卡斯特罗一次次失败的刺杀行动，中情局通过上述"服务"多多少少都参与其中。中情局参与针对外国领导人刺杀图谋的单位有一个官方名称"健康改造委员会"。中情局也不同程度地介入到了推翻外国政府的活动中，比如伊朗的摩萨台政府、危地马拉的阿本斯政府、智利的阿连德政府、印度尼西亚的苏加诺政府、巴西的古拉特政府。美国政治学家汉斯·摩根索（Hans Morgenthau）1974年总结道：

> 自从第二次世界大战结束以来，我们一直在干涉革命运动和激进改革，我们用保守主义和法西斯式的方式进行镇压，从未间断。当前的时代是革命或前革命时代，而我们却成了世界上最大的镇压革命运动而维持现状的力量。这样的政策只会带来道德灾难和政治灾难。[25]

据《华盛顿邮报》（1977年3月1日）报道，中情局还"了解甚至曾鼓励"美国公司偿付外国政治人物。美国企业（每年）斥资数百万美元，其中一部分就是"用于为美国政府购买情报或酬劳亲美的政客"。中情局也利用美国传教士搜集情报。中情局局长威廉·科尔比（William Colby）在给参议员马克·哈特菲尔德（Mark Hatfield）的一封信中辩解道："[传教士与中情局之间的]这种关系纯粹是自愿的，丝毫无损于有关传教士的名声和使命。"[26] 然而，这一解释在美国宗教领袖那里却并不怎么受欢迎。

中情局不仅利用美国海外公司和传教士，还利用美国工会在国外秘密活动。早在第一次世界大战期间，美国政府和工会就开始有了合作，当时美国劳工联合会的塞缪尔·冈珀斯（Samuel Compers）和威廉·格林与威尔逊总统通力合作。第二次世界大战期间也是如此——威廉·格林又与菲利普·默里（Philip Murray，美国产业工会联合会）一道曾与罗斯福总统合作。不过，第二次世界大战之后，美国劳工组织深深卷入了政府机关资助的秘密活动。第二次世界大战接近尾声时，这些私密活动悄然开始，而美国劳联也组织了一个下属的自由工会委员会，协助工会在欧洲和日本从事地下活动。自委会执行书记杰伊·洛夫斯通（Jay Lovestone）是美共前领导人，由于其修正主义立场而被开除出党。之后，他与亲密合作者欧文·布朗（Irving Brown）一道成了强硬的反共分子。不久之后，中情局开始每年资助二人200万美元。中情局官员托马斯·布雷登（Thomas Braden，1950—1954年间负责反共阵线工作）解释了为何提供这笔资助：

> 洛夫斯通和他的助理欧文·布朗……需要付钱给地中海各港口的暴力小分队，那样才能应付共产党一派码头工人的阻碍，把美国物资卸下来……他们二人在国际妇女服装工人联合会（领导人是杜宾斯基）的资助下成立了一个非共产党的工会："工人力量"。每当资金用光了，便向中情局求助，这样就建立起了对自由工会的秘密资助链条……若是没有这一补贴，第二次世界大战后的历史也许就要重写。[27]

除了在法、德、意、希腊及欧洲其他国家从事分裂激进工会组织的活动，中情局还通过国际开发署在第三世界资助类似活动。为此还专门建立了一批特殊机构，比如非洲 – 美国劳工中心（1966），美国 – 亚洲自由劳工协会（1968），以及专门针对拉丁美洲的自由劳工发展美洲研究所（AIFLD，1962）。前两个组织的活动仍不大为人所知，不过美国自由劳工发展研究所最近披露的材料显示，它们遵循相同的活动模式：通过建立或利用"自由"（反共产主义的）劳工组织，来维护美国企业的利益，实现美国政府的反革命目标。

自由劳工发展美洲所董事会成员有几名公司高层，彼得·格雷斯（Peter Grace）是其中之一，他是一家以自己的名字命名的公司老总，在拉丁美洲有大量投资。格雷斯认为，自由劳工发展美洲所的作用就是鼓吹"劳资合作，阶级斗争结束……"此外，他要求工会会员"帮助自己的公司开拓业务……防止共产主义渗透，在共产主义已经渗透进去的地方设法进行清除"。[28]

自由劳工发展美洲所在拉丁美洲的代表们热情地执行着这些命令。在危地马拉，他们支持卡洛斯·卡斯蒂略上校领导的"自由军"，推翻了阿本斯政府，乔治·米尼（George Meany）赞扬这一行动推翻了"共产党控制的政权"。在多米尼加共和国，自由劳工发展美洲所资助成立了一个规模较小的工会（CONATRAL），这是当地唯一一个呼吁用军事行动反对博什政府并支持约翰逊总统武装干涉的劳工机构。自由劳工发展美洲所还通过资助政治性罢工和停工，最终将两次当选总统的契迪·贾根（Cheddi Jagan）赶下了台。

在智利，中情局局长科尔比批准每年预算"至少800万美元"（黑市上至少价值4000万美元）来推翻阿连德政府。自由劳工发展美洲所通过在智利开设的研讨班和在弗吉尼亚州弗朗特罗亚尔的一所特殊学校培训了8837名智利人，1972—1973年间受训人数突然增长。这些人员也是这800万美元的主要使用者，钱用来赞助矿工、卡车司机、店员、出租车司机罢工，罢工则使阿连德政府瘫痪，从而为后来的政变铺平了道路。1973年2月，中情局一名情报首脑杰拉尔德·西尔斯（Gerald Sills）上校对智利的皮诺切特将军说，将军如今坐在了"一条正在下沉的船上"，并问他打算"何时行动？"皮诺切特回答说："在我们的腿还没湿之前不会行动……在民众走上街头要求我们行动之前，武装部队不会起来反对阿连德。"[29] 很快，自由劳工发展美洲所就把中情局的资助花在了动员民众"走上街头"，之后皮诺切特凿沉"这条正在下沉的船"也就无所顾忌了。

同样的活动也发生在巴西。自由劳工发展美洲所理事威廉·多尔蒂（William Doherty）曾对人夸耀自己在推翻古拉特政府和扶植至今仍在执政的军事独裁政权上所起的作用。政变后不久，多尔蒂宣称："发生在巴西的事情并非偶然，而是策划出来的，几个月前就在策划了。许多工会组织领导人——其中一些实际上是在我们美洲所里接受的培训——都参与了这场革命，参与了推翻古拉特政府的活动。"(30) 政变过后几年披露出的材料显示，一名在自由劳工发展美洲所受训过的巴西工会领导人曾为电讯工人组织反共研讨班。每堂课后，他都私下里告诉几个主要员工政变的进展状况，并要求他们无论在什么情况下都必须保证电讯通畅。军队于1964年4月发动政变时，"共产党人……号召举行一次总罢工，特别号召电讯员工参与其中。可令他们失望的是，线路仍然畅通，而军队则借此得以协调其各项行动……"(31)

中情局一方面秘密介入推翻激进政权的活动，另一方面又辅以公开支持一些反动政权，这在第三世界的一些战略要区体现得更为明显。第二次世界大战后，殖民地的革命高潮遭到了西方地面部队的干涉——法国在东南亚和阿尔及利亚干涉，美国在越南和拉丁美洲干涉，葡萄牙在非洲干涉。然而这一战略最终却是自食其果：不但遭到国内人民的强烈反对，也遭到殖民地的反抗。西方政界和军界领导人因而逐渐形成了一条更为有效的反革命路线。

目前，遍布整个第三世界，各种各样的新方法都在试验。除了经济手段（下一节将加以分析），它们还为自己欢迎的政权训练和武装警察力量与军事力量。为了应对卡斯特罗的革命，肯尼迪总统于1962年在国际开发署下设了公共安全局，以便进一步训练和武装外国警察力量。位于华盛顿特区的国际警察学院培训了来自77个国家的一万名警察，学院开设的课程有"国内情报""建设战略村""炸弹使用一、二、三"等。受训的警察回国后，便配备上了装甲车、步枪、机关枪、爆炸装置、毒气弹和拇指夹、脚镣手铐、警棍等刑具，以便发挥他们新学到的技艺。副国务卿亚历克西斯·约翰逊（Alexis Johnson）在1971年的一次国会作证时明确支持公共安全局的活动："有效的警察力量就像'预防剂'，在维持国内治安方面，警察可以防患于未然。若没有他们，就需要做'大手术'［军事干涉］来应对这些隐患了。"然而越南战争和智利政变之后，公共安全局的活动麻烦不断陷入尴尬境地，1974年国会将其撤销。这一举动早已被证明毫无意义，因为用于镇压的经费可以通过种种其他渠道输送过去。国际麻醉药管制计划就是其中之一。在公共安全局撤销后的头四年里，通过该计划为外国警察力量输送了1.42亿美元。就连尼加拉瓜和乌拉圭这种因严重侵犯人权而被排除在一切军事援助之外的拉丁美洲国家，也能继续从美国私人工厂主那里购得武器和刑具。值得一提的是，美国还向40个国家派驻了"安全顾问"，训练了那里的100多万警察。

美国向其选中的外国军事机构和警察力量提供武器和技术训练。卡特在第一次总统竞选时曾批评说"我们国家是世界上头号武器贩子"，并保证［当选后会］"更多关注和平事业，减少武器交易"。然而在他任职期间，对外武器交易却是大幅增长。

尽管他鼓吹"人权",大部分武器却都流向了那些人权记录最为糟糕的国家,包括阿根廷、巴西、印度尼西亚、埃塞俄比亚、伊朗、泰国、乌拉圭、韩国和菲律宾。

与武器交易密切相关的是训练外国军官。1973—1977年间,共有12723名来自上述十个国家的军官在美国军事院校接受了培训。大部分军官学习的都是正规军事科目训练,不过也有相当一部分学习的是反暴行动、军事情报审讯技术、安全措施等,这些课程都与国内警察行动而非对外防御相关。美国陆军部在巴拿马运河区开办的美洲学校是其中的代表。1949—1976年间,3.3万多名拉丁美洲军官曾在那里受训。负责安全援助的副国务卿查尔斯·莫(Charles Maw),在众议院国际关系委员会上作证时(1976年3月23日)解释了训练的目的:"生活中的一个常识是,世界上许多国家的军队都是保守力量,主要是帮助维护国内安全。"美洲学校的一面墙上挂着一个相框,相框内展示的一封信证实了上述说法。信的署名是智利独裁者皮诺切特将军,日期是1973年11月6日,信中表示了他个人和智利军队感谢学校的工作。在此之前的1973年9月,皮诺切特推翻了阿连德的宪制政府。

位居美洲学校及许多类似机构之上的是位于波托马克河畔莱斯利·麦克夸尔堡的泛美防务学院(IADC)。该校于1962年由华盛顿拨款100万美元兴建,是一个名副其实的政变政权的研究生院。到1976年,已有18个拉丁美洲国家的497名学生从这里毕业,这些人日后都成了现在掌权的军人独裁政府的显赫人物。泛美防务学院开设的课程涵盖了世界形势、泛美体系、大陆安全、工业金融管理、农业、能源与通讯等主题。课程明确宣扬的目标是"培养在最高国际层面共同规划的技艺,以便在维护美洲大陆安全的相关理论上取得更大的共识"(32)。

退役海军上将吉恩·拉·罗克(Gene La Rocque)曾于1962—1972年间出任该校校长,他解释道:"我们这所学校训练的是如何有效地管理政府,丝毫不鼓励他们夺权。"不过,现今已是国防信息中心(华盛顿和平基金的一个项目)主任的拉·罗克,也看到了训练中包含的令人不安的因素:

> 培养一批全世界的军人统治者是有害的,而某种程度上我们就是在这么做。我们曾经通过提高个人的效率来帮助军人维持政权……毫无疑问,他们也成了更加合格的行政人员。
>
> 然而我却很担心。我担心的是从整体上看加强军队力量的后果。在拉丁美洲,军队的效率越高……我们的军队权力就会越大……
>
> 而这在过去则并不是个大问题,毕竟从历史上看,军人独裁政权都是短命的,它们会上台维持秩序,不久政府就会交给文官。我们宁可要这样的政府也不要共产主义。然而,新的动向却显示,军人还是在继续掌权。

第十九章 防御性垄断资本主义、革命与新殖民主义的时代

我们应该从拉丁美洲发生的事情中汲取教训。

那里的军人力量正在膨胀——我们这里同样如此。(33)

最后，如果上述反革命措施都以失败收场，那么还有最后一招：有选择性地为一些政治人物提供避难，有选择性地在某些国家执行人权运动。美国人一直自豪于他们所拥有的以自由女神像为标志的人道主义传统。然而，长期以来的实际情况却是，有些"落魄和贫困"之人受欢迎，有些则不然，具体全要看华盛顿与他们逃离国家的关系而定。如果那些寻求避难之人来自一个"不友好"国家（通常是社会主义国家），他们马上就会被接纳，因为他们的政府是"迫害人权"的。如果那些人来自属于"友好"国家的行列，寻求避难就常会被拒，因为那里压制人权的状况可以忽略不计。

例一，第二次世界大战后有近 80 万东欧人入境美国，因为他们都是从社会主义国家逃出来的。然而在 1938 年，美国决策者却非常谨慎，不愿和希特勒对抗，故 13.9 万名申请入境的德国犹太人和工会成员只有 1.95 万人被接纳入境。这一数字比美国设置的德国移民限额少了一万名。1939 年，国会中有提案要求接下来两年接纳两万名德国犹太儿童，然而提案却遭到了委员会否决。

例二，约 72.5 万名来自卡斯特罗的古巴和 25 万来自东南亚印度支那共产党国家的难民在美国得到了庇护。然而那些"乘船逃出的海地难民"却由移民和规划局系统地遭返回去，理由是他们是经济难民而非政治难民。佛罗里达州参议员理查德·斯通（Richard Stone）、佛罗里达州州长鲍勃·格雷厄姆（Bob Graham）、国会黑人核心小组成员强烈反对官方这一立场。核心小组抨击美国的种族主义，谴责华盛顿偏向独裁者杜瓦利埃而反对共产主义者卡斯特罗。随着 1980 年大选的来临，华盛顿改变了立场，给予海地人和古巴人相同的入境条件。

例三，与允许 72.5 万名古巴难民入境形成强烈对比的是，自智利的阿连德政府倒台后，只有不到 1000 名智利难民被允许入境。华盛顿某"消息来源"解释道："考虑到推翻阿连德政府符合美国的利益，美国显然不会随意为那些帮助推翻阿连德政府的同一批人打开大门。"(34)

例四，尼加拉瓜的索摩查独裁政权倒台后，美国给来自那里的公民提供了暂时避难，然而来自萨尔瓦多的难民却被遣返回去。据拉丁美洲专家布拉斯·邦潘恩（Blasé Bonpane）教授估计，"被遣返者中有 5%—10% 被处死"。也有提议要求给予萨尔瓦多人非官方的暂时庇护，但却遭到拒绝。美国国务院前官员解释，这是因为"美国一直主张以政治方式解决萨尔瓦多的内部冲突，如果通过这一提案，或许会使人觉得美国不相信萨尔瓦多有能力解决自己的问题"。(35)

作为西方世界的领袖，美国在全球反革命活动中发挥了领导作用，然而它却并非孤军奋战。法国在这方面表现得也特别积极，尤其是在非洲。法国在非洲的前殖民地与第二次世界大战前一样，在经济上和文化上依然与其保持密切关系。从军事上来说，法国在非洲的军事力量也比其他西方列强强大。从留尼汪岛、科摩罗群岛和马达加斯加共和国等印度洋群岛，到霍恩岛上新独立的吉布提，经过中非的喀麦隆、加蓬、尼日尔、乍得，到西非的象牙海岸、塞内加尔和毛里塔尼亚，长期驻扎着两万多法国军队，以对抗非洲任何地区的革命运动。这些军队曾支持过喀麦隆（1959—1964）、塞内加尔（1959—1960）、象牙海岸（1963）、加蓬（1964—1966）的傀儡政权。法国还不遗余力地在自己的势力范围之外利用武力"维持秩序"，比如它曾想要击败安哥拉的人民解放运动（尽管并未成功），并曾成功地介入扎伊尔而支持摇摇欲坠的蒙巴托腐败政权。一位不愿署名的美国外交官因此在《国际先驱论坛报》（1977年8月2日）上发表评论："在欧洲之外的其他地区，法国是我们最好的盟友。"

（2）反革命的经济战略

斯梅德利·巴特勒（Smedley Butler）将军的活动证实了在20世纪早期他和他的海军陆战队是如何"在三大洲为资本主义扩张而敲诈勒索"。如今，在20世纪后期，提着公文包的银行家取代了提着机关枪的海军陆战队。事实上，人们可以看到，国际货币基金组织推翻的第三世界政府比海军陆战队还要多。

那些欠发达国家之所以会在财政上显得如此脆弱，源于它们长期缺乏外汇。几乎所有第三世界国家都受到这一问题的困扰，唯一能幸免的就是少数拥有石油资源的国家。长期以来不利的贸易条件、跨国公司大规模的利润回流、急速增长的外汇负担，是造成外汇储备短缺的根本原因，有些欠发达国家甚至要用其40%的外贸收入来偿付外债利息。

西方官员和银行家一向乐于，甚至渴望［给第三世界国家］提供大量贷款。在众议院外交委员会1973年的一次外援听证会上，国务卿威廉·罗杰斯（William Rogers）陈述了理由：

> 美国人口只占世界的6%，然而每年却要消耗40%的世界原料和能源的年度产出。在这些物资供应上，我们越来越依赖于发展中国家。
>
> 从账单的另一面来看，发展中国家也越来越成为美国产品的消费市场。1970年，向发展中国家的出口占了我们出口总量的30%。美国在发展中国家的投资总额约为300亿美元，并且每年还在以10%的速度增长。我

们对外投资收益的 50% 都来自发展中国家。

美国也受益于对发展中国家的援助计划。援助经费中有 80% 都花在了美国，为美国创造了更多的就业机会和收入。毫无疑问，在你们的每一个区里，都有直接受益于这些项目的农场、工厂和大学。

基于所有这些经济、政治、道德方面的原因，美国会一如既往地回应欠发达国家的困境［有求必应］，这不仅符合我们的利益，也符合它们的利益。(36)

不仅援助者出于上述原因喜欢外援，受援者也欢迎外国援助，把这看作增税和结构改革的替代性方法。因此，到 1970 年底，欠发达国家举借的外债总额已达 549 亿美元。1973—1974 年间的经济滞涨，严重地损害了欠发达国家中的非石油输出国，因为一方面它们的原材料出口份额和价格削减，而另一方面其进口石油和制成品的成本却在增加，因而在接下来的几年里，外债数额进一步增加。欠发达国家中的非石油输出国的贸易逆差从 1973 年的 120 亿美元上升到 1974 年的 340 亿美元，到 1975 年则上升到了 410 亿美元。

而"欧洲货币市场"甚至是比美国银行更重要的借款来源，它所提供的是"欧洲美元"。"欧洲美元"来源于 1960 年代美国巨额收支赤字：当初，一些外商向美国出口货物换得美元，但却一直将其拿在手里。随着欧洲美元的数量不断增加，这些持有者转向了欠发达国家，并以远远高于在他们本国所能得到的利率把几十亿贷款给了欠发达国家。公开数字显示，欠发达国家借入的欧洲美元贷款从 1971 年的 14.75 亿美元增加到 1972 年的 40.8 亿美元。1973 年为 91.16 亿美元，1974 年为 96.05 亿美元，1975 年为 115.3 亿美元。公布的数据并非实情，据估计欧洲美元的贷款额实际上是上述数字的两倍。

到 1980 年底，欠发达国家向各国政府、国际机构和私人银行举借的债务总额已猛增至 4000 亿美元。(37) 债额中约有一半来自私人银行，而其中的三分之二又来自美国银行。这些银行从贷款中获取了巨额利润，以至于花旗银行董事长里斯顿（W. B. Wriston）得意地说："在我们这里,我们的费用都由雅加达买单。"(38) 而与此同时，派驻雅加达的一位银行家环顾四周安装着现代化的崭新的空调设备和熙熙攘攘的大街后说道："显然这里的人们都在赚钱，然而，这个城市里每个银行家创造的数据记录也在导向灾难。至于灾难何时而来，天晓得？"(39)

对债务国来说，偿还沉重如山的债务越来越不可能，不过它们都获得了延期偿还许可。秘鲁就是一个典型例子。1977 年底,秘鲁需要偿还 50 亿美元外债中的 7 亿，然而秘鲁政府却只有大约 3300 万美元的外汇储备。此时，私人银行和国际货币组织开始要求持续监管秘鲁的各项经济政策以此作为重新安排还款方案的条件,这样做尚属首次。它们要求秘鲁贯彻一项严格的财政稳定计划,包括冻结工资,废除物价管制,减少进口,限制政府开支和借贷,采取措施吸引外资,削减公共卫生、教育、住房和其他社会福利事业方面的开支。

在强加给财政拮据的欠发达国家的种种计划中,秘鲁的计划比较典型。不过强加的条款却无助于这些国家建立其独立的和多样化的经济体系,而这恰恰是它们所需要的。这些计划只不过是暂时缓解了它们所面临的外汇储备困境。由此带来的结果便是,它们越发依赖出口传统产品,依赖外国资本和市场,而这恰恰又成了不稳定的根源。在秘鲁,工会采取罢工来予以回应,罢工使所有城市都陷入瘫痪。此时,五位主教也公开谴责:"一小撮特权人士正在把经济危机转嫁到大众身上。"(40)

美国的银行家因此受到谴责,说他们施加给秘鲁政府的要求太过苛刻,而面对谴责他们则拒绝对任何压力承担责任:

> 我们并没有施加什么条款。是秘鲁人自己需要借更多的钱。我们告诉他们我们不能借给他们,因为我们不相信他们有偿付能力。他们就拿着一份他们自称将会实施的紧缩计划再次来找我们。我们指出这还不够,他们就又拿出了其他方案。我们并没有告诉他们怎么做。是秘鲁人自己意识到了他们需要向我们表明他们正在慎重对待债务问题。(41)

银行家们会为自己的行为作出这样的辩解并不足为奇,他们在第三世界活动本身就是受自我利益驱使,而不是为了增进公众的福利事业。但是,世界银行在关键场合却也扮演了同样的角色。世界银行行长罗伯特·麦克纳马拉在其1972年9月25日所做的"年度报告"中指出,"发展中国家的极度贫困问题"已是我们这个时代的重要问题。他指出了导致贫困的"两个突出原因":"富国并未采取有效措施来帮助穷国,而穷国也没有采取有效措施来扶助自己国家那40%最贫困的人口。"他继续分析指出:"贫困问题深深植根于制度性结构之中,特别是源于制度内部经济和政治权力的分配……在国内推行根本改革正是穷国政府的责任,任何国家都不能逃避这一责任……很明显,这需要极大的勇气和决心。而富国的政治领导人也应该给予那些处境艰难的穷国更多的承诺,以激发它们的勇气和决心。"

实际上,麦克纳马拉是在呼吁第三世界的统治精英和富国一同去打破它们从中牟利的制度。他的逻辑既无可辩驳之处,也没有多少实质意义,毕竟世界银行的运作结构摆在那里。因此,麦克纳马拉的言辞和政策之间始终存在一道鸿沟。这一点通过世界银行在参与推翻智利的阿连德政府和支持后来通过政变上台的军政府中所扮演的角色就可以看出来。

阿连德总统无论在当选前还是当选后，都遭到美国政府和工商界领袖的强烈反对。美国国务卿亨利·基辛格（Henry Kissinger）说："一个国家因其自己人民的不负责任而倒向了共产主义，我不明白此时为何我们还在袖手旁观。"尼克松总统也同样无情地说："就是一颗螺母、一个螺栓也不能运到智利去。我们必须把智利的经济搞得一团糟。"下表[42]说明了麦克纳马拉在对智利实施严格禁运方面是如何配合的——尽管阿连德是少数几个执行麦克纳马拉所要求的改革的第三世界领导人之一。

美国政府和世界银行对智利的援助（单位：百万美元）

	1968-1970（弗雷）	1971-1973（阿连德）	1974-1976（军政府）
军事援助	20	33	16
国际开发署	11	13	41
粮食用于和平计划 I	25	0	107
粮食用于和平计划 II	20	15	16
住房投资担保	0	0	55
进出口贷款及担保	42	5	79
农产品商业信贷	0	3	50
改期归还债务	0	0	297
世界银行	42	0	66
泛美开发银行	94	19	168

泛美开发银行的数据是按日历年份算，即1月1日至12月31日，其他都是到6月30日为止的财政年度数字。除世界银行和泛美开发银行外，其他均指来自美国的援助。

Source: *Dollar & Sense*, December 1976, p.12.

数据中值得注意的是，阿连德执政期间美国的军事援助有所增加，这是唯一一项优待阿连德政府的外援项目。这实际上证明是美国的一种典型而精明的投资，在亲美的军官推翻阿连德政府建立起新政权之后，投资立马到位，麦克纳马拉也迅即决定援助新政府。众议院国际经济小组委员会主席众议员亨利·罗伊斯（Henry Reuss），作为国会中经济知识最丰富的人之一，觉得这样做未免有些过分。1976年3月19日，他写了一封长达八页的信给麦克纳马拉，就世界银行在阿连德政府倒台后立即恢复对智利的援助提出了异议：

> ……智利的经济状况比阿连德执政的任何时期都要糟糕，甚至比1971年世界银行中止对智利贷款时的情况都要糟。……经济数据并不能支持"智利比上一届民主政府执政时更值得提供贷款"这一看法，实际情况恰好相反。
>
> 人们很容易得出这样一个让人不快的结论：世界银行屈从于政治压力，而去支持一个惨无人道的右翼政府，该政府摇摇欲坠、濒临破产。世界银行20位董事中有9位对这项贷款要么投票反对要么弃权，此举表明他们与我一样怀着不安的心情，他们代表着世界银行41%的有投票权的股份，几乎代表着所有西欧国家，包括英、法、德、比利时、荷兰、卢森堡、以色列、塞浦路斯、丹麦、挪威、瑞典、芬兰、冰岛，以及罗马尼亚、南斯拉夫和中东许多国家。[43]

总之，这一节关于反革命经济战略的论述，让我想起了剑桥大学经济学家琼·罗宾逊（Joan Robinson）的看法：西方国家对第三世界进行经济援助的首要目的是想让那些需要援助的制度长期存在下去。世界银行对智利援助的变动充分证明了这一点，而国际开发署在1961—1971年间用于支持第三世界警察力量的2.38亿美元也证明了这一点。这项援助是在该署"开发援助"项目下开支的。当拨款听证会上问到拨款的理由时，负责拉丁美洲事务的助理国务卿约翰·克里敏斯（John Crimmins）回答道："这些［安全］项目本质上是属于发展性质的——专门用于解决一个关键性的公共部门制度（警察制度）的现代化问题。"[44]

（3）反革命的文化战略

帝国主义不仅包括上文提到的政治统治和经济统治，还包括文化统治。文化帝国主义并非现代才有。早在罗马帝国时期，臣服于罗马的各行省的城市，就是罗马在叙利亚人、埃及人、北非人、高卢人、不列颠人及其他臣服民族传播罗马语言、宗教、建筑和市民文化的基地。随着罗马帝国的衰落，帝国文化为许多地方文化所取代。而由于各个王朝和商人们的要求，加上印刷术和学校系统的同化能力，地方文化也逐渐汇合成了少数几种民族文化，如法兰西文化、西班牙文化、意大利文化、英格兰文化等。

当民族国家向外扩张时，随之而形成的帝国主义一开始就在文化领域显现了出来。欧洲的探险者和征服者到处明确宣布，他们既想掠夺当地的黄金、占领土地和其他一切财物,也要改变异教徒的信仰。在以后的几个世纪,形成了两种类型的文化帝国主义。第一种是官方性质的,旨在殖民帝国时代增加和维持帝国的权威。随着非殖民化浪潮兴起和新殖民主义的出现,第二种类型的非官方文化帝国主义也应运而生。跨国公司在全球范围的经营活动和美国所主导的通讯行业的发达,都催生了这一新型帝国主义。

几百年来,在第三世界的每个角落都可以找到大量官方性质的文化帝国主义的例证。比如,非洲法属殖民地学童所学课本的第一句话就是"我们的祖先,高卢人"。19世纪活跃于黄金海岸的英国商人注意到,许多非洲人都认为"学校对于白人是一桩好事,对于黑人却不是这样"。一位黑白混血的商人解释了当地人质疑英式教育模式的原因:

> 所有年轻人毕业后都去经商了,因为他们看到的欧洲人都是商人;我觉得没有一个会读会写的男孩会去当船夫、会去种玉米;所有这些受过教育的年轻人都在从事同一种职业:在全国范围内买卖货物……非常遗憾的是,并没有人做点什么去激励其中的一些年轻人来做木匠和砖瓦工。[45]

同样,在印度,托马斯·麦考利于1835年宣布其目的就是要培育"一个阶级……[成为……桥梁。]这个阶级的人在血缘和肤色上是印度人,但在情趣、观点、品行和才智上则是英国人"。事实上,英国的确创造出了这样一个阶级,尼赫鲁承认这一点并着重予以强调:

> 我们养成了做乡绅庄园好管家的心态。有时在客厅里有人递给我们一杯茶,我们就会觉得自己受到了无限礼遇。我们最大的抱负就是让人尊重,个人能跻身上流阶层。英国在印度取得的这种心理成就,远比其军事和外交成就要有意义得多。[46]

第二种形式的文化帝国主义,或曰非官方的文化帝国主义,其活跃中心是美国。第二次世界大战后美国对外贸易和投资史无前例的增长促成了这一事实。1955—1975年间,美国出口额比之前增长了四倍,年均1070亿美元。美国在国外投资的账面价值在1953—1957年间从163亿美元跃升至1073亿美元。美国商品和资本在全球范围内大规模扩散,极大地冲击了第三世界文化。比起过去的间接投资或直接经营(主要是经营那些与周围社会远离的封闭的采掘业),在第三世界国家建立工业企业带来了更大的文化冲击力。印度科学家雷迪(A. K. N. Reddy)已经指出:技

术转让有着深刻的文化含义,因为技术"就像是遗传基因",

> 它载有社会密码,密码诞生于这个社会,成长在这个社会,并力图复制这个社会……以及它的结构和它的社会价值。因此,在印度推行一种资本集约型、奢侈取向的西方文化,也就造就了印度的二元社会:大的都市中心仿制富裕的西方模式,而农村人口则极度贫困,大规模失业,不断涌向城市,收入差距持续拉大。(47)

事实上,跨国公司在国外的分公司的确在其所在国复制了其母国的社会模式。跨国公司决定产品的生产,又通过它们所熟悉的广告活动去吸引消费者关注,刺激消费者需求。因此,全球性公司和全球性银行的兴起不可避免地带来了麦迪逊大道营业模式的全球化。1954 年,美国 30 家最大的广告公司,只有 5% 的营业收入来自海外活动。而到了 1972 年,这一比例几乎达到了先前的 7 倍,也即它们 70 亿美元的总收入中有 33% 都来自海外。1974 年,科尔盖特·帕尔莫利夫公司 57% 的预算花在海外,普罗克特-甘部尔公司和美国国货公司是 30%,通用汽车公司 27%,福特汽车公司和通用食品公司各 26%,布里斯托尔-迈尔斯公司 24%。1975 年,美国十家最大的广告公司报告,其国外经营收入占其业务总收入的比例如下:麦肯广告(McCann Erickson)70%,达彼思(Ted Bates & Company)和奥美(Ogilvy & Mather)各 54%,智威汤逊(J. Walter Thompson)52%,扬雅国际(Young & Rubican International)40%,李奥贝纳(Leo Burnett Company)36%,美格(Foote, Cone & Belding)31%,天联广告(BBDO)和达美高(D'Arcy, MacManus and Masius)各 30%,葛瑞广告(Grey Advertising)28%。

如此一大笔钱花在第三世界其产生的社会影响只需要看看下述事实就可知道。美国制造业的子公司在墨西哥打广告的费用甚至都超出了墨西哥各种形式的教育预算的 33%。之前这些广告能影响的群体就是一些收入较好的中上层,现如今工人阶级也加入了消费者行列。由于巴西工人实际的工资水平近年来一直在下降,所以购买收音机、电视、冰箱、甚至轿车等,不得不需要借债和降低食物标准。联合国粮农组织关于营养状况的一份调查显示:"许多国家人均卡里路的摄入量、蛋白质的摄入量及动物蛋白的摄入量都在国际标准之下……当地蔬菜较有营养,但因家庭支出的一部分花在了瓶装饮料和包装食品上,尽管其营养价值相对较低,也就减少了对当地蔬菜的消费,进而也就损失了一些营养。"(48)

除了对营养标准产生了影响外,麦迪逊大街也强烈地影响了第三世界社会的价值系统。由于第三世界的识字人数较少,其信息领域便向美国广播和电视系统开放。

哥伦比亚广播电台向 100 个国家播出其节目。据 1968 年的一份报告显示，其新的电影服务可以通过卫星进入"自由世界 95% 的家庭"。电影《檀岛警骑》（Hawaii Five-O）用 6 种语言配音，在 47 个国家上映。《大淘金》（Bonanza）则在 60 个国家上映，估计每周的观众人数都有 3.5 亿。这一模式也适用于其他传播媒介。比如，哥伦比亚广播公司在 1970 年向外国卖出一亿张唱片。《读者文摘》在 101 个国家发行，在美国之外的发行量有 1150 万册。由于对数以百万计的只有初等文化的人来说《读者文摘》太难了，于是《超人》《特勤兵》《特力和海盗》等漫画杂志都推出了外文版。

在《伸向全球：跨国公司的影响力》（Global Reach: The Power of the Multinational Corporations）一书中，作者理查德·巴尼特（Richard Barnet）和罗纳德·穆勒（Ronald Muller）就跨国公司对第三世界大部分人的精神影响得出了以下发人深省的结论：

> 宣传部门塑造人之价值观、情趣态度，其影响力只是在美国往往称作"封闭社会"的地方，而跨国公司却在"自由世界"的许多地区都发挥了这样的作用。以墨西哥为例，外国公司通过电视、电影插播广告、连环画、杂志广告，对这些处于低层的、数量上占总人口一半的人士之思维产生了持续的影响，其影响力远远超过墨西哥政府和教育系统。在墨西哥，只有一小部分人受过三年以上教育，而官方宣布的文盲率则超过 27%。因此，对大部分人来说，与学校之接触不过转瞬即逝，而电视和半导体收音机却与他们相伴终生。
>
> 就宣传力而言，政府也无法与广告相比。在墨西哥城的一些主要交通大道上，一面是政府号召人们注意清洁卫生的宣传标语，一面是啤酒、化妆品、时装及其他象征美好生活的广告牌。在广告牌的制作过程中采用了现代广告的最新技术，充斥着奢华享乐、谈情说爱、炫耀权力的五颜六色的图案，而卫生部门的宣传标语，无论基调有多高，却都无法打动人心。[(49)]

所有这些其实就是思想意识上的帝国主义，或者也可说是思想的殖民化，虽然西方政府和商业街很不愿意听到这类词汇。然而，考虑到跨国公司对第三世界公民思想的影响比他们自己的政府和学校还要大，由此造成的后果之一便是产生了一种微妙的种族主义，第三世界人民形成了一种自卑心态。无论是广告牌、杂志还是电视屏幕，都无一例外地把蓝眼睛金头发白皮肤的男女描绘成了美好生活的创造者和享受者。这种"白人就意味着美好"的广告不可避免地加强了人们的自卑感，殖民心态的本质也就在这里。弗朗茨·法农（Frantz Fanon）描绘了殖民主义在法属西印度群岛居民心理上烙下的那种错乱情绪和自卑情结：

> 是否采用母国的文化标准成了殖民地人民认为自己走出了丛林、提高了地位的标志。他们认为只要自己放弃了黑人的生活模式，只要走出了丛林，就变成了白人……从我心灵深处最为黑暗的部分走出，跨过我心中那黑白相间地带而迸发出来的愿望则是自己突然变成白人。但愿人们不要认为我是黑人，但愿他们承认我是白人。(50)

麦迪逊大道模式全球化的另一个后果则是大众消费主义的四处蔓延。过去教会用来生可以安享美好生活来抚慰穷人，如今广告公司却给他们开出了在今生就可以享受的物质诱惑。传统价值观遭到摒弃，自尊心成了物质财富的附庸品。联合国在加拉加斯贫民窟所做的一项调查显示，在一个用罐头盒和纸板搭起来的两居室的小棚屋里，既没有自来水也没有盥洗室，地上脏兮兮的，然而里面却有一台24英寸的彩色电视。当问到这些贫民既然小一些的黑白电视同样能看，为何还要买这么贵的彩色电视，他们回答道，电视越贵越好，有钱的委内瑞拉白人都喜欢买贵电视。他们的回答让人想起了奴隶制的种植园，庄园主和"监工"在里面开创了一种风尚：要穿着昂贵的毛料衣服、戴上礼帽来品苏格兰威士忌。牙买加经济学家乔治·贝克福德描绘出了这种消费方式是如何流传到今天的："每逢周日下午，种植园村落里的穷人们都会盛装打扮，穿上燕尾服，戴上大礼帽，此种着装方式掩盖了他们低下的生活水平。不知内情的游客，无论谁看到这幅场景都会对他们的富裕生活景象留下深刻印象。"(51)

大众消费主义也使人们逐步建立起了自我认同而去维护现状，从而抑制了社会变革。希望解决基本的经济社会问题的各国政府发现，自己很难动员公众去支持它们削减常用消费品的供应，转而用来建造廉租房，投入大众教育，购买医疗设备，关注长远的经济发展。

"……我们必须承认，"国会研究中心准备的一项调查报告总结道，"国际上大众传播的流向是不平衡的，而美国则是主要源头。与此同时，美国又大规模地介入了其他各种国际活动，所有这一切都催生了这样一种观念：一种打着'美国制造'标签的全球文化形成了。"(52) 这一现象本质上源于信息流的不平衡，如今越来越引起了第三世界国家的不满。种种原因既不言而喻又令人信服。"不平衡"是对民族文化和民族经济的直接严重威胁。为了应对这一威胁，第三世界国家召开了一系列国际会议，如1973年的阿尔及尔会议，1975年的基多会议和利马会议，1976年的圣何塞会议、新德里会议、科伦坡会议和内罗毕会议，1977年的佛罗伦萨会议，1978年的巴黎会议，1979年的吉隆坡会议，以及1980年的贝尔格莱德会议。"新的国际信息秩序"是"新的国际经济秩序的前提"，这是大部分第三世界国家在这些会议上所持的总的立场。

"信息主权"（information sovereignty）这个名词在会上出现得也越来越频繁，它意味着各国在其认为适当的情况下利用与其公民和国家有关的信息是它们固有的权利。另外流行的一个名词是"发展性新闻业"（developmental journalism）。按照印度记者纳林德·阿格瓦拉（Narinder Aggarwala）的话来说，它提倡"新闻要面向发展"，而不是像西方报纸那样通常只报道那些"战争、灾难、饥荒、暴乱、政治和军事阴谋"之类的"津津乐道"的新闻。阿格瓦拉认为："第三世界对发展性新闻的需求日益增长，然而这种新闻却一直被误认为是政府在控制新闻和消息发布。"他补充道："'发展性新闻'是第三世界新闻报道中的新体裁，它与西方的社区新闻或大众新闻栏目里出现的消息并没有太大区别。然而西方的新闻报道中却缺少与社区新闻报道风格一致的国际性新闻。"[53]

1977年4月，《教科文组织信使》（Unesco Courier）出版了一期关于"世界信息大辩论"的专刊，清楚地呈现了阿格瓦拉所抱怨的内容。前荷属圭亚那于1975年11月25日独立成为苏里南国。然而自11月24日至27日，13个拉丁美洲国家中16家最大的日报仅用了3%的版面报道这一重大事件。即便是这3%新闻版面的消息也全部来自工业化国家的新闻通讯社。更何况，苏里南的国土面积比英国大而且是世界上第三大铝土矿生产国。而恰恰在那四天里，这16家报纸70%的国外新闻都是报道工业国的，其中80%的新闻也都是来自上述新闻社。

从上述惯性做法中不难得出这样一个结论："发展中国家觉得难以接受这一情况：它们仅仅是某种产品（信息）的'消费者'，而对其生产和分配则没有任何控制权。……联合国教科文组织也打算不再泛泛而谈'言论自由''信息自由'，它也开始谈论起了'接触使用和参与通讯联系'及保持'信息流向平衡'。"[54]

为了"接触使用"信息和"参与"信息通讯，发展中国家采取的一个措施是成立集体通讯社"不结盟国家通讯社联盟"，40个不结盟国家的通讯社向这里提供信息，南斯拉夫通讯社（南通社）负责协调。联盟董事长佩罗·伊瓦希克（Pero Ivacic）描述了联盟成立的目的，"不是去挑战现有的新闻报道系统，也不是与其竞争"，而是作为其补充，"填补其先前在国际新闻报道系统中的空白"。[55]

上述保证引起了美国官方人士的怀疑。合众社（United Press）原记者、现任自由之家（Free House）执行董事伦纳德·萨斯曼（Leonard Sussman）认为："……只存在政府经营的报道系统和独立于政府之外的报道系统这两种选择。并没有其他真正的选择，骑墙的新闻社走不通……一个自由的新闻报道系统，即便效率不佳，但在服务人民方面也远比一个高效率的、政府控制的新闻系统好得多。"(56)

坦桑尼亚驻法大使阿巴斯·塞克斯（Abbas Sykes）对这种硬性区分"自由的"私营新闻系统和"政府控制系统"的做法提出了质疑："你的新闻系统只是在美国境内是独立的，然而在国外，它与国务院和跨国公司一样，都是代表美国利益而行事。"美国参议院披露的信息显示，中情局向智利新闻社支付大笔金钱用于反对阿连德；众议院外交委员会的情报也显示，"近年来，中情局29%的秘密活动都是新闻媒介和宣传报道活动"；塞克斯和其他第三世界国家的官员都注意到了这一点。

除了"自由流向"和"平衡流向"的对垒问题，跨国数据和遥控数据"不受控制的流动"日益成为紧迫的问题。遥控数据是通过空中发射台搜集而来，它能够全面罗列出任何一个国家的自然属性，包括其石油储量、矿物富集程度、土壤类型、农作物长势等，即便该国并不愿意将其经济概况和地理面貌公之于世。跨国家的数据涵盖金融、保险、制造业、贸易、交通运输和教育等方面，其虽在跨国公司内部经营机构范围内传播，但却已经超出了国界。尽管这两种数据极其重要，然而其中大部分都属于私人机密，官方既无从审查也无从知晓。加拿大官方曾指定某委员会调查通讯对加拿大主权的影响，委员会提交的"克莱因报告"（Clyne Report）突出强调了上述数据对主权国家造成的威胁。报告督促加拿大政府"提醒民众警惕通讯和信息学的新技术对其集体主权可能造成的威胁，并督促政府建立合理的通讯传播结构以防在经济、社会、文化和政治等方方面面进一步丧失主权"(57)。

《纽约时报》刊登的一则来自索摩查倒台后的尼加拉瓜的通讯（1980年8月1日），不经意间道出了国际信息系统的问题，这也许是最具揭示意义的评论。通讯描述了革命之后尼加拉瓜当地文化活动的高涨，而这也提供了一个取代弥漫第三世界的文化帝国主义的有意义的办法。

> 去年的革命催生了一次文化活动浪潮，普通尼加拉瓜人首次受到鼓励，用艺术的方式在绘画、舞蹈、歌唱、写作和工艺创造中表达自己。
>
> "如今人们正爆发出一股干劲和热情，"一位民歌手说，"有些作品是好的，也有很糟糕的作品，不过最主要的一点是民众不再惧怕文化了。"
>
> 索摩查政权的垮台成了诗歌、戏剧和壁画的主题，不过政府也在努力拯救尼加拉瓜的文化传统，这些传统长期遭到舶来的音乐、电影和电视连续剧的压制。
>
> "文化必须交到人民手中，他们既是文化的创造者也是消费者，"尼加拉瓜文化部长、著名诗人厄内斯特·卡德纳尔（Ernesto Cardenal）牧师说，

第十九章　防御性垄断资本主义、革命与新殖民主义的时代

"我们想要传达革命信息,然而文化活动却是自发的。我们并不坚持艺术必须是政治性的。艺术家应当有完全创作的自由。"……

政府开展了成人扫盲运动,与此同时还制定了一项计划,给贫民区儿童提供舞蹈和绘画的机会,他们中间有许多人都记录下了去年暴动的情景。印第安手工艺人制作的手工艺品和创造的原始绘画也获得了政府支持。一些有手艺的石雕艺术家也被挖掘了出来。

不过,迄今最成功的实验非诗歌创作室莫属。自从20世纪初期尼加拉瓜诗人鲁文·达里奥在西班牙语世界出名以来,诗歌就成了尼加拉瓜知识分子最为喜爱的文学形式。不过,大多数家庭、邻里和村庄都有他们自己的"诗人"……

那些有抱负的诗人还有一整套创作"规则",令人吃惊的是,规则竟由艾兹拉·庞德先前所写的诗歌创作法指南改写而来。这些规则包括诗歌不应该押韵,诗人在描写时应该尽可能的具体,应该尽力避免使用"残酷的暴君"这类陈词滥调。此外,从具体实践上来说,尽管革命常被提及,但是革命已经变成个人、自然和情感体验的大背景。

[注释]

1. W. R. Bailey, *The One-Man Farm*（Washington, D. C.: U. S. Department of Agriculture Economic Research Service, 1973）, pp. v, 3.

2. Cited by R. Burbach and P. Flynn, *Agribusiness in the Americas*（New York: Monthly Review Press, 1980）, p.31.

3. S. Avineri, ed., *Karl Marx on Colonization and Modernization*（New York: Anchor Books, 1969）, p.464.

4. Cited by H. Carrère d'Encausse and S. R. Schram, *Marxism and Asia*（London: Allen Lane, Penguin Books, 1969）, pp.198-99.

5. M. Ram, "Les contradictions de la Révolution Verte en Inde," *Le Monde Diplomatique*（Oct. 1974）.

6. Cited by R. Freund, "Food for Peace or for Selfishness?" Los Angeles *Times*（Dec. 3, 1979）.

7. Cited by Burbach and Flynn, op. cit., p. 67.

8. Washington *Post*（Dec. 24, 1980）.

9. *Commentary*（Mar. 1975）.

10. Cited by H. Stephenson, *The Coming Clash: The Impact of the International Corporation on the Nation State*（London: George Weidenfeld & Nicolson, 1972）, p.12.

11. G. Chaliand, *Revolution in the Third World*（New York: Viking Press, 1977）, pp.11, 12.

12. UN Conference on Trade and Development, *The Reverse Transfer of Technology: Economic Effects of the Outflow of Trained Personnel from Developing Countries*（New York, 1975）（TD/ B/ AC. 11/25/Rev. 1）.

13. *World Bank: Annual Report, 1980*（Washington, D. C.,1980）, p.24.

14. New York *Times*（Feb. 4, 1980）.

15. New York *Times*（Aug. 22, 1980）.

16. E. Abrahamian, "The Guerrilla Movement in Iran, 1963-1977," *MERIP Reports*（86）（Mar.-Apr. 1980）: 11.

17. Hoang Tung, member of the Central Committee of the Workers' Party of Vietnam and editor of the daily newspaper *Nhan Dan*, cited by K. Gough, "A Hanoi Interview," *Monthly Review*（May 1977）, p.27.

18. Cited by B. Davidson, "The Revolution of People's Power," *Monthly Review*（July-Aug. 1980）, pp.77, 78.

19. Cited by D. Milton and N. D. Milton, *The Wind Will Not Subside: Years in Revolutionary China—1964-1969*（New York: Pantheon Books, 1976）, p.23.

20. Cited by J. Woddis, *Introduction to Neo-Colonialism*（New York: International Publishers, 1967）, p.83.

21. G. Myrdal, *The Challenge of World Poverty*（New York: Pantheon Books, 1970）, pp.72-73. Emphasis in original.

22. L. H. Shoup and W. Minter, *The Council on Foreign Relations and U.S. Foreign Policy*（New York: Monthly Review press, 1977）, pp.135-40.

23. New York *Times*（May 30, 1977）.

24. Cited by M. T. Klare, *War Without End*（New York: Vintage Books, 1972）, p.24.

25. Cited in New York *Times*（July 21, 1980）.

26. New York *Times*（Jan. 29, 1976）.

27. T. W. Braden, "I'm Glad the CIA Is Immoral," *Saturday Evening Post*（May 20, 1967）, pp.10-12.

28. Cited by S. Lens, "Partners: Labor and the CIA," *Progressive*（Feb. 1975）, pp.35-39.

29. Cited ibid.

第十九章　防御性垄断资本主义、革命与新殖民主义的时代　　413

30. Panel discussion, Mutual Broadcasting System（July 12, 1964）. Cited by R. Dockery, *Survey of the Alliance for Progress: Labor Policies and Programs*, Subcommittee on American Republics Affairs, Senate Committee on Foreign Relations（July 15, 1968）, p. 14.

31. E. Methvin, "Labor's New Weapon for Democracy," *Reader's Digest*（Oct. 1966）, pp.21-22.

32. Cited by J. Stein, "Grad School for Juntas," *Nation*（May 21, 1977）, p.622.

33. Ibid., p.623.

34. Los Angeles *Times*（Feb. 22, 1976）.

35. New York *Times*（Mar. 2, 1981）.

36. Cited by *American Report*（Apr, 29, 1974）.

37. These statistics, from the *1980 World Bank Report*, p.21, include the following regions under "LDC": Subsaharan Africa, North Africa and Middle East, East Asia and Pacific, South Asia, Latin America and the Caribbean. Also New York *Times*, March 23, 1981.

38. S. Rose, "Why They Call It a Fat City," *Fortune*（Mar, 1975）.

39. Los Angeles *Times*（Nov. 27, 1977）.

40. New York *Times*（July 28, 1977）.

41. Los Angeles *Times*（Oct. 3, 1977）.

42. *Dollars & Sense*（Dec. 1976）, p.12.

43. Text supplied by office of Representative Henry S. Reuss.

44. Cited by W. Wipfler, "Latin America: U.S. Colony," *Christianity and Crisis*（Apr.3, 1972）, p.70.

45. Cited by E. Reynolds, *Trade and Economic Change on the Gold Coast, 1807-1874*（London: Longman, 1974）, pp.87, 88.

46. J. Nehru, *Toward Freedom*（Boston: Beacon Press, 1958）, p.264.

47. A. K. N. Reddy, "Is Indian Science Truly Idian?" *Science Today*（Jan. 1974）, p.13, cited by E. G. Vallianatos, *Fear in the Countryside*（Cambridge, Mass.: Ballinger, 1976）, p.100.

48. Cited by V. Diorgi, "The Pseudosovereign," *Ceres* IX（Sept.-Oct. 1976）: 25.

49. R. J. Barnet and R. E. Muller, *Global Reach: The Power of the Multinational Corporations*（New York: Simon &Schuster, 1974）, pp.172, 173.

50. F. Fanon, *Black Skins, White Masks*（New York: Grove Press, 1967）, pp.18, 63.

51. G. L. Beckford, *Persistent Poverty*（London: Oxford University Press, 1972）, p.205.

52. *The Role and Control of International Communications and Information: Report to the Subcommittee on International Operations of the Committee on Foreign Relations, U. S. Senate*（Washington, D. C.: U. S. Government Printing Office, June 1977）, p.34.

53. Cited by L. R. Sussman, *Mass News Media and the Third World Challenge*. Center for Strategic and International Studies, the Washington Papers, Vol. V（Beverly Hills, Calif.: Sage, 1977）, p.13.
54. M. Makagiansar, "UNESCD and World Problems of Communication," *Unesco Courier*（Apr. 1977）, pp.6, 10.
55. P. Ivacic, "The Non-Aligned Countries Pool Their News," *Unesco Courier*（Apr. 1977）, p.20.
56. Sussman, op. cit, p. 72.
57. Cited by H. Schiller, "Whose New International Economic and Information Order?" Paper Presented to an International Conference "Alternative Development Strategies and the Future of Asia"（Oct. 15-21,1979）, New Delhi.

> 未能将布尔什维克主义扼杀在摇篮中,未能用种种方式将俄国带入到甚至是使其屈服于总的民主制度,使我们如今背上了沉重负担。
>
> ——温斯顿·丘吉尔(Winston Churchill,1949年4月1日)

> 俄国革命是历史上第一次精心设计而发动的伟大革命……然而在变革过程中俄国人民也遭受了巨大的痛苦、感受到了巨大的恐惧,无视这一点甚至低估这一点都是错误的。这是一场历史悲剧,它距离我们并不远,也未被遗忘。然而,如今俄国人的福利水平比50年前要高得多,机会也比50年前多得多,否认这一点也是徒劳的。正是这一成就给世界上其他国家留下了深刻印象,也激励起了那些工业不发达国家效仿俄国革命的雄心。
>
> ——卡尔(E. H. Carr,1969)

第二十章 第一波全球性革命浪潮(1914—1939):发轫于1917年俄国革命

1914年秋季,一个接一个欧洲国家都卷入了第一次世界大战的浩劫。时任英国外交大臣格雷伯爵说:"全欧洲的灯光正在逐步熄灭。"他的话确实很有道理,而且情况比他当时预想的还要严重得多。战争将格雷伯爵所熟悉的欧洲变成了废墟。它摧毁了有数百年历史的哈布斯堡王朝、霍亨索伦王朝、罗曼诺夫王朝和奥斯曼帝国;而且更为重要的是,它使俄国的布尔什维克革命成为可能——这场根本性的变革预示着一个新时代的到来。此次激变发生在俄国这一边缘地区,尽管俄国在政治和军事上算得上是一个大国,但在经济上却只能划到附属的第三世界国家。而就像我们将会看到的那样,恰恰是其第二种特质,在很大程度上说明了为何革命会爆发在俄国，又为何革命一旦发端，其火种便能设法延续下去。

  1917年11月17日傍晚，列宁宣布了革命的胜利，预言其将传遍全球。"我们拥有群众组织的力量，它定能战胜一切，并促使无产阶级走向世界革命。……全世界社会主义革命万岁！"[1]假使列宁的期望成真，那么第三世界从理论上来说就会突然消失了，因为列宁明确表达了世界无产阶级革命意味着各民族的自决权利和剥削者末日的到来。然而与此同时，另一位世界领袖——美国总统伍德罗·威尔逊则在为未来设计着一种完全不同的世界秩序。这一世界秩序是自由资本主义性质的国际主义秩序，它既反对左的布尔什维克革命，也反对右的欧洲帝国主义。将美国打造成全球意识形态的中心这一定位符合美国的利益，就像19世纪时以自由贸易为特征的帝国主义符合英国的利益那样。而每个时代占据主导地位的帝国主义大国自然都会希望既能排除一切开拓全球市场的障碍，又能消除一切对现有世界市场经济的革命威胁。

  虽然威尔逊会在国内经历政治失败，但不管怎么说，两次世界大战之间的岁月里盛行的却是他的设想，而列宁的"世界范围内的社会主义革命"则未能成为现实。不过从另一方面来说，革命的摇篮却是设法生存了下来，并发展成为世界第二大国：苏维埃社会主义共和国联盟。总之，从历史角度来说，1917年革命标志着一场全球性内战的开始，而且这场内战在第二次世界大战之后的波及速度明显加快，并一直持续至今。

第二十章　第一波全球性革命浪潮（1914—1939）：发轫于1917年俄国革命

一、革命在俄国

俄国革命具有划时代的意义，然而长期以来其重要性并未引起俄国之外的观察人士和革命劳工运动的重视。如今它作为第一次世界大战最为重要的结果这一点总体上得到了认可。而其影响力至今仍能感觉到。革命爆发后，丘吉尔曾策划了干涉势力，企图把布尔什维克"扼杀在摇篮中"，三十多年后，他表达了对这一未竟事业的懊悔，而这恰恰反映出了革命的影响力。然而，为何少数布尔什维克人能够推翻根深蒂固的沙皇政权？更让人难以置信的是，这一伙布尔什维克人又为何能够击退丘吉尔和其美国及欧洲大陆的强大盟友一直以来企图扼杀布尔什维克的努力？

俄德之间的战争为俄国民众所欢迎，他们相信这是一场抗击其条顿宿敌侵略的保卫战。在沙皇的统治下，民众实现了联合。然而布尔什维克人却是其中的例外，其领导人列宁认为这场战争是一场争夺市场和殖民地的帝国主义战争，工人没有理由为这场战争牺牲自己。因此，列宁不遗余力地宣扬自己的口号："变帝国主义战争为阶级斗争！"然而这种与众不同的意见并没有起到什么作用，因为那时的布尔什维克党只是俄国境内的一个小集团，而且战争爆发时其领导人列宁和托洛茨基都在国外。

俄国人不仅团结在一起抵抗德国入侵，他们也相信很快就能赢得战争。然而结果很快表明，他们迎来的不是胜利却是连续的惨败。1914年，两支渗入东普鲁士的俄国军队铩羽而归，损失惨重。翌年，德奥联军的进攻冲破了俄国防线，长驱直入人口密集、工业发达的省份，俄国遭遇了大溃退。沙皇统治再也未能从这些惨败中恢复过来，不到两年时间，它就被扔进了"历史的垃圾堆"（托洛茨基蔑称之语）。

沙皇俄国崩溃的原因多种多样，不只源于前线的溃败（参见第十六章第四节）。最根本的原因在于工农群众中弥漫的不满情绪，正是在他们中间孕育出了在比较富裕和稳定的中西欧社会里所缺乏的革命因素。由于土地改革不彻底，农民普遍渴求土地，他们在各地掀起起义表达失望之情。农民最初的代言人是社会革命党人，然而1917年他们却在激进的变革方案面前选择了退却，布尔什维克党人迅即趁机利用起了乡村中蔓延的革命氛围。战争造成的伤亡骇人听闻，布尔什维克的宣传非常成功。到1917年2月，战争中伤亡和失踪的人数已经达到800万，而在这场可怕的流血牺牲中农民更是首当其冲。

工厂和矿山中的工人同样不满，他们并未获得西方工人在19世纪就已经获得的基本权利。沙皇在1905年10月的宣言中曾许诺给民众以集会、结社的自由，然而之后的立法却又从根本上取缔了这一自由。未经官方批准不能成立工会，而组建工会的要求提出时官方又往往横加拒绝。此外，由几个工会组成的中枢组织也全然取缔。这些限制,再加上官方向来站在雇主一方干涉工人权利,推动劳资纠纷演变成为政治斗争。战争爆发后,随之而来的是粮食和燃料短缺,而投机倒把者和奸商又趁机挑衅性地炫富,工人的不满情绪进一步加剧。下面两个表清楚地显示了战前和战争期间俄国工人骚动的规模程度之高。

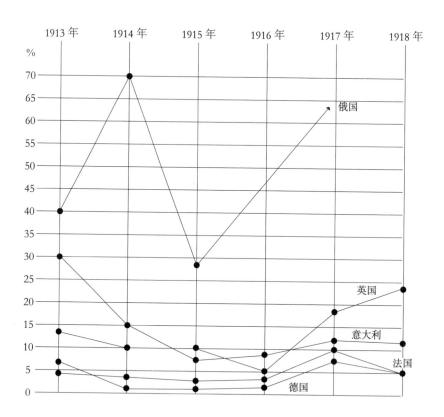

参加罢工者占工人总数百分比

Source: M. Ferro, *The Great War 1914—1918*(London: Routledge & Kegan Paul, 1969), p.179.

第二十章 第一波全球性革命浪潮（1914—1939）：发轫于1917年俄国革命

罢工运动

	1913	1914	1915	1916	1917	1918
俄 国	2404* 887096	3534 1337458	928 539528	1410 1086384	1938	
英 国	1459 664000	972 447000	672 448000	532 276000	730 872000	1165 1116000
法 国	1073 220000	690 162000	98 9000	314 41000	697 294000	499 176000
德 国	2127 266000	1115 61000	137 14000	240 129000	561 667000	531 392000
意大利	810 385000	782 173000	539 132000	516 121000	443 164000	303 158000

* 第一组数字指罢工次数，第二组数字指罢工人数。
Source: M. Ferro, *The Great War 1914—1918*（London: Routledge & Kegan Paul, 1969），p.179.

  与工农群众的不满一样，脆弱的工业基础也是导致沙皇政府崩溃的根本原因。沙皇政府全然缺乏经济实力来发动一场针对一流工业强国的现代战争。俄国士兵得不到必需的武器和弹药，甚至连鞋子和军毯都没有。1915年，帝国工业省份沦陷，土耳其又关闭了海峡，同盟国的军援物资难以运送到俄国南部，俄国的经济情势更加严峻。

  军事指挥不力加上大后方的政争也加速了军事失败。帝国杜马和官僚系统经常为各自的管辖权力和特权而争斗不已。而在前线军事物资供应不足的责任问题和前线军事失败的责任问题上，二者都与军方有矛盾。如果当时有较强的顶层领导，这些纷争或许可以减小到最小限度、也许就可以得到控制。然而，沙皇尼古拉二世却是一个心慈柔弱、优柔寡断的统治者，既缺乏智慧，也缺乏想象力。他的最大失误是1915年8月在前线失利之际作出决定，免去其叔父尼古拉大公的统帅职务，亲自指挥作战。比起他的叔父来，他本人更不适合这一位置，事实证明，他的指挥是令统帅部感到讨厌和麻烦的事。然而他却有着神秘的信念，认为他的自我牺牲可以挽救局势。"挽救俄国，也许需要一场原罪的救赎。而我就是那个牺牲品。上帝的旨意终将实现。"最终，他的确成了牺牲品，自此之后一切战争失败的责任都推在了他的头上。因此，结果也就是他的家族毁灭，沙皇统治走向末日而布尔什维克兴起。

  俄国于1917年爆发了两场革命：第一场革命发生在3月，结束了沙皇统治，建立了临时政府；第二场革命发生在11月，推翻了临时政府，代之以苏维埃统治。

3月里发生的革命是意料之外的事，震惊了所有人。由于交通运输设施落后，彼得格勒市的食物和燃料供应严重不足，引发了3月8日的罢工和骚乱。政府勒令军队前去恢复秩序，然而士兵却与游行示威者握手言欢，成了兄弟。向来不信任杜马的尼古拉二世怀疑杜马参与了此事，3月11日下旨解散杜马。杜马领导人拒不奉旨，此时沙皇发现自己再也不能强迫人民服从自己的意旨。实际上，［沙皇］意识到自己的无能为力，这本身就是革命的意图和目的。沙皇政府成了名义上的政府，这一点突然变得明白无疑。3月15日，尼古拉二世禅位给自己的弟弟米哈伊尔，但在第二天米哈伊尔却拒绝登基，俄国这时已不存在一个起作用的政府。

杜马的代表们也迅速采取了行动，以防激进派接管政权。3月12日，他们组织起了临时政府，在立宪会议选举之前管理国家。自由主义的李沃夫（Georgi Lvov）亲王担任新政府首脑，军校教官米留科夫（Paul Miliukov）教授担任外交部长，克伦斯基担任司法部长，他也是内阁中唯一的社会民主党人。这是一届资产阶级的自由主义派内阁，它推行了典型的资产阶级自由主义的改革。改革措施包括言论、出版、集会自由，大赦政治犯和宗教犯，所有公民不论宗教信仰和种族成分，在法律上一律平等；新内阁还推行了劳工改革，施行每天八小时工作制。

尽管采取了这些进步措施，临时政府却从未在国内扎下根。其中最根本的原因在于绝大多数俄国人都渴望和平和土地，而临时政府却不愿考虑这两件事。李沃夫亲王及其阁员们坚持说，只有等真正代表人民意志的立宪会议选举出来之后，诸如土地分配和退出战争之类的重大问题才能解决。这种说法具有合理性，然而这却无异于政治自杀。痛恨战争、渴求土地的普罗大众，在苏维埃立即缔结和平和分配土地的口号感召下，逐步抛弃了临时政府而倒向了苏维埃。

苏维埃的源头可以追溯到1905年革命，工人选举产生的委员会即为苏维埃，以此来协调他们反对沙皇统治的斗争(参见第十八章第四节)。尽管在那时遭到镇压，但是苏维埃却也充分地显示了自己在发动群众运动和自我直接行动方面的价值。因此，在第一次世界大战诱发的危机中苏维埃再次出现。苏维埃起自基层，由于道出了大众的愿望而迅速在全国扩散开来。村社苏维埃鼓动人们去占领贵族的地产；城市苏维埃接连不断地组织上街游行示威和骚动；军队苏维埃则逐步夺取了军官的权力，甚至已经控制了军队的武器，军队命令的下发执行都要他们来签署。总之，一个事实上的苏维埃政权，正在逐步取代一个法律意义上的临时政府的权力。

在苏维埃权力向全国蔓延的同时，其自身也变得更为激进。起初，选进苏维埃的代表主要是社会革命党人和孟什维克分子。在列宁于1917年4月从国外归来之前，布尔什维克相对来说仍然显得无足轻重。但在归国后，列宁立即发表了著名的《四月提纲》，要求和平，呼吁土地归农民所有，一切权力归苏维埃。那时的这些要求和呼吁,即使在许多布尔什维克人看来也是荒谬可笑和缺乏理性的。此时选进苏维埃的大部分代表都是马克思主义者,因此他们认为,3月爆发的革命是一场资产阶级革命,而在资本主义经济发展没有完成之前进行第二次革命或者说社会主义革命根本无法完成。他们因而认为应该允许临时政府继续执政,不过要不断刺激它来进行布尔什维克希望的改革。

然而列宁反对这一策略并号召立即发动社会主义革命,此时的他几乎是孤军奋战。不过,时机站在了他这一边:战争持续的时间越长,民众的不满情绪就越高,而《四月提纲》就愈显得合理。到1917年7月克伦斯基组织起新政府时,舆论已经越来越向左偏,以至于内阁阁员几乎都是社会革命党人和孟什维克者,士官生作为俄国政治中激进分子的时代就此一去不返。此时的克伦斯基也联合起了孟什维克党人和社会革命党人,来对抗列宁和布尔什维克。

克伦斯基宣称他的主要目标是"从极端分子手里拯救革命"。然而由于他坚持继续作战,所以他既无法赢得大众的支持,也无法赢得军方人士的支持,后者一直视其为一位软弱无力、喋喋不休的政客。科尔尼洛夫(Lavr Kornilov)将军策划了一场反对克伦斯基的武装叛乱,然而其效果却恰恰与设想的南辕北辙。正是苏维埃领导组织了反对科尔尼洛夫的运动,并最终击败了科尔尼洛夫。到头来,克伦斯基发现自己需要依赖苏维埃,而苏维埃则正在落入布尔什维克的掌控中。到1917年10月,无论是莫斯科苏维埃还是彼得格勒苏维埃,布尔什维克分子都已经占到了多数。列宁认为此时发动第二次革命或者说社会主义革命的时机已经成熟。对于他那些持怀疑态度的追随者,列宁回应道:24万布尔什维克党人代表穷人的利益来反对富人,其统治俄国就如13万地主为了富人的利益反对穷人、统治俄国一样容易。

随后列宁以辞职相威胁,最终说服党中央委员会就革命问题进行表决。发动革命的日期定在了11月7日。真实的革命情势与设想的可谓大相径庭。布尔什维克武装占领了主要的建筑物、桥梁、火车站,几乎未遇到任何抵抗,伤亡人员只包括一名红军士兵和五名红军水兵。克伦斯基设法逃走,后流亡国外。临时政府并没有被推翻,而是如沙皇政府在3月里那样,在无可奈何中不光彩地垮台了。二者垮台的根本原因也一样,都是因为失去了俄罗斯民众的支持。

二、"一国建设社会主义"

革命之后,列宁迅即宣布这是"世界革命"的前奏,此时的列宁是非常认真的。列宁和他的许多同志都想当然地认为,布尔什维克革命要么传到德国及其之外的国家,要么遭到帝国主义列强的扼杀。"如果欧洲人民不起来打倒帝国主义,"托洛茨基宣称,"我们就要被打倒——这一点毫无疑问。要么是俄国革命在西方引发斗争的旋风,要么是所有国家的资本家扼杀我们的斗争。"(2)

起初列宁关于世界革命的预言看上去像是很可能会实现。在德国,海军发生了兵变,武装起义也从波罗的海沿岸的港口城市蔓延至内陆地区,德皇于1918年11月被迫退位。类似于俄国苏维埃的工人和士兵委员会出现在了包括柏林在内的所有大城市。听到德国起义的消息后,列宁更加相信世界革命已在眼前。他写道:"国际革命已经迫近,就在一周之内了,以至于应该将其当作接下来几天就要发生的大事件。"不过列宁也意识到了笼罩在这一光明前景之上的不祥阴云。"欧洲最大的不幸和危险之处就在于它没有革命政党。"(3)列宁强调,没有革命政党,革命自然也就无从谈起。

为了消除这一革命事业中的危险因素,列宁于1919年3月组织成立了共产国际,按照他的描述,这是"世界革命党"。在共产国际第一次大会的闭幕式上,列宁满怀信心地谈论了革命的前途。"全世界无产阶级革命的胜利是有保证的……坐在大厅里的同志们看到了第一个苏维埃共和国的建立,如今正在见证第三国际的成立,他们将来也会看到一个世界苏维埃联盟共和国的建立。"(4)

然而,与此同时,另一位战时领袖则在为未来的世界历史进程设计着一种完全不同于列宁的蓝图。美国总统伍德罗·威尔逊和俄国人民委员会主席列宁一样,也是从巩固其本国安全的角度着眼进行论述的。正如列宁认为世界革命是布尔什维克革命存在下去的前提条件一样,威尔逊认为全球性市场经济的维持是美国资本主义制度生存的前提条件。在其第一次总统竞选前夕,威尔逊在对弗吉尼亚州议会的一次演讲中说:"我们如今制造的产品远远超出了我们本身的消费能力……如果现在我们不想在经济上自我窒息,我们就必需设法融入到全球规模的交换之中。"威尔逊进而满怀信心地认为美国独一无二的技术效率保证了美国在全球竞争中的成功,在平等的机会条件下,"美国工人的技艺能够主导全球各个角落的市场"。(5)

此外,正如列宁认为世界革命既有利于俄国人民也有利于世界各国人民一样,威尔逊也认为开放的世界市场不仅有利于美国人民,也将造福于全世界。按照威尔逊的说法,美国的国家使命就是要寻求"利用我们的矿产品、农产品、工厂制成品,利用我们的创新创造能力和品格的果实,促进美国的商业发展和世界的商业发展"。威尔逊认为美国对全人类负有道义和物质上的双重使命,这一弥赛亚性质的设想充分体现于他在底特律一次销售人员大会上的演讲中:

> 因而,我的朋友们,这就是我想告诉你们的一个简单信息:擦亮你们的眼睛,展望一下商业的未来……让你们的思维和想象力驰骋全世界,同

时也要让这样的思想激励你们：你们是美国人，无论走到哪里都要把自由、公正和人道主义的原则传播到那里，你们要走出去，去销售那些可以让世界变得更舒适、更幸福的商品，并在商品推销中传播美国的原则［让人们信奉］。⁽⁶⁾

第一次世界大战正在使美国成为首屈一指的经济和军事强国，威尔逊清楚地认识到了这一点。"我们已经不是世界上的债务人，而是变成了债权人，"1916年总统选举日的前一天，他在一次集会上对公众说，"我们在很大程度上可以决定谁可以获得资助，谁不可以。我们站在了人道主义的巨流之中，这一巨流将会裹挟世界上每个国家的政治。"⁽⁷⁾威尔逊希望能像英国19世纪的那些自由贸易帝国主义者一样运用权力。本着这一目标，他派遣豪斯（House）上校到欧洲游说那些欧洲领导人，让他们相信建立一个新的世界经济政治秩序，自由航行、自由贸易、金融协作打入那些欠发达国家，以此取代传统的排他性帝国主义，对双方都有利。豪斯上校对其英国听众描绘了这一世界新秩序：

> 我的设想是，如果英国、美国、德国和法国能够就其公民在欠发达国家的投资问题上达成谅解，不论是这些国家的公民还是那些需要发展的欠发达国家都能收获福祉。这会带来稳定，会为投资带来保障，也会建立起低税率制度。⁽⁸⁾

不过不应该认为威尔逊有任何打算重新调整发达国家和欠发达国家不平等关系的想法。用国务卿罗伯特·兰辛（Robert Lansing）的话说，威尔逊"越来越深切地感到'白种人的文明'及其对世界的统治，很大程度上取决于我们自身有能力保持国家的完整，只有这样我们才有能力去重建那些受到战争破坏的国家"⁽⁹⁾。

威尔逊把委任统治制度加入到和平方案中，充分体现了他设计的是一种家长式的、赞成维持现状的未来。委任统治制度剥夺了非欧洲的殖民地人民所享有的民族自决权，而只把这种权力给予了欧洲的少数民族，这是在延续欧洲自由主义派在19世纪的做法（参见第十三章第一节）。他宣称，殖民地人民还不具备"在当今世界紧张状况下独立生存的能力"，因此，"监护这些民族"的责任就要托付给那些"先进国家"，由这些国家来决定它们的被监护者什么时候具备了足够的能力，可以信任地将自主承担责任的重任托付给他们。

很明显，威尔逊设想的这种自由资本主义的世界秩序，与列宁建立"世界苏维埃共和国联盟"的期望完全相反，可谓格格不入。到1920年共产国际第二次大会召开时，列宁所预期的"接下来几天"就会发生的世界革命已经完全脱轨。无论是在匈牙利建立的苏维埃共和国，还是在巴伐利亚建立的工人共和国，都被镇压了下去，与此同时，德国革命也随着魏玛共和国的建立而走向尾声。到1921年夏季共产国际第三次大会召开时，不得不承认，那场"总决战"必须要推迟了。

"一大"的乐观憧憬明显脱节于"三大"的残酷现实，部分原因在于威尔逊采取的对策，但其根本原因却在于列宁的误判。威尔逊希望清除德皇及其所代表的军国主义的独裁统治，然而他同时也意识到了来自左的威胁。国务卿兰辛认为，与前者相比，后者危险更大。"当今世界有两大害在作祟，一是专制主义，其力量在衰落；二是布尔什维克主义，其力量在上升。我们已经看到了布尔什维克在俄国统治的骇人听闻的后果。我们也知道布尔什维主义正在向西方蔓延。单是想到无产阶级会在中欧进行独裁统治这一可能性就让人后怕。"[10]

威尔逊同意上述分析，1918年11月，他积极地支持德国温和派反对斯巴达克派的活动，斯巴达克派就是德国的布尔什维克。兰辛描述了施行于德国的反布尔什维克战略："要使德国有能力抵抗无政府主义和骇人听闻的红色专制统治，就必须容许德国人买到粮食；要能买粮食，就必须通过一纸合约来恢复工业生产。我们必须这么做，而且须臾不可等，这不是出于同情德国人民使然，而是因为如果我们不这么做，我们这些战争的胜利者就会反过来沦为主要的受害者。"[11]他的话语很容易让人想到第二次世界大战后杜鲁门总统和乔治·马歇尔国务卿所说的话。

为了配合这一战略的实施，美国救济署主任赫伯特·胡佛（Herbert Hoover）成功地把粮食用作了在中东欧反对共产主义的武器，并因此而与法国发生了冲突，因为法国一直想延续战时的对德封锁。"那些统治阶级，"豪斯上校愤怒地写道，"是最晚才会看到危险信号的人。他们似乎并未意识到，那些今天还是一片祥和安静的地区，明天在暴民心理的作祟下，情势就会完全改观。"[12]

同时寻求道义目标和物质目标并使之合理化是威尔逊一贯的方式，此时他再次注意到了在清除美国的过剩农产品的同时，又可以推进他所说的"美国人民的崇高使命，即找到医治饥饿和绝对无政府状态的方法"。1919年1月，和平谈判委员会发给华盛顿的一封电报中再次使用了让人们联想起马歇尔计划的语言：

> 提请国会注意这一点是有好处的：目前美国有相当大一批过剩的食品储备，尤其是小麦和肉类食品。这些食品囤积起来主要是供应协约国的，要是战争继续下去了，它们肯定需要这批物资。然而此时这批物资必须处理掉，以减轻美国在贮存和财政两方面的负担……尽管处理掉这些物资以防美国本身陷入困境是当务之急，然而幸运的是，我们所有的这批盈余物

资，对挽救人类生命和在欧洲阻挡布尔什维主义的浪潮是必需的。"[13]

威尔逊既为德国提供粮食，又缓和了法国在赔款和边界等问题上的极端要求，由此加强了德国境内的反布尔什维克力量。不过决定德国结局的一个更为重要的因素在于其国内各种力量的客观平衡，这与列宁基于俄国经验而作的设想完全不同。列宁最根本的误判在于，他认为俄国于1917年3月到11月间发生的日益激进化的过程会到处重演："……全世界无产阶级革命总的历程是一致的。首先是自发成立苏维埃，之后苏维埃扩散发展，然后是出现实际的制度组织：苏维埃或曰国家议会或曰立宪会议，或者是资产阶级的议会体系；面临多种选择，领导人茫然不知所措，最终导致无产阶级革命爆发。"[14]

列宁认为所有国家遵循共同的革命模式，这一想法显然不合理。我们看到，布尔什维克革命最终发生在俄国是基于一系列特殊因素的组合。这些因素包括战前工人和农民的不满情绪；俄国薄弱的工业基础以及由此导致的中产阶级力量弱小；历经灾难性的军事失败，军队崩溃，叛变时有发生；最终大众要求立即实现和平——而只有布尔什维克承诺满足这一需求。

而在德国，工人和农民战前的生活相对比较富裕也较为满足。因此，尽管德国社会民主党是1914年欧洲最大的劳工政党，但在本质上却是保守的，它致力于进行社会改革而非社会革命。同样，德国农民在战时生活并不坏，因此，布尔什维克"土地归还农民"的口号在俄国很有效，在德国却无任何影响力。此外，德国革命发生时，战争已经结束。因此，"要求和平"这一布尔什维克最为有用的标语对德国来说没有任何意义。最后，德国军队并不像俄国军队在1917年那样丧失士气而群起哗变，因此德国的反革命力量能在摊牌的最后关头纠合起可靠的军事力量。由此一来，斯巴达克派便被打败了，魏玛共和国宣告成立，并在被希特勒推翻之前延续了15年。

由于列宁关于世界革命即将发生的论断并未实现，所以论证其另一论断"俄国革命不可能单独存续下去"的正确性就成了一个突出问题。1918年3月，列宁与同盟国签订了苛刻的《布列斯特—立陶夫斯克条约》，希望以此赢得解决国内问题的时间。然而，他却不得不为此而与反革命分子和外国干涉力量进行了三年多的战争。

反革命活动在某种程度上是有产阶级：部队军官、政府官员、地主和商人的活动，他们希望消灭布尔什维克，理由很明显。不过，非布尔什维克的各左派力量也同样积极地从事反革命活动，其中社会革命党人的数量最多。在从事社会革命这一点上他们认同布尔什维克的看法，然而他们却愤恨于布尔什维克垄断了革命。他们认为布尔什维克于1917年11月25日发生的政变是一场总的背叛，特别是由于1917年11月25日选举产生的立宪会议中，布尔什维克只占了175席，社会民主党则占了 370 席，其他形形总总的代表占了 159 席，然而结果却是布尔什维克掌控了权力，并立即解散了立宪会议。对此列宁的辩解直截了当、一针见血："1905 年布尔什维克曾提及社会民主革命。不过现在苏维埃已掌权……再谈社会民主革命就行不通了。"[15] 非布尔什维克的左派组织了地下反对派来反对布尔什维克，而右派分子则领导了公开的武装叛乱。

唯有威尔逊既反对布尔什维克也反对由其他协约国支持的右派分子。他认为自由派联合的临时政府代表的是"真正的俄国"，希望俄国各派组成一个自由主义的联合派。然而在布尔什维克解散立宪会议之后，威尔逊意识到布尔什维克并非团结的对象，他们真心希望在全世界搞革命运动，当然也包括美国。威尔逊因此参与到了盟国对俄国的干涉之中，不过其态度有所暧昧也有所克制，因为他正确地预料到了，外国过分干涉俄国的内政反而会帮倒忙，反而会对布尔什维克有利。

在外部干涉势力和国内反革命力量的双重影响下，从阿尔汉格尔－摩尔曼斯克北部地区到波罗的海沿岸诸省到乌克兰到顿河地区，沿外高加索到西伯利亚边疆地区，成立了一连串的反布尔什维克政府。西方国家给这些政府提供资金和战争物资，还在有些前线配备了军事顾问和小股部队。受到包围的布尔什维克为求生存，坚守据点在 20 条战线上同时战斗。起初他们遭受了一次又一次的失败，原因很简单，旧俄军队涣散无力，但却又没有新生兵力来补充。到 1918 年底，俄罗斯苏维埃联邦社会主义共和国已经退缩到了中世纪伊凡雷帝占领之前的莫斯科公国的地界之内。

当时几乎没人相信布尔什维克者能生存下去，然而他们却硬是存活了下来。在历次的斗争中，呈现出一共同模式。通常都是白俄的将军们从他们在国家边缘地区的根据地发动突然袭击。一开始他们很容易取胜，而且眼看就能大获全胜。然而随着国防人民委员会委员托洛茨基建立起一支新军：红军，开始阻挡住了白俄军队的进攻，并把其赶了回去，最终则是将其击败。到 1919 年底，邓尼金将军已被赶回克里米亚，尤登尼奇将军被赶回波罗的海地区，高尔察克海军上将被赶到乌拉尔山地区和西伯利亚，最后在西伯利亚被俘获，遭到枪决。到 1920 年初，战争看起来已经结束了，然而一场持续一年之久的战争又摆在了他们面前：法国全力支持波兰人从西部发动了进攻，并支持兰格尔将军从克里米亚打了回来。侵略者再次在最初赢得了胜利，不过到年底时波兰人已被赶回自己的边界，兰格尔的军队也被迫逃离克里米亚而登上了法国战舰。同年，英美军队也被赶出了符拉迪沃斯托克（海参崴），只有日本的小股部队留在了西伯利亚。他们继续驻扎在那里，希望通过傀儡政权来保持控制，不过在当地的反抗和美国的压力下，他们也最终于 1922 年撤退回国。

列宁的共产党最终控制了整个国家。出现这一令人吃惊的结果有几方面因素。

进行干涉的各个列强意见不一、摇摆不定，白俄领导人在政策目标上纷争不已，相比之下，共产党则严以自律、团结一致，国防人民委员托洛茨基的领导非常出色。然而，最为重要的因素在于，布尔什维克成功地赢得了广大农民的支持。农民支持布尔什维克并不是出于意识形态而是出于个人利益的考虑，列宁一开始就看透了这一点。1917年11月7日，列宁向圣彼得堡苏维埃解释了为了保持刚刚获取的权力而必须采取的策略："我们只要颁布一道废除地主所有制的法令，就可以赢得农民的信任。农民会懂得，只有同工人结成联盟，他们才有出路。"(16)

事实证明，列宁的分析非常具有预见性。大部分农民（尤其是那些贫苦农民）支持红军仅仅是因为他们希望能够保住自己刚刚从地主、国家和教会手中夺得的土地。1916年，俄国仅地主的土地就占了所有耕地的40%，这充分说明了农民夺得的土地数量非常大。而农民也非常清楚，地主在白俄军队中的地位是非常突出的，只有红军才能满足他们对土地的渴求。因此，列宁早已预见到的工农联盟就形成了。正是工农联盟的形成，而非其他任何因素，才保证了布尔什维克在看起来纷繁复杂的困难面前而应付了下来。反之，战争结束后，工农联盟很快就破裂了，这是直到今天还困扰着苏联社会的许多主要问题的根本原因。

随着俄国革命的胜利、欧洲革命的失败，布尔什维克不得不修正他们之前的战略，之前的战略建立在两个地区革命命运相互依赖、不可分割的判断上。共产国际第四次代表大会（1922年）是列宁参加的最后一次大会，会上依然坚持传统的教条："无产阶级革命永远不可能在一个国家内完全取得胜利，那必须是国际性的胜利，是一场世界革命。"(17)斯大林亦坚持这一看法，同年5月他说道："最终取得社会主义的胜利、组织社会主义生产，单靠一国的努力、尤其是俄国这样的农业国的努力是不够的；要想完成上述任务，需要几个发达国家的无产阶级共同努力。"(18)

到1924年，斯大林在与托洛茨基争夺党的领导权的斗争中开始改变立场。到1928年由斯大林主导的共产国际第六次代表大会召开之时，一国建成社会主义的理论已经成了共产国际的正式理论教条。"政治经济发展不平衡是资本主义的铁律，在帝国主义时代尤为明显。因此，不能设想国际无产阶级革命会是一场在各个地方同时发生的行动。社会主义首先在几个资本主义国家甚至一个资本主义国家胜利是可能的。"(19)

接受了一国可以建成社会主义的提法之后，什么样的社会模式会出现在这个社会主义的祖国便成为一个突出问题。在苏联的建设中呈现出三种主要趋势，并对第三世界产生了深远影响。第一种趋势是共产党和苏维埃政权的"非无产阶级化"。第二种趋势"五年计划"模式一直延续了下来。苏联通过"五年计划"迅速实现了工业化，从而为欠发达国家提供了一种可以借鉴的模式。第三种趋势是共产国际从世界革命的司令部转变成了苏联对外政策驯服的工具，之后它往往是限制世界革命而不是推动世界革命。这三种发展趋势就是下面三节要论述的主题。

三、"资产阶级和沙皇乱七八糟的东西"

当布尔什维克开始着手在"一国建成社会主义"时，他们心里很清楚，自己并没有什么可以遵循的现成模式。马克思的著作也对他们没有什么帮助，因为那里面只讲了如何夺取政权，而没有论及一旦取得政权之后该怎么办。社会主义社会是国家掌握生产资料的社会，这一传统定义并不能为真正的社会建设提供指引。列宁自己也承认："我们明白，在我们取得政权的时候，我们没有将资本主义制度具体改造为社会主义制度的现成方式。……我不知道有哪个社会主义者曾处理过这些问题。……我们必须摸索前进。"[20]

而列宁在1924年去世之前，只有几年时间去从事建设社会主义的种种"试验"。列宁在最后一次病倒之前，对一个正在形成的苏维埃社会进行了深刻的反思，反思之后他得出结论：这一苏维埃社会更多地只存在于表面而非实质上。他说道："苏维埃机构不过是我们从沙皇制度那里继承下来的一部机器，我们只不过在上面涂了一层浅浅的苏维埃的色彩而已。"他还说："这一个被我们称为自己机构的东西，实际上还完全同我们格格不入，它是资产阶级和沙皇乱七八糟的东西……"[21]

如果今天列宁复活，在苏联四处察看一下，恐怕他也找不到多少可以让他改变结论的证据。1971年，一名苏联记者在向其西方同行发表评论时，一针见血地指出了症结所在："苏联的根本问题并不像西方记者报道的那样在于消费品短缺，真正的问题在于苏联社会的资产阶级化和市侩习气的生成。"[22]他说的是资产阶级价值观正在莫斯科不断滋生，越来越多的人都不再为社会考虑而是更多强调自我发展和自我满足，而"他们"（they）则是苏联普通公民用来称呼党和国家领导人的称谓，就好像他们是来自另一个星球的陌生人。所有这些，都与马克思在19世纪预想的和布尔什维克在1917年预想的新的社会主义社会格格不入。

回顾苏联的历史，俄国社会和布尔什维克党的某些特点对梦想的破灭起到了主要作用。布尔什维克本身力量非常弱小，1917年1月，布尔什维克党人的数量只有2.4万人，到11月才勉强超过了10万人。更为重要的是，这些人几乎全部来自城市，他们与占俄罗斯人口绝大多数的农民基本上没有联系。他们在11月发动的革命实际上是一场军事政变，只不过是推翻了克伦斯基在莫斯科和彼得格勒两市垂死的统治而已。它并不像第二次世界大战期间和之后的中国、越南、阿尔巴尼亚一样，经历了长期的游击战争，历经多次反复和试验，并在解放的省份里建立起了以农民为基础的统治政权。事实正好相反，以城市为基地的布尔什维克党，对俄国的农民大众一无所知，甚至很不信任。

内战和外来干涉期间蒙受的骇人听闻的人员伤亡，更进一步凸显了上述固有的弱点。布尔什维克一直处于战斗的前线，经历了严重的人员伤亡。而白俄军官总是循例将战俘中的共产党员挑出立即枪决。许多工人（包括共产党员和非共产党员在内）都因在城市中难以就业且食品短缺而回到了家乡。到1922年，就业工人的数量已经减少到战前的一半以下，仅有460万，而1913年则为1100万。

工人数量的减少，也降低了工人阶级在党、国家和工会组织中的代表性。这些空缺都由那些亟须隐瞒阶级出身的资产阶级男男女女填充了起来。列宁意识到了非工人阶级分子涌入的不利，要求清除阶级队伍中的"贵族分子"，只有那些在大型企业中工作至少十年以上的资产阶级人士才可被接纳为工人。然而，人力资源的短缺问题实在太突出了，根本无法解决。就这样，资产阶级人士和资产阶级的原则也就渗进了经济系统、党和国家相关系统。

许多工厂主弃厂而逃，使得工业领域的国有化速度比计划的要快得多。各工厂实现了工人控制主导，但却导致数千个地方工厂委员会的无政府活动。每个委员会都声称自己的工厂是一个独立的生产单位，是工人的集体财产。每个工厂自主运作，决定应该生产什么、向哪里销售、如何定价。政府试图协调工厂生产和军用需求、民用需求，却遭到了工人的拒绝，他们认为这是在"剥夺"他们从先前的资本家工厂主手中夺取来的权力。布尔什维克最终采取了在工厂中建立"一长制"的办法。到1920年底，80%—90%的工厂都建立起了这一运作机制。然而，这"一长"却往往是资产阶级的工程师和技术人员，因为只有他们手上才掌握有必需的技术。1922年夏天对拥有工程师资格的官员所做的一次民意调查，充分体现了"一长制"政策的政治社会影响。只有9%的"旧"官员和13%的"新"官员宣称支持自己为之工作的苏维埃政权。

此时，在国有农场中也出现了上述情势。1919年12月召开的苏维埃第七次代表大会上曾谴责国有农场提供高薪、提供原先地主住过的豪宅来吸引专业管理人员。事实上，地主时常伪装成"国有农场管理人员"而设法回到自己的家中。七大的一位代表谴责说，国有农场"已经沦落成了反革命势力反对苏维埃政权的工具"[23]。

而在教育系统，资产阶级的教师根本没有必要去寻找门路重登讲台，因为他们自始至终都在把持着教育系统上上下下的位置。布尔什维克革命发生后，初等教育依然由初等教育教师联合会把持着，而联合会则由孟什维克和社会革命党领导。中学和大学的大部分教师都与士官派有联系。尽管也有一些革新的尝试，但是1920年代的苏维埃教育系统与沙皇时代的形态并没有本质上的不同。出身下层的学生发现自己依然难以进入大学，更难读到毕业。极少数好不容易毕业的学生又不可避免地接受了他们老师的资产阶级意识形态。

共产党本身也未能摆脱资产阶级的渗透。在工厂工人被抽调去填充党、国家和军队的空缺后，只有11%的党员是在工厂工作的人士。列宁曾指出党的"非无产阶级化"的危险。1919年召开的第八次全国代表大会要求所有从工厂抽调来的现任政府专职人员每年每四个月中必须要有一个月的时间回工厂工作。然而，在国内战争的紧迫压力下，党的指示无人执行，最终废弃。这些共产党的政府人员与前沙皇政府官员一道工作，多多少少沾染了后者的思想和情感态度。因此，党的非无产阶级化实际上成了一个"官僚化"或"资产阶级化"的进程。这就是那位苏联记者在1970年代所提到的meshchantsvo（市侩习气），不过其源头可以一直追溯到半个世纪前。

苏维埃政权早期的这些资产阶级化趋势无疑是在消灭旧有的私人资产阶级的同时催生了新的国家资产阶级。这一转变的一个表象就是收入差距在拉大。工厂管理人员和工程师基于他们的工作服务有望拿到较高的薪酬。1919年2月21日的一项指令明确规定其最低工资是每月600卢布，而最高工资则是每月3000卢布。"特别高级"的管理人员和技术人员薪资可以超过3000。其工资水平远远超过了1917年11月之后一段时期所认可的工资水平。

在收入差距拉大的同时，党的工作中也出现了一种新的趋势——先前的无产阶级纪律转变成了新的资产阶级官僚纪律。列宁给无产阶级纪律下的定义与毛泽东所说的"群众路线"几乎相同。按照列宁的说法，无产阶级纪律是"要善于与广大劳动群众，首先是与无产者劳动群众，但同样也与非无产者劳动群众密切联系、接近，甚至可以说在某种程度上同他们打成一片。"党的作用就是让群众通过"切身体验"来相信这条路线的正确性。列宁又说，有了这些条件，无产阶级的纪律才能建立起来，"没有这些条件而企图建立纪律，这种企图只能变成空谈和矫揉造作。"[24]

列宁提出的这些无产阶级纪律形成的先决条件，在苏联社会中已经根本不存在了。列宁在其最后一批著作中的一篇文章中指出："官僚主义不仅在苏维埃机关里有，而且在党的机关里也有。"[25]他的意思是说，党和国家的官员正在脱离人民群众，他们正在变为"官员""机关人员"，或者正如有人已经开始称呼他们的"机关工作人员"。著名红军将领布琼尼（Marshal Budenny）元帅非常清楚地认识到了"各种强迫形式"和"官僚作风"的存在，他在农民中招募的新兵对此颇有不满：

> 惩罚方法太多，却又几乎没有什么真能调动农民积极性的刺激方式。这种强迫形式必须尽快戒除，这是最糟糕的官僚主义，是直接针对农民的

暴力和权力现象，而农民甚至根本不知道从他们身上要求什么。……村民本身（在村社里）包括雇农、贫农和中农居住在彼此间隔的区域……我们并没有采取什么行动去与他们交流一下他们的工作，也不能给出什么社会主义建设领域的指导。[26]

列宁试图通过把官僚分子清除出党来应对官僚主义。成功掌权之后，党员的数量从1917年的2.4万增长到了1920年3月的61.2万，1921年3月达到了73.2万。之后列宁发动了一场运动来清洗那些"非共产党人"，来使党"无产阶级化"。到1923年1月，党员人数降到了50万以下。然而，被清洗出去的却未必就是那些"非共产党人"。执行清洗工作的是那些权力已经得到巩固的机关工作人员，他们趁机利用这一机会来清除那些批评他们官僚主义作风的党员，或者利用清洗来恐吓他们让他们缄口。

列宁曾就共产党人是否是在"领导"表示过怀疑，他说共产党人是在"被领导"。出于这种认识，他在逝世前曾把苏联政权描绘成"资产阶级和沙皇的乱七八糟的东西"。之后，列宁提议采取一场行动，很容易让人想起数十年后毛泽东发动应对相同困境的"文化大革命"。"苏维埃政府的任务是完全打碎旧的国家机器，就像在十月革命中打碎它那样，将权力归苏维埃。"[27]

假如列宁在俄国革命后像毛泽东在中国革命后一样又活了25年，他能取得什么呢？假如列宁能够指导新的建设又会发生些什么？是否会发生一场俄国的"文化大革命"将官僚系统推翻并将"权力归苏维埃"呢？这些都是无法回答的历史的重大"假设"。我们只知道，列宁的逝世为官僚机构的匠师组织并运作一个庞大的官僚系统铺平了道路，直到今天仍是这套系统统治着苏联。

四、"五年计划"

一个事实上存在的工农联盟挽救了布尔什维克革命，然而在打败白俄军队、地主重返的危险消除后，工农联盟也开始崩溃。农民与布尔什维克之间的摩擦在战争结束前就已存在，战争结束后双方分歧进一步加大，以至于发展到了危机程度。

就像列宁指出的那样，根本原因在于"无产阶级革命"发生在城市而"资产阶级革命"却发生在农村。这就意味着布尔什维克者作为马克思主义者希望创造新的社会秩序，其中的农民要转换成工人并为无产阶级所同化；然而农民并不是马克思主义者，他们想保持自己的农民身份，维护传统的乡村社会关系，只希望把土地交到他们手中。

真正相关的问题不仅仅是意识形态问题,更是急需解决的面包与黄油的问题。起初布尔什维克并没有什么机会来进行社会试验,那时为求生存的军事斗争压倒了一切。1917年到1921年间施行的"战时共产主义",是从那些为给受包围的红军提供必需的人力和物力的孤注一掷的办法中发展出来的。土地、银行、对外贸易和重工业全部收归国有。同时,剩余农产品被强征来供养士兵和城市居民。最开始的计划是用工业制成品来补偿农民,然而事实证明这根本不可行,几乎所有的工厂都在为前线而进行生产。

等到内战和干涉结束,农民开始起来用武力反对无偿征收他们的农产品。一位农民说道:"土地是我们的,面包却是你们的;水是我们的,鱼却是你们的;树林是我们的,木材却是你们的。"(28)与此同时,国家经济陷入瘫痪,连年战争是部分原因,农民罢耕则是主要原因。为了抵抗无偿征收,农民将产量限制在只能维持自己生存的数量,尤其是自从疯狂的通货膨胀使得他们很容易完成交税任务后他们更是这样做。由此,谷物产量从1909—1913年间年均7250万吨下降到1919年的3000万吨以下。工业产值下降得更快,下降到了战前10%的水平。最大的灾难莫过于1920年和1921年发生的大面积旱灾,数百万人在旱灾导致的饥荒中饿死。甚至是"喀琅施塔得"号上的水兵,之前他们曾是布尔什维克最为坚决的支持者,此时也打起了"不要布尔什维克的苏维埃"这一口号而公开造反。

列宁作为一位有实干头脑的政治家意识到了必须要作出让步,因此他在1921年开始实施新经济政策。新经济政策部分地恢复了资本主义,尤其是在农业和贸易方面。农民向国家交税后可在自由市场销售他们的农产品,当时的税率约为其产量的12%。允许私人开设小商店和小工厂。不论是农民还是新工商业者(Nepmen,耐普曼)都可以雇工,生产经营中的利润归自己所有。然而列宁也认识到,土地及他所说的"要害部门"(包括银行、对外贸易、重工业和交通运输业)则必须由国家控制。对列宁而言,新经济政策并不意味着社会主义在俄国的结束,而只是一种暂时的退却,"退一步是为了进两步"。

此后数年里,最大的问题成了如何前进"这两步"。新经济政策的确让人民喘了口气,也使经济从1921年的衰竭中恢复了过来。到1926年,工农业产值已经达到了1914年前的水平。然而,经济上的恢复并没有解决长期经济战略中的问题,而是导致一种停滞不前的状态。农民大量扣押食品和原材料,不愿向城市供给。农民不用再给地主交重租,所以他们也就吃得更多了,喂给牲口的粮食也更多了。同时,他们的劳动生产率也因工具缺乏而降低,而在消费品短缺的情势下,他们更没有了出售剩余农产品的愿望。

1926年国家收到的粮食仅有4.28亿普特,而要维持一个正常的储备水平至少要达到 5 亿普特。翌年,来自农村的供应更少了。到 1928 年 1 月,情况正逐步向危机发展。按照计划,该月乌兹别克斯坦收到的粮食数量应为 380 万普特,实际上却只完成了 40%。阿比赞地区汇报说,截止 1928 年 3 月 15 日只收到 27.7 万普特,与计划中的 130.1 万相去甚远。面临紧急情况,党的领导层发现,由于前几年的官僚化问题,自己如今正处于孤立困难的境地。历史学家莱文(M. Lewin)认为:"在新经济政策施行的几年里,苏维埃政权并未学会如何与农民达成最好的谅解,如何巩固自己在农村的地位,如何发起一个强有力的非国家强制的合作化运动,或者说如何设计出有效的集体体制。因此,苏维埃政权浪费了时间,也未引起足够的重视为政府准备一套行之有效的工具方案,事实证明,不久之后便不得不拿出应对方案。当困境出现时,苏维埃政权在很大程度上已被村民视为了敌人……"[29]

在如此极端的情势下,处于困境的官僚系统很自然的反应便是视农民为敌人,必须要把农民置于国家控制之下,强迫他们提交国家需要的一切。斯大林这位"官僚体制的总设计师"[30],是站出来设计和执行这一强制战略的领导人。尽管"老布尔什维克们"抱着他们平等主义的理想不放,但斯大林却清楚地认识到了国家唯一真正的权力来源于党,党的权力基础在于其纪律和官僚机构,而其本人则对此负总责。作为党的总书记,斯大林早已把自己打造成了一个正在逐步演变成官僚党的最高官僚。正如托洛茨基所说,通过一系列的代入过程,党代替了工人阶级,斯大林集团代替了党,党的总书记代替了整个社会。

经过党内几个集团长期的争论之后,斯大林决定施行由国家计划委员会负责制定的一连串"五年计划",来强制实现集体化和加快实现国家工业化。其中有关土地的决定引起了最大的争议和骚动,这一决议建立在党的官僚看来不言而喻的两个假定之上。其中一个假定是经济方面的,小农持有的土地已经达到其生产力极限,因此有必要将其收归使用拖拉机和其他现代机器的大生产中。另一个假定是政治方面的,富农是苏维埃政权的死敌,他们对截留粮食供应应该负主要责任。因此,消灭富农是消除反革命活动和资本主义复辟威胁的首要条件。就这样,全盘农业集体化既是解决粮食征收不足的经济问题的方法,也是用以解决已经发端的反革命活动的政治问题的方法。

法国马克思主义学者夏尔·贝特兰(Charles Bettelheim)对这两个假定提出了质疑[31],而这两个假定之前则为苏联内外普遍接受。就富农来说,其威胁性明显被夸大了。1926—1927 年间,富农只占苏联农民数量的 3.1%,而与此同时中农的数量是 67.5%,贫农的数量是 29.4%。富农确实经营着与他们的人口数量不成比例的农产品数量,但即便如此,这一数量也仅为全部农产品数量的 11.8%。不过也并不能因此就说富农在农村只是一股微不足道的力量,可是也不能因此就把他们视为

1920 年代中期经济危机的罪魁祸首。贸易人民委员阿纳斯塔斯·米高扬（Anastas Mikoyan）在 1928 年就认识到了这一点："真正剩余的粮食掌握在中农手里，如果不能为其提供他们想要的足够的消费品，如果不是为了实现国家的合作化运动而向他们强制摊债，他们通常都是不会急于出售的。"[32]

同样，农民土地的生产率低，与其说是因其经营规模小，倒不如说是因其缺乏基本的工具、种子和马匹。这也说明了为何尽管农村中存在大量的失业和半失业问题，但却仍有相当一大部分农民的土地没有耕种。1928 年，550 万农户可用的农具都只有一柄"至少和法老一样老的"原始木犁。25% 的农场没有马匹，"一柄从洪荒时代流传下来的破旧不堪的木犁……通常套着一对可怜的瘦牛，有时农民自己、甚至其妻子也会拉犁……"[33]

强迫建立集体农庄于 1929 年夏季开始被提上日程。7—10 月间，加入集体农庄的农户数量翻了一番，不过加入的农民大部分是贫农，并不能起什么作用。因此，新成立的农庄缺少资源，面临着停滞和破产的危险。没有占据农民数量 66.6% 的中农的加入，集体农庄计划将会不可避免地失败，集体农庄计划若是失败，雄心勃勃的工业化计划就会随之夭折。由此一来，整个五年计划的命运也会变得危如累卵。

斯大林的回应是用整个党和国家的强制力量来迫使中农加入集体农庄。1929 年，加入集体农庄的农民数量明显上升。1929 年 10 月，中央黑土地区只有 8.3% 的农户加入集体农庄，而到 1930 年 1 月底，一半农户都已加入，到 3 月 1 日，加入的农户数量已不低于 81.8%。从全国来看，约有 60% 的农户被强迫加入了集体农庄。然而，强迫加入的过程也付出了巨大代价。用农民自己的话来说，许多人决定"像猎鹰一样赤条条"地加入集体农庄。他们毁坏了自己的农具设备，大肆屠杀自己的牲畜。农民们的愤怒达到了一触即发的危险境地。此时斯大林退缩了，1930 年 3 月 2 日的《真理报》上刊登了斯大林的文章"胜利冲昏了头脑"，他在文章中严厉批评自己的同志狂热过了头（虽然他们全是在按他的命令办事），允许农民有退出集体农庄的自由。

短短几个星期内就有 900 万农户退出了集体农庄，集体化人数的比例由 59.3% 下降到 23%。不过仍有近 25% 的农户选择留在集体农庄，在经历了短时间的间歇后，集体化运动于 1931 年又恢复了。到 1938 年，几乎所有的农民土地都并入了 24.24 万集体农庄和 4000 个国有农场。就连斯大林都承认集体化运动这场斗争的惨烈程度。第二次世界大战战事正酣的 1942 年，丘吉尔曾问斯大林："请告诉我，对您个人来说，从这场战争中感到的压力有推行集体农场时的压力大吗？"斯大林回答道："噢，没有。推行集体农庄政策是一场可怕的战斗……实在太可怕了，它延续了四年。"[34]

它的确很"可怕"，成千上万的农民家庭被驱离家乡，被关进监狱或被遣送西伯利亚劳改营。大量屠杀牲畜造成了严重的后果,以至于在农业集体化完成后过了很多年苏联农业才从中恢复过来。然而最重要的后果是,布尔什维克和农民的联盟不可挽回地最终破裂了,尽管布尔什维克领导人一直害怕联盟破裂,并视其为应该不惜一切代价来避免的大灾难。

自内战结束以来联盟的分裂就开始了,联盟的破裂产生了重大而深远的影响。其中一个影响便是农民消极抵抗。自此以后他们干活磨磨蹭蹭,认为集体农庄是强加在他们头上的东西。先前他们在自己小块的耕地上辛勤劳作,维持着较高的生产率,并可在自由市场上出售农产品为个人牟利;如今他们耕作集体的土地,生产率却是一路向下,他们生产出的农产品也只能以政府规定的低价而出售。这两种情况形成了鲜明的对比。甚至到1953年斯大林逝世之时,俄罗斯人均粮食产量也未达到1913年的水平。斯大林的继承者也未能成功解决这一问题,这一点从下面这一事实就可看出:尽管他们在农业上追加了大量投资,但却依然需要从国外大量购买粮食。

布尔什维克—农民联盟破裂,导致农业生产率低下,由此导致的农业积累不足使得快速实现农业化的计划不得不搁浅。此后为了保证"五年计划"所需要的资金需求,工厂工人也受到了压榨。苏联政府每年将约40%的国民收入拿来进行再投资,而此时的美国这一比例则只有20%。工人在工厂决策中缺乏有意义的参与、消费品的需求无法满足、工资低,这一切使得工人几乎像农民一样疏离了布尔什维克。工会组织此时也演变成了为政府服务的工具,而不再去维护工人利益。一名苏联工人在1975年说道:"他们假装付给了我们工钱,我们也假装自己干了活。"(35) 尽管已经在苏维埃体制下生活了半个世纪,但是俄国工人至今却仍然在重复着19世纪工团主义者的口号:"挣的钱少,干的活少。"

由此导致的后果便是苏联经济制度中缺少主动性和创造力。苏联早期"五年计划"的口号是"赶超美国",在那时似乎是可以实现的目标。然而,工业增长率却持续下降,从1950年代的约6%减少到1960年代的5%,又跌至1970年代的4%以下。苏联在支撑现代工业发展的科学技术方面也远远落在了资本主义世界后面。正如苏联当局认识到必须从外国购买粮食以弥补落后的农业生产一样,他们也需要从外国引进技术和资金来支撑其"僵化"的工业生产。

工人和农民日渐疏离共产党,迫使共产党只有将日益增长的官僚分子作为其社会基础。因此,工农联盟的瓦解导致了第三个后果:党—国家官僚联盟形成。这一联盟实际上是一个新的剥削统治阶级,他们没有财产,却掌握着政治权力来分配商品和服务。最终出现了与资本主义制度下相似的结果,尽管并非完全一致。在资本主义经济制度下出现的剩余价值流通周转,在这里则只不过是由有组织的剩余价值再分配取而代之,党、国家和工业系统的技术官僚掌控分配进程,并以此为自己牟利。

新的统治权贵的产生也说明了为何苏维埃国家并没有"消亡"。按照马克思主义理论,在消灭了资本主义制度及其剥削和被剥削阶级之后,国家作为阶级压迫的工具应该在俄国逐步消亡。然而,苏维埃国家的暴力机关并没有消失,反倒持续增长。斯大林对此的解释是,苏联受到怀有敌意的资本主义世界的包围,保持国家机关来保护国家免受外国间谍、破坏者和暗杀者的伤害是有必要的。如果情况果真如此,为何历经60年的苏维埃统治之后,应对外部威胁的重任不移交给人民群众?又为何他们至少不能像1917年11月那样随时起来反对外国的阴谋和干涉?另一方面,为何庞大的国家机构不是在缩小而是在扩大?答案看来是国内矛盾要远远超过外部压力。换句话说,官僚分子若想保住自己手里的权力、维持自己享有的特权,就必须要保持住他们的官僚机构。

五、苏联革命与第三世界

在当今的苏联社会中,几乎看不到任何马克思在19世纪中期和"老布尔什维克"在20世纪初期所预想的那种社会主义的影子。然而在苏联的官僚权贵看来,苏联却是取得了巨大成功,苏联已经成为当今世界上主要的经济和军事大国。很明显,集体农庄并未挖掘释放出苏联农民的创造力,但却保证了国家能够征收足够的剩余产品以满足工业化的需求,也提供了一种对乡村进行政治统治的工具。同时,在工业领域也不时传出苏联官方所谴责的装病开小差、酗酒、盗窃国有资产等行为,然而到"一五计划"结束时的1932年,苏联在世界工业大国中的排名从第五位一跃上升至第二位。这一空前的壮举,部分原因在于西方受大萧条影响生产率下降,但主要原因还在"五年计划"中的种种具体计划,使得前所未有的人力物力资源调动成为可能。"五年计划"明确提出各种方案和目标,在实施初期激发了广大群众的热情,赢得了他们的支持。

苏联在全球工业产值中所占的份额由1921年的1.5%上升到1939年的10%和今天的20%。苏联经济学家宣称,1928—1966年间,苏联人均国民收入增长了20倍。而西方采用不同的计量单位和不同的基础年份进行统计,显示这一增长速率只有15.5倍。美国一位经济学家总结道:"即便采用西方的统计标准,也应该指出这一增长是在37年间实现的,况且这37年间还发生了战争,扰乱了正常生产;相比之下,美国1968年的人均商品和服务产值只是1890年的4倍(相隔时间却长达78年),而1968年的人均可支配收入只有1899年的3倍。"[36]

就社会领域来说,"五年计划"将俄国从一个原始落后的社会转变成了现代社会。

在教育方面，识字率从 1897 年的 28.4% 上升到 1926 年的 56.6%、1939 年的 87.4%、1959 年的 98.5%。在医疗卫生方面，1913—1961 年间，医生人数从 2.32 万名上升至 42.5 万名，人均寿命从 32 岁提高到 70 岁，婴儿死亡率从 273‰ 下降至 32‰。公共服务也取得了显著成就，苏联公民如今可以享受免费医疗、养老金、伤病补贴、产假、带薪休假和子女补助。

苏联经济学家亚历山大·毕尔曼（Alexander Birman）教授在纪念苏联国家计划委员会成立 50 周年时写道："……人类应该记住这个日子，这是一个像首次环球航行或哥白尼发现日心说一样的历史大事件，它标志着人类的发展进入了一个崭新的阶段。"[37] 如果列宁能够活到今日，他是否会认同毕尔曼教授的赞誉仍是一个疑问，因为 1920 年代初期他为之痛心不已的那些缺点，如今已经在苏联社会中被制度化了。但是，即便作了所有可能的保留之后，也不得不承认苏联革命和"五年计划"已经从根本上影响到了当代世界历史的进程。比如说，正是"五年计划"的实施，才使得苏联在打败法西斯的战争中发挥决定性作用成为可能。对第三世界来说，苏维埃制度是首次与国际市场经济的脱离，是替代西方资本主义制度的第一个具有可行性的发展模式。

苏联模式所包含的那些发展战略在今天看来再平常不过，但在第一次世界大战与第二次世界大战之间的年代里却无疑是最为大胆的创举。其中的一个战略便是把社会革命作为全面革新政治制度和社会制度的先决条件，以满足动员人力物力资源的需求。苏联模式的第二个特点是，切断与西方殖民大国先前的经济联系，这样当地资源就可用来满足当地需要，而不用再去满足帝国主义需要。最后，苏联模式要求在全国范围内不断推行公共教育、技术培训、公共卫生工作来开发人力资源。

苏联的成就在第三世界的影响尤为大，因为苏联是一个横跨欧亚大陆的大国。其边界东起朝鲜，经过蒙古、中国、阿富汗、伊朗一直到土耳其。几乎在上述所有地区，边界两侧的人民都有着亲缘关系，这就方便了边界两侧的交流，也为生活条件的对比提供了便利。大多数情况下，苏联都是对比中情况较好的一方，这要得益于连续"五年计划"的实施在东部地区产生了立竿见影的效果。而边界另一侧则几乎没有一个国家能像苏联的中亚各加盟共和国那样取得显著的物质成就：修建了 296 公里长的费尔干纳灌溉渠，修筑了 1440 公里长的土西铁路（Turksib Railway），兴建了新的纺织厂、肥料和农机生产厂，在教育和公共卫生领域也取得了显著的成就。

当然，苏联在中亚所采取的政策并没有取得一致的赞扬。成千上万名哈萨克人为了逃避"五年计划"早期的强制措施而逃到了中国新疆。此外，许多中亚人都反对其所在共和国自身的俄罗斯化——这是政府有意推行的政策和大规模的斯拉夫人向新的工业中心移民所造成的结果。然而，内部的不满并未在实质上影响苏联模式对许多殖民地和半殖民地地区人们的吸引力。理由很明显，详见下表中的数据。

苏联中亚地区和某些欠发达国家经济发展的非货币形式指标：苏联发展之前及之后

国家	成人识字率 %	居住在两万人以上城市中人口 %	受过中学与高中教育的人数 %	发电量千瓦时/人	10万人中的医生数目
苏联中亚 "发展前"（1926—1928） "发展后"（1960—1962）	16 87	9.3 27.8	0.16 5.46	4 820	17.4 139.1
哥伦比亚 （1960—1962）	62	22.4	1.88	259	41.3
印度 （1960—1962）	24	11.9	2.34	51	17.4
土耳其 （1960—1962）	30	14.5	2.00	99	34.4
伊朗 （1960—1962）	15	15	1.53	44	25.4

Source: C. K. Wilber, *The Soviet Model and Underdeveloped Countries* (Chapel Hill: University of North Carolina Press, 1969), pp.148ff.

尼赫鲁自传中的一段话，充分体现了这些数据对第三世界人民的影响：

> 就在世界上其他地区正在大萧条中苦苦挣扎，在某些方面出现了倒退之际，苏联却在我们眼前展现了一幅新的世界图景。俄国追随着伟大的列宁的脚步，展望着未来，一心只去想未来会怎么样，而其他国家却是麻木不仁地活在过去的影响中，把自己的精力花费在保持住过去无用的遗产上。尤其是苏联中亚那些落后地区在苏维埃的统治下取得了巨大的进步，有关这一情况的报告给我留下了极深刻的印象。因此，权衡起来，我支持俄国。苏联的存在及其榜样，为这个黑暗而忧郁的世界提供了光明，振奋人心。(38)

尼赫鲁对苏联这番热情洋溢的赞词写于1930年代中期，那时苏联正在实施新的"五年计划"，而西方则在经历大萧条，二者之间的对比非常明显，毋庸置疑。而在今天，已经几乎不会再有哪个第三世界领导人还会如此热情地赞颂苏联社会，苏联模式也不再是西方资本主义发展模式之外的另一种选择。不过需要指出的是，当伊朗1978—1979年间的革命将国王驱逐出国时，苏联阿塞拜疆共和国的600万居民却是毫无反应，尽管他们与毗邻的生活在伊朗北部的500万阿塞拜疆人有着共同的历史、宗教信仰和语言。原因在于，苏联的阿塞拜疆是一个完全不同的世界，困扰伊朗的绝大多数问题与那里毫不相干。残存的几个毛拉并不像伊朗的毛拉那样有影响力。同样重要的是，上述反映伊朗和苏联中亚地区经济发展对比的数字说明，苏联的"五年计划"解决了许多经济社会问题，而在伊朗则正是这样的问题促成了反对国王的群众起义。因此，尽管1905年的俄国革命有助于伊朗在1906年发动反对卡扎尔王朝的宪法革命，然而伊朗1978—1979年反对巴列维王朝的革命，却并没有在阿塞拜疆共和国诱发出对苏维埃统治的挑战。

[注释]

1. Cited by E. H. Carr, *The Bolshevik Revolution 1917-1923*（New York: Macmillan, 1951），Vol. I, p.107.

2. Cited by E. H. Carr, *The Bolshevik Revolution 1917-1923*（New York: Macmillan, 1953），Vol. III, pp.17, 18.

3. F. Claudin, *The Communist Movement*（New York: Monthly Review Press, 1975），p.53.

4. Ibid., pp.55-56.

5. Cited by N. G. Levin, Jr., *Woodrow Wilson and World Politics*（London: Oxford University Press, 1968），p.14.

6. Ibid., p.18.

7. Ibid., p.22.

8. Ibid., p.24.

9. Ibid., p.25.

10. Ibid., pp.133-34.

11. Ibid., p.138.

12. Ibid., p.140.

13. Ibid., p.148.

14. Cited by Claudin, op. cit., p.57.

15. Cited by Carr, op. cit., Vol. I, p.122.

16. Cited by C. Bettelheim, *Class Struggles in the USSR: First Period 1917-1923*（New York: Monthly Review Press, 1976），p.85.

17. Cited by Claudin, op. cit., p.71.

18. Ibid.

19. Ibid., p.75.
20. Cited by S. Webb and B. Webb, *Soviet Communism: A New Civilization*（London: Victor Gollancz, 1973）, Vol. II, p.605.
21. Cited by Bettelheim, op. cit., p.331.
22. New York *Times*（Aug. 6, 1971）.
23. Cited by Bettelheim, op. cit., p.167.
24. Ibid., p.192.
25. Ibid., p.313.
26. Cited by M. Lewin, *Russian Peasants and Soviet Power*（New York: W. W. Norton, 1968）, pp.35-36.
27. Cited by Bettelheim, op. cit., pp. 331, 525.
28. Cited J. Maynard, *Russia in Flux*（New York: Macmillan, 1949）, p.218.
29. Lewin, op. cit., p.517.
30. Ibid.
31. C. Bettelheim, *Class Struggles in the U.S.S.R. Second Period 1923-1930*（New York: Monthly Review Press, 1978）.
32. Cited by Lewin, op. cit., p.221.
33. Ibid., p.29.
34. W. S. Churchill, *The Second World War: The Hinge of Fate*（London: Cassell, 1951）, p.447.
35. Los Angeles *Times*（Nov. 8, 1975）.
36. Harry G. Shaffer, "Economic Performance Under the Plan: The Soviet Union and East Europe," paper presented at McMaster Conference on Current Problems of Socialist Economics（Oct. 23-24, 1970）, p.21.（mimeographed）.
37. New York *Times*（Mar. 10, 1971）.
38. *Toward Freedom: The Autobiography of Jawaharlal Nehru*（Boston: Beacon Press, 1958）, pp.228, 229.

> 这场战争既是尾声也是序幕。世界上的落后民族将再也不会处于它们过去的地位了。迟早,一个独立的中国、一个自治的印度、一个实行代议制的埃及、一个为非洲人而不是仅为商业盘剥而存在的非洲,将会摆脱先前的地位。美国的黑人也会从战争中崛起,他们会拥有选举权,拥有工作的权利,拥有不受侮辱地生活的权利。
>
> ——W. E. B. 杜波依斯(1918)

> 我对总统关于"民族自决"的宣言想得越多,就越确信这些想法一旦进入某些民族的头脑就会出现危险。"民族自决"注定会成为和会上许多不切实际要求的依据,会在很多地区带来麻烦。它会对爱尔兰人、印度人、埃及人、布尔诸民族产生什么影响呢?叙利亚、巴勒斯坦、甚至摩洛哥和的黎波里的穆斯林难道不会将其作为独立的依据吗?它又如何与总统实际上支持的犹太复国主义运动相协调呢?这一话语简直就是火药桶。
>
> ——国务卿罗伯特·兰辛(1918)

第二十一章 第一波全球性革命浪潮(1914—1939):革命在全球范围的展现

历经第一次世界大战的血雨腥风,欧洲列强的实力受到削弱,然而它们却在战后的年代里设法维持了殖民帝国的完整。其中的一个原因在于,除中国之外,第三世界的革命运动本质上都是民主主义性质的。它们的领导人都有着资产阶级背景,比如在印度是商人和律师,在土耳其和伊朗是军官,而在非洲则是教师和牧师。

所有这些人士都有一个共同点。他们渴求独立却反对阶级斗争，拒绝对社会进行根本变革。他们的政党和纲领都是着眼于民族主义革命而非社会主义革命。第一次世界大战和第二次世界大战之间的第三世界革命运动也深受大国政策的影响，事实上，苏联对世界革命事业所做的承诺，远不如西方对维护殖民帝国完整的承诺坚定。因此，第三世界在1939年的政治边界几乎和25年前1914年的边界差不多。然而，若说有变化的话，则是殖民帝国的边界扩大了，在委任统治的名义下前奥斯曼帝国的几个行省都被囊括进了殖民帝国的版图。

一、第三世界的政治动力

第一次世界大战期间，欧洲的基督徒们为了捍卫国家和上帝的尊严而相互屠戮，这严重地削弱了殖民帝国的威望。亚非人民再也不把他们视为神授的统治者。欧洲权威的削弱还在于殖民地和半殖民地有大量人力参与了第一次世界大战。单单印度就有 80 万士兵和 41.4 万劳工在西线和美索不达米亚服务。将近 20 万中国人、大批印度支那人也在后方的劳动营里服务，而 17.5 万非洲人则穿上法国军装直接在法兰西北部作战。

有了这些经历，他们回国后就不大可能像先前那样对他们的宗主国毕恭毕敬了。一位法国官员评论道："参与到第一次世界大战中的这 17.5 万非洲士兵，在法兰西和佛兰德的壕沟里掘好了旧非洲的坟墓。"(1)法国驻印度支那总督则于 1926 年写道："这场把欧洲浸润在血泊中的战争已经……唤醒了远离我们的土地上人民的独立意识……过去几年里，一切都变了。不论是人还是思想，就连亚洲本身都变了。"(2)1923 年法国利用非洲部队占领了鲁尔区，那时胡志明作了一番尖刻的评论，充分体现了上述变化的程度："帝国主义如今可谓是机关算尽，它利用白人无产阶级去征服殖民地的无产阶级。之后又驱使一个殖民地的无产阶级反对另一个殖民地的无产阶级……就在最近，驻扎在鲁尔区的法国士兵就遭到了当地士兵的包围，而当地的轻步兵则被派去对付德国的罢工工人。"(3)

在战争进行中，有关的革命思想也随着与战争相关的宣传而在殖民地得到传播。事实上，威尔逊的"十四点计划"只提到了殖民地人民的"利益"，并没有提到殖民地人民的愿望。尽管在战时这点差别微不足道，然而"各民族自决"这一革命性话语，不论是给殖民地还是给欧洲都留下了深刻印象。社会主义和共产主义的意识形态同样产生了重要影响。第一次世界大战前，亚洲知识分子已深受西方自由主义和民族主义的鼓舞。过去他们引用伏尔泰、马志尼、约翰·穆勒的话，而今他们的继承者则往往引用马克思、列宁和哈罗德·拉斯基（Harold Laski）的话。1919 年 7 月 25 日孙中山［应为苏俄外交人民委员会］所做的一番宣言，清楚地揭示了这一转变："如果中国人民想要获得自由，那么，他们在争取民族自由的斗争中，唯一的盟友和兄弟就是红军中的俄国工人和农民。"(4)

孙中山关于苏联红军与殖民地革命者结盟的设想从未变成现实。其中的一个原因就在于，当地条件和力量对比不利。而且在第三世界的不同地区，这两方面的组合情况也不同。举例来说，地理位置就是一个很重要的影响因素。中国与布尔什维克的俄国接壤，这就方便了 1920 年代共产主义意识形态在中国的迅速传播。然而，几年前就已经出现的墨西哥革命分子，则因相对隔绝的地理位置而并未受到共产主义影响。假如墨西哥的邻国是布尔什维克的俄国,而不是资本主义的美国,墨西哥革命的性质和进程将会完全不同。此外,不同的第三世界地区和同一地区不同国家间的经济发展水平也不同,比如伊斯兰世界的埃及和也门、黑非洲的乍得和象牙海岸、拉丁美洲的墨西哥和海地。

而在两次世界大战期间,决定第三世界事务进程的决定性的国内因素,则属资产阶级领导的反殖民主义斗争。除中国共产党之外,其他第三世界国家的共产党并未在当地赢得多少支持,也没有发挥什么影响力。大部分殖民地和半殖民地都没有什么动静,即便有,也不过是一些民族主义运动,尽管这些运动影响了一些政治安排,但却并未从根本上改变对宗主国的依附关系。

最后,殖民帝国之所以能够存活下来,也是因为与苏联的革命活动相比,殖民列强的反革命活动要更为专注和有效。威尔逊的"十四点计划"详细地介绍了如何满足欧洲少数民族的要求,然而就海外殖民地而言,第五点声明却只说道"有关人民的利益与那些尚待决定其权利的政府的合理要求同等重要"。在这里重要的是只提到了"利益"而不是殖民地各民族的"愿望"。更不用说决定"利益"的还是欧洲人自己,故其最终结果便是一种包装在委任统治外壳下的新型殖民统治形成了。

《国际联盟盟约》第22条明确规定,那些前同盟国各殖民地的居民"尚不具备在当今世界复杂形势下自立的能力",并相应规定:"这些人民的管理权应该委托给那些先进国家,它们由于自身在资源、经历和地理位置上的因素,能最为妥善地履行起这一责任……各先进国应该代表国联行使委任统治权。"

该委任统治条款把前德国和奥斯曼帝国的海外领地划分成了甲、乙、丙三类委任统治地。三类统治地划分的依据是它们各自的发展水平。基于此,奥斯曼帝国的前领地划归为甲类,德国的领地划归为乙丙两类。在奥斯曼帝国的领地中,美索不达米亚和巴勒斯坦委托给英国管理,叙利亚和黎巴嫩则委托给法国。德国殖民地坦噶尼喀的大部分划归给英国,余下部分则委托给了比利时;多哥和喀麦隆由英法分割;西南非洲则统一划归南非联邦;赤道以北的德属太平洋群岛划给了日本,以南的则划给了澳大利亚和新西兰。

受任国对委任统治地的人民承担特定的责任和义务。在履行义务的过程中,它们对国联委任统治地常任委员会负责,并需每年向国联理事会报告。委任统治地类型不同,受任国的义务也不同。就甲类而言,委任统治条款明确期望尽可能早日给予它们独立,因此受任国的职责仅限于"提供行政指导和帮助……直至他们[委任统治地人民]能自立时为止。在选择受任国时,首先要考虑到各委任统治地人民的意愿"。然而对于乙类和丙类统治地,条款并未提及最终的独立问题,而受任国的义务也就变成了按照当地人民的利益行使直接管理。

值得注意的是，无论是委任地常设委员会还是国联本身，都无权去强迫一个不听命的受任国行事。此外，还值得注意的是，关于委任统治的条款并不适用于获胜的协约国的殖民地，尽管在很多方面这些殖民地的居民和那些受委任统治的殖民地的人民一样面临着欠发达的经济水平。同时，在划分统治地的时候，也没有去考虑当地人民的意愿和要求。即使在非洲的乙类统治地，也对相关安排存在着严重不满。而在奥斯曼帝国的阿拉伯诸行省，当地的不满情绪表现得尤为强烈。比如，叙利亚人和黎巴嫩人不愿处于被委任统治的地位，尤其反对自己受法国统治。然而他们的愿望完全受到忽视，而与此同时，阿拉伯半岛上那些更为落后的民族却免于受到外国监护，因为列强认为他们居住的沙漠不毛之地毫无经济价值可言。假如当时对这片沙漠之下巨大的石油储量略有所知的话，这些聚居地肯定要贴上"尚不能自立"的标签，也会像叙利亚人、黎巴嫩人、巴勒斯坦人和伊拉克人那样被委托给外国统治者管理。

对于有选择地使用民族自决权，协约国的政治家们在公开场合自是不便明言，但是到了私下场合却也是直言不讳。英国外交大臣贝尔福（A. J. Balfour）曾于1918年12月警告道："自决原则不应该死板地套在那些根本不适用的地方，比如说完全未开化、欠发达、无组织的黑人部落，不论这些地方是在太平洋上还是在非洲……你们不能把总的来说适合欧洲的方案转嫁在其他民族身上。"[5]这一态度出自一位大英帝国殖民利益的代言人之口并不足为奇，但恰恰就在同一个月，美国国务卿罗伯特·兰辛也作出了同样限制使用民族自决原则的论述，他反对把民族自决原则用在每一个地方，将其称之为政治炸药（兰辛之言见本章开篇引言）。

既然连民族自决在原则上都不能适用于第三世界各民族，社会革命自然也就更不能被容忍了。为了保证不至于发生革命而最终考验自己的忍耐力，西方列强选择支持第三世界最为保守的分子，无论他们是反对共产党的蒋介石，还是反对凯末尔的奥斯曼王朝，还是反对当地民主主义领导人的非洲部落酋长。只有在极少数情况下，西方列强的策略才未奏效，结果便是一个资产阶级的民族主义政权（而非社会主义政权），取代了先前的封建保守政权。在可以接受的限度内，西方决策者也是可以与凯末尔、礼萨们、甘地主义者和巴蒂斯塔分子们妥协的。

西方殖民大国不遗余力地推行其反革命政策，与之相比，布尔什维克尽管言辞上高唱革命，但在实际行动上却是含糊不定。布尔什维克于1919年3月成立了共产国际作为"世界革命的司令部"。共产国际第一次代表大会的宣言指出："威尔逊的纲领，最好的解释也只不过是将殖民地的奴役制度换个面目而已……"宣言最后说道："殖民地的解放只有与宗主国工人阶级的解放联合起来才能实现。"[6]同月，也就是1919年3月，尼古拉·布哈林（Nikolai Bukharin）在俄共（布）第八次全

国代表大会召开前夕直言不讳地表示,世界革命既有利于处于困境中的苏维埃国家,也有利于殖民地人民:

> 如果我们为殖民地人民,包括那些霍屯督人、黑人和印度人提供了民族自决这一解决方案,我们非但不会有所失,反而还会有所得,因为从整体来看,任何一个殖民地民族的所得都会损害外国帝国主义……最为直截了当的民族主义运动,比如印度的民族运动,是转动我们磨坊的唯一水流,它有助于摧毁英帝国主义。[7]

这样一来,国际无产阶级争取世界革命的斗争,与苏维埃为求国家生存而进行的斗争,从一开始就不可避免地交织到了一起。而之后随着情势发展,共产国际在制定政策时往往把苏维埃国家的利益放在了国际无产阶级的利益之前考虑。共产国际的政策重点也从推动世界革命演变成了利用资本主义内部矛盾防止出现反苏联盟。这一转变最早体现在苏俄对土耳其情势进展的反应上。1919年9月13日,苏俄外交人民委员会委员乔治·契切林(George Chicherin)在广播中公开宣读了苏维埃俄国工农政府致"土耳其工人、农民"的呼吁书,明确表示向土耳其人民伸出一只兄弟般的手,戮力同心,共同赶走欧洲强盗们……[8]

恰在此时,土耳其军事领导人凯末尔正在逐步放弃其所谓的对君士坦丁堡的奥斯曼王朝效忠,开始组织抵抗运动,来反对第一次世界大战中胜利的西方列强。凯末尔是一个民族主义者,而不是一个社会主义者,因此契切林对"土耳其工人和农民"所做的呼吁书,在他听来无疑会觉得有些不舒服。"至于布尔什维克人,"凯末尔在1919年晚些时候曾表示,"我们国家没有任何这种主义的容身之处。我们的宗教、习俗、社会组织丝毫不容许这种主义的传入。"[9]然而,此时的凯末尔亟须援助,1920年4月26日,他照会苏俄政府,表达了自己"希望与苏俄政府建立正常关系,与苏俄一道与威胁两国的帝国主义作斗争"[10]。对此契切林给予了积极回应,1921年3月两国签订了《苏土友好互助条约》。尽管那时的布尔什维克面临着难以克服的经济和军事问题,但是他们仍然向凯末尔提供了1000万金卢布和大量的武器装备。

这批援助对凯末尔成功地抵御协约国和抗击侵入小亚细亚的希腊军队起到了重要作用。然而尽管凯末尔向苏俄求助,也接受了其援助,但就在此期间,他却也在无情地镇压着尚处于幼年期的土耳其共产党。土共成立于1920年,其领导人是穆斯塔法·苏布希(Mustafa Subhi),党内由三种人组成:俄国战俘,他们在被关押期间已被争取到了共产主义一边;伊斯坦布尔成员,他们在第一次世界大战后的协约国占领期间受到了共产主义的影响;在安纳托利亚出现的地方组织。苏布希还一度赢得了以"绿军"而为人熟知的游击队联盟的支持,"绿军"战斗的首要目的是土地改革。共产主义分子与"绿军"联合,对凯末尔构成了极大挑战。然而,凯末尔巧施政治手腕便战胜了对手,并于1921年1月在军事上击败了对手。苏布希和他的14名追随者之后被关押在了黑海特拉宗布海面的一条船上,他们被勒死后,尸沉大海。其他的共产党领导人也因"严重的叛国罪"而受审,元气大伤的土耳其共产党自此之后在土耳其政坛一蹶不振。

土耳其民族主义运动一方面成功地击退了帝国主义列强,另一方面又屠杀共产党人、压制土地改革,苏维埃政府是否还应该援助这样的民族主义运动呢?答案是肯定的,仅仅在凯末尔屠杀土共分子后的几个星期苏俄就与其签订了条约足以证明这一点。苏俄领导人显然优先考虑的是建立一个能保障其南部边界和高加索油田安全的联盟。同时,在共产国际第三次代表大会上也并未提到其土耳其同志的命运,以免导致与凯末尔关系破裂。大会通过了一项决议,抗议正加诸德国共产党人身上的镇压措施,但却只字未提发生在特拉宗布的屠杀。

苏俄1921年3月6日与英国签订的贸易协议同样揭示了苏俄的政策。条约包含这样一款:"双方应竭力避免反对任何一方的行动或企图;避免在本土以外从事任何反对对方的直接或间接的官方宣传……尤其是苏俄政府应避免采取军事的、外交的及其他任何形式的行动或宣传,去鼓励亚洲诸民族进行反对英帝国或损害英帝国利益的一切敌对行动,在印度和阿富汗独立国更应避免出现这种情况。"[11]

世界革命服从于苏维埃国家的利益,这在列宁时代就开始了。斯大林掌权和接受了"一国建成社会主义"的原则之后,这一点变得更加明显。比起"一国"的安全和利益,任何其他事情都是次要的。共产国际演变成苏联对外政策的工具建立在两个暗含的假定之上。其中之一即,苏维埃国家的利益和世界革命运动的利益是一致的。另外一个假定则是,"苏维埃建设社会主义"的事业正在突飞猛进,苏联很快就会超过资本主义世界,资本主义正处于衰落之中。不管这两个假定有着多么深远的寓意,对其正确性提出的任何质疑都将被视为是一种亵渎,不能容忍。不论是党员个人还是任何其他国家的共产党对此有所怀疑,都不会有机会得到严肃认真的讨论。共产国际是一个高度集权化的组织,所有权力都牢牢掌握在苏共领导人手中。

共产国际执行委员会是共产国际的执行控制机构,它所下达的命令指示对所有国家的共产党都具有直接"法律效力"。它可以开除个别党员,解散整个党支部,甚至可以置大部分党支部的意见于不顾。执行委员会总部位于莫斯科,因此其成员依赖于苏共并受苏共控制。列宁曾经命令前来参加共产国际第三次代表大会的意大利代表团"把你们党中的改良分子开除出去,大部分工人都将会支持我们"。在第一次世界大战期间和之后的一段时间内,这一策略基于特殊形势确实在俄国发挥过作用。然而在世界上其他地方，这一策略却导致当地的共产党在两次世界大战期间的岁月里陷入孤立。共产国际各支部的党员数量，除苏共之外全都直线下降，从1921年的887745人下降到1924年的648090人，到1928年又下降至445300人，到1931年更是下降至328716人，仅为十年前的三分之一多一点。(12)

托洛茨基严厉谴责这种"无声的磐石"(dumb monolithism)，这种"毁灭性的全体一致"。(13)然而现在回想起来，这种"磐石"正是苏联国内盛行的官僚主义在国外的必然表现。在苏联国内存在的"磐石"下，根本不可能指望它会允许任何依附于它的外国党中存在多元主义现象。这一"磐石"的"毁灭性"首先体现在了中国。尽管其他第三世界国家进行的都是民族革命运动，但是社会革命在中国这个第三世界国家却是极具可行性。然而，正如第三国际领导人所说的那样，中国革命依然是那"一国"利益祭坛上的祭祀品。

二、共产国际与中国革命

在所有的第三世界国家中，中国知识分子接受马克思主义的程度无与伦比。满清王朝灭亡后（参见第十八章第七节），中国的知识分子失去了一个为中国接踵而至的、令人沮丧的民族灾难负责任的替罪羊。他们不得不重新评估中国传统文化并几乎一致得出结论：中国传统文化无法适用于现代世界。然而，他们并不像第三世界其他国家的知识分子那样倒向资本主义社会，而是选择接受了从其社会主义邻国苏俄而来的马克思主义。

这一方面是因为苏维埃模式似乎提供了一种更为有效的政党组织方式，提供了一种夺权掌权的手段，提供了一种快速实现工业化和全面现代化的战略。另一方面，马克思主义之所以具有吸引力，是因为它为中国屈辱落后的社会现实提供了新的替罪羊：西方帝国主义。正是西方帝国主义侵略剥削中国，才使中国沦落到半独立的半殖民境地。此外，马克思主义也为其信徒提供了一种自律手段，一种人生目标。马克思主义坚信西方帝国主义必然灭亡，其中国信徒因此有了乐观主义心态和自信心。同时，他们也感受到了一种全中国和全世界的同志们为一家的兄弟情谊。

中国领导人转向马克思主义并非仅仅因为马克思主义所具有的内在魅力，同时也是由于他们经历了对包括日本在内的帝国主义列强幻想破灭的过程。中国政府在第一次世界大战之初就宣布中立，然而即便如此，也未能使其免遭再次入侵。日本对德宣战，派军队在山东的德国租借地登陆，继而占领了全省。之后日本趁机于1915年1月18日向袁世凯秘密提出了臭名昭著的《二十一条》，希望通过向中国派遣顾问全面控制中国政府，并分别控制中国的警察系统、武器购买和兵工厂。袁世凯向外国新闻界透露了这些要求，希望以此来刺激某个列强对其援助。然而，没有任何列强愿意予以援助，就连英国驻京公使朱尔典爵士也只是说："日本对中国的所作所为，简直比德国对比利时的所作所为还恶劣。"(14)

《二十一条》激起了极大的民族愤慨，此后发展成了战争结束后的公开抵抗。为了阻止日本吞并山东的企图，中国于1917年8月宣布参战。然而日本早已就其对德国在山东权益的要求私下与英国、法国和意大利达成了一致。而且日本还于1918年强迫北京政府签署了一项承认这些要求的秘密照会。之后，参加巴黎和会的中国代表团发现威尔逊的民族自决原则并不适用于远东。因此，由学生领导的示威游行便于1919年5月4日爆发，抗议日本对中国的侵略和北京政府的秘密卖国行为。游行示威的学生们打出口号："中国的土地可以征服而不可断送，中国人民可以杀戮但绝不低头。国亡了！同胞们起来呀！"(15)

北京的军阀政府对游行示威的学生采取了镇压，1000多名学生被关入监狱。不过，此刻女学生也开始走上街头加入男学生的队伍，富有同情心的商人也关闭店铺进行罢市，工人则继续罢工——一场真正的全国性运动爆发了。内阁被迫辞职，继任内阁则拒绝在《凡尔赛和约》上签字。5月4日的这场运动，即后来人们所熟知的"五四运动"，成为中国现代历史的转折点。在中国共产党的历史学家看来，1919年这个年份比起推翻满清王朝的1911年更为重要。"五四运动"引起了一场思想革命，对这场革命，北京大学教授、后来的中国共产党创始人陈独秀曾作出过再好不过的表述。在下面一段文字中，他向儒家的社会基础发起了挑战：

> 诚不知为何项制度文物，可以适用生存于今世，吾宁忍过去国粹之消亡，而不忍现在及将来之民族，不适世界之生存而归消灭也。呜呼！巴比伦人往矣，其文明尚有何等之效用耶？"皮之不存，毛将焉附？"世界进化，骎骎未有已焉。(16)

从"五四运动"到第二次世界大战这20年间，中国知识分子坚定不移地向左转向马克思主义。当时被翻译过来的外国作家的名字依次为：马克思、恩格斯、列宁和布哈林。第二次世界大战爆发前几个月在中国几所教会大学所做的调查表明，越来越多的中国学生正在专门研究社会科学。他们喜欢马克思主义的教科书，对宗教越来越不关心，他们期望进行根本性的社会变革，并将其视为一切民族问题的唯一解决方案。一向笃信西方思想的自由主义分子胡适心酸地评论道："现在孔子和朱熹［12世纪一位新儒学思想家］的信徒正逐步减少，马克思和克鲁泡特金的信徒正在取代他们的位置。"(17)

中国共产党由 12 人于 1921 年成立于上海，这 12 人中名气最小的当属来自湖南的代表毛泽东。毛泽东是一名富裕农民的儿子，他生在乡下，18 岁时才第一次读到报纸，25 岁那年他从一所不太有名的师范学校［湖南第一师范学校］毕业。然而这一平朴的背景却使他既没有受传统的儒式教育，也没有受西方式的大学教育。事实证明，不为备受推崇的教条束缚，反倒成了毛泽东的显著特点，也成了他首要的力量源泉，使得他把马克思主义当成一种工具而不是僵化的教条加以运用。他最为独特和显著的成就在于"将马克思主义中国化"，使之符合中国的现实。毛泽东曾警告党内知识分子："马克思列宁主义已没有什么好看，也没有什么神秘。它只是很有用。"他在"整顿学风党风文风"一文中告诫那些"将马克思列宁主义当宗教教条的人"："你们的教条实在比屎还没有用。我们看，狗屎可以肥田，人屎可以喂狗。教条呢？既不能肥田，又不能喂狗，有什么用处呢？"〔18〕

尽管毛泽东颇有才干，然而无论是其本人还是中国共产党在 1920 年代初期却都是默默无闻，无足轻重。孙中山曾向西方列强求援以反对军阀，但却没有得到积极响应。之后他倒向了苏联代表越飞（Adolph Joffe），两人于 1923 年 1 月 26 日达成了一项内容广泛的协议。越飞认为，基于客观条件限制，"苏维埃制度实际上无法被引入中国推行"。俄国将代之以帮助中国"实现国家统一和完全的民族独立"。为了践行这一策略，俄国派出了能干的鲍罗廷（Mikhail Borodin）前往广州，在那里他作为孙中山的得力助手为国民党作出了三大主要贡献。

俄国人的第一个贡献是，组建了一支有战斗力的现代部队，旨在用作打败军阀、统一中国和反抗帝国主义列强的工具。1924 年 6 月创办的黄埔军校实现了这一点，黄埔军校由在苏联受过军事训练的蒋介石担任校长。到 1925 年，中国约有 1000 名俄国军事代表，苏联还向南方政府提供了大量装备黄埔学员的武器。一支现代化的国民党"党军"由此建立了起来，它为实现孙中山毕生的宏愿：统一中国，提供了必要的军事力量。

俄国人的第二个贡献是，在 1924 年开办了农民讲习所。讲习所在 1924—1926 年间一直活动，培养了许多农村工作的骨干人员。他们回到村子里后，发动组织当地农民。讲习所的学员大都来自城市附近地区和交通干线沿线一带，事实证明讲习所的工作卓有成效。讲习所在农民中间做工作，发动人民群众，为国民党在 1926—1927 年间进行的声势浩大、战果累累的北伐廓清了道路。

俄国人的第三个贡献是，帮助国民党完善了党组织。孙中山早先已经形成了被他冠之以"三民主义"的党的意识形态。三民主义包括民族主义，也就是自决原则；民权主义，或曰民主原则；民生主义，着力改善人民的经济状况。三民主义是典型的众多思想经过挑选后的组合，然而它却明确拒绝马克思主义关于阶级斗争的一系列论题。比孙中山的三民主义原则更为重要的是，新的党组织按照共产党民主集中制的原则建立了起来。国民党通过众多基层组织的建立而实现了改组。地方基层组织选举代表参加县一级和省一级的代表大会，县级代表大会和省级代表大会又会分别选举产生自己的执行委员会。国民党全国代表大会则选举产生中央执行委员会，中央执行委员会遵循苏联共产党的模式，利用这种金字塔式的组织结构实现对全党的控制。

事实上，俄国人还为孙中山和其领导的国民党作出了第四个贡献，那就是把中国共产党实际上是作为团体人质而交付给了国民党。1922年8月，共产国际强加给了中国共产党一项国际共产主义运动史上绝无仅有的政策，要求共产党员以个人身份加入国民党，接受国民党的纪律，同时保持自己的党组织。此举符合苏俄的既定政策，即使各国共产党的利益服从苏联的国家利益。孙中山也乐意接受这一安排，他充分注意到了共产党人在组织工人和农民方面的卓越性，同时也自信自己能够控制共产党，毕竟那时的共产党员还是少数。

而共产国际则基于自身考虑，认为加强孙中山的势力是在东亚遏止帝国主义、维护苏联利益的最佳选择。为了使自己的政策显得比较合理，共产国际作出了如下解释：此举并不会损害中国的革命事业，在现阶段的中国只有资产阶级的民族主义革命具有可能性，社会主义革命要到资产阶级完成使命后才能进行。然而，中国共产党一大（1921年7月）通过的决议中，有一项则持相反的立场，决议表示中国共产党应该"只维护无产阶级的利益，不同其他党派或集团建立任何关系"[19]。中国共产党对于放弃直接的社会革命而代之以先经过资产阶级革命阶段的战略也持不同立场。"我们如何容忍？"毛泽东愤怒地质问道，"这将意味着人类的三分之二将继续遭受帝国主义列强整整一个世纪的残酷无情的剥削。"[20]然而，中国共产党的反对意见却遭到了共产国际的否决，最终，一种独特的国共合作模式建立了起来。

国共联盟的脆弱性在1925年显现了出来。当时共产党组织了上海各工会团体举行罢工，中国工业家们由于深受外国商品竞争之害也纷纷支持罢工。之后英国动用警力于5月30号屠杀了13名示威者，随即引发了一场全国性的示威、抵制和罢工活动。"五卅运动"极大地推动了中国共产党党员数量的增长，从1925年春天的1000人增加到1926年7月的3万人，到1927年春已增加至5.8万人。中国共产党显然正在赢得越来越多的城市大众支持，与此同时它也正在农村迅速地组织动员农民。

共产党人势力的增长引发了国民党内部三派的紧张关系。国民党内的三派是指：以蒋介石和他手下的黄埔军官为首的保守派，他们大都出身于上层；被迫以个人身份加入国民党的中国共产党人；处于两派中间的摇摆派，这一派也包括国民党左派。

随着国民党军队在北伐战争中节节胜利，三派的紧张关系演化成了公开的决裂。

1926年7月，蒋介石统帅的六支部队从广东出发，开始了以"打倒军阀、统一中国"为目的的北伐。在共产党对农民进行的宣传鼓动运动的支持下，国民党军队一路前进，其间击败并收编了许多军阀势力。年底之前，国民党军队打到了长江，翌年春天，他们继续攻打华中地区，捷报频传。然而，国民党军队离最后的胜利越近，国民党内部的矛盾也就变得愈加尖锐。此时的共产党人既感到了城乡日益高涨的群众性革命运动的压力，又要受制于国民党的党纪。他们中有许多人都想退出国民党，自由行动。然而当他们在1926年11—12月间举行的共产国际执行委员会会议上提出这一想法时，却遭到了斯大林的明确反对。

中国共产党人不得不服从斯大林的决定，这实际上等于给他们宣判了死刑。这种情况下在中国实际上存在着两场革命：一是蒋介石领导的资产阶级革命，一是共产党领导的社会革命。蒋介石的背后不仅有军官还有地主、商人、银行家；中国共产党的背后则是令人生畏的广大民众。在1926年的革命高潮中，共产党成功地动员了120万工人和80万农民。然而，此时的他们却要服从共产国际的命令，放慢自己的步伐，防止城市中出现无产阶级暴动，阻止农村爆发农民起义。在双方力量对比并不悬殊的情况下，斯大林的一纸命令无疑给了蒋介石充分的自由，而不必顾及对手的反应。

1927年3月21日，共产党领导的工人在上海发动了总罢工，翌日控制了整个上海。中国共产党的领导人遵循第三国际关于维持与国民党"反帝同盟"的关系，施加影响力让工人解除武装，允许蒋介石的部队于3月26日进驻上海。然而，蒋介石却没有让"反帝同盟"妨碍其行动自由。蒋介石察觉到了蓬勃兴起的群众运动明显会给其带来威胁，正准备对其进行镇压。而此时他准备蓄意镇压的牺牲品却正在消极等待，无所作为。于是，在坚决反共的桂系部队的军事支持下，在上海银行家的财政支持下，以及外国列强至少是道义的支持下，蒋介石于1927年4月12日凌晨数小时内发动了反革命政变。其后几个月内，恐怖统治蔓延到上海之外，数以万计的工人农民惨遭屠杀。

中国共产党花了几年时间才从这场毁灭性的打击中恢复过来，然而它在城市的根基却一直未能恢复。造成这一溃败的根源在于，苏共无论在国内还是在国际上都处于孤立地位，它往往按照自己所认为的符合苏联国家利益的标准来操纵共产国际。在克里姆林宫的那些大佬看来，要想维护苏联的利益就得与蒋介石合作。只有这样才能避免一旦中国共产党掌权后，帝国主义会进行干涉从而威胁到俄国。苏共的这一认识和方针始终没有改变，斯大林一直害怕也反对中国进行革命。直到第二次世界大战后，新的中国共产党领导人不再把马克思列宁主义当成"教条"来看，不再唯共产国际之命是从，中国革命才最终取得了成功。

然而，我们也不能基于上述论述就想当然地认为，如果中国共产党的领导层在对待莫斯科的命令上能显示出更大的独立性，他们就能在1920年代把中国从一个军阀统治的国度变革成为社会主义国家。不过，可以认为确实存在这样的转变机会（尽管机会大小有所争议），然而这样的机会却因斯大林执行其全球战略而中国共产党则对此不加任何抵制而丧失殆尽。

三、甘地防止印度激进化

就像在19世纪一样，20世纪的印度依然是检验帝国主义统治成果的最佳范例。与大部分殖民地国家相比，印度在某些方面拥有更为有利的发展条件。印度幅员辽阔，这具备了一个潜在的国内巨大市场，也使其拥有种类繁多的自然资源。此外，在英国的统治下，印度兴建了包括铁路、港口、灌溉系统和通讯设备在内的大量基础设施。同时，英国的教育政策也催生了一批机构，后者又培养出了大批服从帝国主义统治的专家和官员。

尽管印度具有众多方面的优势，但在两次世界大战期间的25年里，它却也同其他第三世界国家一样停滞不前。工业就业人数占总人口的比例从1911年的5.5%下降到1921年的4.9%，之后又下降到1931年的4.3%。与此相反，农业从业人数的比例却有所上升，从1891年的61%上升至1921年的73%，之后回落到1931年的65.6%，不过这一比例依然高于40年前的水平。印度的对外贸易反映出了经济的全面停滞。印度的进口总额从1913年的18.33亿卢比上升到1929年的24.08亿，而同期的出口总额却从24.42亿卢比上升到31.08亿卢比。然而，由于同期的物价水平上升了约50%，因此实际的贸易额是下降的。

与其他殖民地国家一样，印度经济瘫痪的根本原因也在于其缺乏必要的社会变革来释放人力资源和自然资源的生产潜力。那些19世纪就阻碍印度社会发展的势力和条件，在其进入20世纪之后依然存在。在农村，高额的地租榨取了农村的发展资金，导致农业发展落后；与此同时，过分重视用于出口的经济作物，也导致粮食作物生产的下降。

1893-94—1945-46 年间印度粮食作物、商品作物和全部作物产量统计

年代	年均农业产量指数			非粮食作物与粮食作物的比值
	粮食作物	商品作物	全部作物	
1893-94—1895-96	100	100	100	0.22
1896-97—1905-06	96	105	98	0.24
1906-07—1915-16	99	126	104	0.28
1916-17—1925-26	98	142	106	0.32
1926-27—1935-36	94	171	108	0.41
1936-37—1945-46	93	185	110	0.44

Source: F. Clairmonte, *Economic Liberalism and Underdevelopment* (London: Asia Publishing House, 1960) , p.106.

印度每天的人均粮食消费量从 1880 年的 672 克下降到了 1936—1938 年间的 392 克。[21] 托马斯·魏斯科普夫（Thomas Weisskopf）教授说："我得出的结论是，印度独立时[1947]，其贫困范围与一个世纪前一样；而自从独立之后，贫困程度也只不过是缓解了一点点。"[22] 过去每当周期性饥荒发生后，英国都会派出皇家委员会前往印度调查灾难的"起因"。1877—1878 年间的饥荒殃及 900 万人，皇家委员会调查后指出："农业几乎是广大群众的唯一职业，这是一种不幸的情况。"委员会建议"引入多种产业经营，可以消化剩余劳动力，让他们脱离农业，转而从制造业中寻求生计"[23]。上述分析和建议在之后几十年里一而再再而三地被重申，但却并未能对政府政策产生什么明显影响。比如，1935—1936 年的印度预算中，将 5 亿卢比划拨给了军事部门，2.03 亿划拨给了司法、监狱和警察部门，相比之下，划拨给农业的只有 2700 万卢比，划拨给工业的只有 900 万。

尽管印度出现了严重的停滞不前状况，政策调整也是惰性依然，但是印度却并没有像中国那样发生震撼性的大动荡。印度这种无所作为的状况并非源于英国无论实际上还是潜在的压制，毕竟在 1914 年的印度，只有 4000 名英国管理人员和 6.9 万名英国士兵统治着 3 亿印度人。英国统治得以延续的原因，要回到印度本身的阶级结构和阶级关系中去寻找。

印度农村存在着一个传统的统治阶层，由当地的王公和居外的地主组成，后者还经营放贷。正是由于英国人的统治他们才获取了财富和权力，因此他们与英国人合作维持着乡村秩序。在这一小撮寄生虫下，是属于中间阶层的自耕农，其人数较

多。其中的一些人拥有较多的土地，然而大部分人所拥有的土地都仅够维持一家人的生计。处于农村社会阶层最底端的则是那些无地的农民，其人口约占农村总人口的25%，他们经常因为各种债务问题而像农奴一样受到种种限制。

城市中也存在着类似的阶层分化，处于顶层的是少数非常富有的资本家。在19世纪，这一阶层的发展一度缓慢了下来，然而在两次世界大战期间，他们的财富和权力却是急剧上升。顶层之下是一批专家和行政官员，随着英国在印度推行行政机构"印度化"这一极具进步意义的措施，这一阶层逐步形成。之下的一个阶层，主要是一些有组织的产业工人阶级和在政府部门工作的一批白领工人，从经济占有水平上看，这批人的财富数量有限。最后是那些占城市人口大多数的工人，这一阶层既包括那些独立生产、自负盈亏、从事服务业和家庭手工业的小资产阶级，还包括那些城市流氓无产者，他们中既有失业者，也有那些沿街叫卖、行乞、搬运或做其他零活的未充分就业者。

就是从这样的阶级结构中，1885年诞生了印度国民大会党。印度国大党由少数阶级立场比较温和的印度和英国专业人士组建而成，其基本目标是确保改革顺利推行，提高印度上层阶级在英国殖民统治结构中的地位。然而，到1930年，国大党在每个城镇的成员只不过包括一些律师和商人。之后，莫罕达斯·甘地（Mohandas Gandhi）负起责任，将这个孤立的、不起作用的组织，打造成了一个无论在农村还是在城市都有群众追随的运动。不过关键在于，运动仍由印度资产阶级主导，旨在增进自己的阶级利益。

国大党之所以能够成功地操控限制群众运动，一方面在于，在印度没有其他可以取代它的政党，尤其是因为由莫斯科控制的印度共产党摇摆不定、在印度几乎没有追随者。另一方面在于，英国采取了狡猾的策略：它一方面把镇压和安抚巧妙地结合到一起，另一方面又利用印度教徒去反对穆斯林。最重要的是印度资产阶级的作用，他们精明地与像甘地和尼赫鲁这样具有超凡魅力的国大党领导人进行合作。合作中的各方都关心印度的政治独立事业，同时却本能地反对社会革命，这样就形成了一个天然成功的事实联盟。

印度的资本家家族，像塔塔、比尔拉、达尔米亚－贾因、辛哈尼亚、莫迪斯，及其他相当有名的财团，均希望印度取得政治独立，以此实现特定的经济目标。这些经济目标包括关税保护，银行业、重工业和沿海航运业的印度化，国家全面扶持国民经济发展，任命印度人来担任那些制定重要经济政策的岗位。正是由于这些目标，印度的资本家们支持国大党，然而他们也利用自己的影响力来避免长期的对抗，以防引发群众的激进化运动。比如，比尔拉（G. D. Birla）曾将直接的群众政治运动称为"骚乱"。同样，在国大党的官修正史中，其作者，一位甘地派国大党领导人，

用下面这段富有启示意义的话描述了农民协会的活动:

> 成群的农协会员组成庞大的队伍,顺着村庄行进了数百公里,他们妄图组建政党、建立政权,妄图建立起一支多多少少能与国大党相抗衡的力量……他们选择的旗帜是上有铁锤、镰刀的苏联红旗,这面旗帜越来越作为农协会员和共产党人的旗帜而流行开来,即便尼赫鲁大声疾呼、反复劝告,也未能延缓这一现象。国大党成员和农协会员针对旗帜的高度和醒目问题而发生的冲突随处可见。农协会员试图取代三色旗,这一明显意图标志着社会主义与甘地主义之间的竞争。实际上,渗透进这一氛围中的社会主义思想较少,更多的可能还是共产主义思想……(24)

印度资产阶级惧怕"骚乱"和"共产主义",所以他们转而支持国大党中的右派来对抗左派,他们尤其支持甘地。在引导国大党走向一条非社会革命道路的过程中,甘地是一位关键人物。甘地的过人之处在于,他认识到:一个仅容纳律师和商人的国大党,将永远不会挑战英国的统治。他清醒地意识到:一定要把群众动员起来。尽管作为律师的甘地曾在伦敦留过学,但他却是一个十足的印度人,因而他能与村民们融到一起,赢得他们的支持。甘地发起的最著名的运动当属萨蒂亚格拉哈运动(*satyagraha*),也就是人们熟知的非暴力不抵抗运动;以及哈塔尔运动(*hartal*),即抵制英国货,穿本土手工纺织的衣服而抵制进口机器制造的商品。甘地教诲道:把萨蒂亚格拉哈运动和哈塔尔运动结合起来,就有可能实现斯瓦拉吉(*swaraj*)即国家自治这一目标。

甘地实际上也投身到了当时几乎所有的进步运动中,然而一旦投身其中,他就会利用自己的威望去竭力消除每一场运动中的激进色彩。因而他协助成立了艾哈迈达巴德地区的工会,但他强调阶级和谐,不允许该工会加入全印工会联盟。他也注意团结农民,然而与中国共产党不同的是,甘地是自上而下地组织农民,而中国共产党则以贫农为基础,自下而上地组织群众。不过,甘地派的积极分子大都来自婆罗门、商人阶层及富农,他们都很自然地反对无论是在农村还是全国规模的社会革命。甘地还领导了针对英国政府的抗税运动,然而却不容许将这一运动转化为针对印度地主的抗租运动。此外,甘地还反对组织农民协会。当政治运动脱离控制时,甘地便会对"骚乱"持强硬态度。在1924年的"退出印度"运动中,有些地区发生了全面暴动,他们切断电话线,抢劫火车,焚毁政府建筑物,而且建立起了"平行政府"向现有政府挑战。暴力运动震惊了身陷囹圄的甘地,他开始了一场为期21天的绝食,抗议英国政府指控他应对暴乱行为负责。

甘地的确曾呼吁废除贱民制度，然而与此同时他却也在维护着一种理想化的种姓制度的本质特征，反对绝大多数贱民单独进行的活动。甘地还维护受压迫的印度妇女的权益，反对强加在她们身上的传统枷锁，这些束缚包括童婚、歧视寡妇、殉夫自焚、隔幔深闺等。但是他却选择了赛塔（Sita）作为他心目中理想的妇女，赛塔是拉玛（Rama）的妻子，从一而终、守贞节、富有自我牺牲精神。按照赛塔－拉玛这一模式，妻子与丈夫的关系就是要敬夫、牺牲自己，并将所谓的动物本能，最重要的就是性冲动，予以精神化。

相比之下，尼赫鲁则具有费边派的社会主义倾向。他坚信科学、技术和世俗主义。因此，在许多特定问题上，他与甘地的观点并不一致。然而在反对革命、实行改良这一核心问题上，他却追随甘地。二人相互配合，相得益彰。甘地对农民特别具有吸引力，而尼赫鲁吸引的则主要是城市阶层和国大党的左翼。

甘地在印度历史上的作用可以概括为，他成功地促成了反对英国统治的民族革命，却也钳制了反对本土体制的社会革命。在印度于1947年赢得独立之后，尼赫鲁在印度所起的作用（在这一点上也要说到英迪拉·甘地）与甘地在本质上非常相似：防止社会革命，推进社会改革，然而事实证明，在当时的情形下，社会改良在很大程度上只不过是一种幻想。

四、中东委任统治地

两次世界大战期间的中东，在政治发展进程上有别于印度，然而这两个地方的经济发展状况却是基本相似。第一次世界大战之前，中东构成独立的奥斯曼帝国，因此随着奥斯曼帝国的战败和列强对之的瓜分，不得不在该地区进行新的政治安排。不过，从经济上来说，从奥斯曼帝国分离出来的中东新国家也与奥斯曼帝国一样属于第三世界，它们也从属于西方帝国主义列强并受到它们的剥削。

我们首先来看一下新的政治安排：整个奥斯曼帝国，包括其安纳托利亚的心脏地带，似乎一开始就注定要成为战胜的协约国的属地。事实上，英、法、俄、意四大国已通过四个秘密协定在整个地区划分了势力范围，这四个秘密协定包括1915年3—4月间的《君士坦丁堡条约》，1915年4月26日的《伦敦条约》，1916年4月26日的《赛克斯—皮科特协定》，1917年4月的《圣让·德莫里埃纳条约》。这些条约不仅准备瓜分奥斯曼土耳其帝国的阿拉伯诸行省，还准备瓜分安纳托利亚的大部分地区，只准备给土耳其人留下其国土北部两万平方英里的土地。

这些秘密条约中的一些条款，与英国正在与阿拉伯代表达成的某些协议产生了直接矛盾。自1914年11月土耳其加入同盟国集团后，英国便开启了与阿拉伯上层领导人物：麦加亲王、圣地管理者侯赛因家族的埃米尔·侯赛因（Emir Hussein）的谈判。从1915年7月到1916年3月，侯赛因与英国驻埃及高级专员亨利·麦克马洪（Henry McMahon）爵士保持了长期的通信联系，最终促成了双方的军事联盟和一项含糊不清的政治谅解，正是这一谅解造成了之后中东几十年的动荡不安局面。作为对阿拉伯人起义反对土耳其人的回报，英国承认奥斯曼帝国的阿拉伯诸省，包括小亚细亚南部的帝国所有行省独立。然而麦克马洪却在声明中作了保留，即协议不得侵犯法国在叙利亚的未定利益。而侯赛因则回应道：他不会容许任何阿拉伯领土变成任何大国（意指法国）的属地。这一争论一直未澄清，几年后便引发了不幸后果。

在英国外交部与侯赛因交涉的同时，英印事务部也在与内志的伊本·沙特（Ibn Saud）苏丹谈判，沙特阿拉伯苏丹的领土靠近波斯湾。1915年12月26日，双方达成了协议，伊本·沙特在战争中保持善意中立，作为回报，印度事务部则承认其独立。尽管这一协议是由英国另外一个部门参与签订的，但却丝毫不能改变英国对伊本·沙特和对侯赛因作出的承诺存在矛盾之处这一事实。

另外一个自相矛盾的承诺对未来更为不利，这就是1917年11月2日的《贝尔福宣言》，宣言明确宣布，英国政府支持在巴勒斯坦建立一个"犹太人的民族之家……不过需要明确一点，不能损害巴勒斯坦地区现有非犹太人团体的公民权利和宗教权力……"（详见下一节）很明显，宣言与麦克马洪对侯赛因的承诺有相矛盾之处，同时也与那些瓜分奥斯曼帝国领土的秘密协定相矛盾。

这一系列矛盾引发了直到今天依然存在的冲突。战后，随着美国退回到孤立主义，俄国因革命和内战而焦头烂额，因此主要是英国和法国制定了强加在战败的土耳其身上的《色佛尔条约》（1920年8月10日）。通过条约，法国获得了叙利亚和黎巴嫩的委任统治权，英国得到了美索不达米亚和巴勒斯坦地区的统治权，此外，英国还对埃及行使保护权。意大利取得了多德卡尼斯群岛，希腊则得到了爱琴群岛的几个岛屿、东色雷斯，并获得了对士麦那地区为期五年的管理权。五年期满后，将会举行公民投票，决定该地区的最终归属。

这些条款既违背了英国对阿拉伯人的承诺，也违背了协约国公之于世的民族自决原则。因而，中东爆发了一场波及整个地区的武装反抗浪潮。最为成功的当属土耳其人，他们在凯末尔的领导下发动了一场成功的民族解放斗争，迫使列强同意修改《色佛尔条约》。经过长期谈判，1923年7月24日通过的《洛桑条约》取代了《色佛尔条约》。新的条约规定，土耳其收回东色雷斯，土耳其不需要支付战争赔款，列强取消在土耳其的治外法权而土耳其则承诺进行司法改革。海峡地区仍然划为非军事区，无论和平时期还是土耳其保持中立的战争时期，海峡对所有国家的船只开放。若土耳其参战，除中立国船只外，敌国船只将禁止出入海峡。最后，条约之外的一个单独协定，强制将生活在君士坦丁堡的希腊少数民族，与生活在西色雷斯和马其顿的土耳其少数民族进行交换。

就在土耳其人成功地废除《色佛尔条约》的时候，阿拉伯人则在与强加给他们的委任国进行着顽强的斗争。列强强行瓜分阿拉伯领土违背了《侯赛因－麦克马洪协定》，点燃了阿拉伯人的民族主义情绪。协约国就民族自决进行的宣传，激起了阿拉伯人要求民族独立的情感。阿拉伯部队采取的几次成功的军事行动，更是进一步激发了阿拉伯人的民族意识和自豪感。阿拉伯士兵曾与英国人并肩作战，共同解放了大马士革、阿勒颇和其他阿拉伯历史名城。与此同等重要的是，战时贸易中断导致大面积饥荒，阿拉伯人备受苦楚。据统计，至少有30万人死于因饥饿或营养不良而引起的疾病。最后，最重要的还要数宗教因素，对村民来说更是如此。1950年代，一位埃及社会学家亲自研究后总结道："对村民来说，整个世界按照穆斯林的基本教义分成有信仰者和非信仰者""他们几乎没有什么种族和阶级的概念"。(25)
这种以宗教为基础的世界观，毫无疑问，在第一次世界大战结束后的几年里更是凸显出其影响。其中一个例子就可以证明：那些来自城市的阿拉伯民族主义领导人，经常吃惊于农民对他们的援助和支持竟是如此强烈，毕竟他们平日里与农民几乎没有什么接触。一个可能的推断只能是，村民的反抗是一种受到宗教情感驱使的自发性运动，他们以此反对外国异教徒的统治。

这些因素综合发挥作用，引发了战后阿拉伯世界的民族独立斗争。每次斗争都透露着明显相同的轨迹模式。首先是起义爆发进而演化成武装反抗，1918—1919年的埃及、1920年的伊拉克、1925—1926年的叙利亚－黎巴嫩都是如此。之后，英国和法国逐步恢复秩序，重新树立起它们的权威。最后，英国和法国给予［这些国家］不同程度的自治。尽管这并不能完全满足民族主义者的要求，却也维持了一段来之不易的和平，直到第二次世界大战爆发情势才发生改变。

在伊拉克，英国推举侯赛因的第三个儿子费萨尔亲王为国王，之后双方又于1930年达成了一项折中协议。英国同意结束委任统治，支持伊拉克申请加入国联。作为回报，伊拉克同意英国在伊拉克保留三个空军基地，在战时英国还可以充分使用伊拉克的内河、铁路和港口。至于埃及，英国则于1936年与华夫脱党的民族主义分子签订了一项为期20年的联盟条约。条约规定，英国将结束其对埃及的军事占领，并对埃及加入国联作出相应安排。作为回报，埃及同意一旦发生战争则与英国站在一起，同意英国沿苏伊士运河一线驻军，继续维持英埃共管苏丹。

不过，就叙利亚和黎巴嫩来说，法国就显得不如英国那么灵活了，当然其效果也不佳。当地的民族主义起义运动时有发生，最严重的一次发生在1925年，迫使法国炮击大马士革以维持统治。最终，法国政府于1936年与叙利亚和黎巴嫩谈判签订了新约，条约内容完全仿效1930年的《英国－伊拉克条约》。然而，两个条约均未获得法国国民议会的批准，因此直到第二次世界大战爆发时，双方之间的冲突依然没有解决。

一系列民族主义运动导致的最终结果就是，在整个阿拉伯世界的受委任统治国和当地的统治精英之间形成了一种事实上的联盟。那些进行统治的列强可以指望当地的精英尊重他们的帝国主义利益，毕竟后者完全依赖于帝国主义的扶持。这种基本的权力关系模式可以通过伊拉克的例子来说明，当然也可以用其他阿拉伯国家作为例子来说明，毕竟这些附属国的制度基本上都是一致的。

就推选费萨尔为国王一事，英国外交部一位官员非常坦诚地交代了背后的动机："我们要的是一位只登基为王就满足的国王，而不需要一位励精图治的国王……"（26）英国的官方声明同样直截了当："我们需要的是……在阿拉伯的制度下形成某种形式的政府来管理，这样我们就可以放心地离开却又可以在背后操纵；我们不想付出太高的代价，此种模式恰恰可以保障我们的政治、经济利益。"（27）

这就是委任统治年代里形成的政府形式。此种政府并不受群众欢迎，也缺乏广泛的代表性。其统治基础是一小撮部落酋长和地主，这些人的权力和财富都是在英国占领期间急剧增长。一旦这些统治精英的权威受到了挑战，皇家空军就会出来轰炸那些不满分子，让他们屈服。"如果说费萨尔国王的命令能在全国范围内得到有效执行，"英国殖民大臣艾默里（L. S. Amery）报告说，"这全应归功于英国的飞机。如果英国飞机明天就撤离，当地的统治结构必然会土崩瓦解。"（28）事实上，在议会中存在三个相互竞争的党派，内阁也确有沉浮起落，然而这种动荡起落只不过是统治集团内部不同派别之间的联盟重组而已。这三个集团中没有一个有能力挑战现状，这一现状对内建立在新的地主和官僚崛起的基础上，对外则建立在英国和伊拉克的这种主仆关系的基础上。英国历史学家彼得·斯卢莱特（Peter Sluglett）的下述总结，不仅道出了委任统治在伊拉克的政治影响，也道出了该制度在整个中东地区的影响：

> 在委任统治地的任何一张结算清单中，政府统治小圈子外的伊拉克人民……都是亏损的一方。政府不是在为人民的利益着想，而是着眼于那些由英国建立和支撑的统治结构中逊尼派城市政治阶级的利益。……当英国的利益明显不再受到威胁，保护英国利益的必要机制已经完善，撤军的时候也就到了……1930年的条约也使英国走上了正式撤离之路……然而若去谴责英国委任统治当局并没有能确保伊拉克政府关注属于自己民族的广泛利益，未能采取措施缓和紧张局势反而还加剧了冲突，这纯属徒劳无益；

这样做只会曲解帝国主义的本质。⁽²⁹⁾

现在从政治方面转到经济方面，我们发现两次世界大战期间，中东经济进程的一个突出特征就是一直处于附庸地位。就如上文提到的那样，处于僵化状态的政治形势，使得中东任何地方进行社会改组的可能性都没有了，经济上的附属地位自然也就更加难以避免。农民依然受剥削，致使其购买力无法形成，而购买力则是独立经济发展的前提，最终的结果便是依附性经济不断发展。第三世界社会的这种内在特质，可以通过独立的波斯、半独立的埃及和受到委任统治的伊拉克这三个国家的经济发展和制度情况来加以说明。

两次世界大战期间的波斯统治者是礼萨汗，他曾在第一次世界大战前俄国人组建的波斯哥萨克旅中担任旅长。第一次世界大战爆发后，波斯国王宣布中立，然而他却无力执行这一决定。波斯北部诸省遭到俄国和土耳其军队的入侵，南部则遭到英国士兵的蹂躏。国王的统治只不过勉强能覆盖到首都周围的郊区而已。战后，无政府状态仍在持续，从而造成了政治上的真空，礼萨遂乘虚而入。1921年2月，他发动了一场针对文职政府的政变，很快他便被晋升为总司令、陆军大臣和首相。1925年12月15日，他废黜国王建立起巴列维王朝，在西方的援助下该王朝一直延续到了1978—1979年间的伊朗革命。

礼萨天真地相信西方制度具有优越性，可以照搬到波斯。他着眼于几乎将所有的公私生活都西方化。然而他的实施方式却是从上到下，最终造成极大的浪费并犯下多次失误。一个修建现代化医院的例子就可以说明一切。医院拥有最新的设备，医院配备的医生都在维也纳或纽约培训过，然而这座医院却并没有正常发挥作用，医院里缺乏受过训练的护士和护理员，病人也对基本的公共卫生准则缺乏了解。其实，若是能在农村里搞一个疾病预防和公共卫生的项目，原本可以对国民健康水平的提高发挥更大作用。

礼萨汗没有什么时间思考理论问题，他是个毛躁的实干家，这很容易让人想起彼得大帝。礼萨鼓励发展轻工业以减少进口，减轻对西方的依赖。一大批工厂先后都建立起来，包括纺织厂、水泥厂、制糖厂、卷烟厂和酒厂。此外，伊朗还施行了征收高额关税的保护性措施。尽管如此，这些工厂却是无一例外都在亏损。国家对整个生产缺乏计划协调，某些项目的生产计划并不是从整个国家的经济需求方面着眼。这种协调失策最明显地体现在设计和建造位于波斯湾和里海之间的一条横贯伊朗的铁路项目上。礼萨不顾专家的建议，亲自设计了路线图，这一工程尽管在经济上不切实际，但却委实壮观，在这1392公里中，要架4700座桥，要挖224个隧道。这条铁路绕开了除德黑兰和阿瓦士以外的任何伊朗重要城市，也没有通向任何邻国，不论是伊拉克，还是土耳其、俄国、阿富汗和印度。

诚然，礼萨借助其现代化部队的力量在盛产石油的胡齐斯坦省树立了自己的权威。然而，他为波斯在英波石油公司中争取更有利条件的努力却是全然没有奏效。自1909年以来，英波石油公司一直经营着波斯的各大油田。1914年5月，英国海军部成了公司的合伙控股人。由于公司账目并不对外开放，英国海军部因而可以以较低的价格购得石油，有时甚至就是直接免费索取。1933年11月，礼萨取消了先前与石油公司签订的合同，要求重新谈判以争取更为有利的条件。此时他那毛躁的性格又开始发挥作用了，很快他本人就掌管了整个谈判行为并迅速签订了一项新协议。协议将租让区的面积减少到10万平方英里，不过公司的那些地质学家知道石油储藏的大体位置，这些产油地恰恰就在这10万平方英里内。同时，重新制定了产地使用费标准，以保证伊朗有固定的收入。这种办法在经济萧条的年代非常有用，不过在经济景气的年代，伊朗的所得仅为分给一般股东红利的20%。此外，公司自身也获取了巨大利益，它不需要缴纳赋税，又把租让期限延长为从1933年起向后60年。总之，波斯政府遭受了严重损失，而英伊石油公司则依然未被纳入波斯的国民经济体系。

威尔伯（D. N. Wilber）在其所著的礼萨传记中，通篇都努力以一种同情的态度去呈现一个完整的礼萨，不过其中一段总结却揭露了真相：

> 财富聚集在了德黑兰，大部分都掌握在了承包商、商人、与垄断相关的私人手中。工业化并未能使成长中的产业工人受益。工人的工资依旧很低，1932年制定的劳工基本法也未能使工人摆脱受剥削的境地。由于缺乏全面而公正的个人所得税征收制度，有钱人与穷人之间的鸿沟也在进一步被拉大。
>
> 在土地上进行耕作的农民的境况，在这一时期也没有得到改善。事实证明，农民越发贫穷，因为就连生活必需品都要征收苛捐杂税，政府也未能抑制住地主对他们的剥削。当然，礼萨汗也确实曾通过购置自己看中的地产打击过个别地主，然而他却并未开展运动来打击封建主义的根基。
>
> 最终，在1930年代世界范围经济萧条的影响下……国家资本主义结构遭到毁灭性的冲击。礼萨汗被迫承认［1939年］："我对目前的状况深感不满，简直可以说是糟透了。"(30)

如果说一个独立的波斯尚且还面临着上述困境，那么看到尚未独立的埃及和伊拉克无力应对贫穷落后这一根深蒂固的问题，也就更加不足为奇了。以埃及为例，穆罕默德·阿里的统治倒台后，埃及变成一个以出口为导向、实行单一经营的社会，主要通过出口原棉来换取工业制成品（参见第十一章第四节）。第一次世界大战后，由于贸易条件恶化，人口迅速增长，单一的农业经营已经无法养活激增的人口，这种经济制度也就变得更加难以为继。

埃及进出口商品价格比价指数（1913=100）

年代	进出口价格指数	年代	进出口价格指数	年代	进出口价格指数
1885—1889	82.5	1910—1914	96.6	1935—1939	50.4
1890—1894	63.3	1915—1919	61.6	1940—1944	29.2
1895—1899	58.5	1920—1924	86.5	1945—1949	46.8
1900—1904	74.8	1925—1929	92.1	1950—1954	66.6
1905—1909	83.4	1930—1934	55.6	1955—1959	56.2

Source: S. Radwan, *Capital Formation in Egyptian Industry & Agriculture 1882-1967*（London: Ithaca Press, 1974）, p.243.

为了解决这些困难，埃及发起了工业化运动，尤其是1930年从英国手中取得财政自主权后，这一运动更是如火如荼。在依靠埃及资本于1920年建立起来的米萨银行的有力支持下，工业化运动取得了一些进展。民族主义的华夫脱党要求其党员把现款存在该银行中，银行的存款额相应增长。1920年，银行存款额为20.1万埃及镑，1925年增加到319万，到1929年，存款额已达到725万。银行大力资助本地企业，企业的经营范围涵盖建筑材料、捕鱼、空运及海运、保险、旅游、采矿和制药等。第二次世界大战爆发后，日益增长的军事和民用需求也刺激了埃及工业的发展。到第二次世界大战结束时，埃及工业已经能够满足86%的国内消费品需求，工业从业人员占总就业人数的8.4%。

尽管取得了上述进步，但在第二次世界大战后的几十年里，埃及却依然未能实现经济独立。农业依然在为70%的埃及人提供就业机会，农业收入占国民收入的30%，农业出口额占国家出口贸易总额的90%。埃及经济因而依然受到世界价格波动和贸易条件逆转的影响，下表中的数据充分体现了这一点。在进入简单的进口替代阶段后，埃及通过关税壁垒获得了高额的垄断利润，然而埃及工业并没有什么发展。在中间产品和资本货物的发展上，埃及也没取得什么进展。因此，1919—1939年间，埃及的人均国民生产总值下降了20%，而同期的农业工人人均生产量也下降了33.3%。

1800年代—1960年代埃及的人口增长

年代	人口	每十年增长的百分比
1800	2400000—3000000	——
1836	3000000—3500000	——
1871	5250000	——
1882	6804000	——
1897	9715000	——
1907	11287000	16.2
1917	12752000	12.0
1927	14218000	11.5
1937	15933000	12.1
1947	18947000	18.9
1960	26080000	36.8*

*13年内增长百分比。

Source: C. Issawi, *Economic History of the Middle East 1800-1914*（Chicago: University of Chicago Press, 1966）, p.373.

伊拉克的经济模式基本上与埃及比较相似，尽管它受到委任国英国更多的干涉。穆罕默德·阿里倒台后埃及经济社会领域发生的变化，如今也出现在了伊拉克，而且其波及速度更快，破坏力更甚。急剧的经济社会变化始于1916年，英国占领部队颁布了"部落争端条例"，旨在寻求英国部队驻扎区域的安全。在条例规定下，凡被视为对英国友好的部落酋长，英国都会把他们视为显要酋长。他们对其部落拥有绝对的司法管辖权，他们是中央政府授权的代理人，有权在民事案件和刑事案件中担任法官和陪审员。

中央政府依靠地方首领进行统治，所以也就没有打算向这些部落首领征收土地税，即使后者快速地把那些原先由部落成员共有、共同使用的土地划为己有。在这种情况下，土地税收占国家收入的比例也就相应地从1911年的42%下降到1933年的14%。减少的土地税收则靠缓慢增长的石油税和实际上在下降的货物税和关税来填补。英国委任统治结束后，地主所有的新的绝对权力都通过立法实现了制度化。比如，1933年通过的《农民权利和责任管理法》规定，农民应该对责任田上的任何作物歉收负责，而不管歉收的原因是出于洪涝、干旱、虫害抑或是其他自然因素。这加剧了农民的债务负担，他们根本不可能还清债务，几乎沦落到了农奴的境地。如果他们试图背井离乡，其主人有权要求军队把他们抓回。即便如此，逃往巴格达贫民区的农民数量依然有增无减，很快这里就成了失业的或未充分就业的流氓无产者的聚集地。

"这一时期,"彼得·斯拉格雷特总结道,"一个完全由自由部落民众组成的社会,已经演变成一个由被拴在土地上、近乎农奴的群体组成的社会。在这一社会中,传统的部落首领与'新'的土地所有者(地主)凌驾在农民之上,享受着前所未有的法律权力和经济权力。"(31-32)

五、巴勒斯坦大三角

巴勒斯坦不同于阿拉伯世界的其他地区,因为这里的阿拉伯民众在争取民族独立和自治的过程中没有任何进展。相反,巴勒斯坦的历史充满了各种僵局和危机,直到现在仍是如此。巴勒斯坦的特殊性在于,在当地的阿拉伯人和英国委任统治当局之间闯入了一个第三者:犹太复国主义者。犹太复国主义者有较好的组织、动员及战斗能力,因此他们在第二次世界大战前后很快便占了优势。尽管他们在总人口中明显只占少数,但却成功地阻止了阿拉伯人建立代议制政府和停止犹太移民的要求。因此,阿拉伯人的反抗斗争日益加强,他们既反对犹太人也反对英国人,最终导致出现了一种三角斗争,这一斗争在1948年以色列建国之前一直震撼着巴勒斯坦地区。

犹太复国主义应对绝大多数犹太移民的活动负责。犹太复国主义运动是一场复杂的运动,至少包含了三个要素:神权政治、殖民主义和两个民族共存论。

神权政治的依据是圣经(《旧约全书》),犹太人从中得出了其基本信念:犹太人是独一无二的民族,是上帝选出来继承其祖先古以色列人遗产的,即收复迦南(巴勒斯坦)的土地。其历史责任和使命就是要占领这块土地,在这里定居,并世世代代传承下去。大卫·本-古里安(David Ben-Gurion)把圣经比作是犹太民族"拥有巴勒斯坦的神圣不可侵犯之地契"。犹太复国主义者对巴勒斯坦的殖民,相应剥夺了现有居民的权利。"拥有巴勒斯坦的权利,"本-古里安宣称,"不属于任何当前的定居者,不论他们是犹太人还是阿拉伯人。关键问题是散居世界各地的犹太人都有权回来。"(33)梅纳切姆·贝京(Menachem Begin)也坚持这一传统观点,他一直用圣经的名城撒玛利亚和犹太亚来称呼约旦河西岸地区,宣称这是以色列的一部分,这是历史赋予的权利。1978年3月他与卡特总统在华盛顿会面,经历了一番激烈的争吵后,他回到以色列向以色列国民议会宣布:"犹太人在埃雷兹以色列地区(圣经中的以色列土地)定居是不受任何限制的,是符合国际法的。"(34)

犹太复国主义还包含着殖民主义,更确切来说它包含着民族主义,只不过基于其诞生的历史背景,这种民族主义更像是殖民主义。在欧洲备受歧视、受尽迫害、历尽经济困苦的犹太复国主义者宣扬,在巴勒斯坦建立犹太人之家,可以为他们提供安全保障和物质保障。然而,巴勒斯坦的土地上已经定居了一群阿拉伯居民,他们的人数在 19 世纪中期就达到了约 50 万,到 1914 年已超过 60 万。从 7 世纪起这些阿拉伯人就祖祖辈辈生活在这里,距今已有 1000 多年的历史。面对这一现实状况,犹太复国主义自然不同于东欧、亚洲和非洲的当代民族主义运动。那些地区的民族主义运动旨在推翻外国统治,而犹太复国主义运动则选择定居在巴勒斯坦地区,这必然要求他们以殖民主义者的面貌去驱逐那些早已定居在这里的土著居民。只有那些主张两个民族共存的人摆脱了这一困境,然而他们毕竟属于少数。

犹太复国主义运动的先驱摩西·赫斯(Moses Hess,1812—1875)和西奥多·赫茨尔(Theodor Herzl,1860—1904)很早就表达出了犹太复国主义中的殖民主义元素。他们生活在欧洲帝国主义的黄金时代,自然会去寻求超级大国的支持和庇护,为此,他们把一个犹太化的巴勒斯坦描绘成海外殖民事业的战略连接点。"苏伊士运河竣工后,"赫斯宣称,"为了满足世界商业利益,毫无疑问需要在通向印度和中国的道路上建立仓储站和定居点,这些定居点会把那些沿线未受开化的混乱国度转化为有序的文明国家。"赫斯把落后社会必然会发生的转变视为是犹太人的贡献,他呼吁犹太人抓住时机:"一个伟大的召唤在等着你们:开启一条大动脉,通往亚洲尚未开化的人类……开通这条通往印度和中国的道路,这些未开化地区最终必定会向文明开放。"(35)

在宣扬犹太复国主义与帝国主义列强拥有共同的海外利益这一点上,赫茨尔的说法要更加明确,也更加充满热情。他在其代表作《犹太国》(*The Jewish State*,1896)一书中宣称:"如果苏丹陛下把巴勒斯坦交给我们,作为回报我们可以完全把本来由土耳其人劳心的财政管理工作接管过来。我们将会把巴勒斯坦打造成保卫欧洲屏障的一部分,使其成为反对野蛮的文明前哨。我们将会作为一个中立国与所有欧洲国家打交道,而它们也要保证我们的生存。"(36)

1897 年 8 月在瑞士巴塞尔举行的首届犹太复国主义大会上,赫茨尔当选世界犹太复国运动组织主席。当选伊始的他就认定德皇是支持、保证我们"在巴勒斯坦地区建立一个公众认可的、受法律保护的犹太人之家"的最佳人选。1898 年 10 月,德皇访问君士坦丁堡时,赫茨尔会见了他,并陪同皇室成员到巴勒斯坦朝圣。然而,事实很快就表露无遗,德皇既无心也无力积极支持犹太复国主义运动,因此赫茨尔又将希望转向了大英帝国。他致信英国勋爵罗斯柴尔德:"如果阁下能够让我们的人民在埃及和印度-波斯利益交汇点的战略要点殖民,并以此来加强英国在近东的影响力,阁下定会在贵国政府中赢得较高的声誉。"(37)

赫茨尔还与英国殖民大臣约瑟夫·张伯伦保持通信联系,并在信中向后者探讨过犹太人可以移民定居的几个地区。赫茨尔曾报告:"他支持犹太复国主义的观点。

如果我能在英国的属地中给他指出一个尚未有白人定居的地点,我们便可以交谈了。"(38)事实上,赫茨尔的确谈到了几个地点,包括乌干达、塞浦路斯、西奈半岛。此外,他还通过通信联系,与意大利人探讨过的黎波里、与葡萄牙人探讨过莫桑比克、与比利时人探讨过刚果。赫茨尔认为,可以在巴勒斯坦之外建立一个犹太人聚集地,作为犹太人暂时的避难地,在那里备受困苦的犹太人可以找到暂时的慰藉,为最终回到圣地而经受苦练。"我认为,为了美好的梦想或合法的旗帜,我们不应该拒绝从不幸中获得暂时的慰藉。"(39)

赫茨尔死后,哈伊姆·魏茨曼(Chaim Weizmann)成了英国最负盛名的犹太复国主义运动者。在寻求建立一个犹太人之家的道路上,他坚持了与赫茨尔完全相同的论调。1921年7月,他致信时任英国殖民大臣温斯顿·丘吉尔,信中写道:

> 一个犹太人的巴勒斯坦的存在可以给您充分的自由,让您去执行任何在您看来最方便的政策。如果您愿意的话,还可以使您完全撤出埃及,把精力集中在运河区域,实现这一点您只需要把部队驻扎在巴勒斯坦即可……如今就阿拉伯运动的所见所闻,很容易让人认为这是反欧洲的。[所以]支持犹太人在巴勒斯坦的复国运动绝非可有可无,它可以给您提供必要的保险,而我们则可以用任何人都想不到的最低保险费向您开价。(40)

对赫茨尔、魏茨曼和他们的继任者来说,犹太复国主义运动本质上是寻求保护者的迟来的殖民运动。在这方面它也获得了丰厚的利润回报。它在寻求英国作为保护国时,《贝尔福宣言》出台,巴勒斯坦成了英国的委任统治地;它在寻求美国保护时,保证了一个独立的、充满活力的以色列国的建立。然而犹太复国主义运动依然是一场迟来的殖民运动,这一胎记从其诞生之日起一直到现在都困扰着这一运动本身。犹太复国主义运动的整体战略和观点态度中暗含着这样一个假设,即可以全然不顾当下就居住在巴勒斯坦的阿拉伯居民。这实际上反映了欧洲盛行的观点:任何海外领土,不论其是否有土著居民,都是飞地,可以先占先得。

因此,犹太复国主义者一路高歌:犹太人收复祖先的家园,履行自己的历史使命的同时,也是在向野蛮人传播文明。然而,正如一位居住在巴勒斯坦的犹太复国主义领导人阿哈隆·科恩(Aharon Cohen)所述:"早先移民到巴勒斯坦的犹太人感到最为吃惊的事就是这里已经有人居住了。在他们之前的认识里,这是一块无人居住的空地。即便有人也是一些原始土著居民,可以忽略不计。然而,他们来到这里后却发现阿拉伯人已经在此定居了,其中一些人是非常机智聪明的城镇居民,他们控制着这里的商业和贸易,不过他们中的大部分都是遍布全国的农民。"(41)

犹太人若是提前半个世纪出现在巴勒斯坦,他们"回家"也许就会遇到较小的阻力。实际上,奥斯曼政府于1857年颁布了一项移民条例,移民可以享受免费的土地、宗教自由,移民欧洲诸行省的居民可以享受六年的赋税和兵役豁免,亚洲诸行省的移民在这两方面可以享受12年豁免。条例颁布后,奥斯曼帝国的驻外代表们整天忙于应付欧洲各地、甚至是来自美国的潜在移民的咨询,然而引人注目的是,当时犹太人却并未申请。土耳其历史学家卡帕特(K. H. Karpat)对此解释道:"沙皇亚历山大二世承诺的改革似乎可以给少数民族尤其是犹太人带来较好的生活,俄国那些发家致富的犹太商人也希望融入到俄罗斯文化中,这或许是阻碍犹太人在1850年代和1860年代大规模移民的两方面因素。"(42)

到19世纪末,政治迫害和经济压力迫使欧洲犹太人想起了巴勒斯坦的家园,然而此时的情形已经完全改变。奥斯曼当局已无心考虑在中东再扶持起一个心怀不满的少数民族,因此当局容许外来移民移居任何行省,但就是巴勒斯坦除外。更为重要的是,民族主义的浪潮在这几十年里已经席卷阿拉伯世界,迟来的犹太殖民主义不得不应付同时兴起的阿拉伯民族的觉醒。第一次世界大战之前的那些犹太移民就不受当地阿拉伯人的待见,这是普遍流行的看法。然而事实恰恰相反:"土耳其人和阿拉伯人,"曼德尔(N. Mandel)写道,很快"就主动接受了那些受民族主义理想驱使、从1882年起就陆续来到巴勒斯坦的犹太人,可是……到了1914年,'犹太复国主义问题'已经成了奥斯曼帝国政治中一个相当重要的分歧点。"(43)

在之后的几十年里,随着犹太移民数量的增加,阿拉伯人的敌意也相应增长。因而,犹太复国主义者尽管屡屡胜利、成绩斐然,但却发现自己不但受到周边大部分阿拉伯国家的排斥,而且为第三世界国家所普遍不容——它们对任何带有殖民主义色彩的事务都很敏感。1978年1月,以色列前外长阿巴·埃班(Abba Eban)写道:以色列的生活尽管很光鲜,但却"总有一种让人感到压抑和窒息的氛围"。"我们与周围的世界没有正面的人际交往,这种幽闭自守状态已严重影响到以色列人的士气和情感,其程度远远超出我们愿意承认的地步。"(44)

犹太复国主义运动战略中固有的缺陷就在于把巴勒斯坦当作一片"空地"、把巴勒斯坦的阿拉伯人视为不存在的民族,各个政治派别的领导之前都曾阐述过这个论断,现在依然在不断重复这一论断。在犹太复国主义运动的三方势力中,除神权政治统治者和殖民主义者外,还有两个民族共存论者,这个第三势力很早就察觉到了这一缺陷。共存论者与前两派截然不同,尽管其成员大都是左派,但却持有相同的观念:犹太民族解放运动和阿拉伯民族解放运动并行不悖、互为补充,二者可以在协调中共同胜利。他们都期望能够建立一个既包括犹太人又包括阿拉伯各民族的巴勒斯坦邦联。

这些两个民族共存论者整体上并未引起重视，因为他们是失败者，而历史则是由胜利者书写的，而不是出自失败者的手笔。然而，在这群人中却出了一批思想家、政治家和工会领袖。这些人思想的深度和真知灼见已由阿哈隆·科恩在其权威代表作《以色列和阿拉伯世界》（Israel and the Arab World）中指出来了。科氏的著作受到已故著名思想家马丁·布伯（Martin Buber）的推崇，称其为"一部极其重要的科学著作"[45]。布伯本人也是那群坚持两个民族共存论调的知名思想家的典型。精神领袖阿哈德·哈阿姆（Ahad Ha'am）是这群人最早的代表之一。他于1891年到访过巴勒斯坦，之后写出了那篇著名的文章"以色列国土的真相"（Truth from the Land of Israel）并于同年6月刊发。他在文章中指出"我们习惯于认为阿拉伯人都是荒漠上的野兽，是一个近乎蠢驴的民族"，并警告说"这是一个极大的错误认识……"由于意识到了未来的危险性，他又进一步提醒道："如果我们犹太同胞在巴勒斯坦的生活与那里人们的生活走得太远，以至于我们要驱逐那些土著居民，尽管规模有大有小，如果这一天真正来临，我相信后者是绝对不会愿意让出自己的土地的。"[46]同年，他再次撰文强调与阿拉伯人保持友好睦邻关系的重要性，并给出了如下警告，然而不幸的是，他的话语却并未引起人们的重视：

> 我们正再一次来和一个非犹太民族生活在一起，毫无疑问不论是从我们的过去还是现在中，我们都能理解我们对待这样一个非犹太民族，我们的一举一动应该多么小心。我们应该怀着爱心和敬意去对待这些人，更不消说从法律的角度上也要求我们要公正地对待他们，要尊重他们。然而我们那些在巴勒斯坦的同胞是怎么做的呢？他们恰恰相反！他们曾经是流放地上的奴隶，突然发现自己正处于不受任何限制的自由之中……这一身份上的急剧变化，在他们中间滋生了一种专制主义倾向，专制主义往往发生在"奴隶变成国王"的时候。他们敌视阿拉伯人，残酷地对待他们，非法侵占他们的土地，无耻地打败他们，毫无理由地攻击他们，如此无耻的行为他们却还四处炫耀。没有一个人站出来制止这种可悲的危险趋势。我们的同胞有一点说的是对的，阿拉伯人只尊重那些勇敢、有胆量的人。然而这只适用于阿拉伯人认为他们对手的做法是正确的时候。若他们有足够的理由确信对手的行为充满暴戾，并非公正时，情形就不一样了。不过即便遇到这种情况，他们也许会保持沉默，很长时间内保持克制，然而，此时他们心中早已滋生了恨意和复仇意识。[47]

1919年3月，当西方大国在争论战后政治安排时，马丁·布伯也撰文强调犹太人此时可以发挥的协调角色:"因为他们既属于东方也属于西方。……我们必须在此特别强调,我们要避开一切与我们的目标无关的对外政策,我们只走那些必要的路,从事必要的活动,以求与阿拉伯人在生活中的各个领域建立永久的友好关系,以建立一个兄弟们共处的世界。"(48)1921年9月,在卡尔斯巴德举行的第十二次犹太复国主义大会上,布伯坚持认为在"阿拉伯问题"上应该慎重考虑,严谨行事。他断言:"一批坚定的犹太人已经决定回到其古老的家园,决心在那里自主地开启崭新的生活。"不过,紧跟着他也指出:

> 我们定居在那里,唯一的目的就是拯救我们的民族,实现民族复兴,我们既不是着眼于资本主义式的开疆拓土,也不是服务于帝国主义目的……基于真正利益的深厚而永恒团结的关系,会在我们与阿拉伯劳动人民之间建立起来,它将会平息那些因暂时的纠纷而导致的一切对抗。认识到这种纽带关系,两个民族的成员就将会尊重彼此,每一方都会去考虑另一方在个人生活和公共生活中的福祉。(49)

布伯关于犹太复国主义运动的观点在其高足哈伊姆·阿尔洛索罗夫(Chaim Arlosoroff)那里得到了详细阐述。"阿拉伯运动的确就在那里,"他提醒道,"不论它属于何种类型,不认识到它的重要性或者仅仅依赖于英国的援助或犹太式的武力方案,都会给我们带来灾难性后果。外部援助只管用于一时却不能管几十年……摆在我们面前的道路只有一条,即和平的道路;摆在我们面前的政策也只有一个,即互相理解。"(50)犹太教士、曾于1905—1908年间担任美国犹太主义复国运动组织书记的马格尼斯(J. L. Magnes)博士也持这种和解性的观点。他曾于1907年和1912年分别到访巴勒斯坦,1922年在那里定居。之后他把全部精力都放在了筹建希伯来大学上,自此到去世前他一直担任希伯来大学的校长。纵观马氏的一生,他都是呼吁阿拉伯—犹太合作并致力于这一事业的杰出代表。

来自东方国家的西班牙系犹太知识分子是支持阿以和解政策的另一群体。他们的观念截然不同于东欧的那些犹太复国主义分子。他们在阿拉伯文化中已深深扎根,本可以在犹太民族主义运动和阿拉伯民族主义运动中担任调解者。阿哈隆·科恩写道:"A. S. 耶胡达教授、大卫·耶伦、埃及的拉比·纳胡姆和巴勒斯坦的几位西班牙系犹太分子的领袖,本可以在两个民族间建立谅解和合作关系上作出较大贡献,然而他们却没有得到这么做的机会。最终的结果是,他们在不甘中放弃了自己的主张,转而成了坚定的反对者,他们坚决反对任何与犹太复国主义运动领导人及其政策有关的事物。"(51)

两个民族共存论大多数的拥护者都出现在那些左翼的犹太复国主义运动组织中，如社会主义同盟、青年卫队，尤其是处于主导地位的犹太工人党及其附属组织巴勒斯坦犹太工人总工会。后两个组织目前最具影响力，它们都是社会民主党性质的改良主义组织，不过最重要的一点，它们也是犹太复国主义组织和民族主义组织。因而，在它们的言辞和行动之间长期存在着矛盾。它们都拥护社会主义，提倡人与人之间的友爱，尤其是犹太人和阿拉伯人之间的友爱，不过与此同时，它们却又坚决主张犹太人的移民应不受任何限制，应给予犹太人充分的定居自由。巴勒斯坦的阿拉伯人则拒绝这些要求，因为接受这些要求便意味着他们最终会成为自己国土上的少数民族。结果便是，面对之后的阿拉伯人和以色列人之间的冲突，这些左翼的犹太复国主义运动分子不得不在实践上放弃两个民族共存原则，尽管他们先前曾在理论上支持这一论调。

犹太工人党领袖、之后担任以色列首位总理的本－古里安身上就典型地反映出犹太复国主义运动左派分子在理论和实践上所展现出的矛盾。他从未停止宣扬犹太人和阿拉伯人之间的伙伴关系。1925年他宣称："巴勒斯坦的阿拉伯社会是巴勒斯坦不可分割的有机组成部分……犹太复国主义并不是要来继承他们的地盘，也不是说要在他们毁灭的基础上崛起……这样做根本不可能。"两年后他又说道："基于我的道德观，我们没有任何权利来歧视一个阿拉伯儿童，即使我们能因此去得到我们想要的一切。"1931年他再次宣称："巴勒斯坦的政权必须永远保证犹太人和阿拉伯人有不受约束的发展的希望，有完全取得民族独立的希望，从而消除犹太人对阿拉伯人或阿拉伯人对犹太人的任何支配现象。"1931年在犹太复国主义运动第十七次大会上，他又表达了相同的观点："在世界舆论面前，在全世界的工人运动面前，在阿拉伯世界面前，我们宣告，我们将永远不会采纳建立一个犹太国的计划，因为这最终将意味着犹太人在巴勒斯坦统治阿拉伯人。"(52)

然而，1941年当耶路撒冷市议会一位受过高等教育的阿拉伯议员提交了一份专门提案，呼吁建立一个两个民族完全平等的双民族共存的巴勒斯坦时，本－古里安的反应就大不一样了。据一位复国主义运动官员说："贾布尔的提案放到他面前时，他连看都没看一眼就愤怒地将其扔到一边，说：'我根本不想理睬这类文件，看见它们就让人反感。'"(53)

多年来，犹太复国主义运动领导人都是在原则上支持两个民族共存而在实践中则予以拒绝或回避，上述事件只不过是众多例证之一而已。而且即使出现一点把言辞转化为行动的机会，也会让英国一以贯之的政策给打破，英国一直以来都在挑动犹太人反对阿拉伯人，以求通过分而治之的传统帝国主义策略来维持自我统治。此外，1930年代纳粹的滔天罪行也使那些反对在移民和定居问题上施加限制的犹太复国主义运动者强化了自己的立场。而就复国主义运动的决策层来说,他们对两个民族共存论一直都持否定态度。

约瑟夫·戈尔尼(Josef Gorni)在精心研究后撰写的"犹太复国主义运动者的社会主义和阿拉伯问题"(Zionist Socialism and the Arab Question)文章中指出,在巴勒斯坦的犹太社区中,最为重要的社会主义政党是工人联合党。之后从该党中走出了多位独立的以色列国总统和总理。自 1920 年代早期犹太人的数量还不到巴勒斯坦总人口的 10% 时,该党就"宣称犹太人享有优于阿拉伯人的民族权利,居住在巴勒斯坦的犹太人要超过阿拉伯人。"戈尔尼进而得出结论:"……建立一个犹太人占多数的社区,这一毫不妥协的要求……在很大程度上使阿拉伯人和犹太人达成协议的希望泡汤了。"(54)

在各个时期都有犹太复国主义者拒绝阿拉伯人关于建立两个民族共存国家的特别提议,阿哈隆·科恩举出了很多这样的情况并进而断定:"因此,非支配原则只不过是流于表象的一种虔诚愿望而已。该原则并未给出任何具体的表述,可以作为政治提议而成为阿拉伯人和犹太人谈判的基础。"他将犹太复国主义者未能把口头上的两个民族共存论付诸实施这一失败的事实,归结为"在犹太复国主义运动形形色色的派别之间,在支持平等共处的派别和反对共处的派别之间存在激烈的斗争……在这种情况下,即便是一个有担当的复国主义团体,除了能提出'非支配'这一含糊其辞的口号外,其他的什么也做不了。"(55)

首席大法官盖得·弗拉姆金(Gad Frumkin)后来坦言了委任统治时期犹太复国主义运动官方政策的来龙去脉:

> 回首那段历史,不难发现舍尔托克[后来的摩西·夏里特,1953—1955 年出任以色列总理]和其同事坚持自己的立场这一做法是明智的、有远见的。以色列国家的建立、我们在该地人数上占优势,都反映了他们立场的正确性。如果和阿拉伯人达成了协议,现在我们拥有的一切就会推迟到来;如果那样,我们就不可能换来我们在独立战争中通过武力、依靠神的指引所得到的一切。(56)

说完了犹太复国主义运动的各种动力后,现在转到其历史演进上,不过要注意一点,尽管两个民族共存论今天看来是流于空想了,但是犹太复国主义自从其诞生之日起同样存在这种情况。犹太复国主义运动的创始人赫茨尔于 1896 年发表了《犹太国》,该书在欧洲引起了广泛关注,也为 1897 年在瑞士巴塞尔召开的世界首届犹太复国主义者大会奠定了基调。大会成立了犹太复国主义组织,致力于"在巴勒斯坦建立一个受到公共法律保护的犹太人家园"。然而，犹太复国主义起初并未赢得全世界犹太人的广泛支持。早已定居在巴勒斯坦的那些信教的犹太人，大都反对这一带有政治色彩的犹太复国主义运动。他们认为上帝会在其方便的时候带领犹太人返回锡安山，而抢在上帝下令之前行动是大不敬行为。西欧的犹太人对此也反应冷淡，他们对自己在各自国家的境况相当满意，既无心移居巴勒斯坦，也无意支持"建立家园"的设想。在这种情况下，犹太复国主义只吸引了东欧那些受迫害的犹太人，以及少数像魏茨曼博士这样的西欧犹太人。魏茨曼博士一直认为，被当地文化同化是"在解放幌子下的逐步堕落和分裂瓦解"。即便是东欧的犹太人，支持复国主义运动的也是少数。其余的人或安于现状、无所作为，或移民美国，或与具有相同政治信念的非犹太人一道参加了民族革命运动，也有人加入了邦德大同盟（Bund）（立陶宛、波兰和俄国犹太工人总同盟）。该组织也是一个革命组织，不过其成员却是清一色的犹太人。犹太复国主义者这一相对孤立的态势，迫使魏茨曼博士就支持在巴勒斯坦建立犹太人之家的《贝尔福宣言》作出了如下耐人寻味的评论：

> 1917年的《贝尔福宣言》是空中楼阁，要给其打起地基还得需要多年的辛苦劳作。过去十年里，每当翻开报纸，我无时无刻不在想：犹太人的下一次打击将会来自何方？我战战兢兢，唯恐英国政府会把我召去训话："告诉我们，犹太复国主义组织究竟是个什么组织？你们的犹太复国主义者在哪里？"因为这些人思考问题的方式与我们不同。他们知道，犹太人是反对我们的。[57]

尽管魏茨曼博士心有所悸，但《贝尔福宣言》的发表对犹太复国主义来说仍不失为一次重大胜利。宣言中并没有建立犹太国的条款，不过里面提到的"民族之家"却是个含糊不清的概念。正因如此，魏茨曼博士才直言不讳地宣称："我们给它什么样的解释，它就意味着什么——恰到好处，不多也不少。"[58] 确保《贝尔福宣言》按照他们的解释来走，成了犹太复国主义者之后几年努力的指导方针。

然而威尔逊总统却给他们造成了威胁，他坚持在近东的安排上采取民族自决原则，而且还派出了"金-克兰调查团"前去了解当地人的看法。调查团报告说，在巴勒斯坦只有那些犹太复国主义的犹太人支持建立一个犹太民族家园，这部分人只占总人口的10%，90%的当地人都坚决反对这一主张。《金-克兰报告》指出："让一个如此有思想的民族屈从于不受限制的犹太移民，屈从于持续强加给他们的经济压力和社会压力而让出自己的土地，是对人民权利的严重侵犯，尽管这是在法律形式范围内进行的。"尽管报告的起草者表达了其"对犹太人事业深度同情"，但却建议"犹太复国主义的纲领必须要大大降低调子才能去尝试……而且把巴勒斯坦打造成一个犹太联邦共和国的计划应该放弃。"[59]

《国际联盟盟约》第 22 条也给犹太复国主义运动带来了威胁。该条款专门提到了"前属奥斯曼帝国之各民族",并规定"对该受任国之选择,应首先考虑各该民族之愿望"。[60] 然而由于病魔缠身的威尔逊已无能为力,而英法两国也在战时就瓜分奥斯曼土耳其帝国达成协议并从中获得了既得利益,这些民族的愿望早已被抛在了脑后。巴勒斯坦因此划归到了英国的委任统治范围内,这也就意味着巴勒斯坦接受《贝尔福宣言》为其提供的管理体制框架。此后,伦敦任命英籍犹太人赫伯特·塞缪尔(Herbert Samuel)爵士为首任巴勒斯坦高级专员,分别任命诺曼·本特维奇(Norman Bentwich)和怀安苏(Albert Hyamson)为首席检察官和移民事务高官。

英国委任统治的这 25 年是一段至关重要的时期,正是在这段时期内奠定了之后以色列的国家社会基础。尽管阿拉伯人在这段时期一直占大多数,然而他们总是为对方的巧计所击败,因而到英国委任统治结束时,犹太复国主义者的地位已比委任统治初期变得牢固得多。之所以会出现这一情形,根本原因在于阿拉伯人缺乏统一的战略和行动路径。这也反映出奥斯曼帝国几百年统治下的阿拉伯是一盘散沙。政治结盟和政治活动并非源于共同的纲领和思想,而是取决于一些地主家族的利益。这几大地主家族无论是在区一级的族系中还是村庄的头面人物中都有支持者。这是一种代理人式的传统政治制度,垂直的服从关系则是其显著特征。

阿拉伯人的分化既源于阶级因素,也源于政治因素。其中居于支配地位的社会经济集团是一小撮城市精英,这部分人包括大地主、宗教界上层人士、专业人员及商人。这一寡头统治集团既不去关注包括手工业者和非技术工人在内的工人阶级,也不去关注占阿拉伯人口 80% 的农民和农业劳动者。这些农民和农业劳动者,与其他阿拉伯国家的同伴一样受到地主的无情剥削。卡拉迪家族、纳沙希比家族、侯赛因家族等几大统治家族向农民放高利贷,背负巨额债务的农民根本无力收回他们抵押的土地。而由此产生的新地主早已把阿拉伯民族主义抛在了脑后,毫不犹豫地把大片土地卖给犹太复国主义者。通过这种方式,犹太民族基金会在 1920 年的一次交易中就拿到了包括 20 多个村庄的整个耶斯列河谷。而在 1920—1930 年代,巴勒斯坦农民的致命弱点在于他们这群人没有文化也组织不起来,他们中间缺乏像现在这样居住在西岸地带的一批人数众多、受过良好教育又充满自信的中产阶级。

最后,委任统治时期的阿拉伯人相对孤立于阿拉伯世界,这也削弱了他们的力量。委任统治时期的阿拉伯世界一盘散沙,这与之前土耳其统治时期的相对统一形成了鲜明对比。阿拉伯人早在 1914 年之前就组建了众多团体组织来反对奥斯曼帝国的统治,这些组织不分籍贯向所有阿拉伯人开放。然而,自从英国和法国各自在自己的委任统治地建立起依附于它们的包括部落首领和地主在内的当地统治精英后，早前形成的团结一致的阿拉伯民族主义就让位给了地方主义。上一节中我们论述了这一战略是如何在伊拉克实施，又是如何把一个具有民族主义倾向和反叛精神、坚持泛阿拉伯主义的伊拉克，打造成了一个大英帝国统治下沉默无为的附庸国，而且就像其法国统治下的邻国叙利亚一样在昏暗的地方主义中昏昏欲睡。那些帝国主义国家精心挑选的傀儡王朝也在这一"沉寂"的进程中发挥了作用。正是帝国主义推举的伊拉克国王费萨尔在1919年与魏茨曼博士签署了协议，协议规定"在建立巴勒斯坦的政治体制、组建政府的过程中，应采取一切措施来充分保证英国政府1917年11月宣言（《贝尔福宣言》）的实施……假使那些阿拉伯人取得独立，也要按照1919年1月4日我给大英帝国外交部所发的备忘录中要求的那样做……"换句话说，巴勒斯坦将会成为哈希姆王朝换取自己在中东其他地方利益的牺牲品。阿拉伯世界这些受帝国主义雇用的精英贵族和封建王朝，非但不支持巴勒斯坦民族主义者，反而在巴勒斯坦人诉诸武装反抗时对其处处掣肘，下文中将会讲述这样的例子。

犹太人在长期战略和短期策略上也存有分歧。犹太人中既有那些可以称得上是"高尚的复国主义者"，如阿哈德·哈阿姆、马丁·布伯、J. L. 马格内斯博士等，他们不论在理论上还是实践上都支持两个民族共存论；也有那些像魏茨曼博士、本-古里安、夏里特等人这样的更能代表官方意志的复国主义者，他们口头上高唱阿犹合作，但在实践上却坚持犹太移民和定居不应受任何限制。还有一批以符拉基米尔·亚博京斯基（Vladimir Jabotinsky，贝京就是其信徒之一）为首的修正主义者，他们坚持"历史上还从来没有一个国家的土著居民会心甘情愿地让外来者在自己的国土上殖民"。(61) 亚博京斯基因此断言，要想满足犹太人的需求，建立一支犹太军团是必要的。在他看来，他所说的需求就是建立一个横跨约旦河两岸幅员辽阔的独立国家。

尽管犹太人内部有分歧，但在反对阿拉伯人这一点上他们却组成了统一战线，而且他们善于运用阿拉伯人内部的分歧。卡普兰（N. Caplan）指出，他们曾策略性地与占阿拉伯人口多数的穆斯林结盟，从而"逐步激起后者对数量上占少数却有权有势的基督徒的猜忌"。犹太人还加强了与那些非穆斯林的少数民族，如撒玛利亚人、德鲁兹人、切尔克斯人等的友好关系。最后，他们还激起了农村的阿拉伯显贵对城市阿拉伯人的憎恨。(62)

最重要的是，犹太人还建立了形形色色的组织来协调他们的工作，最大限度地发挥效用。1901年第五次犹太复国主义大会召开期间成立的犹太民族基金会是其中的佼佼者。该组织的目标是"让犹太人成为多数"。在为之奋斗的过程中，它得到了一个很大的帮助：大片的土地已由巴勒斯坦本地的城镇商人和包税商在19世纪末征得。如同在奥斯曼帝国的其他省一样，在巴勒斯坦，这些承包商充分利用了

1858 年奥斯曼帝国《土地法》中就私人财产和土地进行登记的规定。通过形形色色的合法手段和非法手段，这些人成功地攫取了本来由村民集体耕作的土地，他们也因此而变成外居地主这一新阶级。这一新阶级迫不及待地接受了犹太民族基金会开出的土地购买高价。最终犹太基金会所拥有的土地从 1907 年的 1.24 万杜纳姆（1 杜纳姆 = 0.2471 公顷），上升到 1914 年的 1.6 万杜纳姆，到 1927 年这一数字已经变成 19.7 万，到 1936 年更是达到了 37 万。英国政府曾希望在其 1939 年的白皮书中加入限制犹太人购买土地的条款，但却没有成功。犹太基金会的田产进一步增长，1939 年 9 月增至 47.3 万杜纳姆，到 1946 年 9 月已跃至 83.5 万杜纳姆。

这些永久托在犹太民族基金会下的土地被视为是"犹太民族不可割让的财产"。租借这些土地的租期不得超过连续的两个 49 年，而且只能租给犹太人。犹太人大量购取土地，自然也刺激了犹太移民和定居数量的增加。巴勒斯坦的犹太人数量从 1914 年的约 6 万人增长到 1922 年的近 8.4 万人（这是英国第一次人口普查的数据），到 1931 年则增长到了 17.4 万（英国第二次人口普查数据）。

随着犹太资金的流入、有技术专长的犹太人的涌入，当地阿拉伯人的生活水平也大幅提升。在大部分阿拉伯地区，每天赚 5 比索就算高工资了。而在巴勒斯坦，一个阿拉伯非技术工人每天可以赚到 15—20 比索，而熟练工人的日收入则是他们的两三倍。阿拉伯农场工人的收入也大幅提升，在柑橘园的忙季，他们每天可赚到 14—16 比索。阿拉伯人享受到的间接利益也显而易见。巴勒斯坦的阿拉伯人向英国委任统治政府上缴的税款并不比之前向奥斯曼土耳其帝国政府上缴的多，也不比周围邻国的阿拉伯人上缴的多。而且，还要多亏了犹太定居者缴纳的税款，巴勒斯坦的阿拉伯人的教育和卫生水准才能在中东地区首屈一指，这一点从下表中就可以看出来。

1936 年各国政府人均教育和医疗卫生支出 [单位：米尔（1 米尔 = 0.001 英镑）]

	埃及	伊拉克	外约旦	叙利亚和黎巴嫩	巴勒斯坦的阿拉伯人
医疗卫生	153	108	42	23	156
教育	283	217	73（1935）	96	259

Source: A. Cohen, *Israel and the Arab World*（New York: Funk & Wagnalls, 1970），p.227.

巴勒斯坦人医疗卫生水平的提高，充分体现在了 1917—1937 年间人口自然增长率的提高上。按千分比计算，埃及这 20 年的增长为 11；叙利亚和黎巴嫩为 14；外约旦为 9；伊拉克为 9；而巴勒斯坦则为 25（1920—1941 年间）！

第二十一章　第一波全球性革命浪潮（1914—1939）：革命在全球范围的展现

犹太人的人力和物力资源促成了这些实质性的进展，但却没有带来巴勒斯坦地区两个民族之间关系的改善，恰如南非的非洲工人赚着比黑非洲工人高的工资，却不能使他们喜欢布尔人。当然，这样说并不意味着巴勒斯坦或以色列的阿拉伯人的地位与实施种族隔离政策的南非非洲人一样。然而，实际上，要求驱逐阿拉伯人、歧视阿拉伯人的论调确曾在巴勒斯坦出现过，并且依然存在于现在的以色列。犹太工人党曾掀起一场三重奏运动，设法尽可能地使犹太社区独立就体现了这一点。这一三重奏运动包括"占领土地"（最大限度地确保对巴勒斯坦土地的占有权和耕种权），"侵占劳动力"（强迫犹太雇主只雇用犹太工人，而不能雇用更便宜的阿拉伯劳动力），"让土地多产"（抵制购买阿拉伯人生产的廉价商品，刺激犹太工农业的发展）。

这些歧视性政策与犹太工人党一直宣扬的阶级团结这一社会主义原则形成了鲜明对比，他们此时又通过宣扬犹太人特殊的处境来为自己的政策辩解。不过，原则和实践上这一明显的冲突持续存在，使得长期担任犹太工党领袖的大卫·哈科恩（David Hacohen）禁不住表达了自己的忧虑：

> 我记得自己作为［统一工人党的］首批党员之一曾于第一次世界大战后到过伦敦……在那里我变成了社会主义者……我加入了那些信仰社会主义的学生（他们有英国人、爱尔兰人、犹太人、印度人、非洲人）中，我们认识到我们都处于英国的控制或统治之下。即便在这里，在这种亲密无间的环境里，我还是不得不去和我那些持有犹太社会主义论点的朋友进行论争；我不接受阿拉伯人加入我领导的工会组织：以色列总工会，然而我不得不为自己的政策辩护；我们呼吁犹太家庭妇女们不去阿拉伯人开的商店买东西，然而我不得不为这一举动辩护；我们看守在果园里以防阿拉伯人去那里谋职，然而我还是不得不为此辩护……把火油浇在阿拉伯人的马铃薯上，袭击那些市场上的犹太家庭妇女，打碎她们从市场上买回的鸡蛋；把犹太基金会捧上了天，因为它派汉金前往贝鲁特去从那些外居地主手中购买土地并将耕作在这些土地上的阿拉伯农民赶走；鼓励犹太人从一个阿拉伯人手中购买几十杜纳姆土地，却不允许［但愿不是这样］卖给阿拉伯人一杜纳姆犹太土地；把罗斯柴尔德这一资本主义的化身当成了社会主义者，将其视为"恩人"——要做到这一切并不容易。尽管我们做到了这些——也许我们别无选择——然而我却并不高兴。[63]

犹太人对阿拉伯人的歧视无处不在，约翰·辛普森（John Simpson）在其递交的阐述1929年起义背景的报告中指出了这一歧视政策产生的影响：

> ……犹太民族基金会购买的那些土地最终成了法外治权地。阿拉伯人无论现在还是将来再也不能从这些土地上获益。他们不仅不能指望租赁耕种这些土地，而且根据犹太民族基金委员会严格的租赁条款，他们甚至都不能指望可以在这些土地上被雇用劳作。这些土地成了犹太人不可分割的不动产。在犹太复国主义者看来，犹太复国主义组织采取的政策是出于好意，出于友谊，然而单就土地政策而言，就可以知道为何阿拉伯人会拒绝他们的好意和友谊。(64)

回溯历史，希特勒的崛起和之后他对欧洲犹太人的大屠杀，是巴勒斯坦近代历史上一道重要的分水岭。尽管犹太复国主义组织努力促使移民巴勒斯坦，但到1920年代末，犹太移民的数量已在减少，每年的净移民数量也就几千人。若非情势发生变化，可以想见，移民数量还会维持在一个较低水平。然而从1932年开始，逃离纳粹迫害的犹太难民开始大量涌入。1932—1936年间，约有17.4万犹太人到达巴勒斯坦，因而巴勒斯坦的犹太人数量翻了一番（1931年进行的人口普查显示，巴勒斯坦的犹太人数量为17.4万人）。

人口数量的革命性变化产生了灾难性影响。大屠杀带来的恐惧感使得犹太人放弃了先前的两个民族共存原则，哪怕是在口头上也不提了。也正是在这个时候，本-古里安拒绝了在两个民族完全平等的基础上建立巴勒斯坦的阿拉伯提案，并将其视为"让人反感"。与此同时，阿拉伯人的立场也开始变得强硬起来，他们认为，只因西方出现了反犹太主义浪潮就要使巴勒斯坦的阿拉伯人失去其家园，这是毫无道理的。"反犹太主义是西方一种可悲的弊病……我们不是反犹太主义者，我们和犹太人同属闪族人。然而西方却以牺牲我们为条件来缓解自己的弊病，这难道就是你们所认为的正义吗？"(65)阿拉伯人的这种痛苦心态和惊恐状态，最终演化成了1936年的大罢工和武装起义。

在罢工和起义面前，英国当局把驻军数量提高到了两万人，大肆逮捕阿拉伯人，对阿拉伯人施以集体罚款，强迫罢工期间关门的商店开门，焚烧那些怀疑窝藏游击队的村庄和城市居民区。随着武装起义的推进，巴勒斯坦附近的阿拉伯统治者，外约旦的阿卜杜拉、伊拉克的加齐、沙特阿拉伯的伊本·沙特，都开始对这种大规模的武装起义运动忧心起来，他们害怕自己的臣民会受到感染也起来反抗他们。因此，1936年10月8日，他们集体呼吁："向巴勒斯坦的阿拉伯子弟呼吁……[大家要]保持冷静，避免流血杀戮。[大家]要对我们盟邦英国政府的好意抱有信心，它已

经宣布了主持正义的愿望。请放心,我们会继续努力支援你们。"⁽⁶⁶⁾

10月11日,这场持续半年之久的罢工结束了。之后英国派出了皮尔委员会前往调查巴勒斯坦问题并提出政策建议。皮尔委员会1937年提交的报告内容非常简单:如果阿拉伯人的反抗无法缓和下去,英国对犹太人的义务就无法履行。因此,报告提出的建议不是给予阿拉伯人那种他们要求的自治,而是把巴勒斯坦分为一个阿拉伯国家一个犹太国家。阿拉伯人拒绝分治,他们担心,即便提议中的犹太国边界被严格划定,也难阻止犹太人在未来扩张。

1937年9月,游击队活动再次爆发。到1938年中,起义者已经控制了80%的农村并开始在那里征税执法。英国除了动用那两万驻军,还动用了皇家空军。此外,1.45万犹太定居者也被武装起来组成"夜袭队";其余人则被派往巴勒斯坦北部架设铁丝网,以防来自叙利亚和黎巴嫩的阿拉伯志愿者潜入。到1939年,阿拉伯人的反抗已是强弩之末,英国的统治又告恢复。在这场起义中,阿拉伯人遭受了严重的人员伤亡和财产损失,5000名阿拉伯人被杀,相比之下,犹太人只有463人,英国仅有101人。阿拉伯人的事业遭到了重创。反过来,犹太人的地位则加强了,这也为1948年发生的那一高潮事件奠定了基础。1948年,按照魏茨曼博士的话说,犹太人终于做到了让《贝尔福宣言》按照他们希望的解释来发挥作用。

六、热带非洲

热带非洲在第一次世界大战期间和两次世界大战之间的几十年里遭受着西方列强的统治和剥削,其所受的剥削程度与中东相比有过之而无不及。战时,非洲的原材料支撑着协约国的经济,非洲的人力资源则被用于劳役和兵役。超过18万西非人在法国军队服役,他们与法国人一道在欧洲、在多格兰地区和喀麦隆与德国作战。同样,英国人也使用非洲雇佣兵和锡克人、旁遮普人一道在东非战斗。反过来,德国在战争初期就在坦噶尼喀建立了一支由216名欧洲人和2540名非洲雇佣兵组成的常规部队。在英属西非和东非的部队中,也有着与上述比例相当的欧洲人和非洲人。

战时的贡献加上威尔逊"民族自决"的言辞,促进了非洲人的政治自觉,他们期望新的战后秩序。然而,帝国主义的统治结构非但没有解体,反而就像此时中东发生的情况一样,在"委任统治"这块遮羞布的掩盖下还得到了加强和扩展。不同的是,中东被划归甲类委任统治地,而德国的非洲殖民地则被划入乙类和丙类。英国接管了德国前东非大部分殖民地,如坦噶尼喀,比利时则得到了剩余部分,如卢旺达-乌龙迪。南非获得了前德属西南非洲,法国和英国各自得到喀麦隆和多哥的一部分。

胜利的协约国集团将其在整个非洲大陆的统治合法化后，便开始借助当地的酋长来行使自己的权力。这些酋长的身份就相当于中东的部落首领。不论是处于英国的间接统治下，还是处于法国、比利时和葡萄牙的间接统治下，实际权力都掌握在宗主国政府手中。宗主国政府支付酋长们工资，并派出管理殖民地事务的相关行政人员去给酋长们当顾问。酋长们履行的职责大都是些征收赋税、招募劳工和兵员之类不受欢迎的事。很自然，欧洲的行政人员喜欢那些酋长们，而不喜欢那些在欧洲受过教育的非洲年轻人，他们宣称后者缺乏当地民众的尊重，而实际上他们所谓的民众就是那些殖民地官员。"没有什么重大决定是由非洲人自己作出的，"殖民统治的两位坚定拥护者罗兰·奥利弗（Roland Oliver）和安东尼·阿特莫尔（Anthony Atmore）说，"某种意义上，这一时期出现的重要的非洲人士要比第一次世界大战前少，毕竟一些前殖民时期的老一辈领导人都还健在。"(67)

在两次世界大战之间的年代里，殖民地列强们无一不运用它们独享的权力来实现本质上相同的战略目标，所不同的仅仅是一些具体策略步骤而已。早在1852年，格雷伯爵就提出了第一个目标："要衡量改进一个未开化民族的措施是否健全，最好的检验标准就是他们应该自给自足。"(68)与这一声明相一致的是，让殖民地人民担负统治他们的各种机构，包括官僚机构、司法系统、警察系统和军事系统之费用，成了所有欧洲政府的必做之事。

促进殖民地以出口为导向的经济发展，向欧洲提供所需的原料并消费西方工业制成品，是欧洲列强的第二个共同目标。比如，英国官员就认为进口英国制造品是殖民地的义务，即使英国工业制成品的价格要远远高于日本产品。1920年6月，英国政府"恳请"殖民地给予来自帝国的商品以特惠，到1922年有26个政府这么做了，尽管并不十分情愿。这种"帝国特惠制"对大萧条时期处境维艰的英国工业来说无疑是天赐之物。殖民事务部官员菲利普·坎利夫-利斯特（Philip Cunliffe-Lister）爵士于1932年4月22日向下议院清楚地说明了这一点：

> 我不确定是否我们已经充分意识到了与殖民地的贸易在过去几年的困难时期对我们来说有多么重要……1924年，与帝国各殖民地的贸易只占我们出口贸易的6.8%，而1931年，尽管殖民地货币贬值，人民购买力水平下降，上述比例却提高到10%以上。这体现了这一贸易的价值，也凸显了这几年里这些殖民地国家给予英国的特惠是多么充分、多么有价值。而且自下院［就帝国特惠制］在2月作出决定后，殖民地国家又给了我们新的特惠制……最后，几乎所有的殖民地国家，不论是对工业制成品征收

关税的殖民地国家,还是那些享有自由意志的国家,此时都给了英国实质性的优惠。(69)

帝国特惠制给宗主国带来的好处已是举世公认,然而,宗主国认为该制度同样也给殖民地带来了好处,因为殖民地国家注定只是原材料生产国是再自然不过的。英国殖民副大臣奥姆斯比-戈尔(W. G. Ormsby-Gore)曾于1929年4月13日发表过这样一番看法:

> 在我看来,我们庞大的殖民帝国内部,不论是当前还是将来,都不可能有工业上的大发展。展望未来,我们发现,实际上在殖民帝国内几乎找不到富含煤铁的储藏区。此外,我们要打交道的民族都是些不擅长进行工厂生产的民族,我们也需要应对那里的经济条件,糟糕的金融条件也不适于工厂生产。因此,最后的发展重点只能是放在农林牧上。(70)

这一辩解方式很容易让人想起一个世纪前包令的宣言:"埃及永远成不了工业品制造国……"(参见第十一章第三节)而这种辩解方式也为备受失业问题困扰的英国工党内部形形色色的圈子所接受。工党议员玛格丽特·邦德菲尔德(Margaret Bondfield)认为,抑制殖民地工业发展的做法是合理的,她认为非洲传统的生活方式是一种理想的生活方式,不用经历工业化带来的种种弊端,这就是她的辩解方式。"我们希望阻止这些殖民地国家,"她在下院宣称,"去经历一般工业化国家走过的历程,那是一段经济奴役期,是一段劳工备受压榨的时期,是一段整整几代人备受摧残的时期。"(71)

除了运用帝国立法,欧洲官员还在殖民地内部直接采取措施,确保给失调的宗主国经济带来最大收益。措施之一就是征收赋税,无论对土地、牲畜、房屋还是人本身,统统都要课税,希望以此来压迫那些不情愿的非洲人种植商品作物,或者到煤矿和种植园去做工。在西非等一些地区,这种强迫手段根本不必要,毕竟这些地区长期与西方打交道,来自西方的工业制成品已经成为大众的消费需求。但在欧洲大部分地区,持续采取压迫手段则不可避免,正如肯尼亚一位白人移民格罗根上校坦承的那样:"我们抢占了他〔肯尼亚人〕的土地。现在我们必须要切断他的四肢。强制劳动是我们占领这个国家的必然后果。"(72)

而在那些征税未能产生所需劳动力的地方,殖民官员则诉诸直接的强迫劳动。当地居民每年都必须承担一定天数的无偿劳动,来修建总督的城堡、官员的住宅、部队的营房、公路和铁路,以及出口商品作物的港口这些"公共工程"。德拉维格尼特总督的报告，展现了非洲人力资源受剥削的程度。法属西非在第二次世界大战前夕每年都要上缴1.75亿法郎的人头税和牲畜税，合计强迫劳动2100万天，并要担负每年1.2万兵员。单是这些名目还远远不够。除了官方强加的赋税外，殖民地还面临着其他负担，包括当地首领征收的"例行税"，在加工厂给上司的"礼品"，以低于成本价销售那些强制要求种植的作物，以高额的利率偿付季节性债务，此外还要交纳"物品"来招待出巡的行政官员、部落酋长及其随从。

在帝国主义列强看来，上述行政管理方式非常有效，它实现了帝国主义列强一直希望的殖民地经济与宗主国经济相融合，下表中的贸易数据就体现了这一点。

非洲部分地区对外贸易的增长（单位：英镑）

黄金海岸	1913	1938-39
进口	4952494	10626284
出口	5427106	16235288
尼日利亚	1913	1938
进口	7201819	11567104
出口	7352377	14390700
肯尼亚	1913-1914	1938
进口	2147937	8004690
出口	1482876	8504650
坦噶尼喀	1913	1939
进口	2667925	3039673
出口	1777552	4585658
北罗得西亚	1919	1939
进口	434354	4521082
出口	454366	10220182
南罗得西亚	1910	1939
进口	2786321	9054359
出口	3199956	10168152

（单位：法郎）

第二十一章 第一波全球性革命浪潮（1914—1939）：革命在全球范围的展现

法属赤道非洲	1913	1936
进口	21182000	178419950
出口	36865000	161761251
法属西非	1913	1936
进口	134781892	968112000
出口	118567231	978431000
比属刚果	1912	1938
进口	61864000	1022639930
出口	834656000	1897153811

Source: L. H. Gann and P. Duignan, eds., *Colonialism in Africa 1870-1960*; Vol. 2, *The History and Politics of Colonialism 1914-1960* (Cambridge: Cambridge University Press, 1970) , pp.15, 16.

在为增加对外贸易而兴修的基础设施方面，也取得了显著进步。铁路线从内陆地区修到了沿海新港口。有奉献精神的传教士修建学校，提供基本的医疗服务。新的钢制弯刀为清理灌木丛提供了方便。在位于克佑区［英国东南部大伦敦区的西部一区］的英国皇家植物园中，培育出了咖啡、可可、可乐树、玉米、棕榈、柑橘及其他果树的改进品种，这既丰富了殖民地的饮食，也丰富了其出口产品。同样，在尼日利亚南部保护地也引进了芒果、烟草、可可、木棉、肉桂、酒椰树和可乐树等新作物，事后证明，其中有些作物确实取得了成功。此种"现代化"的集中体现就是新的城市中心的扩展。阿克拉的人口从1921年的4万增加到1948年的13.8万；阿比让的人口从1921年的5000增加到1945年的4.5万；内罗毕的人口则从1906年的1.4万增至1962年的25万。

正是看到了这些成就，历史学家彼得·杜伊格南（Peter Duignan）和甘恩（L. H. Gann）才作出了如下判断："从维多利亚后期帝国主义开始到非洲掀起非殖民化运动，这一短暂的时期的标志实际上是许多领域取得的令人吃惊的进步……"[73] 不过这一判断，无论是从昔日的非洲来说，还是从今日的非洲来说，都不禁让人发问："进步的目的为何？进步又是为了谁的利益？"许多第三世界国家都出现了引人注目的增长率，这方面有许多广为人知的例子，然而在高增长率的背后却是大规模的压迫、剥削及实际生活水平下降，最终结果便是社会骚乱乃至革命爆发。因此，我们有必要透过表面去从人民生活和社会保健方面看看这一"令人吃惊的进步"。由此问题也就变得很清楚：公路、铁路、港口、城市和迅速增长的对外贸易的代价是严重的社会脱节和广大民众的苦难生活。也许有人会说起初欧洲的工业革命也付出了同样的代价，然而我们绝不能以此来作为辩驳的理由。欧洲的代价换来的是自身经济持续增长并形成了一个大部分人受益的发达的工业社会，而殖民地换来的却是经济依然处于依附地位，经济仍未发展，随之而来的社会失调和社会苦难，依然是陷入第三世界的绝大多数人民的命运。

就拿强制劳动来说，理论上，它每年都有固定的天数，然而实际上它却被严重滥用。19 世纪末，在英属塞拉利昂，许多人都在修筑铁路的过程中丢了性命。同样，在 20 世纪初，法国每年召集约 1 万名劳工去修建从布拉柴维尔到黑角的铁路，而每年都有至少四分之一的劳工死于饥饿和疾病。即便是那些黄金海岸交通部雇用的有偿劳工，1900 年的记载也反映了一些骇人听闻的情况：

> 由于一年中要不停地来回走动，平均一个月要走 640 公里，加之今年的工作比往年还要辛苦，许多搬运工都因双脚溃烂而无法行走，而碎石路面则使这一情况变得更加糟糕。在一伙人中，大部分人的脚底都已完全磨破，更不用提脚底出现裂纹了。之后，便试着让搬运工在脚底板涂上柏油。煤焦油最有效，既能填塞裂纹，又能用作防腐剂，如果涂得厚还能起到保护作用。事实证明，这样做效果不错，许多搬运工目前已能坚持上路，否则也就只能卧床了。(74)

霍普金斯（A. G. Hopkins）就上述故事所做的评论耐人寻味。"在很多情况下，在西非只要肯出高薪，劳工就会涌来……强制劳动和强制征税的理由完全站不住脚；非洲人根本就不需要现代金融经济方面的教育，即便他们需要，也有更好的方式来进行。"(75)

滥用强制劳动这一现象充斥在英国的领地上（那里的情形通常还不是最糟的），以至于在 1923 年颁布了一道"地方当局法令"，限制强制劳动的使用力度。1930 年由殖民列强共同签署的"强迫劳动公约"也是出于上述目的。然而，即使官员们真心希望这么做，想要在鞭长莫及的殖民地实施这些规定条款也绝非易事。更何况那些官员通常都并非那么诚心诚意。比如，法国行政官员就逃避那些约束条款，他们先是招募壮丁当兵，之后再把他们用作无偿劳动力。

与强制劳工问题同样严重的是那些被派往矿山和种植园的迁徙劳工，这些迁徙劳工源于需要被迫缴纳林林总总的税，而这些税则是源于开矿和种植园。这些流动工人都是成年男性，他们的妻儿子女则留在了村子里。他们有活干的时间周期有限——往往是半年到两年不等。其中大部分人都要重复干这样几个周期，这就意味着他们生活中会有一段时间是没活干的，只好赋闲在家。在这种循环的雇佣系统下工作，他们很难学到技巧，也很难组织起工会，因此他们的工资依然非常低。此外，大部分男人经常不在家也给家庭带来了灾难性的社会影响。尼亚萨兰（今马拉维）一份官方报告中指出："维持旧有社会秩序的整体结构正在被削弱。""当某一时间30%—60%身强力壮的男人都同时不在家时……这个以家庭为基本单位构成的社区就面临着解体的危险。"(76)

考虑到这些情况，不论是白领还是蓝领，非洲人的工资水平在全世界最低也就不足为奇了。卸同样数量的货物，美国航运公司法雷尔运输在1965年支付给非洲的码头装卸工的工资只有美国港口装卸工的16%。第二次世界大战前夕，尼日利亚埃努古的煤矿工人一周工作六天拿到的薪水，只相当于苏格兰煤矿工人及德国煤矿工人一小时的所得。在北罗得西亚的矿区，欧洲卡车司机每月可以拿到30英镑，非洲卡车司机干同样的活却只能拿到7先令。众所周知，南非有金矿，其实这些矿藏都比较深而且都是低级矿。如果这些金矿是在美国，根本就不会开采，也就是地质学专业的学生会对它们感兴趣。然而，长期以来这些金矿却一直是资本主义世界首屈一指的黄金产地。这里的金矿之所以能够占有这种突出的地位，就在于可以充分利用南非本土及其周边国家的廉价劳动力。

1949年，在南罗得西亚，工作在城区的非洲人每月最低收入甚至低到了35—70先令，而白人工人（每天工作8小时，黑人工人则每天工作10—14小时）每天则至少可以赚20先令并享有免费住宿及其他福利。这一悬殊的工资待遇在第二次世界大战后很长一段时间内一直存在。这一情况在1978年4月被偶然披露了出来，当时正在为生存而战的罗得西亚伊恩·史密斯政府，任命从伦敦学成归来的黑人律师拜伦·霍夫（Byron Hover）担任联席司法部长。霍夫迅即作了几场演讲，宣扬"政策调整"的必要性，呼吁给黑人更公平的待遇，提高他们在警察司法系统中的代表权。为了支持其对歧视政策的控诉，他公布了之前外界无法获得的一些统计数据。其中披露1.2万名白人公务员每年可赚5800万美元，而2.7万名黑人公务员每年只能赚到1200万美元。统计数字还显示，每20个白人中就有1人是公务员，而每200个黑人中才能走出1个公务员。(77)

不但非洲的人力资源遭到剥削，其自然资源也遭到滥用，而且这都是为了满足外国市场的需求而不是当地人民的需要。比如，法国官员就认为塞内加尔最适合种花生这一经济作物，故一切农业研究和基础设施建设都是围绕着种花生这个目标而来。而实际上，塞内加尔更适合饲养牲畜，以及发展劳动密集型的多种作物种植，如水稻、甘蔗、各种水果、早熟蔬菜和油棕榈。如果把投在花生种植上的资金投到全面开发塞内加尔的自然资源上，塞内加尔人民的生活无论是在殖民时代还是之后都会好上许多。

对自然资源的滥用还体现在很多情况下忽视甚至压制工业化发展潜力。比如，在东非，生产一些简单的大众消费品，如毛纺织品、鞋子、火柴，以及把纱线和麻线这类当地原材料加工成半制成品，在经济上是可行的。然而，这一通向工业化的最初步骤却遭到了 1935 年总督会议的反对。当时在会上研究了在乌干达建立一家毛毯厂的建议，而乌干达总督却反对这一提议，理由是："如果在东非兴办工业实业，乌干达就可能会因关税减少而导致收入上的损失。"[78] 坦噶尼喀总督在这个问题上持有相同的立场，他援引外交大臣 1935 年 12 月 4 日来电中的一句话来为自己的立场辩解："……加速东非的工业化进程并不让人满意，在未来可以预见的许多年里，东非必须维持其原材料生产国的地位。"[79]

欧洲的厂商们反对殖民地与其竞争，其影响力同样体现在法属西非。塞内加尔的花生榨油业一直等到第一次世界大战期间才发展起来，而且是钻了战争期间没有足够的运输空间从宗主国运进花生油这一空子。之后这一产业就扎下了根，并在两次世界大战之间的年代里一直繁荣发展。然而，这一产业却遭到了马赛的花生油加工厂的反对，这些工厂限制法国从西非进口油料产品。这种限额制一直持续到第二次世界大战爆发，宗主国面临的紧急情势使得殖民地工业从宗主国的束缚中摆脱了出来。花生榨油业迅速从塞内加尔扩展到了苏丹、上沃尔特和尼日尔，花生油的出口也从第二次世界大战前的 6000 吨提升至 1945 年的 3.1 万吨。随着战时紧急状态下种种限制的消除，其他企业如水泥厂、卷烟厂、锯木厂、轧棉厂、鱼罐头厂和糖厂也纷纷出现。

最后，非洲殖民地还不得不应付欧洲贸易公司对商品供应的垄断。自从西方殖民者占领欧洲大陆后，本土商人再也不能在沿海港口和内陆地区之间充当中间人了。外国贸易公司合并成了大型公司并在与非洲的竞争中处于优势地位。它们可以支配欧洲殖民银行中占优势的或全部的债权，并可直接进入海外商业网。其次，它们有足够的经济实力在内陆地区建立分公司，也能经受起海外贸易突然中断的不利影响。再者，它们还得益于规模经营，可以按比对手便宜的价格购进工业制成品。最后，那些大公司还可得到政府官员的支持，后者愿意与一些已经迁居国外的公司打交道。最终的结果便是，到第一次世界大战结束时，大部分非洲和阿拉伯商人都已被取代。

外国贸易公司占支配地位并不利于殖民地的经济发展。一大部分贸易利润和海外收入都没有用于投资殖民地而是转移到了海外。此外，这些公司也没做什么工作来培训非洲人掌握现代企业管理技能；相反，那些非洲人永远都是服务在那些不需要什么技能的低端岗位上。最为严重的是，这些公司往往利用它们的优势抬高工业制成品的销售价格而压低原材料的购入价格，它们认为这是再自然不过的事。尤其是当他们得知非洲农民可以靠种地来养活自己时，原材料的价格还被进一步压低。

进出口价格之间的差价逐步拉大（大萧条年代尤为如此），这也就是经济学家所说的"贸易条件持续恶化"。具体来说,非洲的原材料生产者1939年用相同数量的农产品换到的工业制成品,只有1870—1880年的60%。此种"不平等交易"不可避免,并非源于什么客观经济规律。它是欧洲人利用他们的政治霸权的结果,他们利用手中的权力,强迫当地的农民、种植园工人和矿工接受勉强仅够糊口有时甚至连糊口都不够的薪酬。

由于帝国特惠制阻止非洲人购买较为便宜的日本消费品,非洲人的境况因而变得更加糟糕。虽然为稳定价格和收入水平而设立了种种基金会和营销委员会,但是非洲生产者却也没能从中获益。约翰·吉百利(John Cadbury,生产巧克力的吉百利家族成员)出现在粮食部里的可可委员会里,联合利华的一些前雇员出现在粮食部油脂司的关键位置上,只需看看这些,上述情况就不足为奇了。霍普金斯总结道:"法定垄断的主要受益者是那些前往国外的大公司。官方的赞助承认了它们早先实行的'联合经营'的有效性并进一步扩展了这种经营方式。这些公司不但支持国家干预,而且还为此出谋划策。"(80)

尽管统治者牟取暴利、统治者和被统治者之间不平等,然而双方的紧张关系总的来说在1920年代却是得到了缓和。资本主义世界的整体繁荣,以及国际贸易的兴旺发达,意味着全球经济这块蛋糕在变大,尽管在分配上不太均匀。然而,随着大萧条在1930年代持续蔓延,这块蛋糕变小了,其分配也更加不均匀了。而随着贸易条件的持续恶化,先前不太明显的一些利益冲突,现在也变得更为尖锐、愈发清晰。最终的紧张局势演化成了非洲农民、商人和领工资者对现行的国际市场经济和统治他们的外国行政官员的不满。

这些反抗斗争的领导人物在法属殖民地被称为"文明派",在比属殖民地被称为"登记派",在葡属殖民地被称作"同化派",而在英属殖民地则被称作"新派"。他们大都在欧洲或者欧式学校毕业,学习的专业大都是法律、医学、工程技术、会计学或公共管理。下表列出了他们毕业后的就业选择:

1940年代从事上层职业的非洲人人数统计

职业	总人数
文职官员	3295
律师	114
医生	38
牙医	7

职业	总人数
新闻记者、报刊所有人	32
测量员、工程师	210
商人	1444
教师	3123
牧师	435
银行出纳员	61
簿记员	103
药剂师	231
可可经纪人、采购员	1313

Source: M. Kilson, "The Emergent Elites of Black Africa, 1900 to 1960," in Gann and Duignan, op.cit., Vol 2, p.354.

在不同的殖民地，这群精英的数量和影响力也不同，这一阶层的人员数量在英属西非和法属西非，比英属东非及比属非洲和葡属非洲要多且影响力也要更大一些。因此，肯尼亚于1956年才有了第一个非洲本土律师，而早在1920年代早期加纳的本土律师就不低于60人。然而，不论这些人生活在哪块殖民地上，他们都有一个共同特点：他们关心的是公民自由而不是民族解放。他们中的大部分人并没有经历过殖民占领前的非洲独立时代。他们在欧洲接受教育，本能地把欧洲和文明画上了等号而将非洲视为野蛮的代名词。塞缪尔·奇姆庞德（Samuel Chimponde）于1925年宣称："人们想怎么说就怎么说，不过对非洲人来说，模仿欧洲人才是文明。"[81]奇氏当时是坦噶尼喀非籍公务员协会的主席。

很明显，非洲新的社会精英的地位，并非依靠他们在非洲传统的阶级出身，而是在于他们在欧洲接受的教育、学到的技术。他们觉得外国的秩序比本土的传统秩序更让自己舒服。然而，与他们打交道的欧洲人却从未把他们看成身份平等的人。正是在社交关系上受到蔑视、在工作中受到歧视，他们才成了资产阶级的民族主义者（"新派"）。因而他们提出要求：在政治上享有平等权利，在经济上享有同等机会，大众拥有普遍受教育的权利，承认非洲传统和在文化领域的成就，同时在各行各业都要起用非洲人。

总之，新兴的非洲精英阶层一心关注他们与欧洲人的关系，而几乎没有考虑过与那些未受过教育、占非洲人口大多数的同胞的关系。因此，尼日利亚领导人奥巴费米·阿沃罗沃（Obafemi Awolowo）曾说："受过教育的少数人……他们有资格领导其同胞走向更高的政治发展，这是他们的自然权利。"[82]而另一位尼日利亚领导人恩纳姆迪·阿兹奇威（Nnamdi Azikiwe）则宣称："……考虑到现有状况，任何改变对统治精英来说都意味着自我牺牲……"[83]

这些领导人最后也意识到了动员群众支持的必要性，然而他们却是动员群众去反对欧洲统治中的不公正现象，而不是反对欧洲统治本身。作为资产阶级民族主义者，他们从未质疑过非洲在全球性市场经济中处于从属地位、备受剥削这有什么不当之处。他们只想要一些优惠，进而巩固自己的社会地位、增加自己的经济利益。他们最根本的要求是改革而不是独立。费利克斯·乌弗埃-博瓦尼（Félix Houphouët-Boigny）宣称："说到独立无疑是在让人头朝下脚朝上倒立行走，这没有任何理智可言。这是在提出一个错误的命题。"[84]尽管持有上述观点，乌弗埃-博瓦尼之后还是在那股他未曾预料到的"变革之风"的驱使下成了独立的科特迪瓦国的总统。不过考虑到他所持有的资产阶级民族主义世界观，可以料想，他主政的科特迪瓦国并不会有什么大的改变，所改变的只是统治精英的肤色而已。当然，在独立之后的科特迪瓦，无论是法国的投资额还是其技术人员和经商人员都增加了而不是减少了。此外，在塞内加尔，尽管其对外贸易和国民生产总值持续增长，但其与宗主国的经济依附关系却并未改变。

与其相邻的英国殖民地加纳也面临着相同的状况，东非海岸的肯尼亚同样如此。这些国家都是资产阶级的民族主义者在领导，其独立之后随之而来的是新殖民主义。只有那些经过长期的武装斗争而赢得独立的葡属殖民地打破了这一惯例。在独立斗争中，民众被充分动员起来，社会问题也在最基层进行了深入讨论，并达成了共识：对一个为民族独立斗争作出巨大牺牲的民族来说，没有经济独立的政治独立是一种残酷的欺诈。

最后，考虑到上述殖民地的经历，可以理解，它们在1950年代和1960年代赢得政治自由后迎来的是不发达的社会形态，落后状况体现在方方面面。同一殖民地不同地区之间的发展水平存在明显的差距，比如1960年加纳北部的人均收入是38英镑，而南部的人均收入则为165英镑。城乡之间的差距也非常明显，到现在依然是困扰第三世界的社会问题。在城乡二元体制下，一方面是大批农民离开极端贫困的农村涌入城市，形成了历史上最大的移民潮；另一方面，在城市里那些由政府机构、写字楼及白人居住的别墅楼组成的富裕中心四周，却是一些寒酸狭促的临时窝棚组成的棚户区，里面住的是非洲人。

欠发达状态在殖民时代末期的另一个体现是居高不下的失业率，造成这一状况的原因则在于第三世界走上的是一条工业化尚未实现而城镇化却先行的特殊道路。

即便在相对富裕的加纳，1960年的城镇男性劳动力的失业率也已接近20%。与此密切相关的是，殖民地经济体缺乏立足于本土的能够自我增生的经济发展，它们受到外国的控制，使得发展所需的资本都转移到了海外。资本转移通过两种形式进行，一种是包括商业利润和行政人员薪资在内的"有形"资本输出，另一种则是包括"不平等交易"或"不利的贸易条件"造成的"无形"资本输出。

走上政治独立道路的非洲国家，其不发达状态的最后一个体现在于发展迟缓且落后于实践的教育制度。在法属西非，1937年的在校生人数仅为学龄人口的2.2%，在黄金海岸，1930年仅有9%的学龄人口入学，到1940年这一比例也不过才13%。葡属安哥拉和莫桑比克则更为落后，这两个地方只有不到1%的人口进过学校，而且这还得把那些最简陋的学校计算在内。此外在所有这些殖民地的课程体系中，能开设的只有初级识字课，以及伐木工和抽水工所需的算术课。总之，这一教育制度的目的就是为了保持一个依附性的殖民地现状。

确有少数非洲精英在殖民地或欧洲接受了高等教育，而且其中一部分人还在非洲争取自身权利的斗争中发挥了重要作用。然而他们毕竟只是例外，因为特权阶层中的大多数人都满足于主子们加给他们的价值观和罩在他们头上的权威——这可以给他们带来特权，他们则满足于这种舒适的享受。考虑到这一情况，集哲学家、诗人、政治家身份于一身的列奥波德·桑戈尔（Leopold Senghor）选择与法国保持传统关系也就不是偶然现象了，他曾在法国接受教育，后来成为独立的塞内加尔首任总统。而靠个人奋斗成功的几内亚领导人塞古·杜尔（Sékou Touré）却不同，他独自一人领导着几内亚为立即实现完全独立而奋斗。另一位非洲国家元首朱利叶斯·尼雷尔（Julius Nyerere）曾指出，他的国家承袭下来的教育系统"既不完善也不适宜"。说它不完善，是因为它并未培养出足够的人士来填充政府岗位；说它不适宜，则是因为它灌输的是"驯服的观念"，重视的是"白领需要的技能"，强化的是"个人主义的本能而不是集体主义的本能"。[85]

英国历史学家巴兹尔·戴维森曾评判过殖民地时期在非洲历史上的总体意义，而尼雷尔的上述评估则与其判断相一致。传统的非洲社会禁锢于"过去的铁器时代，受制于其中"，殖民统治的确带来了摧毁这一传统社会的必备要素。但在传统社会解体之后，跟随而来的却并不是重建。那些殖民主义者坚持的论调是："我们至少使非洲人为解放自我做好了准备。"戴维森认为："没有什么能比这一论调更荒谬的了。"实际情况恰恰相反，戴维森阐述道，在殖民统治结束后，"一切最基本的社会事务都得从头开始，重新建设"[86]。

七、南非的特例

在整个非洲大陆,唯独南端走上了一条独立发展道路。由移民者建立起来的当地政权,肆意地残酷剥削当地的人力资源和丰富的物力资源,从而建立起了强大的工业化经济体系,取得了完全的政治独立。正如前面所述(参见第十八章第九节),布尔战争中斗争的双方,无论是英国人还是布尔人都认同,无论战争结果如何,都要确保占人口大多数的黑人应居于从属地位。因此,在标志战争结束的《韦雷尼京条约》中没有出现任何保护占人口多数的黑人地位的条款。这就意味着,黑人仍然像过去一样处于从属地位。尽管1909年南非联邦成立并迅速得到承认,成为英国的一个自治领,然而黑人的从属地位却仍被保持了下来。

新自治领的首届政府是由两位前布尔将军:路易斯·博塔和扬·史末资(Jan Smuts)组建而成。他们的亲英立场及在第一次世界大战中支持英国,激起了布尔人的民族主义情绪,他们聚集在了另一位前布尔将军赫佐格(J. B. M. Herzog)的周围。赫佐格由此组建了与政府对立的国民党,它一开始几乎没有任何成功的机会,毕竟布尔人是南非白人少数中的少数。然而,白人矿工于1922年掀起的那场具有决定意义的罢工,促成了劳工与布尔民族主义者的联合,双方组成的同盟直至今日依然主导着南非政治。在1871年金伯利地区发现钻石之前,以及1886年在德兰士瓦南部发现金矿之前,南非的经济微不足道。唯一能出口的商品就是羊毛,然而由于放牧地不断减少,羊毛贸易的潜力在勘探出钻石之前早已消耗殆尽。随着钻石矿和金矿的开采,尤其是在毗邻区勘探出煤矿后,南非的经济实现了转型。钻石矿和金矿的地下开采带动了一大批本土技术的发展,煤炭开采则带动了化工产业的发展。因此,南非的经济既不像刚果和罗得西亚的铜矿开采那样,也不像玻利维亚和马来亚的锡矿开采那样处于孤立地位,隔绝于周围的经济。相反,南非经济有着种种联系,最终形成的是经济的综合发展,而不是像第三世界国家特有的那样,呈现出的是跛脚的经济发展状况。

同样重要的是,当地有着充足、廉价而易管的劳动力资源,从而确保了南非的矿业开采可以赚得较高的利润。采矿业取得的利润也大大促进了南非经济的快速发展。由于黑人劳工及其家属都聚居在农村,矿区便雇用起了季节性的流动劳工。那些身强力壮的男性成为短期雇工,他们居住在单身矿工住宅区,其住地不对外开放,理由是保证他们的安全。由于这些工人的家属还生活在居留地并在那里种植粮食,矿业公司便把他们的工资压低到无法满足劳动力再生的水平。同时,短期的雇佣合同也制约了黑人劳工组织起工会或学到技术,后者无论如何都是白人矿工所坚决反对的。

南非的制造产业和农场同样需要廉价的黑人劳动力，然而劳动力的需求并没有给黑人矿工带来工资的提高，因为矿业公司可以从周边国家如葡属莫桑比克和英属尼亚萨兰（今马拉维）招募雇工。最终导致的结果就是，黑人劳工的工资过低，而白人矿工的工资却过高。据经济委员会1914年的一份报告显示，南非白人矿工的工资高出美国矿工40%，是任一欧洲国家矿工工资的2.25倍多。同样，在工厂里，白人1915—1916年间的年均工资是171英镑，而非洲人的年均工资只有32英镑，混血人为48英镑，亚洲人则为26英镑。第二次世界大战之后，这一整体上的收入差距仍在延续，根据南非统计局1971年提供的数据所编制的下表，充分体现了这一点：

南非主要产业领域不同种族的劳动力和工资分布状况（工资以英镑为单位）

	采矿业和采石业	制造业	建筑业
白人劳工数量	61782	279700	60800
月平均工资	195.82	170.81	178.10
黑人劳工数量	592819	644000	270000
月平均工资	9.48	29.16	28.03
混血种人劳工数量	6352	201300	47200
月平均工资	41.90	41.16	61.74
亚洲人劳工数量	578	76500	5300
月平均工资	51.46	43.58	79.92

Source: B. Turok and K. Maxey, "Southern Africa: White Power in Crisis," in P. C. W. Gutkind and I. Wallerstein, eds., *The Political Economy of Contemporary Africa* (Beverly Hills, Calif: Sage Publications, 1976), p. 243.

英国人是第一批白人矿工，之后到来的是东欧人，最后是布尔人。无论他们原籍在哪里，他们都团结一致来对付黑人，从而得以维持其对技术类高薪工作的垄断。在南非，无论是白人劳动力还是资本家，都希望确保黑人无选举权、无组织能力且处于受剥削地位。因此，在布尔人于1924年取得政治控制之前，南非就通过了歧视性立法。1911年颁布的《矿工工作条例》一律把技术性的采矿工作保留给了欧洲人。两年后通过的《土著土地法》又把黑人可得的土地限定在不超过南非土地总面积的10%，此外法令还规定把近100万非洲雇工从白人的农场上驱逐出去。1923年通过的《城市居住法》授权城市当局可以控制居住在城市的非洲人数量、限制他们的居住地点。

然而，当矿业公司试图在一个较为技术性的岗位上雇用非洲人以降低工资成本时，先前白人资本家和劳工建立的对付黑人的统一战线便瓦解了。白人矿工掀起了武装起义，然而他们打出的口号却自相矛盾："全世界工人团结起来，为一个只有白人的南非而战斗。"矿业公司在政府军队的支持下打败了白人矿工，不过他们虽然赢得了战斗，却在整体上输掉了战争。自此之后，南非劳工与布尔人的国民党建立了同盟，使后者在1924年赢得了大选。这成了南非历史上的一个重要转折点。矿业资本家支配国家机器的局面被永久打破，但白人垄断技术性矿业岗位的地位自此却得到了保证。自从1924年大选之后，南非就一直统治在由布尔民族主义者和统一在工会下的白人劳工建立的联盟之下。

联盟双方都担心，资本家为追逐利润会将作为不可再生资源的矿产资源开采殆尽。因此，他们通过进口替代工业化战略成功地促进了经济的多样化发展。南非最大的公司：英美公司，也从一个单纯的矿业公司转变成了一个多种经营的大公司，其经营项目包括水果种植、房地产、砖瓦烧制、畜牧业、早餐食品、化肥、农药、冷藏库等。政府也支持经济多样化，并且自己成立了一家国有公司伊斯科尔公司（ISKOR），该公司在南非大量的铁矿和煤炭储备基础上发展起了钢铁工业。另外，基于南非有着众多的廉价劳动力，在南非投资有可能获得大量利润，外国资本也大量进入南非。

除此之外，南非农业也发生了革命性变化，尤其是在1945年后这一进程明显加快。南非特殊的气候条件、水资源分布、病虫害状况，需要发展起一种适合本土情况的农业科学。而这一农业科学的运用又推动了农业产业和化工产业的联系。于是，一种高效的、资本密集型的农业产业便发展了起来。它完全可与美国的农业生产相媲美，并拥有后者不具备的优势。美国农业生产需要依赖于流动性的劳工，通常这些工人都来自拉丁美洲。而南非的农业生产则有着充足的黑人劳动力，他们既廉价又便于强制劳动。南非的农业产业经营因而享有世界市场上其他高科技、资本密集型农业产业系统所不具备的成本优势。

正是基于上述种种情况，南非实现了独立的、可以自我增生的经济全面发展，这与第三世界所特有的那种受到外国支配的、封闭而又不平衡的经济增长形成了鲜明对比。然而，这一成功的背后却是种族隔离制度——对占人口大多数的黑人群体实行政治上的压迫、经济上的剥削，这不仅是为了外国人的利益考虑，更是为了本国少数白人特权阶级的利益考虑。后者构成了南非耐用商品的可靠的消费群体，这就解决了像墨西哥和印度这些欠发达国家所面临的困境，它们的经济发展往往受制于国内缺乏购买力。上表中显示的悬殊的收入差距，反映了人们所谓的"两极分化的积累"（polarized accumulation）。[87]暂且抛开道德因素，忽略未来可能会出现的政治对抗，可以说，正是"两极分化的积累"这一经济战略，成就了南非在非洲大陆的例外地位。

1924 年大选过后，布尔人的政治统治地位逐步稳固。赫佐格和史末资在大萧条期间组建了统一党，自 1933 年起就领导着二人组成的联合政府。这一折中性的安排引起了布尔兄弟会（Broederbond）的强烈反对，布尔兄弟会成立于第一次世界大战后，是一个具有强烈民族主义倾向的准私密会社性质的团体，它信奉种族隔离的信条。从理论上来说，种族隔离是基于下述命题：世界各民族只有在地域上与其他民族隔离开来时才能实现最好的发展，因此各民族应该在自己的领土上走自己的路。而在实践上，种族隔离就是要把非白种人排除出南非政治生活的各个领域，并把黑人驱逐到八个隔离区，又称班图斯坦地区（即过去为班图人保留的地区，班图人是非洲人的旧称）。这一计划从经济上来说并不可行，因为南非的经济离不开黑人劳动力，而且八个班图斯坦地区也无法全部容纳下人口数量如此庞大的黑人。种族隔离同样在政治上也行不通。绝大部分非洲人都拒绝把自己隔离在彼此分开的部落区内，他们希望在统一的南非联邦中享受公平待遇并能发挥自身有意义的作用。不论种族隔离是源于见利忘义的自私行动，还是宗教狂热的产物，抑或两者兼而有之，不可否认的是，种族隔离制度是打着表面上的自治这块遮羞布，把占人口大多数的黑人禁锢在永久的政治、经济、社会附庸地位上。

基于这些种族隔离的基本原则，兄弟会开始反对统一党，转而支持由前荷兰新教牧师马兰（D. F. Malan）博士领导的南非新国民党。史末资及其领导的统一党在 1948 年的大选中败给了国民党，后者在竞选中呼吁实施种族隔离政策。尽管马兰胜得相当勉强，但却开启了一段国民党统治的时期，且其统治日益受到来自全体欧洲人的支持。马兰于 1954 年退休，其职位先是由斯特里基多姆（J. G. Strijdom）接替，后由亨德里克·维沃尔德（Hendrik Verwoerd）博士接任。维氏被人暗杀后，又由约翰·沃斯特（John Vorster）接任，沃氏在第二次世界大战期间曾因其亲纳粹倾向而被关押入狱。1978 年 9 月，沃斯特因经济丑闻而被迫辞职，其职位由彼得·博塔（Pieter Botha）接任。

塞西尔·罗得斯在南非早期就曾提出过某些指导性原则，相当于当前种族隔离制度的实施原则：

> 我将拟订我关于土著问题的政策……或者接纳他们为平等的公民或者把他们当作一个驯服的民族……我已下定决心，一定要有一个阶级（种族）立法。……土著人将被视为儿童，而且不能让他们有选举权。我们必须采

取专制制度。……这就是我的政治纲领,也是南非的施政方针。(88)

罗得斯的"专制制度"已完全实现,尽管他没有预料到战败的布尔人后裔会崛起为该制度的主宰,而英国则只是其中的配角。在1977年的大选中,南非国民党获得压倒性胜利,在165席的国民议会中,最大的反对党只占了17席。

八、拉丁美洲的新殖民主义

第二次世界大战后,还在欧洲列强与殖民地的关系问题被人们进行无休止的讨论之际,非洲人就已达成了基本共识:要不惜一切代价避免拉丁美洲的新殖民主义模式在非洲重演。保守的乌弗埃-博瓦尼曾说:"在我们之前,南美国家已经取得了解放。它们之前属于西班牙和葡萄牙。一百多年过去了,这些国家叫独立国家只是名义上如此,它们在经济上依然附属于北美。我们不想让这种情况发生在我们黑非洲的领土上。"(89)

这一评论指出了一个基本事实:拉丁美洲19世纪所处的新殖民主义地位(参见第九章)延续到了20世纪。当然,这并不意味着这几十年里就没有发生任何变化。确有一些有意义的新进展对其内部制度和外部关系都产生了影响,不过这一切都发生在新殖民主义的框架下。

第一次世界大战首先催生了一系列重大变化。拉丁美洲国家对交战国并没有统一的政策。墨西哥、委内瑞拉和智利在整体上支持德国,阿根廷倾向于协约国尤其是其中的意大利,巴西则同情法国,视法国为拉丁文明的中心。然而,随着美国参战,大部分拉丁美洲国家都追随美国而宣战。不过它们并没有直接卷入军事对抗,所参与的也只不过是在其邻海范围内的几场海战而已。

尽管拉丁美洲超脱于军事战斗之外,但它还是明显地感受到了战争的影响,这一点在经济问题上表现得尤为突出。先前稳定的欧洲移民和资本涌入,随着战争的爆发而突然中断。由于缺乏航运舱位,对欧洲的商品出口也暂时中断,不过随着协约国对粮食和原材料的需求增加,这一出口贸易很快就得以恢复。而在另一方面,其对欧洲工业制成品的进口也在急剧下滑,而且由于欧洲各工业专注于战时生产需求,这一进口并没有恢复过来。这推动了某些进口替代工业化措施的出台,三个ABC国家(阿根廷、巴西、智利)更是这么做的。这其中主要的受益者当属着眼于国内需求的纺织厂和保证当地食品供应的罐头厂。

第一次世界大战的另一个显著影响体现在美国对拉丁美洲的产品出口不论在绝对意义上还是实质意义上都大幅上升。尽管1920年代英法公司为恢复自己丢掉的地位付出了艰苦卓绝的努力,但是美国的出口却一直在增长。伴随贸易而来的是投资,因此从 1914 年到 1929 年,美国在拉丁美洲的投资额翻了一番,投资总额达到 34.62 亿美元。这一数字使得美国成了拉丁美洲地区头号投资大国,宣告了英国自 19 世纪以来一直在该地区占有的独一无二的投资地位的终结。

在整个 1920 年代,拉丁美洲整体上还算平静和繁荣。当然也有几个例外,比如智利的硝石工业就因德国在战时为生产硝化甘油而发明了合成硝石而受到削弱。战后,合成硝的使用普及开来,智利的硝石产量占世界的比重从世纪之交的 70% 下降到 1924 年的 35%,到 1931 年更是下降到 11%。当然,智利的经历毕竟只是个例外。相比来说,在巴西,棉花种植业和畜牧养殖业的兴起结束了之前对咖啡出口的依赖。不过,1920 年代最为繁荣的景象则出现在安第斯北部国家:秘鲁、哥伦比亚、厄瓜多尔、委内瑞拉,尤其是委内瑞拉勘探出了大量的石油储备。委内瑞拉的石油出口始于 1918 年,到 1930 年它所生产的石油已经占到世界石油供应量的 10% 以上。

大萧条引发了拉丁美洲的又一波显著变化。这也凸显出了该地区单一经济发展模式的脆弱性。危机期间,不仅世界贸易额大幅下降,原材料的价格也比工业制成品的价格跌幅大。拉丁美洲国家因而在此次经济海啸中蒙受的打击程度要远远深于工业化国家。下表描述了危机对外贸的影响,也反映出了拉丁美洲的受害程度:

拉丁美洲外贸状况的变化

	出口总量	进出口交换比率	进口能力
1930—1934 年	− 8.8	− 24.3	− 31.3
1935—1939 年	− 2.4	− 10.7	− 12.9

Source: C. Furtado, *Economic Development of Latin America*(Cambridge: Cambridge University Press, 1970), p.40.

尽管拉丁美洲整体上受到了大萧条的沉重打击,不过说到具体的影响还是要依国家而论,不同国家出口的商品性质不同,其受打击程度也不同。像阿根廷这样以出口温带食品(小麦、玉米和肉类)为主的国家,受到的影响就要小一些。尽管粮食出口有可能会随着作物的减产而有所波动,但对这类商品的需求却是保持不变的。相比之下,像巴西这样出口热带商品(橡胶、咖啡和香蕉)的国家就受到了严重影响。这类产品的供应基本上不变,而对这类商品的需求却有弹性。此外,热带商品往往在很大程度上可以为合成产品如合成橡胶和合成纤维所替代。拉丁美洲国家曾寄希望于通过减少咖啡和可可出口来保持价格稳定,孰料恰在此时其非洲竞争者却加大了此类产品的出口,拉丁美洲反而更受其害。最后,受打击程度最严重的当属那些矿产品出口国，因为不论是矿产品的出口价格还是出口量都大幅下跌。大萧条带给各国的影响程度是不同的，下表就说明了这一点。

部分拉丁美洲国家的对外贸易指标（与 1925—1929 年度相比年均百分比变化）

	出口量	进出口交换比率	进口能力	进口量
阿根廷：				
1930—1934	－8	－20	－27	－32
1935—1939	－11	0	－11	－23
巴西：				
1930—1934	＋10	－40	－35	－48
1935—1939	＋52	－55	－32	－27
智利：				
1930—1934	－33	－38	－58	－60
1935—1939	－2	－41	－42	－50
墨西哥：				
1930—1934	－25	－43	－55	－45
1935—1939	－11	－36	－39	－26

Source: C. Furtado, op.cit., p.41.

在大萧条年代里，同对外贸易一样，外国投资也大幅下降。美国对拉丁美洲的投资额从 1929 年的 34.62 亿美元下跌至 1936 年的 28.03 亿美元，至 1940 年已跌至 26.96 亿美元。

1930 年代的这些负面状况恰恰在一个方面产生了积极影响。由于原材料出口下降，导致缺乏资金去购买工业制成品，从而在某种程度上推动了进口替代工业化战略的发展。下表反映了进口的下降和工业产值在国内生产总值中所占比重的增长，也凸显了进口替代工业化战略的发展。

部分国家进口系数的变化（进口总额占国内生产总值的百分比）

	阿根廷	墨西哥	巴西	智利	哥伦比亚
1929 年	17.8	14.2	11.3	31.2	18.0
1937 年	13.0	8.5	6.9	13.8	12.9
1947 年	11.7	10.6	8.7	12.6	13.8

	阿根廷	墨西哥	巴西	智利	哥伦比亚
1957年	5.9	8.2	6.1	10.1	8.9

部分国家工业化系数的变化（工业产值占国内生产总值的百分比）

	阿根廷	墨西哥	巴西	智利	哥伦比亚
1929年	22.8	14.2	11.7	7.9	6.2
1937年	25.6	16.7	13.1	11.3	7.5
1947年	31.1	19.8	17.3	17.3	11.5
1957年	32.4	21.7	23.1	19.7	16.2

Source: C. Furtado, op.cit., p.86.

以上数据的重要性不言而喻。巴西经济学家塞尔索·富尔塔多（Celso Furtado）得出了以下结论：

> 在外部世界处于萧条状态时，这些国家的工业化进程却在加速。这一事实清楚地反映出，如果这些国家之前采取适宜的政策，其工业化进程本来可以继续推进。换句话说，在实现了第一阶段的工业化后，若想继续推进工业化就需要采取新的经济政策来改变工业核心结构。然而，由于工业领域缺乏这些政策，因此它们发现自己处于萧条的境地。(90)

大萧条带给经济的破坏性影响，不可避免地产生了深远的政治影响和社会影响。经济状况不佳，促使民众更加难以容忍其不作为的政府。1930—1931年间，拉丁美洲20个共和国中有11个国家经历了政治动荡和政府的非正常变更。到1930年代中期，只有五个拉丁美洲国家还保留着文人统治。一些新的民众主义领袖诞生了，他们试图动员起那些心怀不满的民众来反对现有的内外体制。热图利奥·瓦加斯（Getúlio Vargas, 1930—1945）、胡安·贝隆（Juan Perón, 1946—1955）、拉萨罗·卡德纳斯（Lazaro Cardenas, 1934—1940）是其中的突出代表。他们都试图通过推行社会改革、发扬经济理性主义来吸引群众支持。不过他们也都小心翼翼，唯恐群众失控。他们为民众做了很多事，但却很少是依靠群众来做的。

瓦加斯在巴西维持了15年颇具个人色彩的温和独裁统治。他于1937年擅自修改宪法，建立了一个"新国家"。这是一个"职团"[一种自称各阶级合作的组织机构，很容易使人想起法西斯统治下的意大利，只不过温和的瓦加斯不是墨索里尼而已。他扩大政府权力并借此建立起一些机构，管理咖啡、蔗糖、棉花和橡胶等基础商品的生产和销售。此外，他还推动了农业多样化经营，并以沃尔塔雷登达钢铁厂为中心推进工业发展。

贝隆于1946年当选为阿根廷总统，并开始实施发展工业、交通运输、公共工程和教育的"五年计划"。与其他拉丁美洲领导人一样，贝隆也是一位经济方面的民族主义者，他将电话营业系统和铁路运营系统收归国有（1948年）。此外，他还赋予妇女选举权，通过了具有进步意义的劳工立法，包括为劳工提供社会保险、增加工人在企业所有权和管理权方面的参与权。这些措施为贝隆赢得了贫苦大众的支持。贝隆主义实际上代表的是一种依赖劳工和军队这两根支柱的极端民族主义，只不过是"正义主义"这面意识形态的空洞大旗将其本质掩盖了而已。

在墨西哥，大革命的热潮退却、革命理想破灭之后，卡德纳斯成了墨西哥农民推崇的民众英雄。奥布雷贡的继承者普鲁塔克·卡列斯，不是作为总统就是作为总统职位背后的操纵力量，从1924年到1934年一直主导着墨西哥政治。他曾于1929年公开宣布，土地改革已经走得够远了。因此，土地再分配在1930年代早期就搁浅了。然而随着卡德纳斯在1934年当选为总统，土地政策完全发生了改变。在他执政的六年时间里，4700万公顷土地分配给了100多万农户，而在之前"革命"政府统治的20年里，75万农民只分到2000万公顷。

在土地征用方面，卡德纳斯的征用对象并不仅限于那些通过非法手段获取土地、经营不力或犯有政治罪的土地所有者。大部分拥有大片耕地的土地所有者，除了可以留下一小块土地外，其余的都将予以没收。卡德纳斯还要求把印第安村社公地转让给村庄集体所有，而不是把小块土地永久性地给予那些仅为维持一时生计而愿意种地的个人。他因而批准了几项法律，将之前个人持有的村社公地收归集体，从而可以进行更有效的经营。他还在水资源分配和灌溉地分配上给予村社优先权，并成立了一些国家机构来帮助农民，村社公地信贷银行就是其中之一。

卡德纳斯还将外国控制的铁路和石油公司收归国有，这也为其赢得了民众支持。数以百万计的民众聚集在他身后。天主教徒为他祈祷，工人捐献工资，妇女贡献出她们的结婚戒指，农民拿出他们饲养的家禽和猪，军队则兴高采烈地在庆祝典礼上游行以示支持。为了维持住大众的支持，卡德纳斯组建了墨西哥工人联合会（CTM，1936）将工人纳入其中，又组建了全国农村联合会（CNC，1938）将农民纳入其中。这两个组织都是自上而下组织起来的，其运行也是自上而下，而且上面又小心翼翼地避免两者接触以防基层民众生出独立意识。卡德纳斯又利用民众的狂热，把摇摇欲坠的国民革命党（PNR）改造成了墨西哥革命党（PRM）。后者是一个庞大的无所不包的组织，其成员既有墨西哥工人联合会成员和全国农村联合会成员，也有公务员和军方人员。

尽管卡德纳斯推行了如此多的彻底变革，但是墨西哥社会最后仍然像其他拉丁美洲国家一样存在着剥削和不公平现象。其中1%的既得利益者掌握着66%的国民收入。据估计，第二次世界大战之后约有三分之一的人口从国家发展中获益，剩下的三分之二则被排除在受益者行列之外。墨西哥也仍在继续受困于经济依赖和高失业率这些第三世界特有的现象。

之所以会出现这种状况，根本原因在于卡德纳斯与瓦加斯和贝隆一样，也是一位民粹主义者，他为农民而改革却拒不利用农民的首创精神。这使得农民往往在拉丁美洲政治舞台上变化多端的局势面前束手无策。我们时常看到，每逢一位受民众欢迎的民粹主义领导人下台之后，继任者往往都是那些腐败、追逐私利的政客和将军，然而此时却缺乏固定的或制度化的反对机制来抵制这种倒退形势。因而，在瓦加斯、贝隆和卡德纳斯之后，的确是出现了倒退。

以墨西哥为例，在卡德纳斯之后上台的三位总统（卡马乔、阿莱曼、科迪内斯）采取的政策是放弃土地改革，解散集体化村社。美国的经济发展是刺激这项政策出台的强烈动因。在卡德纳斯于1940年逝世后，因为满足了同盟国战时需求而发展迅猛的美国工业盯上了墨西哥廉价的原材料和农产品，如棉花、蔗糖和蔬菜。为了充分利用其边界另一侧的巨大市场，新的墨西哥政府废弃了先前的集体村社制度，代之以政府追加投资（其中包括大量来自美国的贷款）来刺激大规模的、私人所有的农业企业的发展。

在大力推行这种以出口为导向的农业政策的情况下，土地分配步伐放缓，村社信贷银行之类的有利于村社经济发展的国家机构的发展也受到了限制。新政策也要求国家投资代价高昂的灌溉系统和交通运输系统，这使得先前1020万亩不毛之地的灌溉成为可能。然而这些新的灌溉土地最终却是落到了资本家之手，而不是无地的农民手中。

农业生产力的确提高了，但其造成的社会影响却是灾难性的。一直到1957年，60%的农产品都是用于出口。仅占农田总面积2%的农场生产的产品，却占据了商品销售总额的70%。资本密集型的经营活动给那些大面积种植的农场主和其美国合作伙伴带来了丰厚的收益。只有少量土地的农民则仅能勉强维持生存，越来越多的无地农民都越过边界前往美国去充当农业工人。约80万农民在第二次世界大战期间与美国雇主签订了短期合同成了短期雇工。第二次世界大战之后，由于越来越多的农民在本国找不到工作，他们只好通过合法或非法手段大量涌入美国去做短工。

过去几十年里通行的劳役偿债制，在两次世界大战之间让位给了资本主义的工资剥削制。由此产生的国际影响是,在墨西哥的外国总投资额中,美国所占的比重从1938年的60%上升到1957年的80%。与此同时,在墨西哥的进口总额中,美国所占的比重从1935年的65%上升到1957年的73%。墨西哥经济体制中持续存在的这种纵向联系,而非横向联系,使得先前独立的、具有自我增生能力的经济增长难以为继。本国资金通过公司利润的方式外流,而一个原本可以满足全面工业化的国内市场也不可能形成了,因为三分之二的民众生活贫困,根本无法过上正常的生活。据美国国际开发署一位官员于1978年预测,15%—20%的墨西哥成年人口"非法"生活在美国,约有20%的墨西哥人口都要靠在美国挣得的工资生活。

鉴于上述情况,非洲人在评估自己的未来时把已经在"独立"状态下生存了一个多世纪的拉丁美洲当作反面教材,也就不难理解了。在第二次世界大战及朝鲜战争之后的几年里,我们将会看到,拉丁美洲所拥有的经济发展只是徒具其表。紧随这种战争刺激的繁荣而来的是经济衰退。为了控制日益不满的民众,皮诺切特、魏地拉和加塞尔也以公然的军事独裁统治,取代了贝隆、瓦加斯和卡德纳斯的民粹主义统治。

[注释]

1. R. Delavignette, *Freedom and Authority in French West Africa*（London: Oxford University Press, 1950）, p.149.

2. Cited by K. M. Panikkar, *Asia and Western Dominance*（New York: John Day, 1953）, p.262.

3. B. B. Fall, ed., *Ho Chi Minh on Revolution: Selected Writings, 1920-1926*（New York: Praeger, 1967）, pp.31, 60, 61.

4. Cited by Panikkar, op. cit., p.364.

5. Cited by W. R. Louis, "Great Britain and the African Peace Settlement of 1919," *American Historical Review* LXXI（Apr. 1966）: 880.

6. Cited by E. H. Carr, *The Bolshevik Revolution 1917-1923*（New York: Macmillan, 1953）, Vol. III, p.235.

7. Ibid., Vol. III, pp.235-36.

8. Ibid., Vol. III, p.245.

9. Cited by G. S. Harris, *The Origins of Communism in Turkey*（Stanford, Calif.: Hoover Institution press, 1967）, p.3.

10. Cited by Carr, op. cit., Vol. III, p.248.

11. F. Claudin, *The Communist Movement* (New York: Monthly Review Press, 1975), p.109.
12. E. H. Carr, *Socialism in One Country 1924-1926* (New York: Macmillan, 1964), ch. 43.
13. Cited by Claudin, op. cit., pp.120-21.
14. Cited by J. K. Fairbank, E. O. Reischauer and A. M. Craig, *East Asia: The Modern Transformation* (Boston: Houghton Mifflin, 1965), p.649.
15. Cited by E. R. Wolf, *Peasant Wars of the Twentieth Century* (New York: Harper & Row, 1969), p.138.
16. Cited by L. Bianco, *Origins of the Chinese Revolution, 1915-1929* (Stanford, Calif.: Stanford University Press, 1971), p.42.
17. Ibid., p.49.
18. Ibid., p.79.
19. H. C. d'Encausse and S. R. Schram, *Marxism and Asia* (London: Allen Lane, Penguin Books, 1969), p.51.
20. Ibid.
21. M. Zinkin, *Asia and the West* (London: Chatto & Windus, 1951), p.88.
22. T. E. Weisskopf, "The Persistence of Poverty in India: A Political Economic Analysis," *Bulletin of Concerned Asian Scholars* (Jan.-Mar. 1977): 28.
23. Cited by F. Clairmonte, *Economic Liberalism and Underdevelopment* (London: Asia Publishing House, 1960), pp.107-8.
24. Cited by G. Omvedt, "Gandhi and the Pacification of the Indian National Revolution," *Bulletin of Concerned Asian Scholars* (July 1973): 6.
25. H. Ammar, *Growing Up in an Egyptian Village* (London: Routledge, 1954), pp.72-73.
26. Cited by P. Sluglett, *Britain in Iraq 1914-1932* (London: Ithaca Press, 1976), p.31.
27. Ibid., p.37.
28. Ibid., p.290.
29. Ibid., pp.297-98.
30. D. N. Wilber, *Riza Shah Pahlaui: The Resurrection and Reconstruction of Iran* (Jericho, N.Y.: Exposition Press, 1975), pp.196, 266.
31-32. Sluglett, op. cit., p.231.
33. D. Ben-Gurion, *The Rebirth and Destiny of Israel* (New York: Philosophical Library, 1954), p.38.
34. *Los Angeles Times* (Mar. 30, 1978).
35. Cited by S. Halbrook, "The Philosophy of Zionism: A Materialist Interpretation," in I. Abu-

Lughod and B. Abu-Labuan, eds., *Settler Regimes in Africa and the Arab World* (Wilmette, Illinois: Medina University Press International, 1974), p.22.

36. Ibid.
37. M. Lowenthal, ed., *The Diaries of Theodor Herzl* (London: Victor Gollancz, 1958), p.371.
38. Ibid., p.375.
39. Cited by B. Halpern, *The Idea of the Jewish State* (Cambridge, Mass.: Harvard University Press, 1961), p.154.
40. Cited by M. S. Agwani, "The Palestine Conflict in Asian Perspective," in I. Abu-Lughod, ed., *The Transformation of Palestine* (Evanston, Ill.: Northwestern University Press, 1971), pp.445-46.
41. A. Cohen, *Israel and the Arab World* (New York: & Wagnalls, 1970), p.46.
42. K. H. Karpat, "Ottoman Immigration Policies and Settlement in Palestine," in Abu-Lughod and Abu-Laban, op. cit., p.63.
43. N. Mandel, "Turks, Arabs and Jewish Immigration into Palestine, 1882-1914." In St. Antony's Papers, No. 17, *Middle Eastern Affairs*, No. 4 (London: Oxford University Press, 1965), p.78.
44. Cited by Anthony Lewis in New York *Times* (Apr. 3, 1978).
45. Cohen, op. cit., p.xi.
46. Cited ibid., p.50.
47. Ibid., pp.60-61.
48. Ibid., pp.240-41.
49. Ibid., pp.241-42.
50. Ibid., pp.243-44.
51. Ibid., p.245.
52. Ibid., pp.248, 260, 291.
53. Ibid., pp.285-86.
54. J. Gorni, "Zionist Socialism and the Arab Question," *Middle Eastern Studies* XIII (Jan. 1977): 53, 68.
55. Cohen, op. cit, pp.256-57, 263.
56. Ibid., pp.273-74.
57. Cited by W. T. Mallison, Jr., "The Balfour Declaration: An Appraisal in International Law," in Abu-Lughod, op. cit., pp.85-86.
58. Ibid., p.86.

59. J. C. Hurewitz, *Diplomacy in the Near and Middle East*（Princeton, N. J.: D. Van Nostrand, 1956）, Vol. II, pp. 70-71.
60. Ibid., p.62.
61. Cited by Cohen, op. cit., p.221.
62. N. Caplan, "Arab Jewish Contacts in Palestine after the First World War," *Journal of Contemporary History* 12（1977）: 662.
63. Cited by Z. Lockman, "The Left in Israel: Zionism vs. Socialism," *MERIP Reports*, No. 49, p.5.
64. Cited by J. Ruedy, "Dynamics of Land Alienation," in Abu-Lughod, op. cit., p.130.
65. Cited by W. R. Polk, "What the Arabs Think," *Headline Series*, No. 96, p.38.
66. Cited by B. Kalkas, "The Revolt of 1936: A Chronicle of Events," in Abu-Lughod, op. cit., p.271.
67. R. Oliver and A. Atmore, *Africa Since 1800*（Cambridge: Cambridge University Press, 1967）, p.168.
68. Cited by A. G. Hopkins, *An Economic History of West Africa*（New York: Columbia University press, 1973）, p.190.
69. Cited by E. A. Brett, *Colonialism and Underdevelopment in East Africa*（New York: NOK Publishers, 1973）, p.150.
70. Cited ibid., p.75.
71. Cited ibid., p.76.
72. Cited by W. Rodney, *How Europe Underdeveloped Africa*（Washington, D. C.: Howard University Press, 1974）, p.165.
73. L. H. Gann and P. Duignan, eds., *Colonialism in Africa 1870-1960*. Vol. 4, *The Economics of Colonialism*（Cambridge: Cambridge University Press, 1975）, p.689.
74. Cited by Hopkins, op. cit., pp.230, 231.
75. Ibid., p.231.
76. Cited by B. Davidson, *African History*（New York: Macmillan, 1968）, pp.257, 258.
77. New York *Times*（Apr. 29, 1978）.
78. Cited by Brett, op. cit., p.274.
79. Ibid.
80. Hopkins, op. cit., p.266.
81. Cited by Chinweizu, *The West and the Rest of Us*（New York: Vintage Books, 1975）, p.86.
82. Ibid., p.95.

83. Ibid., p.96.
84. Ibid., p.97.
85. J. K. Nyerere, *Freedom and Socialism* (London: Oxford University Press, 1968), pp.269-70.
86. Davidson, op. cit., pp.269-70, 274.
87. P. Ehrensaft. "Polarized Accumulation and the Theory of Economic Dependence," in P. C. W. Gutkind and I. Wallerstein, eds., *The Political Economy of Contemporary Africa* (Beverly Hills, Calif.: Sage publications, 1976), pp.58-89.
88. Cited by Chinweizu, op. cit., p.70.
89. Cited by I. Wallerstein, *The Road to Independence* (La Haye: Mouton, 1964), p.36.
90. C. Furtado, *Economic Development of Latin America* (Cambridge: Cambridge University Press, 1970), p.92.

> 无论是在政治上、经济上还是感情上，我的生活都发生了改变。所有这些，我都要永远感谢党，感谢毛主席……解放前，我就是个奴隶，根本不是个人，每天工作十六七个小时，睡不饱，没什么钱，也吃不饱。现在我有了保障，也够养活一家子人了。也不用为以后担心……我常教育他们［我的孩子］，想让他们也能感受到我心里那种幸福，知道中国现在发生了多么大的变化，他们会听我讲，不过我不清楚他们是否理解了。有时他们只是说："噢，爸爸，我们已经听过你的故事了。"
>
> ——张秉贵，北京百货大楼糖果售货员
> （1979年9月30日，中华人民共和国30周年大庆）

第二十二章　第二波全球性革命浪潮（1939—）：1949年中国革命的发端

毛泽东是和马克思、列宁齐名的近代伟大的革命领袖。马克思的主要贡献在于分析了资本主义社会的运作原理。列宁发展了这一理论，并将其付诸实践推翻了资本主义，然而列宁没有活到去应对之后的建设一个社会主义新社会的问题。其接班人的确建立了一个强大的苏维埃国家，但这并不意味着实现了社会主义——如果社会主义的定义并不仅限于生产方式和分配方式的国家所有制或集体所有制，而是还体现在工作场所、政治文化生活中的自我管理上的话。毛泽东继续推进其卓越的先辈未完成的事业，他通过改进社会主义的制度和实践开始了探索，但还远没有完成这一任务。为了实现这一切，他创造性地把马克思主义中国化，并向至今都是神圣不可侵犯的苏联模式发起了挑战。

在领导1949年中国革命的过程中，毛泽东曾置斯大林的意见于不顾，后者出于寻求与美国在全球范围内达成谅解这一整体战略而支持蒋介石。同样具有重要意义的是，毛泽东通过发动"文化大革命"而与苏联彻底决裂。他希望以此建立一个完整的社会主义社会：一个人人充分参与而非官僚主义的社会，一个人人平等而不存在特权阶级的社会。此外，毛泽东认为他的"文化大革命"只是一个开始而不是结束。他认识到，革命后的社会会产生自己的矛盾，在阶级斗争的作用下，社会要么朝着社会主义社会发展，要么在新的剥削阶级的控制下向后倒退，而新的剥削阶级不是依靠私人占有生产方式而统治，而是依靠控制具有压迫性的国家机器进行统治。因而，他发出警告："现在的'文化大革命'，是第一次，以后还必然要进行多次。革命的谁胜谁负，要在一个很长的历史时期内才能解决。如果弄得不好，资本主义复辟将是随时可能的。全体党员，全国人民，不要以为有一二次、三四次'文化大革命'，就可以太平无事了。千万注意，决不可丧失警惕。"[1]若从他身后一系列事态演变来看，他的这番警示似乎具有先知先觉的意义。

一、中国革命

两次世界大战之间中国积贫积弱、任人宰割的历史,并没有为之后所发生的深刻的社会动荡和社会重组提供多少铺垫。正如前面所述(参见第二十一章第二节),中国在这些年里备受三场同时共存的战争的蹂躏。一是坐镇南京的蒋介石与盘踞某些省份的军阀之间的长期混战;二是以蒋介石为首的国民党和以毛泽东为首的共产党之间的内战;三是反对日本的战争。日本于1931年侵占了东北,并以那里为基地向华北展开了扇形攻势。

第二次世界大战在欧洲的爆发,以及美国在珍珠港事件后宣布参战,使得中国成为反轴心国集团大联盟中的一员。内外交困的蒋介石政府此时有了获得军事和经济援助的资格,然而运输援助物资的费用却是惊人的昂贵,因为需要飞越中印边界喜马拉雅山上的"驼峰"空运而来。此外,到达蒋介石的战时陪都重庆的援助物资,也没有有效地用于对日作战上。

蒋介石对日作战低效的原因之一是很多地方都已不在他的控制之下,因为这是一场由日本发动的侵略战争,日本侵占了东部沿海和北方许多省份。这使得蒋介石失去了相对来说思想开化的大实业家群体的支持,这部分人大都死在了战争中,因而他不得不去依靠那些目光短浅、自私逐利的内陆地主的支持。重庆政府变得越来越反动和腐败,政府官员肆意敲诈勒索,通货膨胀居高不下,广大老百姓深受其苦。若把1937年的物价指数比为1,则到1945年8月这一指数在重庆已经达到了1795,而到1947年12月更是飙升至惊人的83796。驻华美军司令史迪威(Joseph Stilwell)将军在其日记中用激昂的文字描述了蒋介石政权:"腐败透顶、玩忽职守、混乱不堪、经济恶化、苛捐杂税、言行不一、囤积居奇、黑市猖獗、与敌通商。"[2]史迪威的继任者魏德曼(Albert Wedemeyer)将军曾就中国军队的征兵情况给蒋介石写有一份出色的备忘录,他在这份备忘录中阐释了上述词语的含义:

> 征兵对中国农民来说就像饥荒和洪水一般,只不过来得更规律一些——每年两次,而且使更多人受害。……征兵的军官与地方官员相互勾结并通过他们的抓丁队来赚钱。他们从征兵中勒索大量钱财,这些钱财由地方官员移交给他们,而应征者则由抓来的人去顶替。征兵中形成的私下人贩子已经成了一门生意。人贩子从那些吃不饱饭的家庭中买出身强力壮的男人,对这些家庭来说比起儿子它们更想要粮食;他们也会从县长那里买出一些多余的人……
>
> 壮丁们经过隔离和集结成对后被驱逐至训练营。他们一路从山西走到

四川，又从四川走到云南。他们有着走不完的路……许多人在起初几天里尚能开小差逃跑，之后他们便虚弱得连跑都跑不动了。他们一旦被捉回就会受到严刑拷打……

行军途中他们变得瘦骨嶙峋，得了脚气病，双腿肿胀，腹部突出，胳膊和大腿消瘦不堪……若有人死掉，尸体就会被丢下，然而其名字仍会留在花名册上。只要他的死没有上报，他就仍是军官们的财路来源之一。事实上他们根本就不会再去花那部分钱，所以军官们的钱也就变得格外多了起来。他们的军粮、军饷成了指挥官口袋里永远的纪念品。而他们的家庭也只好忘记他们们。(3)

蒋介石不能有效地运用美援物资的第二个原因在于，他的基本战略是把剿共战争放在首位而把抗日战争放在第二位。蒋介石认为，而且从他的观点中可以看出他有充分理由相信："日本人是疥癣之疾，共产党是心腹之患。"一份可信度较高的法国情报来源援引了他在1944年的一段话："于我来说，最大的问题不是日本而是国家统一。我相信你们美国人迟早会打败日本人，不论有没有我保存在西北的用于打败中国共产党的军队之帮助。再说，我若听任毛泽东的宣传通行于整个自由中国，我们就要冒风险，你们美国人也要冒风险，我们会全盘输光。"(4)

蒋介石早在第二次世界大战前的几年里就开始执行其反共战略。毛泽东于1920年代末在江西建立起农村苏维埃后，蒋介石便发动了一系列针对他所谓的"共匪"的战争。最终，他成功地将中国共产党驱逐出了江西。在传奇般的长征期间，他一路追逐红军横跨华南向西行进了9600公里，之后又向北进入了陕西。毛泽东在陕西建立起了一个狭小而孤立的共产党根据地，之后他将其打造成了以延安为中心的总指挥部。在那个偏僻的小镇，他发展了一整套自己的革命战略，训练了革命同志。正是这一系列努力，成就了他在15年后成为新中国的国家主席。他这一整套的革命学说和实践也就是人们所熟知的毛泽东思想，之后这一思想不仅构成了对西方世界和苏联世界的深刻挑战，也成了第三世界日益有影响力的遵循模式。

这一决定性成果源于以下几个因素，包括地理环境、文化传统和毛泽东的个人领导能力。中国幅员辽阔，人口众多，这提供了一个足够大的可以周旋的基地，使共产党在早期历经几次在城市和南部乡村的失败后可以重新再来。此外，数十年破坏性的内战加上接踵而至的日本侵略战争，在某种程度上给民众带来了苦难，构成了社会解体的一方面因素，这也为共产党掀起暴动提供了有利条件。相比之下，在印度，民族主义者没有经过任何革命插曲就实现了独立，这群民族资产阶级的统治精英舒舒服服地取代了外国统治，几乎没有引起什么社会动荡和混乱。

此外，中国民众传统上重视社会道德，这也为共产主义的兴起提供了有利的文化环境。儒家思想是一整套的道德体系而非玄学。儒家的理想是建立一个公正的社会，因此这一理想非常适用于一个官僚 - 地主统治的社会。儒家思想强调的是义务而非权利，因而儿童从小就接受教育要通过与他人的关系来界定"自我"，要践行孝、悌、尊长，而长辈也有相应的责任。因此，无处不在的共产主义宣传口号"斗私"和"为人民服务"在中国人听来并不像西方人听来那么不切实际，充满幻想。而且这些口号也恰恰与那句古老的农民谚语不谋而合："我们是贫苦人民，但我们却能明辨是非。"

最后，毛泽东在革命中的领导作用也是一个重要因素。毫无疑问，毛泽东在20世纪世界历史上的意义完全可以与列宁相媲美。未来的历史学家也许会认为毛泽东的影响更大一些，因为列宁逝世于1924年，那时的苏维埃制度和实践尚在形成阶段，而毛泽东不仅发动和领导了1949年的政治革命，进而建立了中华人民共和国，而且还发动和领导了1966年的"文化大革命"，这决定了之后至少一直到他于1976年逝世前的人民共和国的特征和历程。

毛泽东成功的背后是他对本国广大农民群众深深的信任和同情。与那些大部分出身城市知识分子的俄国布尔什维克者不同，毛泽东出身于农民家庭。18岁那年他前往自己的省城湖南长沙时才第一次读到报纸。25岁那年他从一所师范学校毕业，两年后他才开始学习马克思主义。这么晚才开始学习马克思主义对毛泽东来说并不是什么坏事。与那些从小就接触马克思主义学说的大部分布尔什维克知识分子不同，毛泽东敢于随时挑战，必要时甚至敢于抛开那些神圣不可侵犯的马克思主义教条。

从一开始毛泽东就是一个对社会现实有着敏锐观察力的人。他不仅出身农民家庭，而且在其一生中的大部分时间里都与农民生活在一起，与他们并肩战斗。恰恰是基于他长期的基层实践，他开始深刻地认识到，需要将马克思主义中国化——使其可以适应被忽视的千百万中国民众的情况和需要。

> 没有抽象的马克思主义，只有具体的马克思主义。所谓具体的马克思主义，就是通过民族形式的马克思主义，就是把马克思主义应用到中国具体环境的具体斗争中去……成为伟大中华民族之一部分而与这个民族血肉相连的共产党员，离开中国特点来谈马克思主义，只是抽象的空洞的马克思主义。因此，马克思主义的中国化……成为全党亟待了解并亟须解决的问题。(5)

纵观毛泽东的整个革命生涯，他对"马克思主义中国化"这一原则有着不可动摇的信念,有三个例子可以说明这一点。在江西时,他把革命的基本力量从城市无产阶级转移到了农民身上,并着手组织起了农村苏维埃;在延安,他把重点从社会革命转向了全民族一致抗日,同时又发明"延安道路"来动员广大民众形成了一股不可战胜的力量;进京后,他又发动了"文化大革命",以保证共产党中国会在人人平等的"延安道路"基础上而不是俄国式的存在特权阶层的基础上发展为一个现代国家。

江西转变的根源可以在毛泽东那份经典的《湖南农民运动考察报告》中找到。该报告发表于1927年3月,也就是国共分裂之前。报告的起因是湖南爆发了自发的普遍的农民革命,毛泽东奉党的指示前往调查。他花了五周时间与农民待在一起,之后写出了这份现已成为世界革命经典文献的报告。毛泽东充满了激情,他无视(如果不是不知道的话)列宁的名言"只有革命的无产者能实现贫苦农民的纲领",从其亲身经历中得出"革命的先锋队"只能是贫苦农民:

> 很短的时间内,将有几万万农民从中国中部、南部和北部各省起来,其势如暴风骤雨、迅猛异常,无论什么大的力量都将压抑不住。他们将冲决一切束缚他们的罗网,朝着解放的路上迅跑。一切帝国主义、军阀、贪官污吏、土豪劣绅,都将被他们葬入坟墓。一切革命的党派、革命的同志,都将在他们面前接受他们的检验而决定弃取。站在他们的前头领导他们呢?还是站在他们的后头指手画脚地批评他们呢?还是站在他们的对面批评他们呢?每个中国人对于这三项都有选择的自由,不过时局将强迫你迅速地选择罢了……
>
> 你若是一个确定了革命观点的人,而且是跑到乡村里去看过一遍的,你必定觉到一种从来没有的痛快。无数万成群的奴隶——农民,在那里打翻他们的吃人的仇敌……一切革命同志须知:国民革命需要一个大的农村变动。辛亥革命没有这个变动,所以失败了。现在有了这个变动,乃是革命完成的重要因素。一切革命同志都要拥护这个变动,否则他就站到反革命立场上去了。[6]

毛泽东以他对社会现实特有的敏感性,为中国革命找到了一个新的无产阶级。他告诫说,真正的革命者应该站在农民前头领导农民进行革命,而不是站在他们后头指手画脚地批评他们。一言以蔽之,中国革命只能是意味着土地革命——这是毛泽东在其整个革命生涯中坚定遵循的一个论点。

1927年4月,蒋介石发动政变开始清洗城市共产党组织,毛泽东率领一批追随者进入了湘赣交界处的偏僻山区。在那里，他与共产党的军事指挥官朱德领导的一小支部队会师。在其后的岁月里，毛泽东与朱德发明了一系列政治军事概念，贯彻了一系列政策，这些都与国民党和第三世界的观念政策发生了直接冲突。其基本信条如下：

- 边打边跑的游击战术是对付国民党的人力和物力优势所必需的。
- 农民的支持是游击战成功的先决条件，这需要部队严格遵守纪律、保持良好作风。
- 农民的主要兴趣是获得土地，如果游击队不能帮助农民起义来夺取土地、重新分配土地，就不能指望得到他们的帮助。
- 只有建立一块自由区或革命根据地才能保护革命的农民不受国民党和地主的报复，而自由区或革命根据地的建立也可以为游击队提供财政和物资支持，还可以为游击队提供他们向周边地区扩展的核心地区。

基于这一战略，毛泽东和朱德在1920年代末组建了武装力量，建立起对解放区或曰苏维埃的政治统治。1931年11月，各地苏维埃代表齐聚江西瑞金，宣布成立中华苏维埃共和国。新的政体沿袭俄国早期的模式并利用其措辞而称作"无产阶级和农民阶级的民主专政"。然而，一个再明显不过的事实就是，在这个落后的乡村地区根本就没有无产阶级，与其阶级成分最为相近的也不过是那些乡村工匠、手工业者和雇农。因而，为了满足农民的需要而进行了各种立法，并下令无偿没收属于"封建地主、军阀、土豪、士绅""宗教团体或寺庙"的土地，进行重新分配。其公开目标是"摧毁封建社会秩序，消灭国民党势力，建立起工农苏维埃政权"。[7]

正如蒋介石所说，苏维埃的确是一种"心腹之患"，尤其是当中华苏维埃共和国控制的人口壮大到900万时，蒋介石感到更是如此。于是他在1930年底发动了一次"围剿"，然而这次围剿并未达到预定目标，因此之后的几年里又接连发动了好几次围剿。第五次围剿战于1933年底在蒋介石的德国顾问的指挥下爆发。中央苏区被严密地封锁在一组环形防御工事中，其外围还有一层层的向里收缩的包围圈把绞索越抽越紧。党中央的干涉更是进一步加剧了苏区面临的危机。党中央派来的代表担任这次保卫战的指挥，然而因其并不具备朱德的游击战经验，致使蒋介石似乎马上就能实现其"剿灭"共产主义分子的目的。

在紧要关头，毛泽东决定放弃江西根据地。1934年秋天，红军和所有党的行政人员，总人数差不多有10万，冲破了国民党军队的围堵，踏上了其具有历史意义的长征之路。他们在一年零三天的时间里走了9600公里路，最终到达了西北的陕西，平均每天要走 25.6 公里。一路上遭受国民党和地方敌对势力追逐的红军每天都要打几次小仗,每十五天就要打一次大仗。包括把那些在长征途中参加红军的人计算在内,最后至多有 5000 人在这一严酷的考验中活了下来。而自此之后,他们无可争议的领袖也就成了毛泽东,而不是那些共产国际支持的城市工作者。

回溯江西苏维埃失败的惨痛教训,毛泽东认为其最终的失败源于缺乏当地民众的广泛支持。他决定纠正上述错误,而采用以广泛的抗日统一战线为基础的"新民主主义"纲领,这之后发展成了"延安道路",这一战略的核心就在于发动农民,团结在共产党和人民解放军的周围。其广泛宣传的口号强调爱国主义和为民族而献身而不是为阶级而战。"一切服从于战争""有钱出钱,有枪出枪,有知识出知识"。[8]

新的统一战线政策与先前政策不同,共产党出面调停并担保释放了蒋介石就是该政策的一个体现。东北军阀张学良于 1936 年 12 月在西安扣押了蒋介石,蒋介石飞抵西安原本是想组织一次更为庞大的反共战争。然而那些东北人眼睁睁地看着自己的家乡已被日本人占领了数年,此时更愿意接受组成统一战线一致抗日的逻辑,而不愿相互残杀。因而张学良逮捕了蒋介石,出人意料的是,共产党的代表却赶到西安并力劝释放蒋介石。很明显,共产党之所以这么做,一方面是显示其结束内战、一致抗日的诚意,另一方面则是担心亲日派会在蒋介石下台后夺取南京政权,从而造成国家更为分裂的局面。无论如何,蒋介石被释放了。1937 年国共两党达成了统一战线协议,其中中国共产党同意接受孙中山的"三民主义"原则,放弃武装反抗,不再反对军阀,红军接受国民党的领导改编为八路军。

日本决定在中国的民族统一战线更进一步前对其先行打击。1937 年 7 月,日军袭击了北平近郊,中国人奋起反抗,中日战争爆发。蒋介石面对日本侵略者的技术优势,再加上他又无法组织起像共产党那样的游击战来进行反抗,决定以空间换取时间。国民党军队开始撤退,与此同时 600 多家沿海工厂也拆迁到了内地。日本人随即控制了华北和华东诸省,并以这些省份为基础建立起了一个由前国民党要员汪精卫统治的傀儡政府。

与此同时,共产党的军队已经从延安跨过黄河迅速向山西扩散,之后越过华北平原一路进入了沿海省份山东。1937 年,共产党在征得国民党同意后,利用江西苏区的残留部队,在长江下游组建起了新四军。到 1945 年,共产党的活动区域已经超过了 25 万平方英里,党员人数也从 1937 年的 4 万人上升到 1945 年的 120 万。红军人数也相应增长,据估计,1937 年时其人数为 4.5 万—9 万,而到 1945 年其人数已经达到 50 万—90 万之间。除了这些正规军外,共产党还组织起多个民兵队伍,其人数超过 200 万。另外值得指出的是,大批男女青年包括学生、记者、艺术家和各种类型的专业人员,纷纷长途跋涉赶往延安,他们视延安为中国反抗侵略者的心脏。

美国学者查尔莫斯·约翰逊（Chalmers Johnson）把共产党的成功归因于中国的民族主义。他认为，第二次世界大战的爆发和日本的侵略激起了民众的民族主义情感，共产党充分利用了这一点并将自己包装成了反抗日本的爱国领导人。约翰逊得出结论，共产主义以"一种民族主义运动"的假象呈现在农民面前，因为当时只有这样才能赢得最后的胜利。[9]

这一分析就其所说的情况而言的确如此，然而若深究下去则也有不足。共产主义分子的确因其爱国者的面目而赢得了群众支持，然而他们能赢得群众支持还在于他们是社会革命者，而且后者在本质上和前者同等重要。法国学者毕仰高（Lucien Bianco）从国民党的角度说明了这一点。他认为，国民党之所以会输掉内战，是因为"战争将考验交战的各方，而且使过时的政权现出原形"。人民大众支持共产党，毕氏进一步说道："主要并不是因为党的领导干部和红军官兵的抗日活动，而是在于他们的行为让民众感到耳目一新，而且他们真正回应了民众的需求。"

> 那位趾高气扬的区长，之前人人见了都要拜倒在他面前，如今他却让位给了一位"代表"，而代表本人带着行军床，而且几乎看不出他和当地的村民有什么区别。最重要的是，八路军对待农民的方式与先前他们遇到的军队对待他们的方式截然不同。多么奇怪的一群士兵啊！他们买东西付钱，把他们借住的房间打扫得干干净净，和村民打成一片，而且还不以给村民干农活为耻。
>
> 为何共产党能赢得群众的支持呢？这是因为他们不但是真正的爱国者，还是真正的革命者。这群人了解民众的需求，知道必须进行变革，并以实际行动去促成变革。[10]

共产党人之所以"了解民众需求"并知道如何去满足他们，是因为有"延安道路"——这是毛泽东把马克思主义中国化的第二个成功案例。"延安道路"不仅仅是一种战斗模式，它也是一种生活方式，它体现着人和社会的愿望，并提供了一种基于平等主义价值观和广大民众参与之上的发展模式。

"延安道路"的源头至少可以追溯到江西苏维埃时期，不过其加快形成却是因为1942年中国需要同时应对双重危机。一是外部危机，日本侵略者的进攻和国民党军队的封锁使中国共产党的根据地遭受了重大损失。据日本情报估计，1942年，根据地地区的人口数量从4400万下降到2500万，八路军的士兵人数也从40万下降到30万。另一危机则源于内部——土地进行了重新分配，然而却没能改变这些偏僻村庄的传统生活方式和工作方式。绝大部分地租都已被免除，然而农民们此时却只关注自己的那一小块地，因此农业技术依然落后，生产率依然较低。

为了应对当时的危机，毛泽东采取了两项措施，这也充分体现了他将共产党中国化的努力。首先，制定了一项完整的计划，让干部进行自我批评，接受再教育；其次，发动了几场运动，激励农民群众的参与热情，最大限度地加强干部与农民的纽带关系。自我批评和再教育是必要的，因为自1937年中日战争爆发后，短短三年内，党员人数增长了近24倍。几十万党员如今接受九个月的学习，进行批评和自我批评，其中也包括详细讨论22篇著作，这22篇著作中有6—13篇都是出自毛泽东之手，只有6篇来自俄国文献。在这一过程中，干部们受到了再教育，各种制度经历了批判性评价。领导干部不分等级一律参与到讨论中，其中一些展现出自己能力的人则成了新的领导干部。

这就是人们熟知的"整风运动"，紧接着又发动了几场运动来充分动员农民，缩小农民和干部之间的鸿沟。下述公开宣布的目标充分体现了运动的深度和广度，这些目标也大都实现了：

- 减少和控制政府、党和军队中的官僚主义因素，鼓励基层领导和群众参与。
- 派干部到农村去，和农民一起劳动，既当先生又当学生，从而缩小城乡差别，缩小脑力劳动和体力劳动的差别。
- 成立合作社，使农民从关心家庭扩大到关心互助组和整个村子，从而改组农村经济模式，实现可持续发展。
- 在所有共产党控制的区域内，开办日校、夜校、冬学和扫盲班，统统置于地方政府管辖之下，保证覆盖所有地区的民众，普及识字率，传授基本的健康和卫生知识，宣传"为人民服务"的思想。

"延安道路"最突出的特征就在于它强调群众参与，依靠中国人民尤其是农民的创造性，并笃信他们将会也能够打破几个世纪以来强加在他们头上的蒙昧无知、极度贫困、受尽剥削的枷锁。毛泽东在其1943年6月1日发表的一篇文章中写道："将群众的意见（分散的无系统的意见），集中起来（经过研究，作为集中的系统的意见），又到群众中去做宣传解释，化为群众的意见，使群众坚持下去，见之于行动，并在群众行动中考验这些意见是否正确。"[11] 这一"群众路线"体现了毛泽东和其战友从长期的游击战争经验中得出的基本看法，它既为当时的"延安道路"奠定了基础，也为后来的"文化大革命"奠定了基础。领导工作主要依靠回应民众的需求和期望，而只有通过与村里的农民保持接触才能弄清民众的需求和期望。因而，采用这种方法就可以充分释放群众的精力和创造力，用于武装斗争，用于实现经济发展和社会变革。毛泽东于1949年胜利进京，恰恰得益于成功地坚持了"群众路线"。

调整共产党先前没收地主的土地重新分配的政策，也促进了"群众路线"的成功。中国共产党着眼于统一战线的需要，在战争期间施行了"地主减租减息"的政策。然而，地主若是逃入日本控制的城市，或是以任何方式与日本人合作，共产党就会没收其财产，并分配给贫苦农民。

如果说"延安道路"与日本人和国民党对待农民的方式形成了鲜明对比，那么共产党成功的理由就很明显了。日本军队以其"三光"（"烧光、杀光、抢光"）政策为行动准则，考虑到这一点也就不难理解为何数以百万计的农民会认为参加共产党的游击队他们活下来的希望会大一些。而国民党内部此时腐败盛行，通货膨胀严重失控，绝不是一个比日本更好的选择。官员无所作为、囤积粮食、投机倒把，这一切都加重了1942—1943年的饥荒，据估计有200万农民死于饥饿。因而当日本于1944年入侵河南时，他们没有遇到任何农民抵抗。相反，农民在某些场合反而会攻击国民党，解除国民党军队武装，甚至杀掉国民党士兵。

第二次世界大战于1945年8月突告结束。中国人自1937年以来一直在与日本人战斗，而欧洲人在1939年才卷入战争，美国更是直到1941年才参战。在这八年艰苦卓绝的斗争中，中国人杀掉的日本人数占到了日本在所有战线伤亡总数的四分之一。然而中国人自身亦遭受了严重的人力和物力资源损失，其遭受破坏的程度实可与俄国人相比。日本的战败进一步凸显了国共两党长期以来的矛盾，中国人因而又遭受了四年的内战。

最初，国民党的力量强大得多，至少从统计数字上看是这么回事。它拥有的军队数量是共产党的四倍，且在武器装备上的优势更加突出。此外，国民党是国际上公认的统治中国的主体，蒋介石也因领导中华民族抗击日本侵略而赢得了巨大声望。就在日本投降的那一天（1945年8月14日），苏联与国民党签订了一份同盟互助条约。其中最为重要的条款是苏联承诺只给予南京国民政府以道义和物质上的援助，并立即向南京国民政府移交苏联红军解放的所有中国领土。同一天，盟军最高司令麦克阿瑟将军指定蒋介石为唯一有权在中国接受日本投降的人。

然而，毛泽东已经明确声明，他拒绝接受麦克阿瑟的指令。8月10日，蒋委员长向其名义上的下属、八路军总司令朱德将军下令："原地驻防待命，不要接受任何日本军队投降。"不过同一天，朱德却向其部队下发了一条针锋相对的命令："立即解除所有日伪军队的武装，夺取并占领以前由日本人或他们的走狗所掌握的城市和交通路线。"8月13日毛泽东发表声明支持朱德，他认为蒋委员长的命令完全是出于政治性的和出以私心，共产党的武装力量在战场上的牺牲和战绩为他们赢得了在受降桌前面对敌人的权利。

这一问题远远超出了合法性问题争执。在华北和华东驻扎有125万日本军队和17万日本侨民。他们受到共产党军队而非已经撤退到华南和西南的国民党军队的包围。因此，若日军向包围他们的共产党投降，后者一夜之间就会掌控中国最为发达、人口最为稠密的地区。

中国如此实现共产化是华盛顿完全不能接受的。美国基本的政策目标是在中国恢复战前秩序，之后逐步改革中国，变中国为美国企业有利可图的市场。该目标与建立一个由美国支配的全球"重大区域"的总体目标是相一致的（参见第十九章第五节）。杜鲁门总统的私人在华经济事务代表、银行家小埃德温·洛克（Edwin Locke, Jr.）此时宣布："我们想要一个在经济、政治和心理等方面都与美国亲近的中国。"他预测说，美国适当对华投资，可以使中国"在一个完全实际可行的基础上"实现工业化，从而在接下来的50多年里"为美国商品提供一个永久的、不断扩大的大市场……"(13)

为了防止共产党接管日本占领的领土，杜鲁门总统迅即采取了行动。他命令在华日军"继续维持秩序"，等待美军或国民党军队前来接管。此外，他还告诫东京政府若想遣返日本军队就只能向国民党军队或美军投降，以此来阻碍日军向共产党投降。为了支持该政策的施行，美国在1945年九十月间向华北和华东主要城市和交通要道空运国民党士兵。此外还派遣了50万海军陆战队在青岛、天津、北平登陆，占领了那里的港口和机场。

华盛顿公开声明，海军陆战队的使命是遣返日本人，防止内战爆发。然而正如大卫·巴比（David Barbey）海军上将之后所说的那样："……海军陆战队并不急于让日本人撤退，因为他们是有用的盟友。他们保证了一些大城市、桥梁和铁路线不落入共产党游击队手中。"(14) 海军陆战队的一名中尉也同样向记者抱怨道，他的下属士兵曾问他为何要驻扎在华北。"作为一名军官，我应该告诉他们真相，然而我总不能向和日本人防守在同一条铁路线上的士兵说我们是来解除日本武装的吧！"(15)

起初，杜鲁门政府的政策相当成功。战争结束后短短三个月，国民党军队就控制了从广州到北平一线沿海重要区域的主要城市和交通中心。然而内战的风险依然存在，杜鲁门一方面面临美国公众要求"孩子们回家"的压力，另一方面也害怕在亚洲卷入另一场战争，因此只能是不遗余力地防止内战爆发。

1945年12月24日，乔治·马歇尔将军到达中国，试图阻止可能爆发的内战成为现实。然而由于国共双方的分歧不可调和，其使命以全然失败而告终。共产党人坚持，除非他们能在联合政府中得到接纳并真正参与到决策过程中，否则拒绝交出自己的军队和控制的地盘。蒋介石承诺在将来实行政治自由化，但却坚持要求中国共产党必须首先交出武装——在中国共产党看来，接受这一条件无异于自杀，因此坚决拒绝。隐藏在这些表象背后的是一些更为根本性的不可谈判的分歧。一方想夺取政权，另一方却想保持住自己的政权；一方决心搞社会革命，另一方却坚决阻止。1946年11月，和谈破裂，周恩来最后一次离开重庆飞回延安。

内战随即爆发，不出所料，国民党军队一开始取得了压倒性的胜利。短短几个月，他们就夺回了东北和华北，还占领了共产党人的首府延安。然而，不论在什么地方，国民党的控制都仅限于城市，这些城市时常受到共产党游击队的包围，因而不得不靠空运补充给养。此外，政府军的战线拉得太长，这样就更易受到那些遍布各村庄的游击队的袭击，他们早已把一些城市围成了孤岛。到1947年下半年，共产党人的军队已经强大得足以从游击战转为阵地战。他们首先进攻东北，之后将国民党军队分割成了几个孤立的部分。之后他们以迅雷不及掩耳之势一路南下到达长江，并于1949年4月横渡长江天堑，几乎未遇到什么抵抗。国民党军队内部，士兵士气低落，而上层人士则意见不一、贪污腐化，致使国民党军队在共产党人军队的攻势下土崩瓦解。南京在4月陷落，上海在5月陷落，广州在10月陷落。蒋介石带着约200万军民逃到台湾。1949年10月1日，毛泽东在北京宣布中华人民共和国成立。在天安门广场上欢呼的人民群众面前，他高呼："中国人民从此站起来了！"

新中国成立后面临的关键问题是：之前适用于局部地区的"延安道路"能否在全国范围内推广应用？能否把这个应用于落后乡村地区的模式应用到工业化过程中？延安平等主义的社会主义模式要让位给提倡绩效却又充满官僚主义色彩的苏联社会主义模式吗？在探寻这一问题的答案过程中，共产党的领导层早在毛泽东健在时就产生了分歧，而在其逝世后分歧也就变得更多了。

二、"延安道路"还是苏联道路？

中国革命胜利后排在首要地位的任务就是土地改革，因为共产党向农民作出的最基本的承诺就是"耕者有其田"。实际上，1949年中华人民共和国成立时，全国五分之一的村庄已经开始重新分配土地。1950年通过的《中华人民共和国土地法》将土地重新分配扩展到了剩下的五分之四乡村，规定将地主（其占农村总人口的4%，却拥有农村耕地的30%）、宗教团体和教育机构占有的土地重新分配给无地的贫苦农民。不过却允许富农（富农占农村人口数量的6%，贡献了近一半的农业产值）保留自己的土地，自己耕种或雇用劳动力耕种，也允许他们保留租给佃农的土地，这部分土地的数量与留给自己耕种或雇用劳动力耕种的数量差不多。土地改革是一场社会革命而非经济革命。传统农业生产技术没有任何改变，因此粮食产量的增长几乎无法满足人口数量的增长。土地改革并未减轻农民经年累月的贫困，只不过是把土地分配得更均匀。共产党的领导人们意识到，在土地改革的同时还必须要实现农业技术现代化，必须要发展工业。

为了实现上述经济进步，毛泽东转而向苏联寻求援助。由于之前多次向华盛顿提议对方都不理会，此时他已别无选择。在 1950 年签订的《中苏同盟互助条约》中，毛泽东承认外蒙古独立，并［在《关于中国长春铁路、旅顺口及大连的协定》中］同意接受中苏共同使用旅顺港、共管长春铁路［至 1952 年底，后又延长到 1955 年底］。作为这些实质性让步的回报，他从苏联那里得到了三亿美元贷款，苏联还承诺援助中国实现工业化，帮助安排苏联和东欧船只向中国港口运输货物，从而打破国民党的封锁和美国的禁运。

中国从条约中获得了巨大的收益。这样说并不是指苏联的经济援助有多多，毕竟苏联的经济援助只占"一五计划"总投资的 3%。更重要的是苏联提供了技术援助，也提供了集中制订计划经济方面的经验。整个 1950 年代，超过 1.2 万名苏联和东欧各国的工程师和技术人员来到中国，与此同时则有 6000 多名中国工人在苏联工厂学习经验。约有 200 套完整的工业装置运输到了中国，还为中国的许多工厂和工程项目提供了详细的蓝图。结果，"五年计划"在中国的实施与在其原创国苏联一样有效，大大推进了中国的生产发展。从 1950 年到 1966 年，中国的国民生产总值以接近 6% 的年平均率增长，几乎达到了苏联 1928—1938、1950—1966 年间的年增长率水平。

尽管取得了这些显著进步，毛泽东却变得愈发清醒，并对过度依赖苏联越来越忧虑。其中的一个原因是政治性的——苏联的一系列努力都是着眼于把中国变成一个与东欧诸国一样的卫星国。这在东北表现得尤为明显，那里集中了苏联大部分的援助。东北人民政府主席高岗由于与苏联保持过密的关系而于 1954 年被逮捕，罪名是寻求建立"独立王国"。同样，1958 年，当蒋介石在金门岛上部署了两万人的部队时，赫鲁晓夫要求在中国的主要港口建立苏联的海军基地和空军基地。毛泽东回答说在接受这个要求前他要先上山去打游击。

毛泽东对"五年计划"的一些基本设想也心存疑虑。尽管先前他曾热情地接受"五年计划"方案，但此时他却质疑"五年计划"中轻视农业和占中国人口总数 80% 的农民是否合理，同时他也质疑在资本短缺和劳动力过剩的情况下却强调资本密集型的技术使用是否合理。或许最使毛泽东感到不安的是苏联的发展战略与"延安道路"的基本原则根本不相容。毛泽东察觉到新兴的官僚主义倾向正在逐步取代强调基层创造力和参与的"群众路线"之位置，官僚主义正在逐步达到其把中国的社会主义和平演变为资本主义的目的，并且他认为这在苏联和东欧国家已经发生了。从这些

"反面教材"中吸取教训,毛泽东增强了其信念:单纯的政治革命和经济革命还远远不够,还要同时推进人的思想革命——树立起集体利益高于个人利益的新的道德标准。因而在这些年里他不断努力希望能创造"新人"。

毛泽东的自主性不断增强的一个表现就是,他改变了苏联在机械化实现之前先强制实行农业集体化的农村发展战略。1950年的土改把中国变为一个耕者有其田的国度,然而却未能提高生产效率。此外,在"五年计划"实施中,为了实现城市工业化而进行的投资也以牺牲农村经济为代价。贫苦农民被迫卖掉土地,成群地涌入城市,造成了严重的失业和未充分就业问题——这是第三世界国家的通病。共产党的领导人们也开始担忧在农村中正在形成新的富农阶层,如果要等到几十年后工业化足够发达时再实行集体化,就会恢复农村的富农阶层,加重农村的阶级分化现象。因而,毛泽东在1952年发布了一个将个体农民所有制改变为集体耕种制的"三步走"纲领。

第一步是建立互助组,互助组中的农民在耕作时相互帮助,不过土地仍属各个家庭所有。第二步是建立"初级"生产合作社,农民在合作社中集体耕种土地,不过土地所有权仍掌握在家庭手中,农业所得按照各个家庭贡献的劳动力和所拥有的土地数量进行分配。最后一步是组织"高级"合作社,高级社中土地私有制不复存在,社员在"按劳分配"这一社会主义原则的基础上领取劳动所得。

实际情况却比预料中的严格按照三步走快得多。到1955年,已有约65%的农户参加了互助组,还有15%的农户加入了"初级"合作社。后来突然出现了跨越式发展,到1956年夏,已有1亿农户(占农民总数的90%)加入了48.5万个高级社。到1957年春,剩下的农户也全部入了社。与苏联农业集体化进程不同,中国的农业集体化相当平静。原因之一在于俄国"中产阶级"的农民占据了俄国农村人口的三分之二,他们希望维持自己富农的身份,因而拒绝农业集体化。而在中国,三分之二的农村人口都属"赤贫"(毛泽东之语),因而易于接受剧烈的制度变革。此外,中国共产党也不同于苏联共产党,它大部分都是由农民组成,因而可以组织起自下而上的群众运动。毛泽东也不像斯大林,他既无意也没必要强制推行一场"自上而下的革命"。

毛泽东抛弃苏联模式的另一个表现是在1958年发动了"大跃进"运动。似乎一说起"大跃进"人们想到的就是"人民公社"和"土炉炼钢",其实"大跃进"包含的内容要比这多得多。它旨在发动一场史无前例的运动,教育全体民众接受"正确"的意识形态。运动的口号是要求每个人"又红又专",希望以此来缩短群众和政治-技术精英之间的鸿沟。"大跃进"的理论基础是技术革命和社会革命可以同时推进,而且后者是前者实施的先决条件。在"无产阶级化先于机械化"的论断下,毛泽东放弃了斯大林的正统观念——工业化与生产资料的国家所有制可以确保最终发展成社会主义社会。

在工业领域，"大跃进"是一场用非物质的刺激方法如竞赛运动和授予荣誉称号来取代传统上以计件工资和经理奖金为主的物质刺激的运动。工业方面的另一个发明是"两条腿走路的方针"：发展双轨制的工业经济，实现现代化的资本密集型工厂和地方劳动力密集型的发展相结合。地方劳动密集型产业包括利用当地劳动力和原料建造的农村小水电站，以及利用当地劳动力、矿石和燃料资源建立的土法炼钢炉。

在农业领域，"大跃进"则包括将从早期的互助组发展而来的合作社合并成 2.6 万个公社。组建这些大的生产单位的理由是可以充分利用迄今为止未充分就业的农村劳动力来从事土地开垦、水土保持和绿化等一切有利于提高农村劳动生产率的工作。公社的建立也有利于培养"新人"。把先前相互独立的农村社区打造成相互依赖的复杂公社系统，不仅有利于提高工农业生产，还有利于组织福利、教育、文化、卫生服务活动。此外，公社中还建立起了公共洗衣房和磨坊，妇女因此而解放出来，可以到田间和工厂去参加劳作。

人们普遍认为"大跃进"没有实现其预期目标。土炉炼钢法效率低下，炼出来的钢质量也较差。城镇工业和公社工业吸收了大量劳动力，打乱了农村经济。此外，一些公社试验以按需分配而非按劳分配为基础的共产主义也没有成功。三年（1960—1962）"自然灾害"和苏联于 1960 年撤出援助，更是进一步加剧了困难局势。苏联认为毛泽东依赖群众的革命热情而不是管理者、工程师和职业官僚的技术和管理经验，这种浪漫主义想法根本不切实际。然而，"大跃进"的结果也并非全都是负面的，它也有一些积极方面。比如数以百万计的农民获得了技术经验，成功地建立起了一大批新的地方企业（小型页岩油厂，生产酸碱、化肥和农药的小化工厂），单是在 1957 年 10 月到 1958 年 9 月这短短一年里就完成了让人难以置信的大规模公共工程建设，动员农民挖出的土石方多达 580 亿立方米，相当于开凿 300 条巴拿马运河挖出的土石方数量。有必要提一下米尔顿夫妇（David & Nancy Milton）基于一手资料所作出的判断："农民坚定不移的看法是，若没有这种大规模的集体耕作形式 [人民公社]，他们将永远无法对付突发而来的自然灾害。"[16]

尽管如此，1960—1965 年间这一段时期却是"大跃进"的后退时期。公社从组织上分散了下来，规模也变小了，因而公社的总量从 1958 年的 2.6 万个增加到了 1966 年的 7.8 万个。此外，还鼓励农民耕种自留地，可以在自由市场上销售其农产品。物质刺激在工业领域得到恢复。外交部长陈毅于 1961 年 8 月说，并不是所有人都能做到"又红又专"，中国现在迫切需要专家，不能因为他们花在政治上的时间少就批判他们。此时毛泽东也发现不得不把自己的中华人民共和国主席的位子让给刘少奇。后来毛泽东抱怨道:"我很不满意那个决定,可我没办法……那个时候,大部分人都反对我。他们说我的观点过时了……一时间似乎修正主义要胜利,我们要失败。"(17)

到1965年,中国在很多方面似乎又回到了以官僚精英主义为基础的苏联发展道路上来了,收入差距非常明显。鲍大可(Doak Barnett)在其1967年出版的著作中写道:

> 近年来,中国出现的最主要趋势就是复杂的官僚系统下的社会分层模式的增长似已不可避免,这种情况甚至发生在共产党的干部队伍中。中国共产党采取了许多方法来阻止这一趋势,比如鼓励干部参加体力劳动,派人到农村劳动,甚至采取了一些激进的措施如在部队内取消军衔制。然而随着提倡积极革命斗争的平等主义遗产正逐步让位给根深蒂固的极权主义和官僚主义倾向,以等级来区分民众的倾向已经重新抬头。(18)

如果毛泽东在此时去世,就像列宁那样死于苏联社会演进的早期阶段,那么走"延安道路"还是苏联道路这一重要问题的答案也就会变得非常明朗,明显是后者占优。然而,毛泽东依然在世,他拒绝放弃战时的平等主义理想,也坚决不接受以社会倒退作为经济增长的代价。他决定着手打倒在苏联以赫鲁晓夫为代表、在国内以刘少奇为代表的修正主义。不过这需要打一场分两步走的十年斗争:首先是外部斗争,摆脱苏联的控制;其次是内部斗争,摧毁苏联现代化模式鼓吹者的权力。

三、十年动荡

毛泽东与苏联的分裂始于1959年6月,赫鲁晓夫突然废除了两年前与中国签订的核共享协议。赫鲁晓夫采取这一举动的根本原因在于他既想与美国缓和又想维持与中国的同盟关系。然而,华盛顿一直对北京保持强硬态度,迫使赫鲁晓夫不得不在缓和与同盟之间作出选择,赫鲁晓夫选择了前者。其中一个原因在于,赫鲁晓夫认为杜勒斯去世后赫托继任国务卿增加了有意义的缓和的可能性。此外,赫鲁晓夫认为中国共产党既不是正统的马克思主义者,也不是可靠的盟友,他们把时间都花在了"疯狂的伪革命"试验上,不能信任他们,不能让他们拥有核武器,更不能以与美国的缓和为代价来做这件事。因而,苏联的一系列决定反映了它在缓和与同盟之间优先选择前者。这些决定包括在中印边界冲突中拒绝支持中国,从中国撤回一万名专家，不顾中国反对仍于 1963 年与英美签订《部分禁止核试验条约》。

苏联寻求与美国缓和的背后是 1963—1964 年的中苏大辩论。用毛泽东自己的马列主义话语来看，他从 1964 年开始把苏联视为"敌我矛盾"而不是"非对抗性矛盾"。由此导致几年后共产党的官方话语里把"苏帝"与"美帝"等同起来，最终判定"苏帝"是上升的力量，因而是头号敌人。

明确了外部敌人并给其扣上帽子之后，毛泽东转而把目标投向了国内的修正主义急先锋。由于这些人在党和国家机构中的地位已经根深蒂固，毛泽东采取了任何国家元首都不可能做到的措施。在以林彪为首的人民解放军的支持下，毛泽东发动了"文化大革命"。他呼吁学生们组成"红卫兵""斗垮走资本主义道路的当权派"。这些"走资派"，就像这一称谓所暗示的那样，被指用官僚主义态度对待工人，利用自己的职位来维护和扩大特权。因而"走资本主义道路"就是想在上层建筑中排除社会主义，最终则会毁掉社会主义的根基。

1966 年下半年，数百万"红卫兵"抬着毛泽东的巨幅头像，挥舞着"小红书"，在城市街头和农村四下串联。他们"拘捕"官员，强迫他们在批斗大会上"公开认罪"。他们把刘少奇定为"头号走资派"。到 1966 年底，"红卫兵"已经执行了派给他们的打碎党和国家机器的任务。然而北京此时发现，要想控制这些年轻的革命派，并不是那么随心所欲。人民解放军恢复秩序的努力引起了他们反抗一切权威的暴力回应。在大工业城市武汉，两派之间的斗争引发了严重的武装冲突。

对北京来说，最忧心的当属 1967 年 2 月 5 日上海人民公社的建立。上海人民公社模仿 1871 年巴黎公社的模式，组成公社的工人成员要求直接参与、实行自治而不需要任何党和国家机构作为媒介。这对毛泽东来说无疑是如鲠在喉，他开始反对起那些自己先前释放出的势力。当上海革命者要求废除一切"领导"时，毛泽东回应道："这是极端无政府主义，是非常反动的……实际总还是要有领导的。"为了杜绝"极端无政府主义"的危险，毛泽东要求用"革委会"来取代早已出现在上海和其他城市的人民公社。"革委会"采取"三结合"方式，即群众革命组织、未被打倒的支持毛泽东的干部和人民解放军这三方结合。人民解放军掌握军事权力因而在其中居于主导地位。之后，毛泽东再次起用人民解放军在各大校园恢复秩序，并把学生们下放到农村接受"贫下中农再教育"。不过有一点需要指出，与后来对"四人帮"种种激进政策的指控相比，1967 年下半年处理上海人民公社这件事实在谈不上什么激进。

解散上海人民公社和遣散"红卫兵"并不标志着这动荡的十年一无所成。一场自携力量的风暴不可避免地会带来一些持续性影响。尽管毛泽东死后一致通过的决议否定了这十年革命的意义，但值得注意的是，毛泽东本人却将这十年革命比作与之前把中国从日本人手中、之后又从国民党手中解放出来具有同等意义的历史事件。晚年时，他说他这一生干了两件事："一是和蒋介石斗了那么几十年，把他赶到那么几个海岛上去了；抗战八年，把日本人请回老家去了。……另一件事就是发动'文化大革命'。"(19)

若从日常生活角度来看，受这十年革命影响最深的当属农村。尽管这十年革命主要是一场城市运动，但最大的赢家却是农民。这十年革命消除了先前干部在劳作地点分配集体劳动时的腐败现象，农民由此而受益。对农民来说，最重要的是为实现农村工业化兴建了大量项目。当地劳动力和原材料投入使用，最终给当地市场提供了工具、简单的机器、农药、化肥和消费品等。1970年代初，中国60%的化肥、40%的水泥都由村工厂生产，三分之一的水电来自小型地方水电站。南方一些省份还开办了许多农民自主经营的小煤矿，南方基本上结束了先前需要从北方城市引入煤的历史。北京郊区大兴县的红星公社拥有奶粉加工厂、面粉厂、豆油厂、菜籽油厂，所有这些工厂的原材料都是就地取材；此外还有一些小作坊，附近的城市工厂往往会把一些工业制成品的零部件外包给它们，如缝纫机的夹具、小型号的电缆、电线、电灯开关、灯座等。

这些新的乡村企业缓解了农村长期以来的半失业状况，把许多农民转变成了全职或兼职的产业工人，大大增强了农村居民的购买力，也创造了农村工农业再投资的资本。这为第三世界通行的没有工业化的城镇化模式提供了一种完全相反的模式——没有城镇化的工业化。

最后，农民从这十年革命中获得的收益还体现在由地方控制的医疗卫生和教育服务的水平大幅提升。一些较小的公社里建有至少一家诊所，里面配有简单设备、几名医生和护士，可以治疗农村最常见的一些疾病，如疟疾、流感和支气管炎，还可以做像切除阑尾这样的小手术。大的公社大都有几家诊所，一家设备较好的医院，二三十名医生，可以做除最为复杂的手术外的一切。最复杂的手术需要到地区医院才能做。这些医生们除了看病，还为那些"赤脚医生"提供培训，以便让他们掌握最基本的医疗服务技能。若在某些季节看病的人比较少，医生们往往就会离开诊所和农民一起在田间劳作。

教育设施也往往根据公社的大小而配备，有的公社只有几所小学和中学，而有的公社则不仅有中小学，还有农学和研究站，研究培育种粮、家畜新品种。中学及大学的入学标准和课程设置在这十年间也发生了变化，以便为农村青年提供更多机会。他们要想进大学，必须要有几年的工农业生产工作经验，另外还需要工友们的几封推荐信。大学毕业后，也鼓励他们最好是回自己家乡工作。总之，这十年革命促成了外国评论家所说的"正面差别待遇政策"，这与美国为了那些弱势群体利益而执行的"平权法案行动"有异曲同工之妙。

这十年革命不仅给中国农村带来了显著影响，而且对革命理论和实践也作出了巨大贡献。这些年间，毛泽东详细阐述了其关于革命的命题：每一次革命都会产生属于它自身的矛盾，因此推翻了旧的统治阶级后，必须承认需要面对一个革命本身不可避免会产生的"新的资产阶级"。毛泽东认为，在经济发展过程中需要培育一大批行政技术专家，这群人就像苏联已经发生的那样会变成新的统治精英。

斯大林也曾极力防止特权阶层打入党和国家的各级机构，然而他的应对办法是周期性地清洗精英阶层，对他们进行重组。他并没有建立起平衡精英权力的群众基础，也没有把社会主义道德观念灌输到学校和社会生活中的方方面面，因而他死后留下的真空迅速由他那些根深蒂固的敌人填上了。毛泽东发动文化革命的一个历史性贡献就是他是第一位发动了一场新型阶级斗争的马克思主义国家元首，斗争的对象是在社会主义社会寻求不平等的特权、人员不断扩大的"新阶级"。到1975年，中央政府的官僚机构已从先前的六万个下降到了一万个，工厂和公社中的管理阶层人数也相应有所减少。

除了斗垮"走资派"，毛泽东还推动形成了一系列可以称作"对抗体制的体制"（counterinstitutions），以防修正主义复辟，并进一步推动平等主义和群众参与。

- 比如一个人人平等的教育系统，强调集体控制，强调从小学到大学一直施行学习文化与体力劳动相结合。
- 比如进行政治思想教育，灌输那些成为"毛泽东思想新人"所需的素质，理论上，教化对象包括全体人民，他们要定期学习和讨论马列主义毛泽东思想和时事。
- 比如"革委会"内的群众代表和参与，"革委会"由一切机构包括工厂、公社、医院、学校、宾馆、军队等的成员选举产生。
- 比如全国范围的批评和自我批评活动，允许每个人寻求谅解和帮助他人，承认自己身上所有的服务自我而非服务人民的情感、态度和行为，进而加以改正。
- 比如下放原则，要求任何机构的上层一年内至少要有两个月时间在基层工作，工厂经理要下车间、大学教授要打扫宿舍、主刀医生要清理手术室、宾馆经理要工作在厨房。
- 比如"五七"干校，老师、国家行政人员、党的工作人员定期在此从事为期3—6个月的体力劳动。

这些"对抗体制的体制"似乎产生了一些影响,巴里·里奇曼(Barry Richman)列出了1949年革命前和当前用于描述中国人性格特征的常用词汇,前后对比体现了这一点。1949年之前常用的词汇有"……多疑、任人唯亲、专制、徇私枉法、贪污腐败、保守的统治精英控制、强烈的金钱欲、逃避责任、唯利是图、死要面子、懒惰、强调家庭忠诚……"另一方面,当前到过中国的访客则会用下面的形容词来描述他们对中国人的印象:"勤劳、专注、奉献、民主主义、自豪、实际、灵活、自律、干净、机智、活力、吃苦、创新、高效、动力十足、诚实、拘谨、真诚、富有合作精神、勤俭、朴素、遵守品德、劳动光荣……"[20]

考虑到毛泽东去世之后国内外对毛泽东主义的负面解读,上述形容词似乎有些不切实际。然而,当前对毛泽东时期的批评与历朝历代的所作所为一脉相承,后代在书写前代的历史时总是如此。就连这十年革命的支持者都对1949—1964年间的成就嗤之以鼻,米尔顿夫妇吃惊地发现了这一点并作出了下述评论:

> 许多显著的成就在1964年时还归功于中国革命,而如今所有的一切都归功给了"文革"。听到形形色色的人说"文革"对他们来说是一种发人深省的体验,之前他们从未作过自我批评、从未从事过体力劳动、从未把农民放在心上,也从未想过为人民服务,我们非常吃惊。或许他们这类人在"文革"之前我们从未碰到过,因为之前我们从未碰到过有人会把这些观念当成启示录。[21]

当前的领导集团也遵循这一传统模式,贬低毛泽东时代的成就。几乎当前所有的问题和失败都可以归因于"四人帮",1966—1976这十年也普遍被指责为"失去的十年"。

可以理解,大部分西方评论也都贬损毛泽东主义。1966—1976年间的反智主义冒犯了西方学界,其呼吁平等主义和自力更生也危及西方经济利益。因而,1980年《时代》欣然接受邓小平为其"年度人物",而按照马思乐(Maurice Meisner)所说,大部分西方学者都"对中华人民共和国历史上现代官僚结构增生的那些时期(如1950年代前期和中期,1960年代前期)持相对正面的评价,而谴责深受毛泽东主义影响的'大跃进'时期和'文化大革命'时期为脱离正轨的时期,因其违背了'职业官僚主义'和'工具理性'的原则。"[22]

对这十年革命最严重的指控当属它破坏了国民经济,因为它过分强调精神刺激而忽视了物质刺激。这一指控从两个方面来看根本站不住脚。首先,毛泽东的经济战略和经济制度都是经过精心设计的,旨在同时促进个人的繁荣和推进集体的福利。经济学家卡尔·里斯金（Carl Riskin）在其"毛主义与动机"（Maoism and Motivation）一文中作出了如下分析：

> ……用于修建和扩充学校、医院、诊所、养老院、文娱设施的资金越来越多地来自这些基础设施要服务的地方单位……通过允许地方单位保留自己的净收入而负责这些社会事业建设，而不是通过中央财政收入或价格剪刀差的形式将这些收入吸走，国家提供了集体的物质刺激来推动地方社会主义的发展……这一演进中的制度似乎允许了在维持物质刺激的同时，使分配更加公平。[23]

其次，一些批评者所指责的经济形势严重恶化并没有发生。中情局国家对外情况评估中心1977年发布的一组有关中国经济增长的数据显示，中国经济不但没有出现所谓的倒退，反而大幅增长。中情局于1978年发布了另一份对中国经济的分析报告，再次得出结论，记录显示"中国经济增长明显，只是增长不平衡而已"：

> 中国1975的国民生产总值是1957年（"一五计划"最后一年）的2.7倍。按照年均人口增长率超过2%算，人均国民生产总值的年增速超过3%。绝大部分产值都来自工业领域，工业产值年增幅约4%。相比之下，农业生产增长则非常缓慢，每年只有2%，或者与人口年均增长率差不多。作为一个在固定的耕种区域仍在采用几个世纪之久的传统生产技术的行业，其增长率如此是可以想象的。[24]

比起这些数据更有意义的是，所有这一切成就的取得都不是以泯灭人性的极端贫富差距（少数人致富而大部分人依然贫困）为代价的。没有人会用巴西总统描述自己国家的话语来描述毛泽东时期的中国："巴西发展很好，不过巴西人发展得却不好。"巴西财政部长在一份报告中的描述同样不能用在中国身上："1960年，巴西最贫困的40%人口的收入占巴西总收入的11.2%，而到1970年则连9%都不到了。"[25]

四、后毛泽东时代

1976年9月9日，毛泽东逝世。他在逝世前就已清楚地认识到了自己取得的成就是多么易破，比他早半个世纪过世的列宁在弥留之际也有同样的感觉。1972年2

月,来华访问的尼克松总统拜访毛泽东时,毛泽东清楚地表达了他的忧虑。尼克松说:"主席的著作推动了一个国家,改变了这个世界。"毛泽东回应道:"我没那个本事去改变世界,我只改变了北京附近几个地方。"⁽²⁶⁾同样,就像列宁不无嘲讽性地把他建立的苏联比作"资产阶级和沙皇乱七八糟的东西",毛泽东在逝世前夕不但坚持需要不断进行文化革命,而且还宣布:"搞社会主义革命,不知道资产阶级在哪里。就在共产党内,走资本主义道路的当权派。"⁽²⁷⁾

毛泽东逝世后的事态发展充分证明了其忧虑的合理性。在毛泽东的追悼会上,华国锋致悼词。当年早些时候,华国锋越过排在他前面的邓小平而被任命为国务院代总理。毛泽东批评后者"不懂马列""代表资产阶级""靠不住"。华国锋在悼词中高度颂扬了"文化大革命"。不过,10月6日,距离毛泽东逝世还不到一个月,华国锋就亲自下令逮捕了"四人帮",其成员包括毛泽东的遗孀江青,"舆论沙皇"姚文元,和两位来自上海的领导人王洪文和张春桥。他们之前曾指责林彪是"极左分子",如今他们自己则被指责为"披着极左外衣的反革命修正主义分子"。10月8日,中央委员会在依然不明朗的情势下任命华国锋为中央主席、军委主席。更让人吃惊的是邓小平再次复出,1977年7月他被重新任命为副总理、党的副主席和解放军总参谋长。

短短不到一年时间,此前被免职的邓小平就成了真正的掌权者,成了毛泽东事实上的接班人。这一政治形势急剧逆转的一个原因来自围绕在毛泽东身边那群反智主义者的压制性手段。他们分帮结派,盲目排外,严格限制出版、文艺演出和与外界接触,严重扰乱了科学艺术的发展。这种强制性措施引起绝大多数知识分子的不满,他们自然也就会全心全意地支持粉碎"四人帮"的行动。

中国政治形势逆转的更根本原因在于毛泽东关于群众自决的理论与实践存在着矛盾。毛泽东真心认同列宁关于苏维埃应该是由人民组成的政府机构,而不应该是为人民而组建的机构。1966年8月8日发布的"十六条"阐明了这一重要原则:"无产阶级'文化大革命',只能是群众自己解放自己,不能采取任何包办代替的方法。"(第四条)翌年1月9日,又出台了一系列新的指示:"广大革命人民把命运掌握在自己手中的方法归根到底是掌权!掌握了权力,什么都有;不掌权,一无所有……我们广大工农兵群众是新世界无可争议的主人。"⁽²⁸⁾

然而当上海人民公社试图将上述理论付诸实践时,毛泽东却又改变了自己的论调,坚持不能没有党:"如果都叫公社,那党怎么办,党要放在哪里?……总得有个党嘛!总得有个核心嘛!不管叫什么……"⁽²⁹⁾此外,毛泽东坚持党的干部应该是教育而不是消灭:"对那些犯了错误的干部要正确对待,不能一棍子打死……除非他们拒不悔改,拒不接受再教育。"⁽³⁰⁾

实际上，正是党自己而不是那些重新接受教育的干部放弃了激进的政治立场。大部分老的省一级党委领导人，无论他们是没有任何改变还是死不悔改，都被委以要职，只不过任职的省份不是他们在1966年统治的省份，以免出现尴尬局面。同样，先前的共青团也取代了"红卫兵"，工商联也取代了工人联合会。1971年8月26日的《人民日报》宣布："新的各级党委会已经建立起来了，党的统一领导必须有效加强。"《人民日报》强调必须把"国家和军队全部交到党手里"。而"全部移交"实际的代价就是脱离了文化革命的本质。"革命群众"显然没有"自己解放自己"，也未能成为"新世界不可争议的主人"。

与此同时，中国的对外政策也像内政一样发生了剧烈的扭转。毛泽东曾于1967年宣布中国是"世界革命的政治、军事和技术中心"。然而随着苏联入侵捷克斯洛伐克（1968年8月）和"勃列日涅夫主义"中社会主义国家"有限主权论"的出台，毛泽东改变了其世界革命设想。北京面临着严重的威胁：100万苏联军队陈兵中苏边界，克里姆林宫威胁对中国的核设施发动"先发制人"的袭击。为了应对来自北方的威胁，毛泽东和周恩来转而寻求与美国达成策略性的一致。最终迎来了基辛格1971年7月的秘密访华和尼克松1972年2月的来访。

中国内外政策调整的最大反对者是林彪，他已经认同了文化革命中的激进因素。曾被指定为毛泽东唯一接班人的林彪拒绝支持与美国接触，拒绝放弃激进立场。然而面对已经变化的形势林彪无能为力。在基辛格访华和尼克松访华期间，他从公众的视野中消失了。1972年7月，据宣布他阴谋刺杀毛泽东，之后乘机逃亡苏联途中于蒙古坠毁。

在这一事件之后，中国在毛泽东晚年岁月里出现了争夺权力的两派。其中一派以后来被冠名的"四人帮"为首，他们与毛泽东比较亲近，试图利用毛泽东的权威来保留文化革命的激进残余。另一派则包括党的领导人、参加过长征的老红军和周恩来的追随者，他们支持重建党的绝对领导，实现现代化。前者控制了国家的宣传媒体、主要大学和文化领域，后者则控制了来自军队、党、国民经济系统和各省份的主要权力来源。因而，后者能在毛泽东逝世后顺利夺得政权。

新上任的领导集团开始着手执行周恩来先前的呼吁：动员全国人民在20世纪末把中国建设成一个世界强国。这就是要实现农业、工业、国防和科技现代化（四个现代化）。就现代化本身来说肯定受欢迎，它涉及生产水平的提高及相应生活标准的提高。然而，重要的问题是，如何应对当下的社会环境、如何应对提倡现代化而带来的后果。五届人大二次会议开幕式上（1979年6月18日）所做的《政府工作报告》回答了这个问题。报告中包括以下基本原则：

- 工人、农民和知识分子没有本质上的利益冲突。
- 阶级敌人包括刑事犯、敌对分子、"四人帮"及地主阶级残余。
- 阶级斗争不再是中国社会的"主要矛盾",因此,"中心任务"是支持"社会主义现代化"。在推进社会主义现代化的过程中,"最终目标是实现'各尽其能、各取所需'的社会主义伟大理想"。(31)

另外,新领导在1978年7月7日全国财贸会议上的讲话中也突出了生产力的主要地位要优先于其他考虑:

> ……我们的上层建筑和生产关系的许多方面还不完善……我们要有勇气正视和揭露我们的具体政策、规章制度、工作方法、思想观念中那些同实现四个现代化的要求不相适应的东西,有魄力坚决而又妥善地改革上层建筑和生产关系中同生产力不相适应的地方。(32)

上述政治宣言的重要性不言而喻。毛泽东警惕新的统治阶级会从特权干部和知识分子中产生,而新领导则认为危险仅来自于"坏"的因素和过去的社会残留。毛泽东强调同时推动上层建筑(所有制和生产关系)和生产力(技术和劳工技能)的变革,新领导则含蓄地说"最终目标"在生产力和现代化达到一定水平前是不可能实现的。最后,随着阶级斗争沦为次要矛盾,任何劳工关系,只要能提高生产力就是合理的,而工人若要求决策权则被视为"极左"。所有这些很明显都为今后出现一个由管理人员、技术人员和党政干部组成的新统治精英群体埋下了伏笔。

尽管新领导做过许多这样的声明,但却还是没能挽救自己的政治命运。那些"务实主义者"不再信任他,认为他在毛泽东时期的立场不明显,甚至怀疑他尚未把自己从"极左势力的余毒"中"解放出来"。1980年9月,总理一职被交给邓小平的亲密下属赵紫阳。几个月后,一些先前居于要职的党的领导人和将军受到公审,其中就包括毛泽东的遗孀江青。他们被认定犯下了许多罪状,判处他们16年到终身监禁不等的徒刑,而江青则被判死缓。

与此同时,邓小平开始将其1950年代就总结出来的那一套简单的哲学思想付诸实践,即"不管白猫黑猫,抓住老鼠就是好猫"。在马克思主义意识形态方面,邓小平也是强调生产力优先原则,与毛泽东先前强调生产力发展和生产关系变革同时推进的方略形成了对比。随着现代化的展开,两人基本思路上的根本冲突也逐渐显现出来。前者强调脑力劳动与体力劳动相结合,后者则强调依靠专家和学者实现发展;前者强调革命委员会内部的集体领导,后者则强调工厂和大学的"首长负责制"；前者强调各地区在农业方面自给自足，后者则强调不同地区的农业专业化发展；前者强调自给自足，后者则重视大规模引进工业设备和技术；前者依靠的是行政计划和控制，后者则更依赖自由市场经济。

然而，到1981年上半年，后者的实用主义现代化路线陷入了麻烦。与外国公司签订的价值几十亿的合同被取消了，先前作出的大量进口外国石油的承诺也大幅下跌。1980年15%—18%的通货膨胀率引起了强烈不满，城市中的失业人口达到近2000万，住房紧张问题比失业问题还棘手。1980年下半年高层官员间传阅的一份备忘录把城市的形势评估为"非常糟"，并警告说若不采取行动将会引起"非常严重的后果"。1980年12月，北京的领导层经过长时间的争论后，宣布从自由市场经济中退却，重新拿起计划经济的老办法。重新计划的目的是促进农业和轻工业的发展以提高人民生活水平。

经济困境和政策分歧引发了民众的各种反应。其中之一就是毛泽东思想的回潮，美国学者鲍大可指出了这一点："几乎可以确信，形形色色的人都持强烈反对态度，这些人包括早年就反对现任领导的人，那些认为现在自己的权力和地位受到威胁的人，以及那些真正和强烈地信仰毛泽东之平等主义的人。对这些反对当前形势的人来说，毛泽东的遗产和名字成了他们潜在的团结点。"(33)

在1977年上层领导支持张贴大字报和自由表达之权利的鼓舞下，中国出现了一些小规模运动。地下刊物《探索》的编辑是其领军人物，他在"民主墙"上张贴大字报，呼吁"中国的第五个现代化"：民主和自治。他坚持认为：没有这一自由，就不能指望动员民众支持农业、工业、国防和科技四个方面的现代化。他表达的观点和萨哈罗夫在苏联表达的观点一样，后者解释了苏联的经济和科技远远落后于西方的原因。后来他因"泄露国家机密""严重危害国家利益"而被判刑15年。(34) 那份刊物也随之消失，"民主墙"上也不许再贴大字报。

与支持毛泽东思想者的反对至少具有同等重要意义的是持不同政见者越来越冷漠、越来越犬儒化。最近在被问到他们信仰什么时，回答"什么都不信"的复旦学生几乎和回答"共产主义"的学生一样多。一位社会学家在北京大学作了类似调查后得出结论："虚无主义已经达到了一种非常危险的地步。"(35) 这一低迷现象并不仅限于大学校园。上海一家报纸于1980年初刊登了一份实况描述"中国的信仰危机"的报道。报道中指出，许多市民都认为"马列主义不再有用""学校政治课并未被学生很好地接受"，而在办公室和工厂，政治学习课成了"打发时间的场合"。(36)

考虑到上述种种情况，北京的务实主义领导人们能否制定出可行的经济政策和社会政策来凝聚起新的国家共识，仍是一个悬而未决的问题。

五、中国革命与第三世界

1917年前，第三世界可以效仿的社会模式只有西方的资本主义。在布尔什维克革命胜利和"五年计划"实施后，苏联社会发展模式提供了另外一种选择，而这种选择在大萧条年代和第二次世界大战期间尤其受欢迎。随着中国革命的胜利和无产阶级"文化大革命"的发动，出现了与前两种根本不同的第三种选择。

中国经常说"向反面教材学习"，这一过程中自然会突出强调苏联社会的种种弊端。不过在强调"反面教材"的同时，中国也含蓄地承认其从布尔什维克革命的胜利中获得了巨大收益。这很容易让人想起牛顿的名言，他之所以能够看得远些，是因为他站在巨人们的肩膀上。这完全可以用来比喻中国革命与俄国革命的关系。布尔什维克革命发生在第一次世界大战期间，作为革命的开路者它面临着种种不利条件，分析这些不利条件，实际上就给第二次世界大战期间追随布尔什维克的中国人指明了种种有利条件。

布尔什维克面临的第一个困难是缺乏先例。他们几乎没有什么社会主义的理论和实践去指导他们推翻沙皇政权、建立一个新的社会主义社会。布尔什维克的第二个弱点是他们几乎是清一色的城市知识分子，而中国共产党人则不同，他们在掌权前的二十多年里就一直与农民生活和战斗在一起。此外，布尔什维克刚刚掌权就不得不去打一场内战并要与外国干涉作斗争，战后迎来的是一个破败疲惫的国家。当然，中国共产党人也打了一场旷日持久的内战，不过他们是在掌握国家政权之前而不是之后打赢了这场战争，在胜利的威望气氛下和民众的欢呼中，他们开始了重建家园的进程。

布尔什维克在内战期间遭受了大量的干部损失，这严重地影响了他们的重建进程。他们不得不像列宁后来抱怨的那样，依靠"我们从沙皇和资产阶级那里接收过来的数万名旧官吏，他们有的是故意的，有的是无意的，干着反对我们的事。"[37]（参见第二十章第三节）而中国共产党却可以从地方抽调大批对党忠诚、经验丰富的干部，他们都有着几年管理有几千万人口的解放省份的经验，并在此间受到了锤炼。同样重要的是，中国共产党还从苏联那里获得了大量的经济和军事援助。而布尔什维克却一直都是在孤军奋战，因而他们说自己是被资产阶级海洋包围的社会主义孤岛是有依据的。最后，布尔什维克在内战结束不久就极其不幸地失去了列宁，而毛泽东则在中国革命胜利后又活了27年，他在有生之年不但推翻了国民党统治，后来还发动了一场文化革命。

上述历史因素，加上中国独特的传统和种种条件，致使中华人民共和国展现出了与苏联和美国迥然不同的演进历程。在1966—1976年这十年时间里最终形成的社会形态，具有特殊的意义和鲜明的特征。在经济领域，它重视农业和农民，在地方分权和自给自足的基础上实现了相当程度的没有城市化的工业化。在政治领域，毛泽东的"群众路线"强调上下之间进行互动，并通过一系列"对抗体制的体制"加强了这一互动。同样，在教育领域，它反对"知识私有"，在人民解放军中则提倡"政治第一、技术第二"。

这些1960年代中期到1970年代中期形成的具有鲜明毛泽东特色的价值观念和制度，吸引了那些寻求经济发展、寻求解决与中国相似问题的第三世界国家的注意，它们开始纷纷效仿。然而，自从毛泽东逝世后，中国模式失去了一些吸引力。中国国内不断说1966—1976年是"失去的十年"并有意无意地贬低之前的"伟大舵手"，这自然会引起那些第三世界国家对中国模式的怀疑。此外，北京的形象也因其从支持世界革命转向以反对"苏帝"为首要任务而受损。在"我的敌人的敌人就是我的朋友"这一战略指导下，北京在对待国外独立运动问题上的一系列做法，无疑是对其所宣扬的"无产阶级国际主义"原则的嘲讽。

无论接下来北京会采取什么政策，其中不能否认的是，毛泽东主义的社会模式就其本质来说只能对少数第三世界国家有吸引力。毛泽东本人宣称游击战争不仅对革命来说是必要的，对之后发展社会主义经济来说也是必不可少。换句话说，社会革命是建立毛泽东主义模式的社会秩序的前提条件。第三世界国家若不进行社会革命，其盘根错节的地方利益和外国利益就会限制毛泽东主义的一系列策略发挥作用，这些策略包括土地重新分配、建立公社、农村工业化、发展群众教育和医疗卫生事业、工人参与决策过程。因此，那些已经接受毛泽东主义模式或者乐于接受毛泽东主义模式的社会主义国家最终只占第三世界的少数。当然，由前葡属非洲殖民地最近的发展来看，这一占少数的阶段也可能会突然发生实质性的改变。

总之，决定中国在将来对第三世界是否会有影响的主要因素，从本质上来说还是在于中国国内发生的事情。如果下一代能设计出新的制度，在新条件下继续推进革命，中国的影响力将会不可避免地超出其国界之外。然而无论如何，此种影响力的作用只能是限于为他国提供一个可以参照的先例，而不是作为一个他国努力实现的蓝图。当今时代，由于受到全球化自决浪潮的影响，每个国家都会根据自己的特殊需要、历史经验和文化传统来设置进程。因而，中国的未来影响力将会取决于它能在多大程度上解决第一世界、第二世界乃至第三世界仍然未能解决的矛盾——精神刺激与物质刺激之间的矛盾、官僚等级制与群众参与制之间的矛盾、城乡之间的矛盾、体力劳动与脑力劳动之间的矛盾等。单靠国民生产总值的提高并不能解决这些矛盾，美国、苏联，以及第三世界的巴西、伊朗和印度尼西亚等国的经验已经反复证明了这一点。

[注释]

1. Cited by M. Meisner, *Mao's China: A History of the People's Republic* (New York: The Free Press, 1977), p.361.
2. J. W. Stilwell, *The Stilwell Papers* (New York: Sloane, 1948), p.316.
3. C. F. Romanus and R. Sunderland, *United States in World War II. China-Burma-India Theatre: Time Runs Out in the CBI* (Washington, D. C.: Department of the Army, 1959), pp.369-71.
4. Cited by G. Kolko, *The Politics of War* (New York: Random House, 1968), p.205.
5. Cited by M. Selden, *The Yenan Way in Revolutionary China* (Cambridge, Mass.: Harvard University Press, 1971), pp.191-92.
6. C. Brandt, B. Schwartz and J. K. Fairbank, eds., *A Documentary History of Chinese Communism* (New York: Atheneum, 1967), pp.80-85. Emphasis in the originals.
7. Ibid., pp.224-25.
8. Cited by Selden, op. cit., pp.123, 125.
9. C. A. Johnson, *Peasant Nationalism and Communist Power: The Emergence of Revolutionary China, 1937-1945* (Stanford, Calinf.: Stanford University Press, 1961).
10. L. Bianco, *Origins of the Chinese Revolution 1915-1949* (Stanford, Calif.: Stanford University Press, 1971), pp.158-59.
11. Cited by Selden, op. cit., p.274.
12. Cited by Bianco, op. cit., p.168.
13. Cited by G. Kolko, *The Politics of War* (New York: Random House, 1968), p.616.
14. Cited by D. Wilson, "Leathernecks in North Chena, 1945," *Bulletin of Concerned Asian Scholars* IV (Summer 1972): 34.
15. Ibid.: 36.
16. D. Milton and N. Milton, *The Wind Will Not Subside: Years in Revolutionary China, 1964-1969* (New York: Pantheon Books, 1976), p.19.
17. Cited by Milton and Milton, op. cit., p.36, and K. Mehnert, *China Returns* (New York: E. P. Dutton, 1972), p.173.
18. A. Doak Barnett, *Cadres, Bureaucracy and Political Power in Communist China* (New York: Columbia University Press, 1967), p.433.
19. Cited by C. Bettelheim, "The Great Leap Forward," *Monthly Review* XXX (July-Aug. 1978): 65, 66.

20. B. Richman, *Industrial Society in Communist China*（New York: Random House, 1969）, pp.224, 225.

21. Milton and Milton, op, cit., p.357.

22. Meisner, op. cit., p.258.

23. C. Riskin, "Maoism and Motivation: Work Incentives in China," *Bulletin of Concerned Asian Scholars*（July 1973）: 17, 19.

24. Central Intelligence Agency: National Foreign Assessment Centre, *China Economic Indicators: A Reference Aid*（Washington, D. C., Oct. 1977, ER 77-10508）; and Central Intelligence Agency: National Foreign Assessment Center, *China: In Pursuit of Economic Modernization: A Research Paper*（Washington, D. C.: Dec. 1978, ER 78-10680）, p.1.

25. Cited by R. O'Mara, "Brazil: The Booming Despotism," *Nation*（Apr. 27, 1974）, p.519.

26. H. Kissinger, *The White Houst Years*（Boston: Little, Brown, 1979）, p.1063.

27. Cited in *Peking Review*（June 25, 1976）.

28. *Peking Review*（Jan. 26, 1967）.

29. Cited by Milton and Milton, op. cit., p.198.

30. Ibid., p.202.

31. *Beijing Review*（June 22, 1979）.

32. *Peking Review*（July 28, 1978）.

33. Los Angeles *Times*（Feb. 8, 1979）.

34. Ibid.（Oct. 17, 1979）.

35. Ibid.（Nov. 23, 1980）.

36. Ibid.（May 15, 1980）.

37. Cited by J. G. Gurley, *China's Economy and the Maoist Strategy*（New York: Monthly Review Press, 1976）, p.204.

> 在英国统治了将近120年后，绝大多数亚洲人对这种统治都已是兴趣全无，他们也不会采取什么措施来使［英国］统治维持下去。此外，如果说英国政府不关心殖民地人民的生活是真的，那么这几千名在英国本土外谋生的英国人——实际上他们从未把马来西亚当成自己的家——和那里的人民毫不相干也是真实可信的。英国统治、英国文化和一些小的英国社区，不过是一层既薄且脆的面纱罢了。
>
> ——《泰晤士报》（1942年2月18日）

第二十三章　第二波全球性革命浪潮（1939—）：全球性革命现象

中国共产党人与俄国布尔什维克者不同，他们从不把自己革命胜利后推动世界革命作为自己千年至福的期望。毛泽东和他的同志们是在独立的民族环境中发动革命运动的，中国的革命运动无论在物质上还是精神上都独立于世界革命潮流。然而，第二次世界大战后第三世界的动荡无论在广度还是在深度上都超过了第一次世界大战之后。1945年后，短短20年内，第三世界的民族主义起义和社会主义革命运动就已经打碎了在几年前还看似坚不可摧、历久弥坚的欧洲帝国统治。全球革命运动的广度和深度从联合国会员国的构成上就可以看出来。1945年联合国成立之际只有51个成员国，而到1981年其成员国数量已经达到156个。这新增的105个成员国，大都是在支离破碎的帝国废墟上成立的第三世界国家。

要描述这一划时代巨变的方方面面是不可能的。然而，如果把战后出现的新政权划分为三类就比较容易把握了，也更有意义了。当然这样做不可避免地会把一些特定的地区和历史事件排除在外。然而，要想研究这一横跨500多年且席卷全球的历史运动，作出这样的排除是必不可少的。本章在接下来的几节里论述的这三类政权包括民族主义政权、社会革命政权和白人殖民者政权，不过在开始进行详细论述之前，我们有必要先来探讨一下战后革命浪潮的动力。

一、第三世界政治的动力

  非殖民化的起因在于殖民地人民已经充分觉醒和行动了起来,以至于维持传统的帝国纽带必须要付出庞大的军费成本,超过了帝国的承受能力。促使数以亿计的第三世界人民一跃而登上历史舞台的因素有以下几个。首先,两次世界大战之间,第三世界的民族主义运动逐步成熟。这些运动赢得了群众支持,且其领导者都是更有知识和经验的人士。那些指导独立斗争取得成功的人士既不是顽固守旧的马来亚苏丹,也不是尼日利亚的部落酋长和印度王公,而是那些曾在西方大学里接受过教育的人士,他们不仅熟悉西方体制的运转模式,也熟悉完全不同于西方模式的苏联模式,甘地、尼赫鲁、苏加诺、恩克鲁玛、尼日尔和纳赛尔便是其中的代表。

  第二次世界大战期间,几百万殖民地人民曾在同盟国的军队和日本军队及劳工营中服役,这进一步促进了殖民地人民的觉醒。许多非洲人在英国、法国和意大利的国旗下作战,200多万印度人自愿加入英国军队,此外还有3.5万—4万在中国香港、新加坡和缅甸被俘的印度战俘报名参加了日本发起的印度国民军。缅甸人和马来亚人也在各自国家加入了由日本人训练的军队。战争结束后,这些士兵回到国内,不可避免地会用新的眼光去看待他们国家的殖民地官员和本土领导者。他们更可能会去坚持践行战时盟国宣扬的自由和民族自决原则。

  此外,主要殖民列强在第二次世界大战期间遭到空前的削弱。法国、荷兰和比利时惨遭法西斯蹂躏和占领,而英国无论在经济上还是在军事上都已经疲惫不堪。与此同时,反帝情绪也在帝国主义国家内部蔓延。殖民地的白人自信地宣布"我们来这里,是因为我们优越"的时代已经一去不返。如今他们的存在不仅受到殖民地人民的质疑,就连其同胞也在质疑他们。1935年墨索里尼入侵埃塞俄比亚时,西欧普遍认为这是一种令人悲叹的历史倒退。而1956年,英法联军袭击苏伊士运河区时也引起了英法两国民众的强烈反对。因此,西方称霸世界的局面就此开始结束,这既源于其早已力不从心,也源于其无心统治。

  最后,第二次世界大战造成的空前的物质破坏和政治破坏也推动了殖民地的革命。随着德国军队将战线从挪威扩展至北非扩展到伏尔加河流域,日本军队沿阿留申群岛—夏威夷—缅甸一线展开,第二次世界大战迅即成为一场真正具有全球意义的战争。这些漫长战线经过的大部分地区都有着活跃的抵抗组织,而在第一次世界大战期间,这些抵抗组织还不为人所知。实际上正是由于德国和日本迅速侵占了大部分领土,抵抗运动才在大部分占领地自发形成。他们起初采取的是个人抗议行动——涂毁敌人的公告、在墙上张贴宣传标语、悬挂违禁的旗帜、收听监禁的广播。

之后，个人行动逐步转化成集体抵抗运动，其中包括建立武器储备库，秘密开办宣传刊物，向盟国提供情报，从事小规模的破坏活动。抵抗运动发展到最后，这些抵抗组织开始破坏铁路，发起煤炭工人和工厂工人罢工，刺杀占领者和与占领者合作的本国汉奸，发起公开的起义和游击战争。

共产党人由于在战前就有从事秘密行动的经验，因而频频取得这些抵抗运动的领导权。他们有可以依靠的地下组织，他们知道如何获取武器，怎样建立群众组织以动员工人、农民、学生、家庭妇女、退伍军人和占领区的其他民众。因而，共产党员的数量（苏联之外）大幅增长——从1939年的不足100万人，发展到1945年底的1400万——也就不足为奇了。俄国十月革命之后曾经出现过一段让人无比振奋的日子，如今对世界革命前景抱有乐观主义的场景再次出现。

而所有这些革命推动因素也受到了强大的反革命压力的压制。欧洲殖民帝国的领导人清楚地表达了他们在战后维持殖民帝国完整的决心。丘吉尔于1942年发表了他那项常常被人引用的声明，他不会"成为旨在主持清算英帝国的首相"。1944年，由自由法兰西政府发起的布拉柴维尔会议上同样宣布："甚至在遥远的将来，也不容许殖民地人民取得自治。"(1)

比起欧洲列强在反革命运动中的作用，美国的作用更为突出。人们尚未普遍认识到，第二次世界大战不但使美国成为首屈一指的大国，也使其成为唯一有能力设计世界新秩序的强国。战后，斯大林的主要兴趣在于划分势力范围，从而保证俄国将来不会受到侵略，而丘吉尔的主要关注点则是维持大英帝国的完整。唯独美国有能力也有远见来实施一项全球战略，而对外关系委员会则制定了这样一项战略，其核心概念在于建立一个由美国主导控制的"重大区域"（详见第十九章第五节）。这一战略的基本目标是恢复战前的资本主义秩序，不过要对其作出必要的改进，以使其更为可行，并确保欧洲殖民地向美国公司开放。就像19世纪占主导地位的经济强国大英帝国支持"自由贸易帝国主义"以便打开世界市场，20世纪占主导地位的经济强国美国也赞成反殖民主义的帝国主义。英国很清楚这一点，安东尼·艾登（Anthony Eden）在其回忆录中所讲的一段话便颇具代表性："[罗斯福]希望，那些之前的殖民地，一旦脱离其宗主国的控制就会在经济和政治上依附美国，他并不担心其他大国会填充这一角色。"(2)

吊诡的是，反对革命不仅是美国和西欧列强的战略，同样也是苏联的战略。尽管列宁之前曾通过第三国际极力煽动世界革命，但是斯大林却放弃了这一路线，以便寻求与其西方盟友就势力范围问题达成一致。斯大林的对外政策基于两个主要战略原则：使共产国际服从于苏联的国家利益，充分利用帝国主义列强间的矛盾以确保苏联取得庞大的势力范围。这就意味着要接受西欧资本主义的现状，在东欧建立苏联模式的社会，避免在第三世界出现对抗。

通过上述原则也就不难理解斯大林战时与西方列强的大量谈判内容和作出的各种安排。

- 比如斯大林和艾登于1941年12月会谈，斯大林提议英国承认1939年斯大林—希特勒协议中划定的苏联"势力范围"，作为回报，英国可以自由地在法国北部、比利时、丹麦、挪威和荷兰建立基地，对此艾登予以回绝。
- 比如莫洛托夫和戴高乐于1942年5月会谈，莫洛托夫同意劝说法国抵抗组织和法属殖民地承认戴高乐的统治，以此换取戴高乐对开辟第二战场的支持。
- 比如斯大林于1943年6月10日解散共产国际，旨在消除西方对世界革命威胁的担忧，为"三大国"（美国、苏联和英国）就战后世界格局达成协议廓清道路。
- 比如1944年10月，斯大林和丘吉尔达成了两国在巴尔干地区划分势力范围的严格百分比协议。
- 比如莫斯科迫使外国共产党领导人接受三大国就势力范围达成的协议——大部分共产党领导人都表示接受，但铁托、毛泽东和胡志明等少数领导人则予以拒绝。

正是鉴于上述斯大林作出的种种努力，英国历史学家艾伦·泰勒（Alan Taylor）得出结论，认为是斯大林"而不是美国人保存了西方的资本主义民主政体"[3]。美国历史学家加布里埃尔·科尔克（Gabriel Kolko）在分析第二次世界大战期间的外交时也得出了同样的判断：

> ……在1944—1947年间这段关键时期，俄国人给了西欧社会制度喘息的时间，借此西欧国家巩固了权力。俄国人想摆脱战争以取得自身的喘息机会，如果这需要先有利于其西方盟友的稳定，俄国人会愿意用一切手段来提供帮助。简而言之，虽然俄国人致力于革命就像西方致力于民主一样，然而双方都反对西欧发生剧烈变革，都不愿看到由此带来的危及全球稳定的一系列后果。假如苏联不采取这样一种政策……谁也无法预测，那些自行其是的各国左翼政党领导人会使大战在欧洲造成什么样的社会后果。[4]

然而斯大林在划分势力范围的安排上却并未取得成功。最终的结果是"冷战"爆发,斯大林于1947年9月成立共产党情报局,以此予以回应。这是一项防守性举措,日丹诺夫在情报局成立大会的首次会议上所做的报告已经清楚地证明了这一点。日丹诺夫对中国、希腊和越南正在进行的内战置之不理,尽管美国已经通过直接或间接的方式介入了上述三国。维辛斯基几天前在联合国所做的演讲揭示了苏联不予重视的原因。他宣称:"在当前形势下,任何新的战争都必定会引起一场世界大战。"因此,他认为第三世界的起义运动会威胁到其所定义的"根本任务":"在苏联建设共产主义"。(5)基于这一立场,他认为第三世界应当避免起义斗争,以防引起苏联和西方之间发生对抗的危险。因而,苏联及服从其领导的各国共产党与西方列强一样,为防止第三世界爆发革命运动而作出了坚持不懈的努力。

当1945年5月几千名民族主义者在阿尔及利亚的君士坦丁地区惨遭屠杀后,在法国政府中担任部长的一些共产党人继续留职,而党的领导人莫里斯·多列士(Maurice Thorez)则仅满足于发表声明对"上个月发生的悲痛事件"表示遗憾,建议改善食品供应、解除负责官员的职务。(6)同月,法国远征部队炮轰大马士革后,多列士再次对此表示遗憾,并宣布支持阿拉伯人的自决权,但他却又平白无故地补充道:"有分离的权利并不意味着就有分离的义务。"(7)在越南,一支法国舰队于1946年11月23日炮轰海防市,造成大量平民伤亡,与此同时法国实际上已在越南南部恢复了殖民统治。在随后到来的殖民战争期间,一位共产党人曾担任了四个月的法国国防部长(1947年1月至4月),而那些担任部长的共产党人则在内阁投票中支持为战争拨款,以维持"内阁团结一致"。另一名法共领导人雅克·杜克洛(Jauques Duclos)坚持认为"团结一致"是必要的,因为四大国会议(苏联、美国、英国和法国)即将在莫斯科召开,"我们的外交部长将会捍卫我国的事业"。(8)越南的事业因而只能留待将来解决。

莫斯科会议还在召开之际,法国军队就像镇压君士坦丁区的阿尔及利亚人起义一样,残酷地镇压了马达加斯加的一次起义。对此共产党人再次仅限于作出形式上的抗议,因为"内阁团结一致"对于在莫斯科"维护法国的事业"是必需的,因此,马达加斯加的事业也要像越南的事业一样留待以后解决。

印度共产党也遵循同样的战略。甘地曾直言不讳地宣布:"在印度自己的自由都被剥夺的情况下,她不应该让自己卷入一场据说是为民主自由而进行的战争。"相比之下,印度共产党则追随克里姆林宫全国一致反对轴心国集团的路线,因而支持殖民政府。作为回应,英国人逮捕了甘地,镇压国大党,却使1934年以来一直处于非法地位的共产党取得了合法地位。

最具有意义的是苏联的对华政策。第二次世界大战期间及之后,斯大林一直支持蒋介石而反对毛泽东的革命战略（参见第二十一章第二节）。1948 年 2 月，斯大林向南斯拉夫共产党人卡德尔（Edvard Kardelj）和保加利亚共产党人季米特洛夫（Georgi Dimitrove）承认他在中国的问题上犯了错：

> ……战后，我们邀请中国共产党的同志们来到莫斯科，与他们讨论了中国形势。我们直截了当地告诉他们我们认为在中国起义没有什么前途，中国的同志们应该设法同蒋介石达成协议，参加蒋介石领导的政府，解散军队。中国同志们在莫斯科同意了苏联同志的意见，但回到中国后却采取了全然不同的行动。他们把自己的兵力集合起来，组建了自己的部队，而现在正如我们看到的那样，他们正在打败蒋介石的军队。在中国这件事上，现在我们承认我们错了。[9]

证明斯大林错了而毛泽东则是正确的，对整个第三世界具有不可估量的意义。毛泽东成功地对苏联对外政策的一些基本假定：苏联的利益与第三世界人民的利益是一致的，发出了挑战。1946 年 6 月，毛泽东向其他中国共产党领导干部作出了在其他共产党内部从未有过的国际形势分析。他承认美国和苏联有达成协议的可能性，但他跟着便补充说，这并不必然就意味着资本主义世界不同国家的人民也要相应地在本国作出妥协。他警告说，"反革命势力的目的就是要摧毁所有民主势力"，因此后者要么进行革命的武装斗争要么灭亡，二者必居其一。[10]

1946 年之后发生的事件证明了毛泽东判断的正确性。与第一次世界大战不同的是，第二次世界大战后爆发了一连串的革命，直到今天仍是如此。这些革命性质不尽相同，也没有统一的指挥。它们的多样性反映出促成革命运动的本土条件和力量对比大不相同。不过，总的可以看出有三种类型的革命，而帝国主义列强也采取了极其不同的方法对这三种革命分别作出了回应。

首先是民族主义革命。革命领导者主要是民主主义者，他们希望结束外国的统治，却不希望改变社会制度或阶级关系。他们并不寻求从根本上挑战本国或外国的既得利益集团，不论他们的利益是分布在传统的土地、种植园、商业农场、银行、铁路、矿山上还是体现在政府债券上。西方列强很可能会把政治权力委交给这些民族主义领袖或运动领导人，帝国主义列强心里明白，这些领导人不会运用他们手中的权力去进行经济和社会变革。这些殖民地因而取得了政治独立但却没有摆脱帝国主义；相反，它们都成了新殖民主义的附庸。

第二种类型独立运动的领袖往往具有民族主义者和社会革命者的双重身份。因而他们领导的独立运动既属于民族革命，也属于社会革命，他们希望同时打造新的政治秩序和社会秩序。这与本土和外国的既得利益集团产生了冲突，后者往往会联合起来竭力抵制社会革命。需要特别指出的一点是，不但传统的殖民帝国对革命运动持强硬立场，美国也是如此。因此，英国愿意给予由国大党和穆斯林联盟领导的印度独立，而法国和美国却在印度支那与共产党人胡志明进行了长达30年的斗争。同样，在美洲，英国乐意把独立权交给有民族主义倾向的西印度群岛联邦工党，但却拒绝把独立权移交给圭亚那的左派分子契迪·贾根，尽管贾根已经在议会中赢得了多数支持。此外需要补充的一点是，美国即便不是怂恿英国，至少也是强烈支持英国的立场。美国坚定不移地反对在自己的家门口出现一个社会主义政权，它对古巴卡斯特罗的所作所为已经充分体现了这一点。

第三种类型的殖民地革命主要是针对当地的欧洲殖民者。大多数情况下，殖民者最终都会被迫让步，如在阿尔及利亚、肯尼亚和葡属非洲殖民地就是如此。不过南非和以色列则是例外，当地的白人殖民政权拥有特定的力量源泉，已经有能力在那里扎下根来。

非殖民化后的世界与马克思和恩格斯在《共产党宣言》中写下"工人没有祖国"时设想的世界完全不同。整个世界远非按照阶级标准划分，起决定意义的仍然是国家的疆界。世界体系的演进变化并不是由阶级利益决定，而是取决于民族主义的考量。所有国家，不论其政治色彩如何，都在追逐民族主义利益。这就意味着并没有什么统一的革命运动和战略，但这并不意味着就不存在民族规模的革命活动。相反，这些革命活动一直持续至今，并催生出三种类型的第三世界国家：民族主义国家、社会主义革命国家和白人殖民者统治的国家，而这也正是我们下面章节将要论述的内容。

二、民族主义政权

殖民地附庸国独立后几乎都经历过一段动荡的历史。面临重重的经济困难，这些国家无法满足其新近觉醒的民众日益增长的期望。经济上面临压力（缺乏资本、失业率高、社会不公、易受世界市场波动和外资公司之影响），加上不断的群体骚乱，迫使大多数民族主义政权都从新殖民主义转向了国家资本主义。这种转变往往是通过官僚机构的文官和军官成员发动政变来实现的。这些政变发动者由于缺乏独立的经济社会基础，只能依靠控制军队或国家机器，因而最终通常都是出现军事独裁或一党专政。

国家资本主义政权本身就有矛盾，其"之"字形的策略就体现了这一点。一方面，它们进行土地改革、将外国公司国有化、建立民族工业、既欢迎来自苏联的援助也欢迎来自西方列强的援助，而且一般都寻求既维持政治独立也维持经济独立。而在另一方面，这些民族主义政权却拒绝采用马克思主义的阶级斗争观念，代之以民族主义形式的"社会主义"，为其压榨劳工而增加民族资本积累的做法提供合理化依据。因而，国家资本主义也就为其内在矛盾所削弱。它既试图打压外国资本主义，与此同时却又剥削和镇压本国工人和农民。它势必要诉诸煽动性的意识形态（阿拉伯和非洲的"社会主义"）口号，而那些口号往往内容空洞，没有什么实际效果。

最终，超额的债务负担、贸易赤字、发展失败，再加上进入西方市场出口其工农业产品受到限制，这些因素使得国家资本主义政权不知所措。因而它们不得不再次依赖外国金融公司和工业公司，以及由西方支配的世界银行和国际货币基金组织等机构，重新铸造起了经济依附关系。从新殖民主义到国家资本主义，再到重新依附于世界资本主义秩序，这一模式充分反映在了下述国家中（当然，不同国家之间也会出现一些地区上的差别）。

（1）印度

到目前为止，在形形色色的民族主义政权中，印度取得了最重大的胜利。印度次大陆拥有大量的人力和物力资源，自一开始就是大英帝国殖民统治的基石，也是欧洲殖民统治的缩影。然而，印度的独立运动却显现出相对保守的民族主义性质，究其因则在于，英国一个多世纪的统治已为印度的自治做好了准备。此外，在独立运动中占据支配地位的国大党，在甘地的领导下致力于推进和平的渐进性改革。甘地选择尼赫鲁而不是苏巴斯·鲍斯（Subas Bose）作为自己的接班人就体现了这一点。尼赫鲁的信仰体系比较复杂，其中既有费边的社会主义，又有甘地的非暴力主义、西方的人道主义，还有印度教的吠檀多信条。因而与更具独立见解、更富于战斗精神的社会主义者鲍斯相比，尼赫鲁更倾向于采取一条"温和"的路线。鲍斯尽管两次当选国大党主席，但却两次都因失望于保守的领导层反对暴力运动而辞职。第二次世界大战期间，鲍斯逃离印度，先是到了柏林，后来又到了东京，在那里他组织了印度民族军起来反抗英国的统治。

印度的民族主义运动之所以会出现这样的结果，还在于这块殖民地并没有遭到日本侵略和占领。因此，它没有发展出武装抵抗运动，如果发生这种情况很可能就会把至少像鲍斯这样的社会革命领导人推向前台，中国的毛泽东和印度支那的胡志明就是这样走向前台的。恰恰相反，英国的连续统治使得比较保守的甘地和尼赫鲁在战后接管了权力，并且几乎没有发生什么暴力，也没有引起社会动荡。

尽管上述形势有利于在英国殖民当局和印度民族主义者之间维持平稳关系，但第二次世界大战的爆发还是促成了双方的政治对抗。1939年9月3日英国对德宣战之后，驻在德里的英印总督林立斯戈（Linlithgow）侯爵同一天也宣布印度与德国处于战争状态。尽管这符合正当的宪法程序，但是尼赫鲁却对这种专横做法表达了强烈的不满。"一个人，还是个外国人，还是个让人憎恨的制度的代言人，竟擅自把4亿人拖入了一场与他们毫无关联的战争……在英国诸自治领中，这样的决定是由民众代表经过充分讨论后作出的……而在印度则不是这样，这伤害了我们的感情。"(11) 对国大党的任何抗议行为，伦敦都粗率地予以回绝。直到法国沦陷，英伦战争开始，英国宣布进入紧急状态，这一情况才有所改变。时任印度总督宣布，根本性的变革在战争期间是不可能的，不过战后可以给予印度自治领地位。国大党立即拒绝了该建议，双方依然僵持不下。

然而，1942年初，日本突然占领东南亚，从根本上改变了印度局势。日本军队部署在孟加拉边境，随时可能西进，印度此时也从一个极不情愿的次要盟国转变成了敌军前进道路上可以直接发挥障碍作用的盟国。为此，丘吉尔派内阁成员斯塔福德·克里普斯（Stafford Cripps）爵士于3月22日到达印度。战争期间作大变动的考虑再次被排除在外，不过一旦战争结束，印度可以完全自治，且有权退出英联邦。国大党再次拒绝了克里普斯的提议，根本原因在于英国政府拒绝把印度人民视为战争中平等而又不可或缺的伙伴。

当国大党要求由其党员出任国防部长时，英国勉强同意了这一要求，不过却将国防部长的权力仅限于处理公共关系、军队复员、军营食堂、信件、印刷和接待外国代表团等事宜上。尼赫鲁制定了一项组建一支500万人军队的计划，并打算用发展中的印度现有工厂出产的步枪、手榴弹、炸药武装这支部队。该计划的实质是准备一支由大众组成的游击队，这样当正规军在印度遇到像东南亚那样的惨败后，游击队便可以派上用场。然而，英国的官方政策依然没有任何改变。印度的防卫仍要交给一支正规军，这支正规军的周围是一群民众，他们在最好的情况下会保持消极中立，而在最坏的情况下他们则会积极反对。

国大党抛出了其"退出印度"提案（1942年8月7日）作为回应，要求立即获得自由，这"既是为了印度的利益，也是着眼于盟国事业成功的考虑"(12)。国大党威胁，若其要求得不到满足就将发动"一场非暴力的群众斗争"。英国政府坚决不同意，并立马对其进行了大规模镇压。6万多人被捕，其中包括所有国大党领导人；1.4万人未经审讯就被拘留；940人被杀；1640人在与警察和军队的交火中受伤。英国的镇压行动在一些地区引起了公开暴动，电话线被掐断、火车遭抢劫、政府大楼被烧，一个为改变现状的"平民政府"建立了起来。英国认为国大党领袖应该对冲突负责，而实际上，坚持非暴力信念的甘地也对冲突的爆发感到震惊，并加以谴责。

事实证明，这是一个关键性的转折点：内外形势此刻交织出现，决定了印度之后几十年的历史进程。国外,德军打到了伏尔加河,与亚历山大港的距离只有 48 公里,而日本则已占领缅甸。庞大的德日军队犹如一把分开的铁钳,而分开它们的就是充斥着不满情绪的印度和更倾向于站在轴心国一边而不是同盟国一边的中东穆斯林国家。如果德国和日本进攻了这些国家,就会点燃这里蓄积的火种。它们或许就能在欧亚大陆建立一个包围圈,其后果将是无法估量的。

西方躲开了这一迫在眉睫的大灾难,因为希特勒选择在俄罗斯大平原上展开其兵力,而日本尽管多次威胁和示意,却并没有真正打算入侵印度。这样,印度就不需要尼赫鲁那 500 万人的游击队,因而印度与中国和东南亚国家不同,并没有形成任何抵抗力量,也没有打任何一场解放战争。事态的转变对尼赫鲁和其他国大党领导人来说是幸运的。如果日本占领印度,印度形成长期抵抗斗争,很可能会导致鲍斯或其他更激进的人士掌权,国大党的领袖们就可能会面临中国的蒋介石和越南的保大皇帝那样的命运,被赶下历史舞台。

在国内,穆斯林联盟势力的不断增长也决定性地改变了国内的力量对比。穆斯林联盟力量的增长必然意味着国大党力量的减弱。穆斯林联盟领袖穆罕默德·真纳(Muhammad Jinnah)是来自孟买的一名律师,他有着完全西化的穿着和品味。他愿意与国大党在联合的基础上合作,但国大党却不愿与他合作而只接受穆斯林教徒以个人身份加入国大党。真纳转向穆斯林民众大声疾呼:"伊斯兰教正处于危险之中。"他不遗余力地为建立一个独立的巴基斯坦而奋斗,在此过程中他不断夸大国大党对穆斯林的轻蔑和歧视态度。"印度穆斯林不能接受任何一部必然会导致印度教徒在政府中占多数的宪法……穆斯林教徒根据任何民族的定义都是一个民族,他们应该有自己的家园、领土和国家。"(13)

印度国内局势的变化也得益于大规模的军事动员和工业产值的大幅增长。战争期间印度陆军人数从 17.5 万增长到 200 万,海军人数也明显增加,空军部队也建立了起来。这些军队在马来亚和缅甸与日本作战,在北非、埃塞俄比亚、叙利亚和伊拉克与德军和意军作战,并都有出色表现。与此同时,印度也成了同盟国军队在中东作战的补给中心。印度工业也迅速发展,尤其是钢铁、水泥和铝制品业发展迅速,生产军毯、军装和轻武器的小型企业也取得了较快发展。

军队人数的增加对数百万服役人员来说意味着新的经历和技艺,再加上他们不俗的战斗表现,其民族自豪感迅速上升。工业发展也为印度人成为技术人员和管理人员提供了机会。几千名印度人获得了要职、有了地位、掌握了专业技能。战后,印度已经具备了足够的军官来接管武装力量,也有了足够的管理人员和技术人员来运营工商业。所有这些都进一步推动了印度的民族自觉意识,提升了其民族自信心。到战争结束之际,印度在精神上已经获得了独立,但是因为民众普遍怀疑英国是否会背离其公开承诺而想方设法地维持其殖民统治,这一精神上的独立意识也有所削弱。

德国于 1945 年 5 月投降之后,英国、国大党和穆斯林联盟三方的冲突开始变得公开化。英国政府在令人可畏的保守党领袖丘吉尔的领导下,认为对日战争还需要持续一年多时间,在这一年里英国可以凭借其实力地位与印度民族主义者进行谈判,毕竟英国和其他盟国军队还驻扎在印度。然而,1945 年发生的两大突发事件使英国政府的幻想破灭了。首先,丘吉尔在 7 月的大选中败给了英国工党,工党几十年来一直赞成印度自治。其次,日本在广岛和长崎遭受原子弹轰炸后于 8 月宣布投降。几乎是在一夜之间,印度的政治形势就发生了急剧转变,英国的自由回旋余地也随之消失。

德日战败及丘吉尔离职后,英国公众无意为维系殖民统治而在印度继续作战这一点也变得愈发明朗。驻印英军和盟军迅速减少,与此同时,国大党和穆斯林联盟的关系也日趋紧张。英国发现自己已经从仲裁者沦为调解人,昔日有权作出决定并实施决定,而今却只能在相互独立且敌对的两个政党之间进行斡旋。

两个与军队有关的突发事件,更是进一步凸显了英国在印度岌岌可危的地位。第一个事件是,英国陆军元帅克劳德·奥金莱克(Claude Auchinleck)爵士宣布的通告引发了民众的骚动,通告宣布鲍斯的印度国民军军官因其阴谋推翻英王陛下的印度政府而将受到审判。在这场全国性的骚乱面前,英国政府意识到若要进行审讯明显会带来难以承受的政治风险,最后这件事不了了之。第二个事件是,印度皇家海军水兵于 1946 年发动了一场不同寻常的兵变。起义军控制了 74 艘战舰和 20 处沿岸设施,而且这一行动迅速扩散到空军部队和孟买街头,工人涌上街头以示对起义者的支持。

起义者的口号是"革命万岁!"他们还把当时在其控制下的印度皇家海军更名为印度国民海军。然而没有任何全国性政党或领袖站出来领导这一场运动。印度共产党接受克里姆林宫的民族团结路线,而国大党则与英国一道认定这场哗变是一次"经济"事件而不是"政治"事件。水手们哗变的原因被极不合理地认为是对食品质量和服务条件不满。国大党领袖督促水兵们投降,并保证将会支持他们的申诉。而参与哗变的一名水军军官的证词也许恰如其分地说明了事情的真相:

> 毫无疑问,在错综复杂的政治斗争中,我们实在太天真了。然而我们的幼稚举动却揭露出了那些公众人物的虚伪……当时的印度政客们由于即将掌权早已喜形于色。而对这些掌权者来说,我们违背军纪简直是一场噩梦……就拿这次皇家海军哗变来说,统治者和被统治者的领袖早已不再是

对手而是成了盟友……回首过往，人们早已在心理上接受了他们以非暴力来抵抗的那个秩序继续存在下去！遗憾啊，真是太遗憾了！[14]

那场被取消的审判加上海军哗变这两个具有警示意义的事件，清楚地向英国表明，必须尽快出台一项政治解决方案以使自己可以顺利脱身。

然而最根本的问题依然是，是否国大党如其宣称的那样实际上代表全印度，以及穆斯林联盟是否是一个严肃的竞争者，以至于任何政治安排都必须将其包括在内。1946年春季的大选给这一系列问题画上了句号。国大党控制了印度的印度教徒聚居区，而穆斯林联盟则同样控制了穆斯林聚居区，赢得了穆斯林全部投票的74%。伦敦再次派出由克里普斯率领的代表团，以求制定出双方都能接受的制宪安排。1946年5月12日谈判破裂后，代表团公布了自己的方案。该方案试图在保持印度统一的同时，允许穆斯林教徒实行地方自治以安抚他们。谈判演化成了指责与反指责的拉锯战，之后真纳宣布退出谈判并宣布8月16日为"直接行动日"，这加速了一个独立的巴基斯坦国的形成。真纳的所作所为激起加尔各答的骚乱，骚乱延续了四天，最后演变成了人们熟知的"加尔各答大屠杀"。在比哈尔，印度教徒则屠杀穆斯林以示报复。由此也就掀开了一场以最狂热的宗教形式进行的内战。

1946年7月成立的立宪会议也因国大党和穆斯林联盟僵持不下而最终停摆。1947年1月22日，立宪会议通过了一项由尼赫鲁制定的决议案，决定建立一个独立的全印共和国，然而穆斯林联盟坚决拒绝合作。在命令和劝服都无效的情况下，艾德礼政府于1947年2月20日宣布，英国将不迟于1948年6月撤离印度，并任命蒙巴顿（Mountbatten）勋爵担任总督，指导撤离前的相关安排。蒙巴顿很快就认识到，建立一个独立的巴基斯坦国不可避免。因此，他在与伦敦和印度磋商之后，于6月2日提出了一项双方都接受的方案。方案决定建立一个独立的巴基斯坦国，其领土由印度西北部和东孟加拉组成。印度教徒和穆斯林教徒混居的旁遮普省、西北边境省、信德省、俾路支省和阿萨姆邦的部分地区由投票决定其归属，或完整地加入一方，或者分割后分别加入一方。解除印度王公土邦对英王的效忠权，督促其或加入印度或加入巴基斯坦。

英国议会于1947年7月通过了《印度独立方案》。8月15日，巴基斯坦和印度联邦均成为英联邦内自由的国家。由于印度教徒和穆斯林在不同地区的划分并不彻底，印度和巴基斯坦的建立伴随着大规模的屠杀和移民事件。到1948年中，近1300万难民迁往新家园，而在迁移过程中至少有100万被屠杀。同化各王公土邦也是一项漫长而复杂的工作，毕竟印度王公土邦有500多个，其领土占分治前印度领土的25%，人口占到20%。

英国决定放弃其所珍视的对印度殖民地的控制权，为西方列强有选择性地允许独立这一事实提供了一个经典案例。如果日本当时攻入印度并引发一场在具有斗争倾向的鲍斯或者某个更左的人士领导下的民族抵抗斗争，情况又会如何呢？那么丘吉尔也许会在反对给予印度独立权上赢得更多支持，韦维尔（Wavell）将军提议进行军事干涉和控制同样会获得较多的支持。按照津肯夫妇（Maurice & Taya Zinkin）的预测，"英国若根据韦维尔爵士的提议而采取坚决行动，英国的殖民统治也许还能维持十年。"(15) 之后，英国的确在与法国和日本合作对付胡志明的越盟上采取了"坚决行动"。因而可以有把握地设想，如果英国在印度碰到了一个像胡志明这样的对手，它同样会坚决采取行动。

是在印度进行武力镇压还是坐看社会革命成功，英国避免了这样让人痛苦的两难选择。因为日本停在了印度边境线之外，英国因而面对的是由甘地、尼赫鲁和帕特尔（V. B. Patel）等人领导的相对保守的国大党，以及由真纳领导的更为保守的穆斯林联盟。津肯夫妇恰如其分地指出："［英国在 1947 年］没有要求什么基地；没有暗示建立联盟；英国的投资也没有得到什么保护。"实际上根本就没有必要进行保护。"没有任何英国投资遭到没收，"津肯夫妇补充道，"没有任何英国投资者受到限制而不允许他们将利润转回英国。"(16)

新独立的印度之国家性质清晰地反映在了尼赫鲁于 1948 年 4 月向立宪会议所做的一次演讲中："纵观过去七八个月里我们走过的历程，我们应该谨慎地采取行动，避免对现有体制造成大的破坏。如今这个体制遭受的破坏和伤害已经够多了，因而我可以毫无保留地向在座的诸位坦诚，我还没有勇敢到作更多破坏的地步。"(17)

与他这种"不破坏现状"的情绪相一致，尼赫鲁任命了保守的帕特尔担任内政部长这一要职。帕特尔几乎保留下了完整的英国行政系统及其殖民理念和偏见，他还动用了一切必要的警察和武装力量镇压了南部特伦甘纳地区的共产主义运动。由于尼赫鲁对行政细节不感兴趣，帕特尔遂得以在其本人 1950 年 12 月逝世时给独立的印度留下一个十足的保守派形象。缪尔达尔曾把这一印记特征描述为"原则上大胆的激进主义而行动上极端保守主义的印度政治模式……"(18)

印度这种口头上的勇敢也典型地反映在了 1950 年的宪法和几个"五年计划"所制定的目标里。这些目标包括为所有公民提供"充足的生产资料"，管控物质资源"以便最大限度地促进公共福祉"，不仅保障民权还保障公民享有"工作和受教育的权利，以及处于极端贫困状态下……享有获得公众帮助的权利"，在 1965—1966 年结束对外国援助的依赖。

所有这些目标没有一项得到实现，甚至连边都没有沾上。事实上，从现在来看，这些目标比在独立之际更不可能实现了。失败的原因并不在于缺乏外援。印度在

1947—1977年间接受了总额280亿美元的对外援助——这超过了其他任何一个第三世界国家。失败的原因也不在于缺乏尝试。印度通过了许多部进步法律，以求像其他发展中国家那样帮助弱势群体。然而，印度如今弱势群体的数量却比独立时还要多。

出现这一窘况的根源在于，印度的独立虽然结束了英国的统治，但是既有制度和权力关系却被完整地保留了下来。迈隆·韦纳（Myron Weiner）曾研究过1960年代中期的国大党，他指出，国大党的领导层和积极分子来自"人数很少的商人阶层、专业人士及拥有超过30公顷土地的占土地所有者人数5%的阶层"[19]。不用说，这一小撮统治精英自然会倾向于维持现状，而且他们在很大程度上也成功地做到了这一点。

由此形成的僵化局面在农村地区体现得尤为明显，印度80%的人口都生活在农村。印度独立后，中央政府的确迅即限制了高居农村传统社会顶端的一些最大的寄生阶层的权力，并通过土改法令重新分配了那些在外土地拥有者的部分土地。然而，土地分配却在很大程度上受到了与地方官员相互勾结的地方地主的抵制。

无论是农业改革还是农业生产率的提高，进程都非常缓慢。失望之余的中央政府于1950年代试图通过技术革新：更多地使用化肥、农药、良种和灌溉技术，来提高农业生产。然而这场"绿色革命"却进一步推动了农村的两极分化，因为只有富人才用得起这些新技术，只有他们才能得到技术建议、才能享受到市场便利。最终，农村人口中生活在最低生活标准之下的比例从1960—1961年的38%上升到了1968—1969年的54%。

面对这些人所共见的社会不平等现象，越来越多的民众起来闹事，这迫使中央政府在1960年代末1970年代初重新进行了土地改革，然而效果却并不比之前好。一些计划委员会所撰写的《1972年土地改革考察报告》得出结论："自独立以来屡次推进的土地改革并没有给农村结构带来需要的变化……[这]主要是由于缺乏政治意愿……官僚机构，总的来说是强有力的反对土地改革集团的组成部分。"[20]

立法改革与社会现实的脱节也清楚地显现在为提高达利人（贱民）生活水平所做的种种努力上。在6.5亿总人口中，贱民的数量有1亿—1.2亿。在入学机会和政府职缺上，一直都给他们保留特定的份额。然而就像美国的平权运动一样，这种做法也遇到了强烈反对，尤其是那些种姓较低的印度教徒，他们担心达利人的所得会损害他们的利益。在失业率居高不下、经济保障无法满足的情况下，这一担忧不是没有道理的。在农村，达利人为求涨工资、为求一块土地而一直斗争着，如今却被驱逐出了家园、遭到殴打、甚至谋杀。哪怕是与种姓印度教徒使用了村里的同一口井，他们也会遭到辱骂殴打，因为那些印度教徒们担心他们会带来宗教"污染"。"种姓就是一切"，巴特那的一名商人如是说，他的菜摊曾在一次示威游行中被捣毁。"他们说在一个现代化的印度,我们正在逐步废除种姓制度。然而至少在巴特那,种姓仍然代表着一切。"[21]

1950年宪法中有关组织乡村潘查雅特(传统的五人委员会)的条款规定同样能说明一些问题。条款规定要给予它们"必要的权力、权威,以使其能发挥自治政府机构的作用"。然而地方的自治政府却落到了邦政府的管辖之内,后者根本不愿与这些乡村机构分享权力。因此,尽管1950—1955年间乡村潘查雅特的数量从3.46万个增长到11.76万个(印度总共只有50万个村庄),然而中央政府1957年派出的一个调查团则报告说,没有一个潘查雅特对地方的管理和发展发挥了"哪怕一点贡献"[22]。

地方上的这种停滞状态,若说有例外,当属西孟加拉。西孟加拉于1977年6月选举成立了一个马克思主义的邦政府,宣誓要改变当地力量的天平,使其朝农村贫困人口的方向倾斜。第二年,2500万西孟加拉人20年来首次选出了地区一级和村一级的潘查雅特。村潘查雅特被赋予了提供医疗卫生和教育服务的权利,并鼓励它们开办小型地方企业。它们还得到授权可以征收赋税以为各计划项目筹资,邦政府也在建立有专门技术人员的培训营,以缓解地方缺乏管理经验和财会知识的情况。"这不是虚假的,"一位政治分析家说,"权力转移是实实在在的,似乎还颇有成效。"然而要把西孟加拉邦的成功模式复制到其他邦却几乎没什么希望。一名中央政府官员说:"也有一些邦下放了某些权力到潘查雅特,但没有一个邦进行了像西孟加拉那样的试验。""西孟加拉邦之所以成功,在于该邦是一个政治上比较进步的邦,其执政党有着较强的干部群体。这一组合非常罕见。"[23]

激进的言辞与社会现实之间的脱节不仅体现在农业领域,也体现在工业领域。政治领导人和经济计划者起初曾明确反对贯彻一条纯粹的资本主义经济发展战略。相反,他们支持中央计划的方式,限制私营大企业的规模,扶持私营小企业和传统手工业的发展。最初,前景似乎一片光明,毕竟独立之初的印度拥有大量经济资产。英国统治时期坚实的工业结构被继承了下来。各大工业在战争期间大幅发展,而没有遭到像中国那样的破坏。此外,印度在1948年还拥有总数多达12亿的外汇储备,这来自战争期间对英国的单方面出口。

印度的经济计划制定者们错误地认为,他们制定的"五年计划"可以从外汇储备中获得资金支持,还能得到少量的外援。第一个"五年计划"确实取得了重大成功,国民收入的实际增长率为18.4%而不是计划中的11%—12%。因此,第二个"五年计划"提出公共支出要比第一个"五年计划"增加一倍,更加重视工业化发展和国有部门的扩展。与此同时,政府也开始慷慨地发放进口许可证。然而,"二五计划"期间的粮食收成却低于"一五计划"期间。当官员们意识到自己严重误判了形势时,外汇储备已经告空。德里向世界银行申请贷款,然而得到的答复却是世界银行认为印度的第二个"五年计划"太过野心勃勃,不切实际。世行的意思很简单:它不愿赞助作为印度经济战略中心的国有重工业项目建设。"我们是私营领域的坚定信仰者……"世行副总裁伯克·纳普(Burke Knapp)宣称,"我们会尽一切所能来创造一种私营企业可以在其中为国家发展作出最大贡献的气候。"[24]

当贷款最终到手时,代价却是,计划转向了那些外国公司愿意投资的企业。这些公司自然可以指望从中获利,因而在1960年代初期这些外国公司汇往公司总部的红利大幅上升。到1964年,印度经济再次陷入危机。世行派出的调查团提出要求卢比贬值、取消多方面的外贸管制。

接下来的两年里,印度遭受了旱灾、又与巴基斯坦发生了战争、尼赫鲁和其继任者又接连逝世,这一系列事件使得印度难以招架。新任总理英迪拉·甘地(Indira Gandhi)被迫接受卢比贬值,放宽了一系列货物进口限制。然而,预期增加的出口量并未实现。此时的印度反而负债累累,并受到种种限制和义务的束缚,致使先前制定的自力更生和平等经济发展的计划毫无希望地失败了。

经济发展受限的一个自始至终的因素是缺乏有效的土地改革,使得工业缺乏足够的国内市场。比如,纺织厂无法向农村贫困人口出售相当数量的粗布,因而被迫转向生产质量较高的棉布或合成织品,而这些产品拥有的国内外市场都比较有限。工业生产年增长率因而持续下降:1951—1956年间为7.4%,1956—1961年间为6.8%,1961—1965年间为8.9%,1965—1970年间为3.3%,1970—1974年间则降到了2.8%。尽管人均年收入在前三个"五年计划"期间适度增长(增长率分别为1.8%、2.9%、2.3%),然而在1965—1974这十年间,这一增长率却降到了0.3%。此外,收入分配日益不平等,城乡生活标准实际上都在下降。[25]

1974年,小麦和石油进口成本急剧提高,这恶化了(尽管不是诱发因素)整体的经济危机形势。印度经济学家阿伦·舒瑞尔(Arun Shourie)写道:"印度如今正在遭受一场独立以来最为严重的经济危机。""经济停止了增长。物价水平每年上升30%……如今,印度的制度正在一个接一个崩溃。"[26]

制度的崩溃在农村体现在不时爆发的武装暴动上,在城市则体现为不间断的罢工和游行示威上。1976年6月25日,英迪拉·甘地以右翼反对派威胁她的政府为由宣布国家进入紧急状态,右翼反对派一直以来都想以违反选举法为由将她赶下台。17.5万—20万人未经审讯就被拘捕,然而右翼领袖则大部分被释放,左翼领袖却依然被囚禁。"啊,太妙了,"奥伯劳伊家族的一名成员在紧急状态实施不久后说道,"过去我们一直与工会发生纠纷。现在只要它们给我们制造麻烦,政府就会将它们收监。"[27]罢工次数急剧减少,企业利润相应增加。孟买的《政治经济周刊》

(*Economic and Political Weekly*，1975年12月20日）以"公司企业：好景空前"为题总结了新的经济情势。报道指出，"所有的工业部门都严重受损"，整体的工业状况是"所有领域的计划中表现最差的"。然而"尽管工业表现差……利润空间和盈利能力比率却达到了过去最高的水平，甚至超过了这一水平"。

无论是外国公司还是印度本土公司，都在政府的让步情况下繁荣起来。世行总裁罗伯特·麦克纳马拉对印度进行了为期一周的访问，其间他坦率地强调了政府让步与外国援助额增长之间的因果关系：

> 印度接受的外国援助额发生变化的原因要从政府的经济政策变化中去找。政府出台了一系列的放松和免税措施，实际上已经使先前的工业许可制形同虚设。对大地产商的限制几乎早已不起作用；进口政策有所放宽；政府慷慨给予的补贴和让步已经扩展到出口领域；外国公司正在受到鼓励进一步扩展……个人所得税和间接税已经削减，在明年的预算中有望降低公司的纳税率。换句话说，主要的进步都是在朝着一个以自由开放的市场和私人企业为基础的经济方向发展时取得的。世界银行从不讳言其支持这些政策。而私人实业家，不论是来自美国的还是来自英国的，也都试图不再隐瞒他们的投资偏好。[28]

企业利润持续增长、生产率低下、工厂产能未充分利用，这一切意味的是失业率居高不下和贫富分化不断加剧。商业部长莫汗·达利亚（Mohan Daria）于1977年8月30日在伦敦演讲时指出，印度现在有2亿失业人口。英迪拉·甘地在1977年3月的大选中落败，代之而起的是莫拉尔基·德赛（Morarji Desai）领导的人民党政府，然而一切都无补于事，德赛政府的短命夭折就说明了这一点。到1979年罢工的频繁度已经达到1975年宣布紧急状态前的水平。不但工人和农民反对政府，就连一些警察也反对政府。与此同时，白领工人也首次大规模地组织了起来。

在1980年1月的选举中，英迪拉·甘地东山再起。尽管她只赢得42%的普选票，但却赢得议会中三分之二的席位。英迪拉·甘地能获胜是因为她看上去像个"能作为"的领导人，而德赛的政府里面却是充满派系斗争、整天漫无目标放任自流。实际上，英迪拉·甘地并不比其前任能有什么作为。长期积压的问题和动荡不安的局面早已使印度疲惫不堪：海德拉巴印度教徒和穆斯林教徒之间的冲突骚乱；阿萨姆邦因为说孟加拉语的外来人问题也爆发了骚乱；东北部要求独立的自由主义运动日益增多；年通胀率已接近30%；最重要的是，贫困问题四处蔓延。1980年9月，英迪拉·甘地不得不再次诉诸镇压以控制不断增多的骚乱。她颁布了一项法令，授权中央政府部门和州政府在需要维持公共秩序、维持基本供应和服务的情况下,可以不加审讯而拘捕任何人至一年之久。她给自己的行动找到的辩解理由是:"印度种族宗教不和谐,种姓冲突,社会关系紧张,对少数民族和其他弱势群体施以暴行,形形色色的利益团体在不同问题上越来越倾向于搅局。"(29)

  这些问题的确存在,然而这却都是表象。最根本的问题在于1956—1978年间印度的粮食产量翻了一番,人口增长了50%,然而与此同时营养不良的印度公民数量却上升了而不是下降了。印度本身在谷物上可以自给,而那些早已营养不良的人口的人均谷物消费量却在下降。1980年,印度6.5亿人口中超过3.15亿人生活在贫困线以下(贫困线的设定标准是农村家庭月收入8美元,城市家庭月收入9美元)。政府鼓吹说1950年其主要出口商品是黄麻、棉花和茶叶,而在1980年国家最重要的出口产品则是成品机械。印度工业虽然在1978年创造了75万个就业岗位,然而每年新进入就业市场的劳动力却多达250万。工业无法进一步发展,因为国内购买力不足,其产品只能是面向国内少数富人和有限的国外市场。印度城乡赤贫人口的需要无处不在,然而印度的工业甚至都不能为他们进行生产。

  印度最负盛名的知识分子杂志《座谈》(Seminar)的编辑拉吉·萨帕尔(Raj Thapar)几乎使用了与普雷维什(Prebisch)讲到阿根廷问题时一模一样的语言来描述印度的根本问题(参见第二十四章第三节):"起初我们认为增长本身就可以带来其他福利:就业、社会公平和更多的国民福祉。现在我们知道这不可能。"(30)这不可能的原因就在于,在没有进行社会重构的情况下发展经济,给印度和其他第三世界国家带来了更为严重的经济不平等问题和相应的社会分化问题、政治不稳定问题。缪尔达尔于1970年就曾有预见性地写道,由于"缺乏来自下层的有组织的压力",进行必要的社会重组几乎不可能。(31)十年后,政治学家弗朗西斯·弗兰克尔(Francis Frankel)描述了恰恰是此种"来自下层压力"出现的情况:

>   自1947年独立以来,印度的政治动员一直遵循的是自上而下的垂直模式。占主导地位的种姓和地主家庭在其辖区内控制了贫民的"投票选择",将票投给由西化的城市知识分子精英控制的国大党。如今这一模式被打碎了。不同的种姓和阶级正在按照自己界定的标准去寻求利益。落后的贫民阶级的政治化进程已大大加速,他们正在挑战压迫他们的精英集团的主导地位。(32)

  作为一个独立国家,印度已经到达了其发展历程上的转折点。几十年来,用孙·古普塔(Sun Gupta)博士的话说,国大党一直发挥着"保护伞"的作用。在这一身份下,国大党用进步的言辞和纸上谈兵式的改革有效地维持着现状。如今,这把"保护伞"正在被人抛弃,形形色色的团体正在与"他们自己的领袖和宣扬的抱负"[33—35]分道扬镳。除非英迪拉·甘地有能力也有意愿将其政党革命化(目前来看这是最不可能发生的事情),否则过去国大党充当"保护伞"的时代,就将让位于一个分裂和对抗的新时代。事实上,这一转变已经在进行中。

(2)中东

战后中东地区的发展演进大体上与印度相似。在新独立的中东国家中,与印度一样,变革更多都是出现在宪政方面而不是社会结构方面。当然巴勒斯坦–以色列是个例外,这将在以后的章节中讨论。

1939年的中东还处于英法两国治下。它们要么以委任统治的方式进行直接统治,要么则是通过当地处于依附地位的王朝及其精英阶层进行间接统治(参见第二十一章第四节)。战争年代的中东像印度一样没有遭到入侵。德国和意大利并没有越过利比亚–埃及边界继续前进,就像日本没有越过缅印边界进入印度一样。此外与印度一样,中东国家在支持轴心国还是同盟国上的立场也很模糊。就像印度人痛恨英国的统治,阿拉伯人也痛恨英法的统治。当提到战争期间的不痛快经历时,一名阿拉伯学者说道:"在以民主名义进行的压迫和以法西斯名义进行的压迫之间,没有什么选择可言。"[36]

上述分析为伊拉克1941年4月发生的起义作出了解释,这次起义与其说是支持德国倒不如说是反英。由于没有等来德国口头上公开承诺的援助,英国和外约旦军队便镇压了起义,占领了伊拉克。同样,在埃及,法鲁克国王拒绝任命亲同盟国的首相,英国装甲部队包围了其王宫,威胁说如果他不屈服就要废黜他。法鲁克屈服了,开罗变成同盟国中东补给中心的安全基地。50多万英国、美国、印度、新西兰、澳大利亚、南非、波兰、希腊、捷克斯洛伐克和南斯拉夫士兵取道埃及前往各个战场。

此外,纳粹德国入侵苏联后,英苏要求伊朗的礼萨汗同意利用其国家作为补给线,礼萨予以拒绝。同盟国再次把自己的意志强加给了礼萨国王。英苏军队于1941年8月入侵伊朗,最后苏联占领了北部五个省份,英国则占领了剩余部分。礼萨汗20岁的儿子取代了他的位置。1942年1月,伊朗、英国、苏联签订条约,规定给予同盟国以通行权,不过也规定在打败轴心国后六个月内同盟国军队要撤出伊朗。

虽然在战争期间中东的那些民族主义者们无力满足自己的期望,但是战后新的力量对比却为他们提供了一个可资利用的机会。1945年,英法在中东的统治比起1939年更加脆弱,由此而导致的权力真空迅速由美国和苏联填充了上去。阿拉伯人充分利用了英法的弱点以及美苏在此的争夺,趁机从中"渔翁得利"。阿拉伯国家有着巨大的石油储藏量，这也进一步帮了他们：其石油资源迅速成为西方工业不可或缺的原材料。因此，阿拉伯人可以迎来一个又一个的让步，并且摆脱了几个世纪之久的英法统治。

1945 年 3 月 22 日，八个中东国家联合组成阿拉伯联盟。每个成员国依然是主权国家，阿拉伯联盟的决定也没有约束力。尽管如此，阿拉伯民族主义终于首次拥有了一个可以用来反对西方列强和犹太复国主义运动的共同工具。阿拉伯联盟在叙利亚和黎巴嫩反对法国的斗争中取得了第一次胜利。叙利亚和黎巴嫩在 1941 年 6 月前一直控制在法国维希政府的官员手中。1941 年 6 月，英国军队和自由法国军队将他们赶出了这两个国家。然而戴高乐在决心维持法国对所有殖民地的控制方面，与其他法国领导人并没有什么不同。这就引发了罢工和示威游行。戴高乐以牙还牙，派出了远征军，并于 1945 年 5 月炮轰大马士革。阿拉伯联盟要求法国迅速撤军，这得到了丘吉尔的支持。丘吉尔迫切希望在战争仍在继续时避免同阿拉伯民族主义者对抗。在英国的压力下，法国撤出了其军队，并于 1945 年 7 月同意结束其在中东的统治。随着英国于 1946 年撤出，叙利亚和黎巴嫩最终都获得了完全自由。

尽管阿拉伯民族主义在反抗法国的斗争中胜利了，但它在以色列手里却遭到奇耻大辱。巴勒斯坦的溃败使中东一些旧政权名誉扫地，这推动了埃及国王法鲁克的下台。很快极具魅力的纳赛尔便取代了他的位置。作为"阿拉伯社会主义"和"阿拉伯统一"的倡导者，纳赛尔在阿拉伯世界深受欢迎。

纳赛尔的第一个胜利是通过谈判与英国签订了一个协定（1954 年 10 月 19 日），协定规定英国从苏伊士运河区撤出军队，并将所有设施移交埃及。之后，英法以三国袭击苏伊士运动失败，这成了纳赛尔的一次巨大胜利。此次侵略战争的根源可以追溯到尚未解决的阿以冲突和"冷战"向中东的渗透。美国召集英国、伊拉克和巴基斯坦于 1955 年 1 月签订了《巴格达条约》，美国希望借此来联合阿拉伯国家组建起一道"北方屏障"，阻碍苏联任何南下的企图。其理论依据是这会将伊拉克的目光转向北方的苏联，从而孤立好斗的纳赛尔，使其把目光从以色列和中东转向非洲。

但让始作俑者始料未及的是，这一战略反倒自食其果。作为报复，纳赛尔与苏联达成了一项武器交易协议，埃及将用棉花换取苏联的战争物资。该协议为苏联在中东地区提供了一个之前从未有过的落脚点。另外一件使西方不乐意的意外之事是，为了报复美国国务卿杜勒斯突然撤销资助埃及修建阿斯旺大坝的款项，纳赛尔宣布将苏伊士运河收归国有（1956 年 7 月 26 日）。这导致英国保守党考虑对纳赛尔动武，更何况英国在已收归国有的苏伊士运河公司中占有大量股份。法国此时也在考虑对纳赛尔动武，因为纳赛尔一直在向阿尔及利亚的叛乱者提供宣传和物资援助。同时，以色列则一直计划对埃及发动一场先发制人的打击，以阻止埃及持续不断地在边界发动袭击。因此,三国很快便达成协议,以色列对西奈半岛发动进攻,英法两国则沿运河区发动进攻。

以色列军队很快就穿过了西奈半岛,而尚未做好准备的英法部队则直到一周之后的1956年11月5日才正式登陆。事实证明,这一拖延带来了致命的后果,它们招来了四面八方的批评。苏联发出了事实上的最后通牒,事先对这次袭击一无所知的美国也强烈反对。联合国以多数票通过决议要求外国军队撤出埃及。侵略者被迫让步,到12月底,最后一批英法两国军队撤回国内。苏伊士战争不但没有推翻纳赛尔的统治,反而使他成了运河的主人和整个阿拉伯世界的英雄。

阿拉伯民主主义热情的兴起促使埃及和叙利亚于1958年合并成了阿拉伯联合共和国。英国支持的伊拉克哈希姆王朝于1958年7月被推翻后,阿拉伯世界反西方力量进一步得到加强。几个月后,英国最后一批部队撤出了其在伊拉克的空军基地,新的共和国政府宣布《巴格达条约》无效,宣布终止与英国缔结的为期约30年的同盟。也差不多在这一时段,一位驻埃及的美国记者报道了一件象征着阿拉伯世界新精神面貌的事情:

> 在埃及南部尼罗河谷地的一块高地上,站在高地上可以俯瞰即将开工的阿斯旺水坝的基址,记者让一位衣衫褴褛的工人伸开手臂指向基址照一张相。
>
> 他摆出了姿势,笔者拿出一枚硬币作为小费。长期以来小费已经成了埃及日常生活的一部分,一些人甚至每天就等着拿到一衣袋硬币来过活。
>
> 然而当记者把小费递给这位工人时,他却转过了身。记者上前真诚地和他握手并接连表示感谢,才使他的情绪有所好转。他解释说,穆罕默德知道他所指的地方也知道此举的含义,如果因为这一个姿势而给他小费那是对他的侮辱。……许多埃及人有生以来第一次感受到了民族尊严,这是一种全民族有所作为、有所奔头的感觉。[37]

1950年代末1960年代初,这种"有所奔头"的感情的确广布于阿拉伯人中间。那一经常宣扬的"阿拉伯统一"的目标得到了强烈的民族主义支持,而民族主义者们也经常提及"阿拉伯社会主义"。每次与西方发生对抗后,纳赛尔都会将本土公司和外国公司收归国有,坚定地向左转。他的这一做法赢得了阿拉伯世界的喝彩和拥护,阿拉伯人称赞他是正在击败西方帝国主义列强的新的萨拉丁。1956年后的十年,是阿拉伯世界激进化的十年。西方支持的伊朗和阿拉伯半岛上的各国君主们在强势的纳赛尔面前采取了守势。除了把埃及和叙利亚合并成阿拉伯联合共和国外,纳赛尔还于1965年派兵支持也门的共和主义者叛乱，从而在沙特阿拉伯王朝的后院公然向其发起了挑战。

然而，在那之后却迎来了一个晴天霹雳：埃及在1967年6月的"六日战争"中遭遇惨败，这成了纳赛尔的奇耻大辱。灾难性的六天结束后，以色列军队在南部占据了苏伊士运河一线，在东部占据了约旦河，在东北部占据了俯瞰加利利湖的叙利亚高地。他们俘获了九名埃及将领、三百多名军官、数千名埃及士兵、大批俄国新式武器装备。

以纳赛尔为代表的阿拉伯进步势力再也未能从那次灾难中恢复过来。1967年后，右翼势力在阿拉伯世界占了上风，苏联在阿拉伯世界的影响力也屈居美国之下。1973年的阿以战争再次推动了右转进程。在这场战争期间，阿拉伯产油国对大部分西方国家实施石油禁运，将油价从每桶2美元提高到6美元。石油收入空前增长，使阿拉伯的保守集团（伊朗、沙特阿拉伯和海湾酋长国）在中东地区获得了强大的政治和经济影响力。在埃及这个重要国家，情形尤其如此。在埃及，1970年纳赛尔逝世，接替他的是相对保守的安瓦尔·萨达特（Anwar Sadat）。当萨达特转而反对苏联并与美国修复关系时，他获得了沙特阿拉伯的支持。

然而，在与以色列的关系上，阿拉伯人因未能收复其在1967年失去的领土而感到灰心丧气。不论是联合国决议还是针对以色列的经济制裁还是沿以色列边界开展的游击战，都未能使以色列撤出这些占领的领土。其失败的根本原因在于，阿拉伯世界经常宣扬的"阿拉伯统一"和"阿拉伯社会主义"更多还是停留在了口头上而没有付诸行动。

第二次世界大战以来，阿拉伯的代言人们一直强调"一个阿拉伯民族"的统一，然而在行动上，他们的所作所为更像是不同民族之间在争夺利益。他们之间仅有的共同纽带是语言和宗教，在这一点上他们还不如信奉天主教和讲西班牙语的美洲各民族团结。相比之下，各种各样的离心力要比共同的语言和宗教信仰强有力得多。首先，阿拉伯世界存在着多种政体：君主政体、神权政体、共和政体、军事独裁政体，以及波斯湾地区形形色色的酋长国。此外，它们也有着极不相同的文化背景和看待现代世界的态度。因此，像黎巴嫩和埃及这样的国家，其与沙特阿拉伯和也门的共同点或许还不如与意大利和希腊的共同点多。再者，存在着各种各样的斗争：像哈希姆王朝和沙特阿拉伯王朝这样的王朝之间有纷争；像纳赛尔和卡扎菲这样的民族主义领导人之间有纷争；像穆斯林和基督徒这样的宗教团体间有纷争；纳赛尔主义者、叙利亚阿拉伯复兴党成员、分离出来的共产党分子和巴勒斯坦革命者信奉的形形色色的"社会主义"和意识形态间同样有纷争。最后，阿拉伯各国之间的经济水平有很大差异，同一国家内部也有穷人和富人之分。沙特阿拉伯、科威特和伊拉克对于把它们的石油资源用于更加广泛的地区经济发展上的提议不予回应。同样，开罗、巴格达和大马士革的暴发户也几乎从不关心那些农村的无地农民和城市失业者，他们只管在国外开设银行账户存钱，以防现有的社会约束将来会被打破。

事实证明，阿拉伯社会主义也与阿拉伯统一一样，不过是海市蜃楼。其中一个原因是阿拉伯各共产党均十分弱小。他们也缺乏像中国的毛泽东或越南的胡志明那样的领导人。之所以会出现这种状况，是因为当地的共产党都遵守克里姆林宫的路线而最终走向了死胡同，因为苏联想要的只是将阿拉伯排除出美国的势力范围。苏联并无心去支持或煽动社会革命，它担心这会损害其与西方和平共处的总目标。因此，当地的共产党遵从克里姆林宫的路线，并没有去充当群众运动的领导，也没有赢得群众的追随，即使在埃及这样有着和中国及越南同样革命潜力的国家，情况亦是如此。最终，发挥的余地留给了纳赛尔和他自己版本的"阿拉伯社会主义"。

当纳赛尔和他的军官于1952年夺得政权时，他本人并没有一以贯之的社会理论，也没有什么政治纲领。纳赛尔出身于小资产阶级家庭，父亲是邮局工人，萨达特也是如此，其父亲是一名小农场主。像大多数推翻法鲁克王朝的自由军官一样，纳赛尔在思想观念上倾向于激进的伊斯兰原教旨主义。他发现两次世界大战期间的进口替代工业化战略带来的成果有限。故为加快工业化速度，他用由军官、经济学家和工程师组成的技术专家治国团队取代了先前的统治精英。

纳赛尔政权最初采取的几项措施包括废除君主制，解散现有的政党和政治团体，重新分配土地以增加小块土地所有者的数量，将资本投资重新转向工业。为了加快工业化进程，纳赛尔建立了新的工业银行，成立了全国生产常设委员会。然而要想使埃及的资产阶级放弃他们所喜好的简单易行、赚钱迅速的生意并不那么容易，以至于70%的新投资都流向了建筑业，其中绝大部分都是为中上阶层修建公寓式住宅。

苏伊士战争中取胜的纳赛尔进一步放开了胆子，采取了更为激进的措施。这些措施包括将外国银行和埃及银行、重工业部门、保险公司、交通运输公司和地产公司一律收归国有。此外，经济计划也开始按照第一个"十年计划"（1960—1970）运转起来。纳赛尔采取的这些措施结束了外国对埃及经济的控制，确保了埃及可以自行决定国民经济发展的目标、方法和速度。如今的重点转向了实现大规模工业化、勘探新能源、与沙漠争土地和修建阿斯旺大坝。

纳赛尔实行的政治革新也与经济方面一样激进。在废除君主制的同时他还取缔了所有政党。1963年5月21日，他向全国人民力量大会提交了他的《全国行动宪章》。宪章宣称"社会主义是实现社会自由的方式""科学社会主义是找到通向成功的正确方法之适合的方式"。而且在1960年代初期，看上去似乎真的找到了通向"进步"之路。1959—1960年度到1964—1965年度之间，埃及的国内生产总值平均增长率为 5%—6%，若从人均角度算则有 3%。

然而纳赛尔的"阿拉伯社会主义"还是流产了。其中的一个原因是，由于人口死亡率迅速下降而出生率下降则比较缓慢，导致人口出现爆炸式增长——这也是那一时期第三世界国家普遍存在的一个倾向。另一个原因是长期的阿以冲突（1967年的军事灾难是其顶峰）消耗了大量军费。不过最根本的原因还在于纳赛尔的"阿拉伯社会主义"不过是印度和其他第三世界国家国家资本主义的翻版。这种模式本身就无法动员国家的人力物力资源来促进独立公平的经济发展。

1952年和1961年的两次土地改革带来的结果只不过是一个权贵阶层取代了另一个。过去的贵族地主让位给了一个由富农和中农组成的新阶层，这些人可以获得贷款、农业机械、化肥，因而成了高效的资产阶级农场主。然而大多数农民根本没有任何土地或拥有的土地还不到 5 费旦（1 费旦 = 1.04 公顷），"他们在 1970 年并不比他们为推翻旧政权欢呼雀跃的 1952 年过得好……土地改革打击了皇室、土地贵族和大地主的权力基础，但却没有触动富农和农村权贵的权力"。(38)

纳赛尔的"阿拉伯社会主义"的另一个弱点在于其鼓励福利国家型的消费模式。进口产品中电视和家用工具等消费品所占比重过大，而实现独立自主的经济发展所必需的资本商品所占比例则过少。因此，制造业创造的就业岗位只占 1937—1960 年间市场劳动力数量的 18%，而在 1960—1970 年间，这一比例只有 16%。(39) 尽管工业增长缓慢，国家官僚机构却在不断膨胀。1962—1966 年间，官僚机构的数量增长了 61%，其收入提高了 2.15 倍。与此同时，蓝领工人的数量实际上却在减少。

事实证明，纳赛尔的"阿拉伯社会主义"既无法解决富农和贫农之间的矛盾，也无法解决城市工人与由承包商、销售商、进出口商和国家、军队官僚所构成的新资产阶级的矛盾。其引发的紧张关系迫使纳赛尔不但取缔了所有政党而且将 2000 多名共产党人收押。这有效地清除了左派，然而右派的资产阶级和地主却依然掌握着经济权力，并逐步在政治上形成了一个新阶级。他们既没有失去资本也没有失去土地，而且他们还在房地产领域和建筑业领域找到了新的投资方向。此外，他们还在农村保持着较大的影响力，并与军队、官僚机构和治国专家团队中的右翼结成了同盟。因而，纳赛尔发现自己的左边是个真空地带，而在右边则是不断增长的压力集团。

纳赛尔有能力抵制埃及政治中的逐步右转倾向。然而他只是作为个人在抵制，从来都没有作为有组织的左派力量的代表在抵制。他的"社会主义"是总统指令式的社会主义，是由军队和警察帮助实施的社会主义。它既缺乏来自基层的积极性，也缺乏基层的参与。阿拉伯社会主义没有得到社会主义者支持，这一点可以解释为何 1970 年纳赛尔逝世后，萨达特能够扭转进程而没有遇到什么阻力。农民处于无组织状态；工人缺乏一种自己可以影响政治的意识；老的左派分子分化改组；左派的纳赛尔主义者像贝隆之后的贝隆主义者那样无法发挥作用；中产阶级的主要兴趣在于消费主义；军队已经由慷慨的特权所收买。剩下的也就只有学生了，他们游行示威，组织了一些"维护民主委员会"。然而，学生的努力并没有多少响应者，经济压力和军事力量中和了他们的热情。

萨达特如今可以放手实施其新战略：在经济方面把美国的技术、阿拉伯的资本和埃及的劳动力结合到一起作为基础的"三结合投资"理论。更重要的是这里涉及门户开放，这就意味着在经济上去纳赛尔化。经济计划和企业国有化都被搁置一边以吸引外国投资。1974年2月，一系列"自由港区"沿着苏伊士运河建立了起来，在这些港区可以享受税收豁免和关税豁免。任何公司在埃及投资都可享受5—8年的免税期，投资银行免受货币管制。1974年6月，出台了一部投资法，其中规定向外国投资者开放工业、冶金业、银行业和保险业等领域（先前都已收归国有）。1975年11月，萨达特在纽约经济俱乐部演讲时提到，需要为埃及经济"输血"，而这则需要"30多亿美元"。

尽管萨达特开出了种种优惠条件，但却没有几家外国公司愿意去利用这一"门户开放"政策。它们一想到埃及那臃肿而效率低下的官僚机构和陈旧的通讯和交通设施就丧气了。此外，埃及的资产阶级尽管欢迎"门户开放"政策，但却将外国资本视为对其国内利益的威胁，因此坚决主张按照他们开出的条件来组建合资企业。最终，萨达特的改革导致埃及经济情况更加恶化。中央计划取消后，埃及的进口总额从1973年的39.4亿美元提高到1976年的57亿美元，增加的进口货物中大部分是奢侈品。据估计，900万劳动力中约有25%处于失业或半失业状态。

到1976年，埃及已经走到了崩溃的边缘，就连到期的短期贷款都无力偿还。由世界银行、国际货币基金组织、美国政府和沙特阿拉伯政府组成的国际财团向埃及提供了急需的援助。埃及为之付出的代价是埃及镑贬值、取消对生活必需品的补贴。对生活必需品补贴的取消迅即导致液化煤气价格上升46%，面粉价格上升63%，肉类价格上升26%，大米价格上升16%。对连糊口都很难满足的民众来说，这根本无法忍受。1977年1月，全国各大城市都爆发了实质意义上的起义。面对这种情况，萨达特作出了让步，恢复了补贴。对此外国金融集团也表示同意，它们害怕萨达特政权垮台会使它们的一切计划泡汤。

不过，埃及镑的贬值还是施行了，因为闹事的埃及民众认识不到其对经济的破坏性作用。那些埃及工农业生产结构上所依赖的进口货物，也因货币贬值而成本相应提高。同时，由于通货膨胀和阿拉伯市场向埃及人开放而诱发的竞争，劳动力成本也提高了。小型制造公司破产，迫使那些失业工人要么选择进入那些相近职业者的半失业队伍，要么选择移民。埃及像墨西哥一样有 20% 的劳动力在外国工作。他们汇回国内的工资有利于抵消埃及的贸易逆差，但却也助长了埃及的价值观念体系向大众消费主义转变的不良现象。

开罗的生活水平依然低得可怕。一家人挤在一间房子里，下水道里漫出的污水流得满街都是。为了赶着上班，乘客们经常扒着早已满员的公共汽车的尾部和两侧。群众对这一苦难生活早已产生了怨恨情绪，而门户开放政策使得黑市商人、投机者、走私者和形形色色的承包商数量激增，更是进一步加剧了民众的不满情绪。在 1975 年 12 月举行的一次议会辩论上，一位议员指出，埃及现在有 500 个百万富翁，而法鲁克王朝覆灭前夕埃及只有 4 个百万富翁。1977 年 1 月骚乱期间，夜总会、舞厅、酒吧、豪华轿车及其他社会不公平的标志物，都成了示威者的特殊攻击目标。

如果说城市里的状况就已经让人感到吃惊，那么农村里的状况则要更糟。人均寿命仍不足 40 岁。文盲率为 70%，高于十年前的水平。每年有 60%—70% 的农村人口患上使人虚弱的血吸虫病。农业生产率每年仅增长 2%，低于人口增长率。农产品进口额于 1975 年首次超过农产品出口额。一份关于当代埃及农村的研究报告预测，以埃及贫农和无地农民为一方、以富农为一方的农村阶级矛盾和冲突将会激化。

为了应对这一不利的社会分裂趋势，萨达特采取了三项策略。第一个策略是政治方面的。他宣布结束纳赛尔的"极权主义"，承诺制订一项标志"埃及新生活开始"的《权利法案》。萨达特在 1977 年五一劳动节的演说中，给纳赛尔主义贴上了"拘留营、监督者、财产没收者、一言堂、一党制"的标签。为了突出他与纳赛尔的不同，他于 1976 年 11 月创建出了三个政党：立场居中的阿拉伯社会主义党、左翼的全国进步集团党和右翼的社会主义自由党。然而最强大的右翼势力当属穆斯林兄弟会及其领导的准军事地下团体。而实际上，萨达特支持中间派，容忍右派而镇压左派。在 1977 年 1 月的骚乱事件中，他无视穆斯林兄弟会的领导作用，反而逮捕了工会会员和共产党员。1979 年，为了对付那些反对他为了和平而出使耶路撒冷和戴维营的人们，萨达特再次使用了上述有选择性的镇压方式。

萨达特的第二个策略是使埃及成为继伊朗之后的波斯湾地区及其非洲毗邻地区的宪兵。萨达特希望通过向西方保证可以源源不断地供应石油吸引大量经济援助来支撑埃及疲软的经济。因此，他派出了一支 8000 人的部队前往阿曼去替代正在撤离的伊朗军队，这些伊朗军队前往那里是为了支持反动的卡布斯苏丹镇压叛乱的游击队。1977 年扎伊尔的沙巴省叛乱期间，埃及也派出部队支持腐败的蒙博托总统。埃及过去陈旧不堪效能不佳的苏制军火，此时已由中国提供的军火武器进行了更新换代。

萨达特维持统治的主要策略是其引人注目的和平倡议，1978年9月的《戴维营协议》是其这方面举动的顶峰。他把给埃及民众带来和平作为解决当前问题的方案和实现未来繁荣的关键。对处于困境中的萨达特来说，和平倡议也给他带来了让他满意的反响。在国际上，他获得了诺贝尔和平奖。在国内，政府媒体的宣传也激起了群众对他的支持。官媒此时把巴勒斯坦人描绘成了贪婪成性的忘恩负义者，说他们是想榨干埃及的最后一滴血才肯停止战斗。他从耶路撒冷回国时受到群众的热烈欢迎，他们高举的牌子上写着"第一是埃及、第二是埃及、最后还是埃及"等口号。

然而，两个根本性的问题依然没有解决。第一个问题是，《戴维营协议》是否会成为和平的前奏曲。若要给出肯定回答未免有些虚妄，毕竟西岸地带的阿拉伯人要求成立一个独立的巴勒斯坦国，而另一方面贝京政府的所作所为却好似合约赐予了他永久占据西岸地带并在此定居的自由行动权。

更让人提不起兴致的是第二个问题：是否中东持久的和平就预示着萨达特所宣扬的"黄金时代"的到来。萨达特曾于1978年宣布1980年将会成为"繁荣的一年"。美国也不遗余力地帮助埃及实现萨达特所说的"繁荣"。1975—1980年间，美国向埃及提供了53亿美元非军事援助，这是自马歇尔计划以来美国最大的单笔援助。若按人均标准看，每个埃及人拿到的美元援助要比第二次世界大战后的西欧人多。然而援助源源不断地流进埃及，完全超出了埃及所能消化吸收的速度。因此，1980年7月，美国该月度的1亿美元援助实际上只用了一半。

美国的援助源源而来，刺激了奢侈消费品业和公寓式建筑业的迅速发展，然而这对绝大多数埃及人都没有什么帮助。(40)美国的慷慨援助掩盖了当前的裂痕，却不可能无限期地延续下去。一旦援助减少，萨达特和其继任者就必须要去面对存在已久的体制僵局：开罗工人和新的"寄生的资产阶级"之间、农村的贫农和新富农之间、负债累累的埃及和对其握有控制权的西方资本主义债权国之间所存在的依附和剥削关系。一位政府职员早已意识到了这一点，他非常失望地告诉一位美国记者："你知道，我的孩子们将来会和我一样穷。"(41)

也许有人会说，埃及并不是中东的典型，它本身有许多先天性问题：缺乏大量的石油储备和其他自然资源；大部分领土都是沙漠，这限制了农业发展；人口爆炸式增长造成土地和人口的比率越来越向不利方向发展。相比之下，伊朗就没有这些先天不利条件。伊朗有着丰厚的石油收入，足以实施任何经济计划；它还有其他丰富的自然资源、有利的土地－人口比率。然而伊朗依然有着许多经济社会问题，以至于尽管伊朗国王拥有装备精良的45万人的部队，最终却依然于1977年被推翻。

伊朗革命就像突然爆发的自然力一样让人感到吃惊。西方一直把国王描绘成仁慈亲善的改革家，说他把土地分配给穷人、借助石油收入创造了一个又一个"经济

656 奇迹"、为其3600万平民带来了更好的生活。国王自己也不反对夸口，他吹嘘说到1980年伊朗将会成为世界第五大军事强国，到1986年伊朗人均收入将会与西德持平，他会消除"阶级和阶级冲突的概念"，届时伊朗将会成为一个"伟大的文明国家"，优于古往今来的所有社会。卡特总统的一番话更是助长了这一幻想：1978年新年除夕在德黑兰举行的一次宴会上，卡特总统向伊朗国王祝酒时说："伟大的国王陛下领导下的伊朗是世界上最为动荡地区的稳定岛。这都是陛下您的功劳，这应归功于您的领导，应归功于您的臣民对您的尊敬、钦佩和爱戴。"(42)

短短一年后的1979年1月16日，这位自封为"王中之王""上帝之影"的国王就被迫逃离了其都城，走上了流亡之路，并于翌年客死他乡。要想理解这一出人意料的结局之原因，有必要指出伊朗国王本身是西方造就的产物。他在1953年就曾有过一次被迫流亡的经历。那时的他试图反对受人爱戴的总理摩萨台（Mossadeq），后者把伊朗油田收归国有，从而损害了英伊石油公司的利益。1953年1月，任期届满的杜鲁门政府准备了一份国情报告，其中指出，摩萨台的国有化措施几乎赢得"伊朗人民的一致支持"。他还把摩萨台形容成是一个坚定的反共主义者，指出共产主义的图德党与摩萨台有分歧并将推翻摩萨台的统治作为一项"首要任务"。(43)

尽管有这份报告，新政府的国务卿约翰·杜勒斯（John Dulles）和中情局局长艾伦·杜勒斯（Allen Dulles）还是使艾森豪威尔总统相信摩萨台是苏联的傀儡，必须把他赶下台以维护西方利益。"颠覆"任务交给了西奥多·罗斯福总统的孙子、时任中情局中东处处长克米特·罗斯福。克米特·罗斯福于1953年8月匿名到达伊朗，开始与法朱拉·扎赫迪（Fazollah Zahedi）密谋政变。得到美国保证的巴列维国王心甘情愿地解除了摩萨台的职务并任命扎赫迪接任。之后他逃到国外，等待扎赫迪带领军队进入德黑兰。8月22日，在艾伦·杜勒斯的亲自护送下，巴列维国王回到了德黑兰。

王位坐稳后的巴列维立即组织起了一个高度集权的中央政府。他借助伊朗的石油收入和美国的技术经验，实现了警察、官僚机构、军队和臭名昭著的国家安全情报系统（SAVAK，萨瓦克）的现代化。到1970年，他已做好准备，把伊朗打造成一个次帝国主义大国，或者用美国的话说，一个"地区性权威"。1972—1976年间，国王从美国购得104亿美元的武器装备，到他垮台前夕花在购买输油管上的钱财已有121亿美元。

657 伊朗因而成了一个践行尼克松主义的理想国家。尼克松主义即主张在第三世界寻找地区代理国家，它在美国的军事援助和培训下可以在必要时为维持现状而战斗。伊朗国王有足够的钱买得起他为之着迷的现代化武器系统，也愿意用这些现代化武器去镇压激进的地区运动——比如，伊朗军队在阿曼镇压了佐法尔起义，在巴基斯坦镇压了俾路支的异见分子，出兵索马里反对埃塞俄比亚。由于沙特阿拉伯没有足够的兵力来发挥这一积极的地区角色，华盛顿就把伊朗和以色列视为维护中东现状的宪兵。之后在戴维营签署的《埃以协议》实质上是扩展并巩固了这一维持地区现状的框架安排。

伊朗国王的帝国大厦尽管有着光鲜的外表，但其内部却是早已脆弱不堪、裂痕累累。它越来越多地依赖石油：1972—1973年度，石油收入占国内生产总值的19.5%，而到1977—1978年度，这一比例上升到了49.7%。1977—1978年度，政府收入的77%、外汇收入的87%都来自石油。然而伊朗的石油工业却在国民经济内部属于封闭型部门，几乎没有什么"前向联系"和"后向联系"[即无法促进其他工业部门发展]。它雇用的劳动力比较有限，所用的技术来自外国，大部分石油产出也是出口国外。此外，石油储量毕竟是有限的，据估计，伊朗的石油产量会从1990年代开始下跌，届时其石油收入也会相应下跌。

伊朗所面临的根本问题在于，在接下来的时间里发展工农业以摆脱对石油的依赖。然而，在这两个领域，伊朗虽有宏大的规划和巨额的经费支持，却依然面临着灾难。从1972年开始实施的土地改革计划，若从整个农民阶级的福利角度来看，就像埃及的土地改革一样，以失败告终。1974年的一份研究报告指出："土地改革非但没有改善农民的经济社会状况，对大多数农民来说反而还起了反作用……非但没有打造出一个更加独立的农民阶层和更加自主的城市资产阶级，反而还进一步巩固了国家凌驾于所有社会阶层之上的传统经济社会的权力。"(44)

约有半数无地农民分到了土地，然而政府接下来却并未给他们提供技术援助。面对农业生产停滞不前的状况，伊朗国王转而向外国农业公司寻求援助。外国农业公司的资本密集型经营模式取代了农民，致使自1973年起每年约有8%的农村人口涌向城市。由于他们在城里找不到工作，致使他们成了政权激烈的抨击者。石油收入提高、人口增长过快及外籍高薪人数增多，刺激了对粮食的需求。然而即便是外国农业公司也没有满足这一日益增长的粮食需求。尽管政府作出种种努力，农业产值的年增长率也只有2%—2.5%，而同期的人口增长则为3%。出口石油所得美元收入的10%—20%都用在了粮食进口上，造成一种危险的反常状况。尽管在许多国家都是用农业来补贴工业化，但在伊朗却是用石油来补助农业逆差。曾经支持过国王的一位前内阁部长说："现在回想起来，当时我们应该做一件不同的事，那就是在城市工业和农业之间保持平衡。我们分配了土地但却没有采取更多措施把农民留在农村。这样做原本可以使我们的国家变得更加稳定。"(45)

工业前景同样暗淡。国王在军事事务上妄自尊大，致使他把更多钱都花在了购买外国的武器装备上而不是国内商业上。经济方面，服务业发展过速，1974年其占国内生产总值的比例已经达到 39.4%，而工业只占 16.1%。伊朗也没有调整其臃肿的官僚机构来促进经济发展。不论是伊朗企业还是外国企业都要花很多时间和金钱来应对各种规章条例，在碰到瓶颈时不得不通过行贿来开路。已经建立起来的工业部门大都是进口替代型的，它们通常都是直接从外国进口零部件而不是去生产这些零部件。此外，过高的保护性关税也助长了低效状况。1976 年，组装一辆雪佛兰汽车在伊朗需要 45 个小时，而在德国只需要 25 小时。此外，不论生产什么，小轿车也好，钢铁也好，家庭用具也罢，很可能都是在国内被消费：石油出口带来的美元收入刺激了人们的购买力。因而，非石油产品出口额占出口总额的比例从 1959 年的 22% 下降到 1973 年 9%，到 1975 年降至 5%。同样令人不安的是，在 1974—1975 年度，72% 的非石油出口品都是来自传统领域（如波斯地毯），只有 28% 来自新工业领域。

经济方面的失败不可避免地会带来负面的社会影响。全国文盲率依然是 60%，1969 年至 1970 年，有 32.5 万学生出国留学，只有 2.2 万回国。个人所得税很低，就这人们还经常逃税。财政部长于 1975 年透露，两万家注册公司中只有 9362 家提交了报税表。就在这些公司中还有 43% 宣布亏损，结果缴纳税款的公司不到总数的四分之一。此外，城乡生活水平的差距也在不断拉大，导致越来越多的人涌向城市贫民区。国际劳工组织 1973 年关于伊朗收入分配情况的一项研究报告指出，占总人口 10% 的最高收入阶层的消费占全部个人消费品的 40%，而占总人口 30% 的最低收入阶层的贡献率只有 10%。[46] 哈德逊研究所 1975 年的一份报告指出："20 世纪最后 10 年将会证明，伊朗只不过是一座建了一半的大厦，它徒具权力和国际影响力的空壳，内里却没有任何实质性的东西。"[47]

这就是延续了很久的伊朗革命危机的背景。危机发轫于 1977 年 11 月 25 日，当天 5000 名大学生与警察发生了冲突。随即引发了一系列骚乱，并于 1978 年 9 月达到顶点。当月爆发的大规模游行示威和流血冲突致使国王宣布实行军事管制，并任命了一个由总参谋长阿扎里（Azhari）将军为首的军政府。此时工人也加入到了这场最初主要是中产阶级参加的运动，他们掀起罢工运动，致使城市经济陷入瘫痪。此外，随着阿亚图拉·霍梅尼（Ayatollah Khomeini）从伊拉克移居巴黎，革命运动更加统一在了一起，并有了统一的领导。霍梅尼本人此时也可以更多地接触到世界各大媒体，从而也更易于了解伊朗的事态。到 1978 年 12 月，反对派势力已经取得了压倒性的群众支持，致使军政府束手无策。

国王之后任命曾在法国留学的沙普尔·巴赫蒂亚尔（Shahpur Bakhtiar）担任首相，后者提出了一项向民主政体和平转变的倡议。他解散了令人憎恶的国家情报系统（萨瓦卡），承诺将权力移交给经过正当的宪法程序选出的政府。在意识到国王气数已尽的华盛顿的支持下，巴赫蒂亚尔说服国王于1979年1月16日离开了伊朗。然而和平解决的希望注定要落空，因为群众认定巴赫蒂亚尔和任命他的国王是一伙的。罢工和游行示威仍在继续。与此同时，霍梅尼也拒绝与巴赫蒂亚尔派出的使者见面。他反而于2月1日回到了德黑兰，并任命迈赫迪·巴扎尔甘（Mehdi Bazargan）为临时政府首脑。这样就出现了两个敌对的政府同时存在的反常状况。2月9日，这一让人无法容忍的反常状况到了一个严重关头，多什塔佩空军基地的下级军官和技术人员，与他们的上级军官及伊朗皇家卫队的"神兵们"发生了冲突。双方冲突在德黑兰引发了一场全面起义，起义军最终打败了支持国王的军队，迫使巴赫蒂亚尔辞职流亡。接下来的几天里，地方城镇也发生了类似冲突，在每一个地方，革命者都从其占领的军事基地上夺取了大量的武器装备。阿亚图拉最终取代了美国支持的巴列维王朝，成了伊朗事实上的统治者。

这场非同寻常的革命既出人意料又具有重大意义。它有着广泛的群众基础，又持续了很长一段时间。其间约有2000名示威者在持续一年多的抗争中献出了生命。此外，这也是一场城市革命，这与第二次世界大战后其他第三世界国家和地区，如中国、东南亚、葡属非洲和阿尔及利亚等发生的农民暴乱形成鲜明对比。最后，这是发生在一个次帝国主义国家里的第一次成功的革命。尽管美国不遗余力地支持伊朗国王，但革命者还是取得了胜利，这对那些与伊朗一样扮演"地区权威"角色的国家，如拉丁美洲的巴西、中东的沙特阿拉伯及东南亚的印度尼西亚，具有明显的意义。

这次革命翻过了伊朗历史上的巴列维篇章，掀开了新的一章，不过新的一章很可能会是动荡不安的一章。当霍梅尼坚持说革命是"伊斯兰性质"时，他是在用这一名词来模糊参加革命的各个阶级之间的界限，借此来否认各个受压迫团体对社会变革和政治变革要求的合法性。事实上，这是一场由各派力量联合开展的革命，这里面有城市工人、知识分子、中产阶级的专业人员、学生和小资产阶级。在这些力量中，专业人员和学生在任何毛拉出现在街头很久之前就已经开始了战斗。此外，在推翻国王的各派力量中，最有效的当属在各个工厂和油田罢工的工人。军队作为最后救命的稻草，完全可以射杀街头的游行示威者，然而他们知道，无论如何也无法迫使那些工人重新进入工厂，重新回到油田设施上。

伊斯兰教和其他宗教一样，不论是进步力量还是反动力量，都会将它用来为各自的利益和行动进行辩护。在当前充满变革的动荡年代，伊斯兰主义正在被拖入一场席卷全球的资本主义和社会主义的冲突中。如今，摩洛哥、土耳其、巴基斯坦和印度尼西亚的统治阶级正试图用伊斯兰教来维护他们的本地利益，维持他们与全球资本主义秩序的联系。相反，阿尔及利亚、南也门、利比亚及西撒哈拉的波利萨里奥阵线、中东的巴勒斯坦解放组织和菲律宾的摩洛民族解放阵线等解放组织,则重视用伊斯兰教的平等主义原则为他们进行社会改组来提供正当性。

就伊朗而言,革命后的权力牢牢地掌握在了由霍梅尼建立的秘密组织伊斯兰革命委员会和地方城镇毛拉及其追随者领导的地方革命委员会手中。精明的阿亚图拉·贝赫什提(Ayatollah Beheshti)领导的伊斯兰共和党则是他们的政治工具。该党在1980年春季的议会选举中获胜,使1980年2月当选为总统的巴尼萨德尔(Abolhassan Banisadr)陷入孤立。巴尼萨德尔试图任命一位忠于他的总理,但却遭到伊斯兰共和党的反对,后者推举拉贾伊(Mohammad Rajai)担任总理(1980年9月),并组建了一个强硬的伊斯兰好战分子的内阁。

伊斯兰共和党的反对势力有三派。主要的左派组织有:约有2000名成员的伊斯兰人民敢死队,这是一个好战的马克思主义团体;人民圣战者组织,这是一个马克思主义伊斯兰团体,主张左派教条与穆斯林传统相融合;伊朗人民党(图德党),这是一个亲莫斯科的政党,成立于1942年。这些左派组织主张推行不受外国控制的工业化,为失业人口提供工作,为农民进行土改,给予全国少数民族以民主权利,给予妇女平等待遇。最大的中间派组织则是由摩萨台博士的孙子领导的全国民主阵线,其主要成员是自由派的政治人物和知识分子。全国民主阵线强调公民自由,反对取代国王统治的新的伊斯兰教独裁统治。

对霍梅尼和伊斯兰共和党来说,不论是左派还是中间派都令他们讨厌。在霍梅尼看来,伊斯兰教就是要决定一个人从出生到死亡的一切行动,哪怕是生活中最为细枝末节的东西也要决定。因此,世俗的民主对他们来说毫无意义并且不可容忍。"我们的敌人不仅仅是礼萨·巴列维,任何偏离伊斯兰教方向的人都是我们的敌人,任何使用'民主''共和国'字眼的人都是我们的敌人。"[48]此外,原教旨主义者还袭击了左派组织,将其领导人收监入狱,查封了它们的报纸,接管了对工农委员会和居民委员会的控制,组织起了伊朗革命卫队。这个为数三万人的组织,成员个人均效忠霍梅尼,并且接管了先前由正规武装部队负责的霍梅尼的安全保护责任。

除了要与中间派和左派作斗争,霍梅尼和伊斯兰共和党还必须与全国的少数民族、宗教少数派,以及在若干领域受到歧视的具有现代意识的妇女周旋。少数民族主要包括库尔德人、俾路支人、土库曼人、阿塞拜疆人和阿拉伯人,其人口占总人口的60%;宗教少数派则包括伊斯兰教徒、犹太教徒、拜火教徒、巴哈教徒等。正是与形形色色异己分子的抗争,才导致国王下台后伊朗国内长期的动荡。随处都可以听到这样的抱怨:"先前国王的独裁统治换成了穆斯林的独裁统治。"

外国势力的渗入进一步加剧了国内冲突。像伊朗革命这样一场如此重要的剧变不可避免地会涉及大国的政治斗争和中东的均势政治。现在已经为人所知的是,伊朗革命还在进行时，卡特总统就派遣了罗伯特·哈伊泽（Robert Huyser）将军前往德黑兰，督促发动一场使革命流产的军事政变。1979 年 1 月 23 日，伊朗国王逃亡一周后，哈伊泽给他的上级、时任北约总司令亚历山大·黑格将军发了一份报告。报告上面标着"绝密"和"哈伊泽将军谨呈黑格将军亲启"的字样。报告首先叙述了他如何努力支持巴赫蒂亚尔政府。"如果这一做法失败了，我对他们的指示就是我们必须直接进行军管。"就在革命爆发前两天的 1979 年 2 月 10 日，国务院还打电话给驻德黑兰大使威廉·沙利文（William Sullivan）询问发动一次军事政变的可行性。一艘美国油轮随时待命，如果政变成真，它就会停泊在伊朗海岸附近为军队提供燃料。然而这为时已晚。哈伊泽在其报告中已经提请注意如果霍梅尼回国将会发生什么情况："我认为，将会发生一场大动乱。届时，一切都会急剧恶化。"(49)霍梅尼于 2 月 1 日回国，之后两周内发生的事情证实了哈伊泽的预言。

1979 年 11 月，伊朗扣押了美国驻伊朗大使馆的外交人员，这导致两国间的公开冲突。卡特总统随即宣布冻结伊朗在美国银行的全部资产，对伊朗实施贸易制裁，最后还于 1980 年 4 月派人执行了一场极不成功的营救行动。而在伊朗国内，人质问题则成了一只踢来踢去的政治足球。巴尼萨德尔支持迅速解决，以求伊朗的外交关系恢复正常，复苏严重受损的国民经济。伊斯兰共和党则支持好战的学生的要求，即以间谍罪审判人质，借机利用当时弥漫在人民中间的反帝情绪。

伊斯兰原教旨主义者一意孤行，致使伊朗在外交上陷入孤立，经济上也严重受损。这直接导致 1980 年 9 月 22 日伊拉克入侵。伊拉克总统萨达姆·侯赛因一直期望接管先前由伊朗国王行使的在波斯湾地区的政治和军事霸权。看到伊朗处于孤立动乱状态的侯赛因认为，一场短期的战争就可以推翻霍梅尼政权。他的入侵行动受到其他阿拉伯领导人的欢迎和谨慎支持，他们希望看到保守的巴赫蒂亚尔上台以取代四处煽动叛乱的霍梅尼。革命的伊朗因其自身矛盾而引起其邻国的害怕，尤其是霍梅尼不断呼吁伊斯兰大众起来反对他们腐败的异教徒统治者，这更是引起了邻国的恐惧。

在美国的外交努力下，被扣押 444 天的美国人质终于被释放了。释放当天，恰恰也是卡特政府移交里根政府的那一天。伊朗首席谈判代表纳巴维（Behzad Nabavi）吹嘘说，伊朗"已经成功地让实力更强的超级大国吃到了点苦头"。而实际上，德黑兰放弃了其最初的大部分要求，包括悬而未决的国王财产和冻结在国外的财产。被国外冻结的财产中有很大一部分最后都被外国银行截走用作了贷款抵偿。

吊诡的是，旷日持久的人质事件的解决反而加剧了以拉贾伊总理和伊斯兰共和党为一方、以巴尼萨德尔总统及其支持者为另一方的冲突，威胁到了伊朗的革命前途。伊斯兰共和党拥有较多的群众支持，更容易接近霍梅尼，并且赢得了许多左派组织的支持。人民党和大部分的人民圣战者组织成员及人民敢死游击队成员支持伊斯兰共和党而反对巴尼萨德尔，他们认为后者接近与西方有联系的资产阶级分子并反对继续革命。巴尼萨德尔的支持者则包括受过教育的城市居民、集市商人，可能还有军队，这些军队的领导人曾是他精心培养出来的。除此之外，那几个少数民族仍未与拒绝地方自治要求的波斯人达成和解，这也加剧了局势的复杂性。

　　人质事件解决后，摆在伊朗面前的道路显得暗淡而危险。基本的政治冲突依然未解决，经济一片混乱，来自两伊战争和诸大国的外部压力依然存在。不过哈伊泽将军的经历表明，霍梅尼统治下的伊朗完全不同于摩萨台统治下的伊朗。群众运动使得哈伊泽将军重复克米特·罗斯福成功介入伊朗内部事务的做法是不可能的。无论推翻"王中之王"的这场运动最终结局如何，这一历史事件都会在伊朗和整个中东地区留下不可磨灭的印记。

　　与极度贫困的埃及和冲突不断的伊朗相比，沙特阿拉伯、科威特、阿拉伯联合酋长国等海湾产油国的前景看上去则似乎很美好。石油收入源源不断地流入，要供养的人口又少，这些产油国表面上似乎处于令人羡慕的地位。科威特一直被认为是世界上人均国民生产总值最高的国家。然而其宝贵的石油储藏如今正处于滥用状态，以至于其可开采年限甚至都不如伊朗。一旦出现这种状况，其结果可能更具灾难性。伊朗在石油耗尽之后至少还有其他资源可以依靠，而这些海湾石油国家，除了石油就是沙子。届时，这些国家日益增长的人口早已习惯了使用国外的奢侈品，让他们回到过去靠传统的放牧、捕鱼、采珍珠和经商为生是不可能的。

　　这些沙漠国家的统治权贵们，无论在国内还是国外都过着挥霍无度的生活。外国商人迫切希望换取阿拉伯国家坚挺的石油美元，进一步刺激了这些统治者对耗资巨大的"形象工程"的热衷。迪拜在阿里山港口建立了70多个泊位，这个袖珍酋长国因而拥有了比纽约港还大的货物吞吐量。阿联酋两个彼此相邻的酋长国迪拜和沙迦都修建了能够停落大型喷气式客机的现代化国际机场。两个机场之间的距离比华盛顿的杜勒斯机场和国家机场的距离还近，而且迪拜的机场实际上距离沙迦要更近一些。沙特阿拉伯在吉达市外建立了一个新的国际机场，以解决每年到麦加朝拜的客流过大问题。机场花费了70亿美元，其造价是美国造价最贵的达拉斯–沃斯堡机场造价的10倍。

　　沙漠石油国的公民"受雇于"形形色色的政府部门中。实际上，这些人只领薪金而什么也不做。联合国的一项调查报告指出，科威特的一名公务员平均每天只工作17分钟。大部分有意义的工作和有效的工作都是由来自埃及、伊拉克、巴勒斯坦、巴基斯坦和其他邻国的流动劳工完成的。这些外国工人通常没有政治权利，也没有组织工会的权利。他们和本国人做同样的工作，领到的工资却只占后者工资的很小一部分。因此这些国家的公民早已习惯了不事生产的状态，而只要石油资源还能开采，他们就能在这种状态下维持下去。然而当石油这种地区财富耗竭的时候，它不仅对这些国家的公民意味着灾难，对整个地区也是一个灾难。

法国颇具影响力的经济学家莫里斯·盖尔尼耶（Maurice Guernier）在《安纳哈：阿拉伯报告和备忘录》（*AnNahar: Arab Report and MEMO*）中阐明了他所认为的阿拉伯世界"最后的机会"：

> ……阿拉伯世界生存的前提条件是必须要把石油财富看成是整个地区的财富……阿拉伯世界唯一的出路是把石油收入投资在整个阿拉伯世界，为整个阿拉伯世界而投资。
>
> 这是一个没有水资源、没有耕地的地区。该地区的人口数量到2000年不可避免地会增长一倍，达到2.7亿。然而，即便是在今天它也还是不能养活自己的人民……从现在开始，20年后，这个地区不再有什么石油了。届时，又拿什么来买粮食呢？……
>
> 我理解不了没有足够投资能力这一说法。今天，一亿阿拉伯人生活在非人状态下。有很多事情要做……如果说能力不够，那是因为阿拉伯世界并没有制定发展规划……
>
> 沙特阿拉伯必须参与到这样的整体发展规划中来。……[沙特阿拉伯]也许有可供开采的矿藏……不过这并不能改变一个事实：它并非一个可以高度发展的国家……沙特阿拉伯认为，即便其家门口发生叛乱，它自己也能生存下去。但若伊拉克、叙利亚和伊拉克都发生了叛乱，我认为它不可能不受其乱……[50]

一些阿拉伯人已经认识到了不断加剧的危机。阿拉伯农业投资和发展署已经发出了警告：若是没有地区规模的农业增产计划和投资，到2000年，阿拉伯国家消费的粮食将会是其生产能力的三倍。石油收入将远远不够支付如此规模的粮食逆差。阿拉伯农业投资和发展署提议：发展一条东起伊拉克和叙利亚西至阿尔及利亚和摩洛哥的阿拉伯"小麦带"；培训农学家并充分利用现有耕地，以使未来20年内阿拉伯粮食的进口量减少70%。[51]

迄今为止，阿拉伯农业投资和发展署的建议并没有引起阿拉伯产油国的重视，后者一直将其视为不是己出。因此，盖尔尼耶说："比起印度，我更担心阿拉伯世界的未来。上帝知道，印度已经是多灾多难了。然而印度至少还有雨水，至少还有土地，那里的人们还可以种任何他们想种的东西。"[52]

(3)热带非洲

正如第一次世界大战迎来了亚洲的解放那样,第二次世界大战迎来了非洲的解放。民族主义运动早在两次世界大战之间的年代里就开始了(参见第二十一章第六节),不过总的来看,这些运动都属于比较"古老的"模式,往往是"一群追随者在一名有影响力的保护者周围集中起来"。[53] 这群"追随者"是一小撮专业精英,他们和农村广大群众没有什么联系,其影响力仅限于几个城市,如达喀尔、阿克拉、拉各斯、喀土穆-乌姆杜尔曼等。他们主要的志趣是在殖民框架内提高自己的地位,因此他们只要求把官僚机构、司法机构及当地选出的立法机构非洲人化。一名英国殖民事务高级官员在1939年的一次会议上说:"就非洲来说,至少我们都确信,我们会有无限的时间去工作。"[54] 考虑到上面的分析,这一说法也就似乎再自然不过。

然而第二次世界大战的爆发将这一令人安慰的新信念打得支离破碎。许多非洲人在海外服役,单在缅甸服役的就有12万人。无论是在缅甸战斗期间还是在印度和锡兰驻扎期间,这些非洲士兵发现英国士兵拿到的工资比他们高,而且享有更多特权,即便他们的军衔一样。非洲人也在与亚洲活动分子的接触中受到了影响,这些积极活动人士有着更先进的政治理论、掌握着更先进的政治组织。印度国大党就对恩克鲁玛和他的人民大会党产生了直接影响。人民大会党就以甘地的绝对非暴力原则作为自己的活动基础。那些走出监狱的人民大会党党员都戴着"监狱毕业生"(Prison Graduates)帽,也就是印着"P. G"(监狱毕业生英文的首字母缩写)的甘地帽。恩克鲁玛还效仿甘地为赢得政治让步而建立一个有群众基础的政党之思想,因此他也被称为是"加纳的甘地"[55]。随着几块亚洲殖民地获得独立,亚洲的影响力大幅提升。此时的非洲人民自然也会追问:为何他们不应该解除殖民主义的枷锁?

最重要的是,第二次世界大战期间由于急需非洲的原材料,带动了非洲经济的迅速发展。1938—1946年间,英属西非的出口产值增加了一倍多。同样在刚果,1939—1953年间其出口产值增长了13倍,政府收入也增长了三倍。整体上的经济增长大大推动了建校热和修路热,也带动了住房、卫生和医疗服务的改善。这些变化再加上归国的士兵,共同震动和惊醒了热带非洲。当地种植经济作物的农民比以往任何时候赚的都多。非洲工人正在成为半熟练工人,其中的一些甚至已经成了熟练工人。更多的非洲人则担任了政府职员、法庭译员、高级通讯员及农业示范员。城市人口出现了前所未有的增长,1936—1960年间,非洲一些具有代表性的城市的人口增长状况如下:达喀尔从5.4万增长到38.3万,阿比让从1.02万增长到18万,阿克拉从6.07万增长到32.6万,利奥波德维尔从3.02万增长到39万;内罗毕从2.98万增长到25.1万。

随之而来的社会动荡造就了一批新的政治领袖,他们富有进取精神,迫不及待地想要实现独立,恩克鲁玛、阿齐克韦、杜尔、肯雅塔、桑戈尔和乌弗埃-博瓦尼就是他们的代表。这批新的政治领袖与两次世界大战期间的卡斯利-海福德分子(the Casley-Hayfords)和布莱斯·迪亚涅分子(the Blaise Diagnes)不同,他们组建了包括下层中产阶级和农民在内的群众性政党。与先前的团体相比,这些政党有着更好的组织,也更有纪律性,党员们充分利用已改善的道路交通可以自驾车、乘坐党组织的运输车或骑自行车深入偏远乡村。这些新的民族主义领袖也在国际上进行活动。1945年在伦敦举行的第五次泛非会议上,他们谋面碰头,要求殖民地列强践行《大西洋宪章》中的原则,给予殖民地自治权。丘吉尔回应说,《大西洋宪章》只适用于那些轴心国侵略的受害国家。法国则在1944年的布拉柴维尔会议上宣称:"即便在遥远的将来,在殖民地引入自治也是根本不行的。"

殖民地列强的强硬姿态在那时看上去似乎很自然,然而很快随着印度支那和阿尔及利亚民族主义者取得的重大胜利,这一切都改变了。弗朗茨·法农指出了这些重大事件对整个殖民地的意义:

> 殖民地人民并不是在孤军奋战。尽管殖民主义者作了种种限制,但是殖民地的边界依然向来自外部世界的各种新思想和共鸣开放……越南人民在奠边府取得的重大胜利,不再被严格地说成仅仅是越南人民的胜利。自1954年7月后,殖民地人民不断问自己的一个问题是:"要赢得再一次奠边府战役我们必须要做些什么?我们如何才能做到呢?"再也没有殖民地人民去怀疑:是否能够最大限度地用好手头的兵力,如何组织起来,又如何付诸行动。这种包罗一切的暴力行动不仅对殖民地人民产生了影响,也极大地影响了殖民主义者的态度,他们清醒地认识到了奠边府战役的多重效果。这就是为何殖民主义政府真切地感受到了恐慌。它们的目的是逮住革命先锋,将解放运动向右拉,解除人民的武装。快,快,让我们来推动非殖民化!在刚果变成另一个阿尔及利亚之前就让它实现非殖民化!投票支持整个非洲建立宪政框架,建立法兰西共同体,对其进行革新,但是看在上帝的份儿上,我们还是快点实现非殖民化吧……[56]

非殖民化进程的确迅速开始了。英国在黄金海岸率先行动,那里恩克鲁玛的人民大会党在1951年的选举中赢得了压倒性胜利。选举日当天恩克鲁玛还被关在监狱里。不过英国总督感觉到了事态的发展方向,释放了他并委以他和他的同事政府高级官员职位。经历了几年的自治期后,黄金海岸于1957年独立,改名为加纳。而殖民主义统治的大坝只要出现了一个缺口就不可能挡住这一洪流了。随后,拥有

3500万人口的非洲人口最多的国家尼日利亚于1960年宣布独立,另外两个英属西非殖民地塞拉利昂和冈比亚也分别于1961年和1963年获得独立。

法国政府在撒哈拉以南采取了怀柔态度,而在撒哈拉以北则采取了强硬态度。1956年法国通过了一项"框架法",允许其在西非的12块殖民地和马达加斯加岛成立代议制机构。两年后,由阿尔及利亚危机而推动重新掌权的戴高乐政府决定避免在热带非洲经受同样的煎熬,于是给予撒哈拉以南非洲殖民地选择权,它们既可以选择完全独立,也可以选择作为法兰西"共同体"框架下的独立共和国而实行自治,这样法兰西共同体就会取代先前的法兰西帝国。起初,这项战略似乎很成功。在随后的公决中,除了深受工会运动领导人塞古·杜尔影响的几内亚,所有殖民地都选择了自治。然而事实证明,这只是一项过渡性安排。1959年,塞内加尔和法属苏丹要求像马里联邦那样在法兰西共同体的框架内实现完全独立。这一要求获准后,另外四块殖民地:象牙海岸、尼日尔、达荷美、上沃尔特,也要求完全独立,并脱离法兰西共同体,这比前面更进了一步。到1960年底,法属西非和法属赤道非洲的所有殖民地都赢得了独立,且只有一个没有加入联合国。

然而,由于布鲁塞尔的镇压和超级大国的干涉,比属刚果进行了长时间的斗争才最终实现了独立(下面会详细论述)。而在东非,白人殖民社区的存在引发了茅茅起义,迫使英国殖民事务办公室同意肯尼亚于1963年独立。相邻的乌干达和坦噶尼喀(后与桑给巴尔合并为坦桑尼亚)则平稳地过渡到了独立状态。最后的结果是以加纳1957年独立为开端,之后十年内非洲大陆上出现了32个新独立的国家。非洲大陆上就剩下几块殖民地作为帝国主义的过去残留还在那里苦苦支撑。

非殖民化浪潮的扩展,并不意味着殖民列强毫无理由地就会让它们独立,也不是不加区别地就会一律让它们独立。至少有三个因素决定了给予独立国家地位的时间和地点。其中之一是宗主国的经济和军事实力。英法两国有足够的力量,也有充足的信心,它们愿意让殖民地独立,并有理由期待它们可以在这些前殖民地反对其他列强的渗透而维护自己的利益。在大多数情况下,它们的算计都是正确的,它们继续控制着这些非洲新国家的经济,为它们提供着技术人员、管理人员和教育工作人员。相比之下,葡萄牙则缺乏像英法那样的经济资源和军事资源,因此它拒绝将政治控制权移交给殖民地人民,并担心欧洲、日本和美国会随后渗入,它的这一担心是不无道理的。因而,正是葡萄牙自身实力不足,才迫使它抵制非殖民化进程,在英法同意让步后很久还在进行着反对非洲解放运动的斗争。葡萄牙海外事务部部长阿德里亚诺·莫雷拉(Adriano Moreira)清楚地认识到了这一矛盾心态:"我们知道只有政治权力才能保卫我们的领地不受……前殖民大国的入侵。"[57]不仅葡萄牙官员认识到了权力的重要性,其殖民地人民也早就看清了这一情况。在几内亚(比绍），非洲重要的理论家和革命实践家阿米尔卡·卡布拉尔于1965年指出：

> 当前葡萄牙殖民主义的特点完全可以用一件事来概括：葡萄牙殖民主义，如果你喜欢的话也可以说是葡萄牙的经济基础，根本负担不起奢侈的新殖民主义。考虑到这一点，我们就能理解葡萄牙殖民主义的整体态度及其对殖民地人民的所作所为。如果葡萄牙的经济比较发达，如果葡萄牙可以进入发达国家行列，毫无疑问我们不会与葡萄牙交战。(58)

决定非殖民化时间和地点的第二个因素是美苏这两个超级大国的作用。第二次世界大战之前，美苏在非洲都没有可观的影响力，然而战争期间殖民列强的衰弱给它们提供了迅速可用的机会。苏联是较弱的一方，它既没有美国那样的经济实力和军事实力，也缺乏美国与非洲及美国与殖民列强之间的联系。然而，正因如此苏联在援助非洲政府和解放运动时反而可以保持更多的行动自由，而不用像美国那样既要考虑西方盟友的利益又要考虑本国公司的利益，这在某种程度上弥补了苏联的不足。因此，苏联在不同的时间分别向纳赛尔的埃及、恩克鲁玛的加纳、杜尔的几内亚、巴雷的索马里、塞拉西的埃塞俄比亚，以及葡属殖民地的革命运动提供了公开或秘密的援助和武器，并且取得了不同的效果。而美国在第二次世界大战后非洲的角色就显得摇摆不定，一方面想要维持现状抵制苏联渗透，另一方面却又希望打入英国、法国、比利时和葡萄牙的前殖民地以攫取经济利益。矿产资源丰富的比属刚果提供了一个超级大国干涉非洲事务的经典案例——超级大国曾于1959—1961年间和1978年两次干涉其事务。距今时间更近的例子是中非帝国。1965年法国在中非扶植卡博萨上台，然而当1979年他的残酷暴行让法国陷入窘境时，法国又把他赶下了台。

决定非殖民进程的第三个因素，可能也是最重要的因素，是发动独立的领导人和组织的政治色彩。第二次世界大战之后的非洲也像其他第三世界国家一样，独立地位是有选择地被赋予的，往往根据预期的社会变革程度而定。如果殖民地有望只进行政治变革，宗主国往往就会立即赋予其独立地位而不会诉诸极端的镇压手段。然而，只要有可能会进行任何社会重组进而危及宗主国和当地既得利益集团的利益，宗主国就会采取一切手段剥夺社会革命者的权力。在这种情况下，最后的结果通常都是革命领袖逐渐被同化，他们受到可能的财富和地位的诱惑，逐步改变自己的政治立场，最终变成支持现状者（现状的受益者）。

象牙海岸的乌弗埃－博瓦尼是就一个被同化的典型例子。第二次世界大战期间及其后，他曾坚定地反对法国统治，也坚定地反对象牙海岸的法国种植园主。

1946年他公开赞扬"共产主义者在海外殖民地与共同的敌人——帝国主义和殖民主义反动派作斗争的过程中给予的宝贵帮助……"(59) 然而到1950年,乌弗埃－博瓦尼已完全改变了立场。他断绝与共产党的联系而与巴黎保持密切合作,并拒绝了1958年的独立机会。随着事态的进一步发展,象牙海岸连同其他法国撒哈拉以南的殖民地一道取得了独立,乌弗埃－博瓦尼也就成了独立的象牙海岸的总统。直到今天,他还和法国保持着像殖民时代那种密切的经济和文化联系。

黄金海岸殖民地的恩克鲁玛则有着非常不同的经历。1951年从狱中出来后,他直截了当地宣布:"我是英国的朋友……我想要的是黄金海岸在英联邦内的自治领地位。我不是共产党,从来都不是……"(60) 在这一声明的推动下,英国给予了黄金海岸独立地位,并接受恩克鲁玛为总统。然而当经济衰退促使恩克鲁玛转向社会主义的经济政策时,西方对他的态度和政策也就完全变了。据中情局前特工约翰·斯托克韦尔说,华盛顿参与了1966年推翻恩克鲁玛的军事政变。"[中情局]阿克拉情报站在总部的授意下与加纳军队中的反对分子保持联系……情报站深深卷入了这场行动……以至于协同发现了苏联的一些秘密武器装备……政变成功后,阿克拉站受到中情局内部的高度赞扬,尽管没有正式宣布。"(61)

非洲非殖民化进程背后的上述因素导致解放后出现了三种政权:民族主义政权、社会革命政权和白人殖民者政权。我们先来分析第一种类型的民族主义政权(其他两种留待后面分析),它们无论是在体制上还是在政策上均有很大不同。为了便于论述,我们可以把它们分成两种类型:保守的新殖民主义政权和改良的国家资本主义政权。

新殖民主义政权的一个基本特征是强调生产是为了出口,并将这作为经济发展道路上起步的前提条件。这一模式必然会导致在损害传统的粮食生产的情况下鼓励种植经济作物。为了鼓励种植经济作物,政府给其分配了最好的土地,完善公路和铁路运输系统,资助灌溉项目,加强包括化肥、农药、高产种子等在内的多方面科技投入。除了强调经济作物种植外,保守的新殖民主义政权还通过提供免税期、设置保护性关税、允许利润自由汇回国内等一系列措施创造出一个适宜的投资环境,以吸引外国资本。

这种经济战略成了非洲国家最初一系列国民经济计划的基础,而这些计划通常都是由西方专家制定的。然而,在整个1960年代,随着时间的流逝,日益明显的是期望从经济作物出口和外国投资中获得的多重效益并没有显现。原材料出口价格下跌,而进口工业制成品的价格却在上升。满足国内市场需要的粮食生产远远落后,导致城市居民购粮成本提高,致使国家大规模从国外进口粮食,从而打乱了贸易平衡。失业农民涌入城市,而城市同样缺乏就业岗位。那些外国资助的工业生产部门属于资本密集型,它们只是生产奢侈品或半奢侈品,产品主要面向有限的中产阶级消费者。那些自耕农哪怕得到一点点的机会，就不但可以提高大种植园内单位土地的产出，还可以降低单位产出的成本。比如，在肯尼亚，农户接管了前欧洲殖民者的农场后取得显著成就，有些地方的产量几乎翻了一番。而如今流离失所的非洲农民却拥挤在城市的贫民窟里，现实与理想的对比更加凸显了他们的悲惨遭遇。(62)

在这种情况下，非洲那些典型的保守主义政权最终的结果便是迎来了二元经济体制：一块为出口而进行生产的封闭型飞地，周围却是落后的传统农业生产。正如下页图中所示，这块飞地是由欠发达地区提供的廉价劳动力和政府的一系列激励措施来维持的。那些既控制着进出口贸易又控制着种植园和矿山的跨国公司，通过投资赚得了丰厚的利润，因为它们借助自己的全球营销网络控制了世界各地的市场。最终，这些跨国公司从非洲国家汲取了大量的剩余价值。如下表所示，1965—1975年间，美国总共从非洲榨取了2.998万亿美元，这超过了其投资总额的25%。

1965—1975年间以美国为基地的跨国公司
从非洲国家（不包括南非）直接获取的剩余价值（百万美元）

年份	美国在非洲的直接新投资	美国跨国公司所获取的剩余价值（南非除外）(1)	获取的剩余价值超过直接新投资的数额
1965	171	-249	-78
1966	83	-270	-187
1967	135	-284	-149
1968	374	-207	(167)
1969	246	-616	-370
1970	387	-610	-223
1971	255	-481	-262
1972	138	-410	-272
1973	-625	-466	-466 (2)
1974	-143	-799	-799 (2)
1975	164	-356	-192
1965—1975年间合计			2998

Source: A. Seidman, "Post World War II Imperialism in Africa," *Journal of Southern African Affairs* II (Oct. 1977): p.409.

小注：(1) 出于若干原因，很难得到一份有关直接获取的剩余价值的准确估计。这里提供的数据只是为了说明美国获取的剩余价值数量之大。这些数据与真实情况比起来肯定是偏低的，毕竟这是根据跨国公司就其利息、红利和分公司收益情况给美国政府的正式报告作出的。这里面既不包括管理费和执照费，也不包括政府购买所有权股份所给予的补偿，近年来，这些方面的收入已成为直接获取剩余价值越来越重要的形式。
(2) 1973年和1974年这两年的总投资额下降，即出现了负投资。如果将此数额加在上述转移走的剩余价值总额内的话，这两年的剩余价值总额分别是9.42亿美元和10.91亿美元。

刚果（今扎伊尔）是新殖民主义国家的典型。1960年6月，当比利时同意刚果独立时，卢蒙巴以唯一的刚果领导人的姿态出现了，他宣称拥护他的人超过了一个地区的人口。他不愿意让人操纵，因此不为布鲁塞尔所欢迎，更重要的是，不为华盛顿所欢迎。当年伊朗的民族主义者摩萨台被怀疑是苏联的傀儡而被除掉，如今民族主义者卢蒙巴又在中情局局长艾伦·杜勒斯所下发的电报指示（1960年8月26日）中受到了谴责："这里的高层人士都清楚地看到，如果卢蒙巴继续统治，不可避免地会出现一系列后果：至少会出现混乱，而最糟糕的后果就是为共产党控制刚果铺平道路……换掉他是一项首要的紧急任务……这应该成为我们最优先考虑实施的秘密行动……"(63)

非洲新独立国家继承下来的特有的二元经济及相关的收入分配倾斜模式

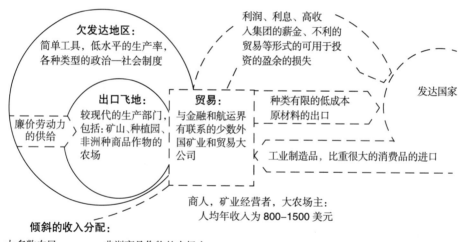

Source: A. Seidman, *Planning for Development in Sub-Saharan Africa*（New York: Praeger, 1974），p.13.

尽管杜勒斯的指示未被纳入那份冗长而肮脏的记录（1975年美国参议院就《所谓的针对外国领导人的刺杀阴谋》而提交的报告），然而其指示却被执行了。卢蒙巴于1961年1月21日被谋杀。据斯托克韦尔透露，一名中情局特工开着车在伊丽莎白维尔（今卢本巴希）市内到处转悠，"汽车后备箱里放着卢蒙巴的尸体，他在想着怎么去处理这具尸体。"(64) 随后得到中情局支持的卢蒙巴的参谋长蒙博托（Joseph Mobutu）接替了他的职位。

第二十三章 第二波全球性革命浪潮（1939— ）：全球性革命现象

在这之后美国在扎伊尔的投资大幅上升，截至 1977 年，有 10 亿美元投资在了矿山、建设项目和石油开采上，同时有 5 亿美元银行贷款。据美国国务院一名官员在 1976 年透露："美国认为扎伊尔在非洲的地位与巴西在拉丁美洲的地位几乎是一样的。"这里有丰富的矿产资源，战略位置重要，并且亲西方。他接着补充道："国务院内部有一股力量推动着去支持扎伊尔，寄希望于扎伊尔能把霸权推广到整个非洲大陆。"(65)

美国战略的困难之处像往常一样在于它只是从地缘政治出发去考虑问题，而从根本上忽视了与之密切相关的人民的情况和期望。在这一情况下，25%—33% 的国民收入都流入了统治集团的腰包，蒙博托政权的腐败无能人尽皆知。民众生活疾苦，不满情绪与日俱增。1978 年 5 月 13 日，刚果民族解放阵线一支 2500—3500 人的游击队袭击了铜业重镇科鲁韦齐。他们在城乡同情者的帮助下，短短两天内就攻占了这座城市及其矿山。由于越南战争刚结束，卡特政府只给了蒙博托政权 1750 万美元公开的"非杀伤性"军事援助。然而私下里，卡特政府却资助并鼓励其他西方国家和第三世界国家利用武力进行干涉。美国空军飞机把比利时士兵从布鲁塞尔运到了扎伊尔，法国飞机则把法国外籍军团和摩洛哥军队空运到了扎伊尔。法国和比利时的军事顾问负责所有的情报和后勤指挥工作，西德和中国则提供食物和药品。

之后，蒙博托依旧徜徉在他的 11 座宫殿里寻欢作乐，依旧在四名顶尖法国厨师的侍候下巡游着扎伊尔河。而他的国民也依旧在用木薯粉糊口，三分之一的国民缺乏蛋白质和热量摄入。钴和铜等重要战略资源依旧源源不断地流入西方国家，更不用说还要分期偿还西方国家的债务。扎伊尔中央银行行长、经济学家恩代莱（Albert Ndele）曾告诫过西方其扶植起来的产物的脆弱性："我们国家的人民遭受着令人难以置信的贫穷和苦难。近期一份报告显示，金沙萨的婴儿死亡率是 70%。即便是慈善机构捐赠的药品也让蒙博托家族卖给了人民。道路系统残破不堪。卫生状况同样很糟，教育系统也是如此。如果［在这种情况下］你还认为蒙博托是有利于西方的人，那你最好是再好好考虑一下。"(66)一位曾在欧洲受过教育的扎伊尔医生也作过类似判断："西方喜欢说这是非洲人的行为方式，与非洲的酋长部族传统相一致。不用说，这种说法毫无道理可言。蒙博托一点都不是非洲传统的产物。他是活生生的西方资本主义的产物。"(67)

尼雷尔总统在首都向驻外使节所做的一次演讲中也表达了他对西方当前在扎伊尔所作所为的看法：

> 当其人民力图作出改变时，这群腐败无能的政府就成了杀人犯，而域外大国却依然让这样的非洲政府掌权，我们必须拒绝这样的原则。非洲不

能总是由新殖民主义或大国之间的"冷战"以及意识形态冲突来决定其政府的地位。过去英国、法国和苏联人民曾不得不推翻自己的腐败政权，如今在20世纪下半叶，每个非洲国家的人民同样有权去变革那些腐败的政府。难道非洲人民就不该有同样的权利吗？(68)

非洲也有一些比扎伊尔成功的新殖民主义国家典型，肯尼亚和象牙海岸是其中的代表。象牙海岸的乌弗埃-博瓦尼曾坚定地支持从殖民时代继承下来的经济制度和经济政策。"我与国有化这样的错误政策从来都没有联系。我们的政策是吸引外资，而不是将商业收归国有。我们希望外国朋友能盈利，如果他们赚钱了，只要分给我们合理的一部分就可以了。"这种经济战略的确使其国民人均年收入达到300美元，国民生产总值年增长率达到8%，而且通过出口咖啡、可可、木材、香蕉、菠萝和其他农产品而实现了贸易顺差。

然而这体现的只是经济增长，而不是国民经济的均衡发展。这种经济增长使得法国控制了该国全部投资的40%，另有25%的投资来自英国、美国和日本。剩下的35%则控制在居住在该国的四万名法国人、几百名黎巴嫩人及占象牙海岸总人口3%的人手中。因此，这一突出的经济数据背后蕴含的效益并没有"向下渗透"。婴儿死亡率是138‰（古巴则是28‰），人均寿命是35岁，文盲率是60%。自然资源一直像人力资源那样遭到疯狂滥用。据林业专家说，象牙海岸的森林资源"如果一直以现在这种速度毁灭下去，要不了三四年就将无以为继"(69)。象牙海岸经常被说成是"非洲唯一有成效的国家"。然而我们应该追问一下：取得的成效是为了什么？又是为了谁的利益？

上述模式也流行于肯尼亚。肯雅塔总统也像乌弗埃-博瓦尼总统一样，坚决采取亲西方的商业政策。内罗毕机场外的第一块广告牌上写着："通用汽车肯尼亚有限公司对肯尼亚的经济未来完全充满信心。"这一信心是有保证的，因为肯尼亚提供了比较发达的基础设施网络、稳定的投资环境，还准许外国公司有将利润汇回国内的权利。内罗毕也和象牙海岸的阿比让一样是一座现代化都市，拥有银行、商业大楼、豪华酒店、美味饭店及时髦的夜总会。然而距离这些富裕象征物仅仅几个街区就是四处蔓延的贫民窟，饥饿的人民住在没有自来水的棚屋里。各种犯罪活动，尤其是抢劫和卖淫在内罗毕非常猖獗。肯尼亚1300万人口中有80%都生活在农村，而农村的条件也是一样恶劣。联合国在肯尼亚政府的帮助下所做的一份调查显示，72%的户主从未上过学，33%的儿童营养不良，能用上电的家庭不足2%，全国一半的妇女每天都要背着沉重的水瓮在村庄与泉水之间至少往返三次。一位1960年代曾在肯尼亚工作过的美国人分析了为何肯尼亚的动物和人都在挨饿。他生动地描述了从粮食作物转向经济作物这一趋势是如何给亚非拉第三世界国家带来灾难的，他的看法值得注意：

> 对这些可怜的动物发发慈悲吧：世界上最后一批野生动物群正在濒临灭绝。由于农民不断开垦，东非的原始大草原正在日益缩小。这些被赶出原居地的野生动物群正在逐渐消失。在不远的将来，动物横跨非洲平原进行原始迁移的壮观景象将会一去不返……
>
> 开车沿肯尼亚那些富裕的农场转一转就会发现，大部分非洲最好的耕地既不是被用来养活人民的，也不是被用来饲养这些忍饥受饿的野生动物，而是为了种植用于出口的经济作物。几千亩耕地都被用作种植咖啡树，生产德国、英国和美国消费的咖啡。向内罗毕北部开去，会发现一排排的看不到边的菠萝——这些菠萝正在被装上喷气式飞机趁着新鲜运往欧洲。向西行驶进入大裂谷后，你会发现饲养牛的牧场和种植小麦的农场。后面这两项确实是为了生产用于国内消费的食物，然而其消费者却并不是与大羚羊竞争宝贵资源的农民，而是那些生活在邻近城市的市民。具有讽刺意味的是，这些城市的新居民几千年前还是自己养活自己的农民……
>
> 肯尼亚的实际问题在于，土地是用来种植经济作物的，而不是用于种植粮食的。肯尼亚拥有足够的肥沃土地来养活其国民，根本无须破坏野生动物的栖息地。没有必要在人民的生命和瞪羚的生命之间进行选择。假如能够建立起一个均衡的经济和农业体系，任何动物都可以在非洲平原上生存下去。(70)

另一方面，肯尼亚拥有非洲最大的黑人中产阶级群体。尽管国民经济控制在欧洲人手里，并有一小部分控制在阿拉伯人和印度人手里，然而那里的黑人精英的确过得很富裕。他们既能从自己控制的那部分经济中获益，也能从其控制的国家机构中得到好处，尤其是后者给其提供了一种有利可图的灰色收入来源。要想做点什么——无论是取得驾照、拿到建筑合同还是小贩营业执照，行贿都是必不可少的。一些人士也对这种污浊的制度提出了抗议，但却并未取得什么成果。备受群众欢迎的国会议员乔西亚·卡利乌基（Josia Kariuki）曾对这种明显的社会不公现象发出了抨击，认为肯尼亚有10个百万富翁，却有1000万乞丐。1975年3月，他在内罗毕的街头遇刺。议会所做的调查暗示，警方官员和肯雅塔的高级助手们与此事有很大关系。

尽管存在各种各样的反常现象，然而不可否认的是，肯尼亚和象牙海岸不断壮大的黑人中产阶级提供了一种维持社会稳定的手段，而这恰恰是扎伊尔等国所不具备的，那里能赚钱的只有一小撮人。如果有相当一部分黑人能从现状中获益，那么占人口绝大部分的无产者就会抱着向上流阶层走的希望，而不会去进行群众性的武装运动。这就是为何美国前国务卿基辛格和国务院的那些专家们会建议独立的、处于黑人统治下的罗得西亚采取"肯尼亚模式"。然而，随着穆加贝（Robert Mugabe）在竞选中获胜，这种选择也就付诸东流了。

这些新殖民主义国家的经历说明，从殖民时代继承下来的国内制度和国际经济关系并不能解决这些国家从独立以来就一直存在的欠发达状态。它们是用来满足外国利益的，而不是用来满足本国利益的，而且直到今天这一情况依然没有发生改变。结果便是，虽然在政治上赢得了独立，但是经济依附和经济剥削却并没有结束。只有改组因袭下来的制度、改变当前与国际市场经济关系的现状，才能解决欠发达状态。

这就导致后殖民时期非洲改良主义的国家资本主义政权的诞生。其领导人认识到了变革的需要，但却并不打算消除现有的制度进而创建新的制度。他们想做的是改革现有的制度以应对眼前的问题。恩克鲁玛的加纳、杜尔的几内亚、凯塔的马里、奥博特的乌干达和尼雷尔的坦桑尼亚都具有这样的特征。

在政治领域，这些改良主义政权并不打算彻底改变因袭下来的国家体制和阶级关系，而是想用富农取代大地主，用小实业家、专业技术人员和公务员来取代垄断行业或买办性质的行业。尽管这些变化从表面上看起来非常明显，然而它们依然没有结束广大工人和农民的受剥削状态。在农村，大地主没了，然而占非洲人口绝大多数的农民依然受到商人、高利贷者和富农的剥削。总之，一个新的统治精英阶层出现了。这一阶层中有的在国家机构中任职，有的在国有企业担任管理工作，有的管理着农村的合作社，有的在部队担任要职。阶级分化和阶级剥削并没有消除，只不过是换了一种形式而已。

甚至是在坦桑尼亚这样的国家，这种模式也表现得非常明显。1967年1月29日，尼雷尔总统发布了其《阿鲁沙宣言》，呼吁与"一撮经济社会精英作斗争，他们首先考虑的是他们自己的利益和家族的利益，而根本不会考虑需要提高绝大多数人的生活水平"[71]。尼雷尔试图借助坦噶尼喀非洲民族联盟，用自力更生、民主参与和最终实现社会主义等来取代资本主义的增长模式。传统的互助形式（ujamaa，乌贾马）变成新型的农村合作社。尽管尼雷尔热心支持这一运动，但其期望的自力更生和民主参与却因来自上层的官僚机构干涉而夭折了，而乌贾马村庄则成了相对富裕的农民手里的工具。[72] 知情人士、坦桑尼亚前经济部长曾作了如下极具启示意义的解释：

其中一个原因是我们缺乏训练过的干部。莫桑比克经历了长期的武装斗争才赢得了独立,其间形成了一支纪律良好、训练有素的干部队伍。而我们坦桑尼亚并没有这种经历。一经独立,我们就立即开始管理政府和国民经济。干部并没有受到合理的训练,他们根本没有机会先在自己身上做做实验。尽管官方有政策限制,这些干部还是强迫农民加入公有制的村庄。人们根本不清楚为何要去那里。我们的官方政策强调的是自愿、动员和教育,但在具体贯彻执行上却出现了不同的路线。[73]

说到民众的生活,第二次世界大战后大部分非洲国家人民的生活困苦并未减缓。1976年,非洲人口占世界人口的7.5%,然而其生产总值却只占世界的1.2%。非洲人均国民生产总值是277美元,亚洲是315美元,拉丁美洲是1050美元。非洲的文盲率为74%,与亚洲的47%和拉丁美洲的24%形成鲜明对比。非洲的人均寿命不到40岁,四个人中就有一个人吃不饱,两个人中就有一个人找不到工作。占非洲人口总量7%的人却拿着40%的收入,由此导致的生活方式上的不平等现象正在腐蚀非洲社会传统的公有精神。一位观察人士指出:"越来越多的迹象表明,很多情况下,黑人施加在自己同胞身上的不公平现象反倒使白人统治显得仁慈些。"[74]那些无依无靠的非洲人的经历都证实了这一判断。内罗毕的一位仆人说:"有时黑人老板比白人还坏,他们非常憎恨我们穷人。"[75]

这些经济问题和社会问题不可避免地会带来社会影响。就业市场无法满足日益增长的持有文凭的毕业者,于是就产生了严重的"毕业即失业"问题。这反过来又导致部落制的复活——失业的毕业生按照民族组织起来,极力竞争日益缺少的就业机会。而国家领导人也必然会寻求不同民族派别的支持,这就导致局势动荡不定,政治上出现了分裂。由于本土的中产阶级缺乏独立的经济基础,担任政府官员成了他们谋取个人收益的主要手段。这些新统治者通过把手伸到经济领域就可以操纵国家的盈余。"非洲社会主义"已经成为腐败和自我扩张的烟幕弹。由此产生的群众不满引来了军人干涉,到1980年,非洲已经出现了20个军人统治的国家。这些情况解释了为何非洲统一组织秘书长艾登·科迪乔(Edden Kodjo)会在该组织1980年4月于拉各斯举行的会议上作出那番触目惊心的警告:

非洲正在经历如此可怕的时期,以至于现在的问题变成了能否生存下去的问题。未来的形势依然不明朗。目前我们只能乐观地说,如果这种情况继续下去,非洲统一组织50个成员国中也就八九个能熬过今后几年。[76]

（4）拉丁美洲

1971年阿根廷经济学家普雷维什呼吁"拉丁美洲采取新的发展模式"，并补充说"新的发展模式不能仅仅依靠进口替代"。[77] 这一说法具有重要意义，因为20多年前普雷维什在其名著《拉丁美洲的经济发展和主要问题》（The Economic Development of Latin America and Its Principal Problems，1949）中率先提倡实施进口替代这一经济战略。此外，普雷维什曾在全球范围内推行他的理论，他曾担任拉丁美洲经济委员会的秘书长，并曾推动设立中美洲共同市场和拉丁美洲自由贸易区，还曾担任过联合国贸易和发展委员会秘书长。最终，通过诸如保护性措施、外汇管制、优先进口原料和中间产品、为国内企业提供低息贷款、政府提供工业基础设施、政府通过开发机构和公司来参与工业等措施，进口替代战略被广泛推行开来。

尽管政府慷慨扶持，但事实证明，进口替代并没有成功地促进拉丁美洲经济全面发展，也没有结束拉丁美洲传统的经济依附关系。保护性关税和其他政府扶持催生了一批效率低下的工业，这类工业只能为有限的中产阶级去生产奢侈或半奢侈消费品。这些工业无法从生产简单的消费品阶段提高到生产复杂的资本货物的发展阶段。因此只有继续进口资本货物和中间产品，这造成了贸易逆差，导致在金融上形成永久性的依附关系。拉丁美洲的出口总额占世界出口总额的比重从1960年的7.1%下降到1968年的5.5%。大部分出口货物仍是初级产品，例如在1968年，委内瑞拉95%的出口产品是石油和铁，危地马拉85%的出口产品是咖啡和香蕉，乌拉圭77%的出口产品是羊毛和肉类，智利77%的出口产品是铜和硝酸盐，厄瓜多尔75%的出口货物是香蕉和咖啡，哥伦比亚70%的出口产品是咖啡和石油，玻利维亚59%的出口货物是锡和银。

进口替代战略的失败为跨国公司的到来扫清了道路，这些跨国公司之后越过第三世界国家现有的关税壁垒建立起了自己的工厂［参见第十九章第五节（二）］。外国在拉丁美洲的投资先前都集中在采矿和农业领域，如今则越来越多地流向制造业领域。此外，尽管外国资本先前都是在孤立的飞地内运作，如今却都渗透进了拉丁美洲的各个经济部门，并进而对这些部门产生了较大的影响。改变第二次世界大战结束后就立即施行的进口替代战略并没有解决拉丁美洲遇到的经济问题。智利经济学家奥斯瓦尔多·桑科尔（Oswaldo Sunkel）于1972年得出结论，拉丁美洲"正处于严重的结构性危机中，未来的增长需要寻找新的动力，因此需要新的发展战略"。[78]

桑科尔提到的"结构性危机"有许多人们所熟知的表现。其中之一就是经济增长率较低。整个1960年代，只有玻利维亚和巴西两个南美国家实现了进步联盟设定的人均收入每年提高2.5%的目标。阿根廷人均生产率的年度增长率只有1.9%，委内瑞拉是 1.3%，而乌拉圭甚至出现了负增长：-0.6%。经济扩展不足也就意味着城乡失业率在上升。1950—1960 年间，城市人口增长了 5.6%，而工业方面的就业人数每年仅增长 2.1%。城市居民深受失业和半失业状态的困扰，那些半失业的居民只好干起了那些冗余性的服务行业——擦鞋、洗车、看车，沿街叫卖花卉、香烟、鞋带及"艺术"品等。

农业方面的情况也是如此，土地分配依然极不公平，如下表所示：

1960—1965 年间拉丁美洲 18 个国家地产分布情况预估百分比

农场规模（公顷）	占农场总数的百分比	占土地总面积的百分比
0—20	75.6	6.6
20—100	16.8	9.5
100—1000	6.6	24.1
1000 以上	1.0	59.8
总计	100	100

Source: E. R. Wolf and E. C. Hansen, *The Human Condition in Latain America* (London: Oxford University Press, 1972), p.148.

大型种植园往往占有大部分耕地，但却并没有得到有效耕种。1975 年，世界银行就阿根廷、巴西、智利、哥伦比亚、厄瓜多尔和危地马拉等国的大型农场和小型农场的表现作了对比分析，分析指出小型农场每英亩的平均产出是大型农场的 3—14 倍。此外，大型农场的许多土地都任其闲置。哥伦比亚 1960 年所做的一项研究报告显示，拥有 13 英亩土地的农场主耕种了其土地的三分之二，而拥有全国 70% 耕地的大农场主们却只耕种了其所有土地的 6%。据估计，整个拉丁美洲 22 亿英亩的耕地中，只有 2.7 亿常年处于耕种状态。这一过时的土地所有制，再加上极高的人口增长率，导致人均农业产量下降。如果用 100 来作为 1961—1965 年间下述国家的人均农业产量指数，那么这一指数在 1971 年，阿根廷是 98，哥伦比亚是 92，厄瓜多尔是 96，乌拉圭是 84，秘鲁是 80。[79]

与较低的农业生产率同样严重的是，大部分耕地都从种植国内消费者需要的粮食作物，转向了种植面向国外市场的商品作物。比如，在哥伦比亚，种植一英亩麝香石竹的年产值是 100 万比索，而种植一英亩小麦或玉米的年产值则只有 1.25 万比索。因而哥伦比亚最好的耕地都用在了种植麝香石竹、芦笋和草莓等经济作物上。这些产品最后都被空运到了国外市场，而换回的稀缺的外汇中则有越来越多的比例用在了进口先前本国种植的粮食上。理论上，出口那些经济作物所得的利润可以购买更多的粮食，然而大部分利润都攥在了跨国公司手里。因而先前那些自给自足的农民发现，自己不得不靠耕作剩下较差的土地来勉强维持生计，或者设法在城里找到一份工作，而在城里他则必须购买昂贵的进口粮食来养活一家子。在这些情况下，拉丁美洲就像其他第三世界地区一样，大量农民也从农村涌入了城市。1950年，拉丁美洲的城市人口占总人口的40%，而到了1970年则提高到了56%。由于农民在总人口中所占的比重迅速下降，各国政府也就觉得没有多大必要急着去推行土地改革。

拉丁美洲经济中"结构性危机"的第二个表现是收入分配不公平，其程度比印度还严重。占总人口5%的高收入阶层拿走了地区总收入的30%以上，而占总人口50%的低收入阶层，其所得仅占地区总收入的13.4%。因而，联合国儿童基金会地区理事卡洛斯·马丁内斯（Carlos Martinez）于1979年透露，40%的拉丁美洲儿童吃不饱饭，其中有6000万儿童生活在收入低于贫困线的家庭里。

跨国公司正在发挥着越来越重要的作用，这也加剧了拉丁美洲经济中的"结构性危机"。美国公司从再投资收益中或者从拉美投资者那里得到了其在拉美总投资83%的份额。跨国公司还从那些财政拮据的所在国政府那里获得了相当有利的特许权，这些特许权包括自由选址、一定期限内的免税待遇、投资利润可以自由转回国内。由于跨国公司垄断着从生产到销售的垂直经营活动，它们可以压低进口产品的价格而抬高出口产品的价格。此外，它们还可利用复杂的会计手段减少支付给所在国和本国政府的税收。跨国公司还可以把自己的工厂从拉丁美洲的一个国家转移到另一个国家，以便随时利用最廉价的劳动力资源，而且它们确实也是这么做的。比如，美国电子工业于1961年在墨西哥投资兴建了第一家工厂，当时主要考虑的是墨西哥的日工资水平比美国的小时工资水平还低。截止1977年，墨西哥已经有了193家美国电子生产厂，但是工厂工人正在组织工会，他们的工资也大幅增长。因此，这些工厂正在筹划迁往海地这样的拉丁美洲国家，那里的最低日工资只比墨西哥的小时工资高一点，而且"根本不存在"工会问题。

上述种种实践激起了巨大的民族主义情绪和反美情绪。正是出于这层考虑，一些跨国公司正在逐步放弃直接经营当地的工厂，转而去签订管理和劳务合同，让公司履行特殊职能。这样，美国的公司就不会被所在国收归国有了，因为它们在当地没有财产。而实际上，通过签订合同在国际市场上销售原材料或帮助建立和管理大型工厂，这些公司依然能够控制当地的经济部门。

最终，跨国公司从它们在拉丁美洲和其他第三世界国家的投资中赚取了与投资不成比例的高额利润。美国一家银行的一位副总经理透露："我确实不应该告诉你们实情,我们在美国的投资收益率为13%——14%,但我们却可以轻松地指望我们在拉丁美洲的经营业务得到33%的利润率。"（80）这就解释了为何在1966—1974年间,每年从国外汇回美国的利润比从美国流出去的对外投资要多30亿美元。这也解释了为何拉丁美洲每年都要想尽一切办法去应对国际收支逆差问题。

国际收支出现逆差必然会导致向外国借贷,从而陷入长期的负债状态,这成了拉丁美洲经济"结构性危机"的另一表现。鉴于向外国借款比向国内贷款可以赚取更高收益,各大外国银行都迫切希望给那些负债累累的拉丁美洲政府提供更多的贷款。负责美援事务的官员巴尔德斯（Abelardo Valdez）于1978年4月在泛美关系中心的一次讲话中详细说明了当前债务形势的危险情况。1977年,"拉丁美洲通过国际银行和美国银行新贷到的每1美元钱中,拉丁美洲的净得只有7美分"。这种情况如今依然十分普遍。原因在于国际开发银行和美国政府得到的拉丁美洲国家偿还的债务几乎和它们提供给拉丁美洲国家的新贷款一样多。美国在很多情况下都是收回来的比借出去的还多。比如,美国在1977年收回的贷款就多于其通过国际开发署和联合国进出口银行借出的贷款。巴尔德斯指出,国际发展银行的情况也是一样。据联合国拉丁美洲委员会统计,拉丁美洲举借的外债从1965年的100亿美元飙升到了1980年的1500亿。（81）

过重的债务负担引发了违约现象,这威胁到了借贷机构的生存。此时,国际货币组织在拉丁美洲起到了稳定剂的作用。就像它一直在整个第三世界国家所做的那样,它开始对那些寻求新贷款的负债国施加严厉的审查措施。如果负债国不减少国际收支逆差,不压缩国家开支和信贷规模,不降低实际工资水平,就不会给它们新的贷款。这些措施旨在稳定借债国的金融财政,好把更多的通过货物出口换来的稀缺硬通货都用在偿还债务上。

对拉丁美洲国家的人民来说,很大程度上他们已经沦落到了勉强糊口的地步,所以紧缩政策激起了他们的暴力反抗。在许多国家,包括秘鲁、哥伦比亚、厄瓜多尔、牙买加和墨西哥等都出现了广泛的骚乱。这些群众性的动乱遭到了镇压。这样一来也就意味着,国际货币基金组织要求实施的紧缩措施,通常与拉丁美洲政权采取的镇压措施有着因果关联。它们之间不仅有关系,而且那些独裁政权一旦建立,往往立即就能从国际借贷机构和私有银行那里获得贷款,因为这些政权可以利用强力措施推行还贷所必需的种种财政限制。正是因为这一点,阿根廷1976年发生的政变才被称为是"外国信贷政变"。政变前的三周,经济部长下令实施紧缩措施以获得急需的外国贷款。他先是冻结了工资,跟着又把生活必需品的价格提高了一倍。但是由此引发的一场总罢工终结了这一方案的实施,国际货币基金组织因而也拒绝回应阿根廷先前的借款请求。然而,就在1976年政变后短短几天里,同样一笔贷款就到位了。

诸如此类的操纵情况早已是司空见惯，从而在拉丁美洲地区引发了广泛的反美情绪。缪尔达尔认为这和"之前发生在越南的事情和现在正在非洲南部发生的事情"一样，"当然拉丁美洲实际上没有反西方情绪，也没有反白人情绪。存在的事情很简单，就是单纯反美"。[82]

蔓延整个拉丁美洲的反美主义情绪引起了华盛顿政策制定者的担忧。肯尼迪政府的阿瑟·施莱辛格（Arthur Schlesinger）论述了这种令人担心的矛盾状况：那些经费有限的共产党人"接触的是那些对未来大有影响的人：学生、知识分子、工会领导人和民族主义的好战分子，而我们斥巨资接触的都是那些是否有诚意、就连其政权能维持多久都成问题的政府"[83]。1959年卡斯特罗革命的成功和美国在1961年猪湾入侵中的失败加重了美国的忧惧。为此，肯尼迪政府发布了争取进步同盟计划。该计划有两个目标：一是要修复美国受损的形象，二是要防止在拉丁美洲地区再次出现任何卡斯特罗式的革命。1961年8月17日，争取进步同盟在乌拉圭的埃斯特角会议上宣布，向美洲各个国家提出一项税收制度改革和土地改革计划，计划预算1000亿美元，为期10年，从而可以实现人均年增长率达到2.5%，收入分配更加公平，贸易多样化，成人普遍扫盲，降低房价，改善征税制度。

然而由于其自身固有的矛盾，争取进步同盟从未有过一次施展的机会。其根本目标（尽管没有明说）在于保护美国在拉丁美洲的投资，然而提议的改革措施却会威胁这些投资。贸易多样化原则也与美国跨国公司存在利益冲突。有意义的土地改革更是对拉丁美洲统治精英们的致命威胁，传统上这些人一直是华盛顿的主要盟友。争取进步同盟的矛盾还反映在肯尼迪的做法上：一方面他在口头上宣扬理想主义的改革，另一方面却又开设反暴乱学校，向拉丁美洲的军官培训镇压农民的最新手段，以防他们可能会把他的改革高调变成现实。因此在争取进步同盟计划颁布后的八年内，拉丁美洲就发生了16次军事政变，这绝不是一种偶然。

争取进步同盟从一开始就遭到了拉丁美洲寡头统治集团和跨国公司的反对，二者的兴趣都在于维持现状、最大限度地为私人投资提供机会。寡头统治集团阻碍土地改革、欢迎反暴乱措施；而跨国公司则赞同修路、修建公用设施及其他方便美国投资的基础设施。同时，跨国公司还要求华盛顿方面立法，对那些将美国财产收归国有的国家采取严厉制裁措施（《希肯卢珀修正案》），并把能否获得援助资格与是否作出了限制性的投资保证相挂钩。

肯尼迪总统遇刺后，争取进步同盟放弃了改革期望，重新回到了先前政府无所保留地援助支持私人投资的老政策上，从而解决了其内在矛盾。纳尔逊·洛克菲勒（Nelson Rockefeller）州长1969年代表尼克松总统出访拉丁美洲之后明确宣布了这一政策。洛克菲勒意识到了"当前的反美趋势",甚至预见到了"美国将在政治上和道义上与西半球的一部分、甚至大部分隔离开来的时代"。他认为这一反美主义情绪遭到了"误解",建议实施一项解决办法,即"美国应该在西半球最大限度地鼓励私人投资"。这一提议得到了采纳。美国在拉丁美洲的投资因而从1946年的30亿美元上升到了1970年的90亿美元。纳尔逊的兄弟、大通银行总裁大卫·洛克菲勒(David Rockefeller)为私人资本投资机会的增加表示喝彩:

> 在我看来,出现这一相对来说比较好的表现[投资增加],首要原因应归于改变了进步同盟前几年所执行的政策。前几年的政策过多地强调迅速实现革命性的社会变革,过多地强调政府与政府间的援助。这种做法,尽管有对政府所说的急需消除社会不公平因素方面的考虑,然而却并没有提供一些对刺激私人投资和经济增长必不可少的鼓励条件。革命性变革动摇了人们对于公平对待私人财产的信心,也与经济的迅速增长不相容。如今许多拉丁美洲国家正在意识到私人企业的关键作用,我们也看到了一个更为有利于私人企业经营的环境正在形成之中。(84)

得到大卫·洛克菲勒赞扬的这种"有利于私人企业经营的环境",也是美国特定政策实施的结果。其中一个政策是美国改变了对拉丁美洲的军事援助目标。在1950年代,军事援助的目标是加强西半球应对外部入侵的防卫能力。卡斯特罗革命发生后,华盛顿一批以沃尔特·罗斯托(Walt Rostow)和马克斯韦尔·泰勒(Maxwell Taylor)为首的战略家认为,主要威胁来自内部暴乱而非外部入侵。肯尼迪总统接受了这一假设,之后这一观点深刻地影响了美国的政策。美国开始向拉丁美洲的警察力量和军队提供美元、武器和技术用于镇压其国内革命。建在巴拿马运河区的美洲学院自1946年建立以来,已有近四万名拉丁美洲军官生从这里毕业。其中许多军官后来都成了他们各自国家的独裁统治者,如智利的皮诺切特将军、玻利维亚的乌戈·苏亚雷斯将军、巴拿马的奥马尔·埃雷拉将军、洪都拉斯的胡安·卡斯特罗将军、萨尔瓦多的卡洛斯·温贝托将军和危地马拉的罗密欧·加西亚将军等。

科斯塔-加夫拉斯(Costa-Gavras)执导的电影《戒严令》(State of Siege)以夸张的形式体现了反暴乱战略的含义。大赦国际1978年的一份报告指出,在此前十年里,约有三万名拉丁美洲人被官方的安全力量或与前者有关的右翼恐怖集团带走后失踪,这些恐怖集团包括巴西的"敢死队"、危地马拉的"白手党"、墨西哥的"白色旅"和多米尼加共和国的"邦德队"等。不少失踪人士都是一些积极活动分子,而大部分则是工人和农民,他们都是在工作场所或家里让秘密警察或巡夜小组带走的。这份"失踪"名单上,有些人被直接杀掉了,其他人则经过严刑拷打后被释放,想借他们的口传播官方期望的民众的恐惧和低落情绪。正因如此,1979年2月在墨西哥普韦布洛举行的拉丁美洲主教会议上将"国家安全"列为一种不可接受的意识形态。在这些主教们看来,"那些掌握政治军事权力的独裁统治者"使用这一概念是想"在人民身上强加监护权"。(85) 1979年10月举行的美洲国家组织会议上也宣布"失踪行为是对西半球良知的公然冒犯",并指出"在某些国家,严刑拷问是家常便饭",提议"缔结一项泛美条约将严刑拷问定为国际罪行"。(86)

大卫·洛克菲勒所说的"有利于私人企业经营的环境"也是通过历届美国政府的秘密和公开干涉获得的。秘密行动中比较有代表性的有1954年推翻危地马拉的阿本斯政府,1964年推翻巴西的古拉特政府,1973年推翻智利的阿连德政府。这些颠覆行动中记录得最为详细的当属危地马拉事件,这要多亏了斯蒂芬·施莱辛格(Stephen Schlesinger),他根据《情报自由法》于1978年6月获得了1000多页的电报、备忘录和研究报告。施莱辛格发现,推翻阿本斯的行动"是在美国政府最高层面策划的,政府与联合果品公司进行了密谋,整个行动由国务卿杜勒斯统一指挥,并得到了艾森豪威尔总统的支持"(87)。

阿本斯其人固然固执、易怒、不切实际,然而他毫无疑问是一个改良的社会主义者而不是一个革命的共产主义者。不过,阿本斯也像阿连德一样,因为侵犯了美国公司的利益而犯下了不可饶恕的罪行:他于1953年征用了属于联合果品公司的约20万英亩闲置土地。该公司当时控制了危地马拉所有香蕉的出口,经营着该国1172公里铁路线中的928公里,垄断了该国的电话电报设施,拥有该国最大的发电厂,管理着加勒比海沿岸最重要的港口之一。此外,该公司还在华盛顿雇用了一批时事评论员,并与艾森豪威尔政府的一批高官有密切联系。这批高官包括国务卿约翰·杜勒斯,其律师事务所就代表着联合果品公司的利益;助理国务卿约翰·卡伯特(John Cabot),他是联合果品公司的大股东;美国常驻联合国代表亨利·洛奇(Henry Lodge),他也是公司董事会成员;以及前中情局局长沃尔特·史密斯(Walter Smith),他在阿本斯下台后成了联合果品公司的总裁。阿连德则是因为下面这一点而让华盛顿的决策者们觉得无法忍受:他于1970年9月胜选后迅即公开表示,他不仅打算宣扬社会主义理念,还会将其付诸实施。他很快就将美国拥有的一些大型铜矿、许多工业企业和超过三分之二的银行统统收归了国有。

危地马拉事态的发展引来了华盛顿的反应,它决定动员一切资源手段推翻该国令人生厌的政府。《联合国宪章》的宗旨和原则中明确规定,其成员国不得干涉本质上属于他国的内部事务,反对在任何地方进行单边军事干涉,然而作为会员国的美国却是根本不考虑这些。派往危地马拉执行任务的是来自南卡罗莱纳的约翰·普里福伊（John Peurifoy），他自称是一名硬汉。他时常在腰间别着一把手枪，并早已通过扶持雅典政府和颠覆雅典政府的行为证明了自己的强硬。[88] 他于1953年12月23日被任命为驻危地马拉大使后，迅即利用一批运送到危地马拉的捷克武器装备作起了文章，这批武器是阿本斯在美国对其实施武器禁运后买来的。华盛顿把这一消息透露给了媒体，之后又将美国武器运送到邻近的尼加拉瓜。这块俯首躬顺的索摩查家族领地，就成了即将发动的暴动的基地。整场暴动则由美国精心挑选的危地马拉流亡分子卡斯蒂略·阿马斯（Castillo Armas）这位"典型的香蕉共和国军官"来领导。[89]

1954年6月18日，卡斯蒂略的杂牌军通过洪都拉斯进入了危地马拉国境。与此同时，几架由雇佣飞行员驾驶的F-47战机开始肆意轰炸危地马拉。中情局的飞机还向危地马拉地面空投了苏联的武器，以此来加强其借口的可信度，即苏联正在拉丁美洲建立滩头堡。中情局指挥的突击队切断了铁路线，轰炸了一些火车和轮船。由于缺乏手段来抵抗这一协调一致的行动，阿本斯弃官出逃。

与此同时，苏联驻联合国安理会代表谴责从洪都拉斯越境的行动是美国的阴谋，要求联合国向危地马拉派遣维和部队。英法支持苏联提议，致使美国驻联合国大使洛奇大为恼火。他随即约见英法两国使节，以一种美国在20世纪中期可以管理任何西方盟友的姿态训斥他们。洛奇发给杜勒斯的电报体现了他的态度：

> 我现在有一个重要的声明要讲给他们，我把他们叫到了我的办公室，这样我就可以亲自处理这件事。我说这一声明从任何意义上说都不意味着（再重一遍，都不意味着）威胁，这当然是因为他们都代表着独立强大的政府，它们可以做一切想做的事。不过我说，我受到总统的训令来告诉你们，如果英国和法国认为它们必须采取一种支持现任危地马拉政府的独立路线，我们就可以在诸如埃及和北非等问题上自由地采取同样的独立路线，而现在我们一直在试图作出最大限度的克制，以便不使（再重一遍，以便不使）英国和法国难堪。他们郑重地接受了我的声明。[90]

受到训斥的英法两国政府顺从地否决了苏联的提议，联合国安理会转而通过了一项毫无意义的决议，只是要求停止任何可能引起流血事件的行动。如今这一争议已经成了学术研究的话题，毕竟阿本斯已被推翻多年，而卡斯蒂略也已经坐稳了总统之位。华盛顿的计划得逞了，不过也付出了巨大的代价。施莱辛格说："在拉丁美洲人看来，美国已经背离了罗斯福的'睦邻政策'，明确地恢复了其对整个西半球干涉的'权利'。而在美国情报系统内部，这件事则催生了一批狂妄自大的中情局特工，他们相信自己可以击垮美国边界线以南的任何'左翼'政府或游击战争。正是这种态度导致美国制订了推翻古巴的卡斯特罗、清除多米尼加共和国 1965 年的'革命分子'、将阿连德赶出智利的秘密计划。"(91)

在一系列内外势力的交互影响下，拉丁美洲最终出现了各种各样的政权，这很容易让人想起非洲的情况。绝大多数政权都是保守主义性质的政权，其中大都成了军事独裁政权；一小部分属于改良主义政权，它们在极端不利的条件下艰难地寻求着和平变革；只有一个属于社会革命政权，后面的一节中将会对其进行详述。

保守主义国家中最为重要的是巴西，其国土面积比美国本土面积（阿拉斯加除外）还要大。1979 年 1 月，其人口已经达到 1.14 亿。巴西以其丰富的自然资源、强大的经济和军事实力而居于其他拉丁美洲国家之上。1964 年民选产生的古拉特政府被推翻，之后依次建立起了由卡斯特略·布朗库（Castelo Branco）、阿图尔·席尔瓦（Artur Silva）、奥米利奥·梅迪西（Emilio Medici）、埃内斯托·盖泽尔（Ernesto Giesel）和若昂·菲格雷多（João Figueiredo）为首的军事独裁政权。这成了巴西近代历史的转折点。最新揭秘的档案文件显示，美国驻巴西大使林肯·戈登（Lincoln Gordon）最迟不晚于 1962 年 8 月便与卡洛斯·拉塞尔达（Calos Lacerda）和其他针对古拉特的阴谋分子开始有接触。林肯鼓励军队和地主联合起来，许诺为其提供武器。至此，这项代号为"山姆兄弟"的暴乱行动便被正式提上了日程。两艘美国航母带着其他辅助船只、直升机和海军陆战队到达了巴西沿岸，以便"在接到命令时，表明美国在这一地区的存在，并按照指令完成其他任务"。这支舰队旨在帮助和鼓励叛乱分子，不过它更倾向于秘密行动，以防引起群众对古拉特的同情。美国没有采取公开行动就成功地促成了政变，因而"山姆兄弟"行动作为秘密一直有十年时间不为人知。(92)

中情局特工菲利普·阿吉借助当年他在蒙得维的亚情报站的有利条件，在其 1964 年 4 月 1 日的日记中写道：

> 两三年前，我们曾在厄瓜多尔采取了反击共产党对贝拉斯科和阿罗塞梅纳两届政府进行渗透的活动，我们针对他[古拉特]的行动采取的路线与那两次活动的路线相同。据霍尔曼[蒙得维的亚站站长]说，在城市民众掀起了针对古拉特政府的游行示威，以证明上帝、国家、家庭和自由等古老的话题永远有效时，里约情报站和其主要基地给予了群众资助。毫无疑问，古拉特政府的下台很大程度上应该归功于至少在 1962 年选举期间就开始进行的精心策划和持续的宣传活动。(93)

与拉丁美洲的其他独裁政权一样，巴西的独裁政权也受到了华盛顿的欢迎并得到其全力支持。菲利普·阿吉在1964年4月5日和18日的日记中写道："很明显，里约情报站正在尽其所能地来支持军政府……而决定则明显是由约翰逊总统本人作出的，决定中要求：不仅要尽一切努力来防止巴西近期可能出现的反政变和起义暴乱，还必须尽可能快速有效地在巴西建立起安全部队，以为长远考虑。再也不能允许巴西向左转而便于共产党人和其他有威胁的力量接管局势或至少对局势产生重大影响力。"(94)

遵照这一最高指示，中情局组建了巴西的保安机构，国际开发署培训了10余万巴西警察，1964—1971年间美国对拉丁美洲的军事援助中有四分之一都流向了巴西。此外，先前美国政府和国际借贷机构一直相当吝啬于为古拉特统治的巴西提供贷款，而今军事独裁政权取代了宪政政权后，它们的大量借贷也开始了。这种前后不一致的借贷模式一直延伸到了阿根廷、智利和其他与巴西情况相似的国家。巴西从世界银行、国际金融公司、泛美开发银行和联合国开发署所得到的援助总额在1962年为2760万美元，1963年为2310万，1964年为2590万。而在1965年则飙升到了1.599亿美元，1967年为2.42亿，1970年为3.774亿，1972年更是达到6.819亿。除了这些政府的官方援助外，大量的美国私人投资及美国各大银行的大量贷款也流向了巴西的工业和自然资源领域。(95)到1978年底，巴西举借的外债总额已达400亿美元，即便如此，据巴西一位银行家说："没有一个拥有相当大的银行系统的国家不打算在这里发放贷款。"(96)纽约花旗银行1978年度报告显示，当年其所有利润中的20%都来自巴西，这比从美国本土赚得的都多。

自1964年以来，五位将军统治下的巴西采取的大战略是在巴西高等军事学院里逐渐形成的。这所学院自1949年以来一直开设地区规划技术、基础设施建设和经济发展理论等方面的课程。到1960年代，高等军事学院提出了一种被称为"国家安全主义"的战略，该战略把地缘政治和战略相结合形成了所谓的"地缘战略"。它所依据的原则是巴西和美国应该在西半球共享霸权，而由巴西控制南大西洋。

这五位将军所采取的经济政策与古拉特总统采取的恰恰相反。从1962年到1967年是经济萧条的年份。古拉特在位时，面对民众骚乱的压力，采取了一项激进的民粹主义计划，包括实施土地改革、收入重新分配、依赖国内资本、限制外国投资、国家大规模干预国民经济，以及在拉丁美洲、非洲和社会主义国家开拓新市场。为了执行该计划，古拉特寻求农业工人、城市工人和下层中间阶级的支持。在古巴革命的影响下，古拉特的举动呈现出了社会主义倾向，这最终引来了1964年那场将他赶下台的军事政变。

这些将军一经掌权，便彻底改变了古拉特的计划。他们不但没有设法刺激大众的购买力，反而着手降低工资来增加利润、吸引外国资本和打入国外市场。收入再分配也是向上倾斜而不是向下倾斜。他们期望，经过一段时间的消费限制和经济增长后，所带来的利润会以更多的就业岗位和更高的工资之形式向下流动。这样，军事独裁政府就能逐步赢得群众的支持，打下广泛的政治基础，从而通过谈判平稳过渡到完全的工业化状态和自生性增长阶段。

在最初几年里，似乎这些将军们找到了一条成功的战略。1968年开始的繁荣景象一直延续到了1974年。这几年里跨国公司的资本大量涌入巴西。盖泽尔总统于1976年宣布："任何外国企业公司（包括跨国公司），只要不涉足那些与巴西国家重大利益不一致的领域，都可以从巴西的工业模式中找到一席之地。巴西政府承认它们在引进外资、为巴西的企业提供技术和注入管理经验、扩大出口和使出口多样化方面所发挥的重要渠道作用。"[97] 这番动听的话语背后却附着给予跨国公司的慷慨让步条件，包括国家提供补贴、免征税费、实际上取缔工会等。

这些措施也的确促进了巴西经济的增长，其国民生产总值以年均10%的速度增长。与此同时通货膨胀率在1972年下降到17%，在1973年可能已经下降到了13%。出口总额从1964年的14亿美元猛增到1975年的82亿美元，11年内增长了近五倍。全世界的保守主义政权都在高呼"巴西奇迹"，认为这是第三世界国家在马克思主义的工业化模式之外找到的一条长期寻求的资本主义模式。

然而就在1974年，这一"奇迹"却开始逐渐消失。巴西将责任归咎到石油输出国组织身上，因为该组织提高了油价，致使巴西进口石油的成本变为之前的四倍，在历经几年的贸易顺差之后，1975年首次出现35亿美元的逆差。然而，经济灾难的根源绝不是源于石油输出国提高油价。更为根本的原因在于人为地把工资的涨幅控制在劳动生产率的增幅之下，致使国内市场购买力严重不足。一方面，电视、冰箱尤其是轿车等高级消费品的生产迅速增加，而另一方面，服装和鞋子等大众消费品在1969—1972年间却只提高了1%。经过七年畸形的经济增长后，整个国民经济严重失调。到1974年，本身购买力有限的中产阶级市场对高档品的需求已经饱和。因此，国民生产总值的年增长率也从之前的10%跌到1975年的4%，自此之后再也没有恢复过来。与此同时，通货膨胀却在1975年攀升到30%，1976年达到40%，并一路飙升至1980年的109%。

跨国公司和外国银行也是巴西经济衰退的一个基本因素。到1980年，巴西举借的外债总额已经达到400亿美元，且40%的年度出口所得都用在了偿还外债上，这一比例几乎比公认的安全和可控标准高出了一倍。此外，跨国公司控制了主要工业和矿业公司流动资产的40%，获得了这些公司利润的55%。这些利润都转移回了跨国公司的母国，这进一步加剧了巴西的财政问题。1980年，巴西的出口增长了 24%，然而进口却增长了 50%。巴西力图恢复贸易平衡的努力遭到发达国家的抵制，因为这些发达国家亦正受困于经济衰退，而且本国劳工也在群起抗议政府输入国外廉价商品。巴西的首要买主美国更是采取这一抵制态度。美国助理财政部长弗雷德·伯格斯滕向巴美商会发出警告（1978 年 5 月 15 日）：如果巴西不取消对其出口产品的补贴，美国就会对其进行报复。他说，巴西给予制造商的出口补贴，"直接与美国的反补贴税法相冲突"，如果任由其继续下去，就会"危害整个贸易制度的开放性"。[98]

到 1980 年，巴西所负外债已经达到 550 亿美元，成了第三世界最大的债务国。接下来五年，分期偿还的贷款总额达 350 亿美元。菲格雷多总统曾绝望地断言，他的国家"已经没有了任何可供发展的家底"。[99] 因此，即便是作为拉丁美洲"巨人"的巴西，尽管有着大量的外援（毋宁说坏就坏在这些外援上），也依然摆脱不了依附关系的枷锁。

军事独裁政权在 1980 年代面临着日益严重的危机。本国商人都在抵制"非国有化"（一个通用于拉丁美洲的术语，指跨国公司的经济控制）。工人也正在变得更为好斗，反对那个只给占总人口 5% 的上层人士和外国公司带来利润的剥削和压迫制度。这样就出现了罢工潮，它于 1978 年春季始于汽车制造厂，之后迅速蔓延到电力公司、轮胎和重型设备制造厂、金属加工厂。

就在工人骚乱的同时，学生也发起了运动。他们在全国范围内组织了示威游行活动，要求恢复军政府统治在 1964 年破坏的民主自由。1977 年夏，罗莎琳·卡特（Rosalynn Carter）访问巴西时，收到了一封学生的诉苦信：

> 我们想强调的是，巴西利亚大学正在发生的事情［该校 1.6 万名学生集体罢课］并非孤立事件，而是对我们这代学生几乎一辈子都在遭受的压迫的反应。这个自 1964 年以来一直统治我们国家的军人政权也许保证了一定程度的稳定，这可能有利于美国的利益，但为此付出的代价却是，它损害了我们的言论、出版和集会自由。[100]

对巴西的军事统治者来说，比学生骚动更为严重的是罗马天主教会也日益反对军政府的政策。1976 年 11 月举行的全国主教会议上发布的一项声明，严厉谴责军政府放任警察严刑拷问和谋杀而不受惩罚，谴责其容忍土地分配不公，谴责其未能保护日益减少的印第安人口，谴责其采取"高居个人安全之上的国家安全之意识形态"。[101] 东北部三位大主教和十位主教于 1973 年 5 月 6 日签署的宣言则涵盖了更详细的内容。在这份长达 30 页的文件里，这些神职人员详细地描述了巴西的失业、饥饿、文盲、婴儿高死亡率等一系列问题,并斥责"所谓的'巴西奇迹'不过是让富人更富、穷人更穷的一种手段"。他们把日益严重的收入不平等问题直接归因于巴西的人力资源和物力资源从属于全球性市场经济的需要:

> 巴西的经济结构和社会结构是建立在压迫和不公平的基础之上的,而压迫和不公正现象又是从依附于各大国际权力中心的资本主义情势中发展而来的……
>
> 营养不良、婴儿高死亡率、卖淫、文盲、文化和政治歧视、贫富差距日益悬殊,以及其他种种后果,这都反映出了巴西的制度性问题。
>
> 为了保证一个依附性的资本主义制度得以安全运作而更加迫切地诉诸镇压手段:关闭立法机构和城乡工会,削弱学生运动的领导力量,对工人、农民和知识分子强制实施审查措施和迫害手段,折磨牧师和勇于斗争的教士,采取形形色色的监禁、拷问、残害和暗杀手段,这反映出这一制度本身的无情。

最后,这群教会领袖警告说:"教会再也不能无动于衷,消极地等待变革时刻的来临……受到迫害的工农大众和许许多多的失业者已经注意到了当前的事态,他们正在产生一种新的解放意识。"[102]

为了应对群众的不满,军政府诉诸实施"可行的民主",这是一项旨在安抚骚乱的群众和将巴西及整个拉丁美洲的反革命运动制度化的政治战略。出版界有了自由,反对党可以公开活动,工会可以发起罢工,按照计划1982年所有州长和国会议员都将由普选产生。不过这一切都是粉饰门面,因为并没有制定具体计划来选举产生掌握全权的总统。选举产生州长并没有实际意义,毕竟州政府并没有实权。国会也依然控制在总统手里,总统还控制着联邦预算及州政府和市政府的运转资金。政府发言人也坦言,让步的目的是为了消除反对派这一大隐患,而不是为了建立起代议制的政治制度。"没有什么制度化的东西,"巴西一位历史学教授如是说,"在国会和民众毫无发言权的情况下,没有什么可以阻止军政府断然宣布终结这一进程。"[103]

同时,华盛顿依然支持巴西的军人政权。亨利·基辛格于1976年2月通过谈判与巴西建立了一种特殊关系,其中包括"建立两国部长级的官员定期磋商机制"[104]。国务卿赛勒斯·万斯(Cyrus Vance)代表卡特政府重申了这一特殊关系的有效性。另一方面,巴西军政府也对卡特的人权运动感到愤懑,多次嘲笑美国领导人;在联合国站在阿拉伯人一边,投票谴责犹太复国主义运动是一种种族主义;与西德签订了一项价值40亿美元的核电协议，这也许可能会使巴西将来拥有核武器；承认安哥拉人民解放运动；向第三世界国家出售武器。

很明显，华盛顿和巴西利亚在维持整个拉丁美洲现状、反对革命势力方面有着压倒一切的共同利益。但在另一方面，巴西也期望自己能从西半球的次帝国地位上升到与美国平起平坐的联合帝国地位。军人独裁政权的前途，一方面取决于它如何处理与美国的矛盾，另一方面也是更为重要的一方面则取决于它如何处理与本国人民的矛盾。

在从保守主义政权转到改良主义政权的拉丁美洲国家中，秘鲁的军政府在1970年代初试图走一条既不是社会主义也不是资本主义的第三条道路，这引起了全世界的注目。在军政府试图自上而下地实施改革之前，秘鲁很大程度上一直都不受世界市场体系的影响。外国资本只是在秘鲁的铜矿和沿海地区的出口农业领域占有较为突出的地位。全国一半的人口在高原地区以半封建的生产方式从事着仅够糊口的农业生产。全国1%的大地产者控制着80%的耕地，其中包括一些全世界面积最大的种植园，有些种植园的面积甚至超过了600万亩。许多印第安人连同他们的土地被一起卖给了种植园主，他们不再以村庄作为他们的出生地而是以"我们所属"的种植园主的名字来确定。秘鲁的政治制度也同样陈旧。由维克多·德拉托雷（Victor de la Torre）于1924年创建的秘鲁美洲人民革命联盟（秘鲁人民革命党）起初是一个进步的运动团体，然而到了1970年代，该党的创建者已经成了一位肥胖的老人，再也不谈他的印加社会理论了。而费尔南多·贝朗德（Fernando Belaúnde）率领的人民行动党也与政府实现了和平相处，并且已经成为裙带关系和贪污腐败的一个工具。

与其他拉丁美洲国家一样，秘鲁这一不合时宜的政治现状也一直在传统的三方联盟：罗马天主教会、军队和土地贵族的支撑下运作。由于解放神学的兴起，教会早已四分五裂，不过这是拉丁美洲国家的常态。秘鲁让人不安的新奇之处在于，1968年推翻文官政府而掌权的军队不再去充当"寡头集团看家狗"的功能。新的军人统治者的话语起初并没有引起重视，毕竟任何政变的上台者都会宣称"为人民谋福利"是自己的责任和义务，这已经成了例行程序。然而令人不安的是，贝拉斯科·阿尔瓦拉多（Velasco Alvarado）及其追随者不同，他们不但说了还真的去做了。

他们之所以做法不同，一方面是因为随着军队中的白人上层人士逐步离开军队，转而投入到更为有利可图的商业活动中，秘鲁军官团体的组成人员也从先前的白人贵族逐步变成棕色的印第安人。随即而来的1962—1965年间的农民起义迫使这些年轻的军官自问：为何农民们会如此激烈地进行抗争？为何他们自己要去镇压那些和自己同种族的人？在秘鲁高等军事学院从教的那些激进的社会科学家把他们的质疑引向了左翼。在军事学院学习期间，这些军官吸收的意识形态是介于资本主义和社会主义之间的第三条道路。因此，当他们于1968年掌权之后，便着手实施了三项变革措施，力图打造一个更加独立和公平的秘鲁社会。

首先，进行土地改革。根据土改方案，并不是把大庄园分割成小庄园，而是直接转化成合作社。如今土地的所有者成了耕种者而不再是那些外居地主，国家提供教育经费、技术指导及牲畜和谷物的新品种。然而，改革的结果却是出现了新的"富人"和"穷人"。新的"有产者"现在成了那些先前种植园被征用前在那里做全职工作的工人，只有他们才有资格成为新的合作社的成员。而占农业工人总数85%—90%的季节工和在附近地区从事农业的村民则不在考虑行列。他们从农村改革中没有获得任何益处，只好加入离开安第斯高原的移民大潮。有些人向东迁移，到了亚马逊河流域的雨林地区，有些人则向西迁移到了沿海城市，他们在城市里长期处于失业或半失业状态，从而成了流氓无产者。

秘鲁军政府的第二项改革举措是引入外资投资矿业、工业和基础设施建设领域。与农村合作社相一致的工人参与和利润共享也引入到了这些领域，并且成了"第三条道路"的主要特征。尽管创造出了一定的新的就业岗位，但却仍然无法满足每年新增的13万劳动力的需要，又遑论去吸收占劳动人口总数30%的原有失业者。即便是那些就业工人，其中的绝大部分作为临时工也没有资格去分享利润、参与管理。

贝拉斯科将军的第三项举措是将一些主要的外国公司收归国有，其中包括海湾石油公司、埃克森公司、国际电话电报公司、W. R. 格雷斯公司、阿纳康达公司、大通－曼哈顿银行等。军政府原则上并不反对国外资本，只是想改变其性质来支持国家发展计划。与国有化相伴而生的是国家大规模的投资和干预，以求促进实现经济独立和自给自足。诸如秘鲁矿业公司、秘鲁钢铁公司、秘鲁渔业公司和秘鲁石油公司等许多大型国有公司的产品上都出现了"秘鲁制造"的字样。

随着这一雄心勃勃的改革计划的实施，两个致命的弱点也暴露了出来。首先，改革的受益者只有少部分工人、农民及一些实业家，他们只占人口总数的一小部分。而且即便是这些真正的受益者也对军政府采取的这种几乎没有下层群众融入的"上层革命"心存不满。军政府意识到了这一问题，象征性地成立了一个组织来应对这一问题。这就是"全国社会动员支援组织"（SINAMOS），该组织的首字母合起来在西班牙语中是"没有主人"的意思。该组织的6500名成员负责动员群众为农民、工人、青年组织、合作社和社区行动计划提供财政支持和技术支持。其总的目标是打破约束新企业发展的繁文缛节，打通"下层与上层"之间的桥梁。不过，指示组织成员鼓励印第安人为自身考虑的小册子上却总是配着工作人员在演讲而印第安人在聆听的插图。将军们所受的训练使他们不自觉地把整个国家也当成了一座大军营。

秘鲁改革实验的第二个弱点是经济独立的推动力却建立在财政依附关系不断加

深的基础之上。就像从外国购买大量武器装备需要资金一样,将大种植园和外国企业收归国有的补偿同样需要大量资金,而新学校和基础设施建设也需要大量资金。由于将美国企业收归国有,军政府现在不能指望从美国政府及其跨国公司那里寻求贷款,因而便转向了私人银行。1972年借款数额为1.47亿美元,到1973年便飙升到7.34亿美元,致使秘鲁该年度负债总额达到30亿美元,成为第三世界第三大债务国。

不论是借钱者还是出钱者对此都不担心,因为铜的出口价依然很高,而且秘鲁又在亚马逊流域探勘出了有开采价值的石油。他们的乐观主义精神起初似乎是有依据的。1969—1973年间,秘鲁国民生产总值年均增长5.5%,实际工资年均增长6.6%,通货膨胀控制在年均7.2%的水平,贸易也一直维持着顺差。然而1974—1975年度却清晰地显现出了像秘鲁这样依赖几样价格极不稳定的原料出口的第三世界国家固有的脆弱性。紧接着,铜价大幅下跌,秘鲁沿海先前成群的鳀鱼也神秘地消失了,花了10亿美元建好了一条输油管道,可是油田却只产出了占预期值很小一部分的石油。贸易顺差也变为逆差,失业率上涨,经济增长率出现了波动。

经济危机催生了一场军事政变,通过政变,保守的莫拉莱斯·贝穆德斯(Morales Bermúdez)将军取代了激进的贝拉斯科将军。左翼军官被迫辞职,正统的经济政策得到采纳,罢工的工农领导人未经审讯就被收押,革命的名称也从"社会主义的"换成了"人道主义的"。第三世界债务国流行的模式如今再次上演:举借更多的外债,采取更多的紧缩性措施,出现了更高的失业率和物价水平,群众的抗争增多,随之而来的镇压也不断增多。

到1979年,由于紧缩性政策的实施、铜价的上涨、石油产出的增加和鳀鱼的回游,秘鲁的经济出现了实质性的恢复。利马的一家报纸上刊登了一幅漫画:一位医生正在帮助一个病人(象征着秘鲁经济)从病床上起来。医生说:"你的康复令人难以置信。"(105)

就连秘鲁那些外国债主也认为这一实实在在的经济恢复"令人难以置信"。然而对秘鲁人民来说,恢复就是另一回事了。半数的劳动力处于失业状态或半失业状态。1972年,秘鲁半数的儿童营养不良,而到1979年这一比例上升到了65%。研究报告指出,利马贫民聚居区儿童的智商一直在下降。医生的研究报告显示,与营养密切相关的肺结核病的患者人数正在急剧增加。一支医疗队走访了秘鲁北部一个5000名村民居住的村子,发现80%的农户中至少有一名活动性肺结核患者。利马杂志《请听》(*Oiga*)详细地描述了城市贫民拼命寻找食物的情况:

> 在利马的市场上,常被称为"水果鸟"的几百名儿童必须要赶走野狗才能找到食物。背上背着幼儿的母亲们则在市场上处理鱼和其他动物肝脏

的区域与秃鹰进行着卡夫卡式的争食斗争。先前市场上到处都是寻找废物的塘鹅，如今也早已让饥饿的人家吃掉了。"(106)

在秘鲁，衡量经济的健康状况取决于从什么视角去看，这在其他拉丁美洲国家也一样，甚至在整个第三世界都是如此。一方面可以从受益于"紧缩"政策的当地精英和外国精英的视角去看，另一方面则可以从那些栖身于城市贫民区和落后农村的下层的视角去看，他们每天都在以自己的尊严、健康和生命为代价维持生存。

也许有人会说，把秘鲁当成拉丁美洲改良主义的模式典型有失公允，毕竟秘鲁非常贫困且其人口中又有许多赤贫状态的印第安人。然而，1975年石油收入达到100亿美元的委内瑞拉的经济同样不景气。佩雷斯（Carlos Perez）总统像统治秘鲁的那些将军一样，也依赖自上而下的改革。1973年他上台伊始就颁布了一项预算为520亿美元的"五年计划"。"五年计划"的目标是通过实施一些大型发展项目和将外国业主所有的矿山、油田收归国有化，来实现经济独立和收入分配更加公平。理论上，这些收益将会向下流到穷人手里，然而在一个高度等级化的社会里，利润不可避免地会向上流入那些早已鼓鼓的私人腰包里。正如委内瑞拉一位农学家所说："你不能把一个没有受过良好教育的官僚派到农村，然后对他说：'好了，这就是你想要的钱，拿去组织农民合作社吧。'那些不识字的农民不知道这位政府官员在说什么，而这位五谷不分的官僚也不知道自己要说什么。然而，加拉加斯政府却一直在往里投钱，事后却惊诧于为何粮食产量还是下降了。"(107)

委内瑞拉的粮食产量下降这一情况始终都很突出，尽管那里有着丰富的农作物资源，但是现在却只能满足一半的粮食需求。昔日的蔗糖和肉类出口国，如今却变成这两样产品的进口国。经济越来越依赖石油收入，早在预料中的灾难性后果也是日益显现。1978年，委内瑞拉出现了其历史上最大的国际收支赤字，通过出口所得的外汇收入总共有88.5亿美元（其中95%来自石油），而进口总额则达到118.9亿美元，贸易赤字超过30亿美元。据估计，1979年其外债已经达到122亿美元，年度债务偿还额也从1974年的7.67亿美元上升到1979年的20亿美元。

出现贸易逆差、外债不断累积、通货膨胀居高不下、石油收入下跌、非石油经济部门生产效率下降，所有这些都预示着拉丁美洲"最璀璨的明星"正在陨落。委内瑞拉石油部长、石油输出国组织（OPEC）的创始者胡安·巴勃罗·阿方索（Juan Pablo Alfonso）说："我之前认为通过石油出口赚得的外汇，无论我们投资在哪里，都会给委内瑞拉带来利益增殖，如今我认识到了这一想法是多么虚妄！现在我看清楚了，结果恰恰相反，来自石油的收入实际上危害了我们国家。"(108)当然，这种收入并没有危害那些在游艇上或在迈阿密安度周末的石油百万富翁，但却给绝大多数人带来了危害，他们不但没有从封闭的、资本密集型的石油产业中获益，反而深受因石油美元泛滥而诱发的通货膨胀之害。

以色列一批经济学家1981年所做的一份调研报告显示，委内瑞拉11岁以下的儿童约有45%患有某种形式的营养不良症状，超过半数工人无法赚得足够的钱来让他们的家庭维持最低营养标准。报告还指出，即便工人能够赚到维持基本营养标准的工资，他们也不知道什么是营养食品，因此这些家庭中有70%的人仍然患有营养不良症状。[109]"石油换来的钱都哪儿去了呢？"罗马天主教修女奥拉·德莉亚·冈萨雷斯（Aura Delia González）问道。"我们从石油美元中没有看到任何好处，而只见到牛奶和肉类价格上涨了，犯罪事件增多了，而学校和医院却不够。"[110]

正在大量开采新油田的墨西哥，在石油美元上也面临着相同的问题。尽管石油收入提高了，然而其1978年的贸易赤字却是21亿美元，比1977年增加了50%。在这样一个有着1700万劳动力处于失业或半失业状态的国度里，石油工业只提供了12.5万个就业岗位。在洛佩斯·波蒂略（Lopez Portillo）总统准备的工业计划中，主张用石油收入来发展资本密集型工业，如石油化工产业，而实际上这样的产业也提供不了多少就业岗位。在农业领域，同样强调面向出口的资本密集型的农业综合企业，这与爆炸式的人口增长相结合，仍会导致农村人口大规模外流。

农民仍在大规模涌入拥挤不堪的城市，也有的涌入了美国（墨西哥现有四分之一的劳工都在美国工作）。于是，拉丁美洲两个最富有的石油生产国似乎注定要成为该地区收入分配最不公平的国家：委内瑞拉排在第一，墨西哥紧随其后。十年后，波蒂略的继任者可能会回首过往，得出与胡安·巴勃罗·阿方索相同的结论："石油收入实际上给这个国家带来了危害。"假如这成为事实，美国也许会在拉丁美洲遇到像在伊朗发生的一样的事情，许多国务院的官员都在如此推测。

一些墨西哥人也是这么推测的。他们注意到几十亿的石油美元带来的却是越来越多的失业人口、越来越高的通货膨胀率、越来越依赖于石油出口和粮食进口。整个1970年代，玉米的种植面积每年以4.8%的平均速度递减，致使1980年三分之一的玉米需要从国外进口。大豆和蔗糖等其他农产品也是如此。由于基本消费品的价格成本较高，在农村修建的大量政府控制的商店也没有起到什么作用。据管理这些商店的政府机构预测，60%以上的人口即便食物中有动物蛋白，也很少，而且他们食用的玉米数量也在下降。因此墨西哥一位经济学家评论道："这就是所谓的石油综合征。我们过去在委内瑞拉和伊朗看到了，我们也曾决心去避免。然而此时它就出现在我们国家。"[111]

最后，在考虑拉丁美洲的前景时，有必要回想一下卡斯特罗的回答：在一次采访中，当问到他为何在参与非洲事务上表现如此积极时，他说："因为非洲是帝国主义链条上最薄弱的一环。"如果能够想到他屡次试图打破帝国主义链条上拉丁美洲一环的失败经历，他的回答也就不难理解了。与非洲不同，拉丁美洲想要维护现状的保守势力非常强大。

首先，拉丁美洲的新殖民主义根深蒂固。其根源可以追溯到一个半世纪之前，而新殖民主义在非洲只有几十年的历史。这样在拉丁美洲就产生了一股强大的资产阶级势力，他们反对任何革命性变革，并随时准备与宗主国合作压制这种变革。智利就是这样的外缘 – 宗主国中心运作模式活生生的例子。当然过去也能找到这样的例子，今后这样的例子也还会出现。这就意味着拉丁美洲游击队的主要敌人来自国内，因而他们很难像其他第三世界国家一样可以组成反抗外国的联盟，从而取得革命成功，比如中国的反抗日本侵略同盟，印度支那的反抗法美同盟，非洲的反葡同盟。

拉丁美洲游击队受挫也源于其"游击中心"战略。雷吉斯·德布雷（Régis Debray）在其《革命的革命》（Revolution in the Revolution）一书中详细阐释了这一战略。该战略背离了经典的马克思主义教条，强调"机动的战略力量"的作用，所谓"机动的战略力量"即一群具有高度奉献精神的起义者，他们率先发动军事行动，从而起到模范作用，带动农村变革。这显然是与毛泽东、胡志明和卡布拉尔所遵循的传统的共产主义原则相对立的，毛泽东等人重视长期的鼓动、教育和组织工作。而在实践上，拉丁美洲那些正统的共产党也拒绝这一"游击中心"战略，致使他们发现自己既孤立于左派力量，又不为资产阶级所容，很难立足。"游击中心"理论从未起过作用，即便在古巴也是如此。虽然游击队的确打败了巴蒂斯塔的一些军队，然而对巴蒂斯塔来说，致命性的打击则是来自城市居民，他们举行起义、制造破坏，最终使其独裁统治难以维持下去。

拉丁美洲当地的印第安人数量明显少于非洲的土著人数量，这也大大削弱了革命潜力。西班牙人和葡萄牙人要么把印第安人迁移到一处聚居，要么让他们处于一种无力的依附地位。他们既要服从于由混血人组成的庞大的中间阶级，也要服从于白人统治者。而纵观非洲，欧洲人始终是处于孤立地位、无足轻重的少数，当然南非是个例外。然而即便是在南非，布尔人的孤立及少数者地位也是日益显现，也越来越受到威胁。而在拉丁美洲，情况恰恰颠倒过来。白人和他们的混血盟友成了根深蒂固的多数，而土著印第安人却沦落成了主流之外、受到包围的少数团体。此外，"游击中心"战略也没有考虑在美洲印第安人中间作长期必要的组织工作，就像越南共产党人在他们的少数民族中间所做的那样。因此，切·格瓦拉未能联合起玻利维亚的印第安人，实际上他甚至都没和他们交流过，又何谈组织上的联系！

最后，由于地缘上靠近美国，帝国主义的链条在拉丁美洲变得相当巩固。菲利普·阿吉讲述了其作为中情局特工在蒙得维的亚的活动，清楚地揭示了美国华盛顿可以打入拉丁美洲各个社会阶层的程度——不仅可以接触警察和将军，还能接触到政治家、商人、工会领袖、记者、教职人员、学者，以及其他专业人员等。一些非洲革命组织，如津巴布韦非洲民族联盟、津巴布韦非洲人民联盟和西非人民组织等从邻国得到的援助也不可能在拉丁美洲重现。相反，拉丁美洲国家却是彼此合作或与美国合作发动了入侵猪湾的行动、推翻阿本斯和阿连德的行动、一路追捕切·格瓦拉的行动、追捕和刺杀散布在拉丁美洲各首都和美国华盛顿哥伦比亚特区的流亡者的行动。

但在另一方面，我们也不应夸大拉丁美洲和其他地区现状维护者的力量。巴列维统治下的伊朗似乎是（华盛顿也相信是）维护中东现有秩序的坚强支柱。然而这个支柱却在一位客居法国的宗教人士的口头轰击下垮掉了，霍梅尼人在国外但却能遥控国内人民来追随他。同样，没有一个西方政府预料到葡属非洲殖民地的革命能够成功，也没有预见到革命运动目前正在快速席卷非洲南部。因此，没有理由认为拉丁美洲那些看似坚不可摧的政权可以免于垮台的命运。目前，政府动不动就诉诸镇压极为常见，似乎这已成了一种不可扭转的趋势。然而镇压迟早会引发抵抗。拉丁美洲如今的反抗比人们意识到的已经广泛多了。

霍布斯鲍姆注意到："在墨西哥某些地区和印第安人聚居的安第斯山脉地区（如秘鲁）有着地方性的农民起义的传统。"单是在1960年代，就出现了阿根廷的贝隆主义者游击队，玻利维亚的农民和矿工武装自卫队，哥伦比亚各地的"武装自卫区"，以及委内瑞拉和危地马拉的游击队暴动。霍布斯鲍姆就拉丁美洲地区的革命前景作出了如下推断：

> 当前的问题并不是在这个大洲上存不存在社会革命力量，而是这些革命力量会用什么样的实际手段来展现自己、又该采取什么手段取得成功、那些想要驱散他们的力量会采取什么不同政策、他们本身为满足使自己崛起的各种需要又会采取什么政策。
>
> 拉丁美洲的革命很可能是一场联合行动，它可能爆发于现有政权内部出现政治危机时，也有可能是制度上长期动荡而引发革命（可能性较小）。它很可能会联合起各种社会力量，如工人、农民、处于边缘地带的城市贫民、学生、中产阶层的某些群体，各种体制力量和政治力量，如武装部队中的异见分子和教会力量，以及地方力量，如存在于四分五裂的各共和国内的地区利益集团等。但不幸的是，这些力量最有效的黏合剂——反对外国人，更确切来说反对外国统治的斗争，却只出现在了几个中美洲小国。对于这些小国，美国习惯于借助其强大的力量进行直接干预，或者也会利用地方

民主主义势力来反对那些拉丁美洲邻国。在经济上，拉丁美洲一直处于殖民地位，然而在政治上，其共和国作为主权国家已经存在很久了。(112)

1979 年发生在危地马拉的推翻了长期执政的索摩查王朝统治的革命，以及拉丁美洲其他地区随之而来的革命洪流，证实了霍布斯鲍姆的分析。这一代的革命游击队已经从过去的失败中吸取了教训。他们正在吸引农民和工人加入他们的队伍，也花了几年的时间和印第安人朝夕相处，学习他们的语言，体验他们的生活，和他们一起处理各种问题。印第安人被动员了起来，这尚属首次。然而这在危地马拉和墨西哥却是一件最重要的事。危地马拉的总人口中有一半是印第安人，尽管印第安人在墨西哥仍属于少数群体，然而其数量也相当可观。

除了地方性的革命运动如火如荼外，也应该指出那些军事独裁政权，尽管采取了镇压手段，且从宗主国政府那里拿到了各种公开和暗地里的援助，但却已经无法取得任何与群众有关的支持。与欧洲的那些法西斯运动相比，拉丁美洲的军事独裁政权既缺乏具有超凡魅力的领导人，也缺乏极权主义的意识形态，除了有限的资产阶级支持外，无法迎来大众的追随。而且即便是在资产阶级内部，也有相当严重的不满情绪。那些资产阶级当年支持军人独裁政权是希望可以保护他们的财产。他们既没有料到这些独裁者用在武器上的开支每年都在增加，也没有料到国家的债务负担会越积越重、通货膨胀会一直持续下去，更没有预料到国家的经济会越来越受到国家企业和外国跨国公司的控制。昔日的巴西率先采取了米尔顿·弗里德曼（Milton Friedman）的经济模式，如今其收归国有的企业比智利的阿连德政府收归的还要多。智利民族资产阶级的代言人、皮诺切特的死敌奥兰多·塞斯（Orlando Saez）表达了他对皮诺切特集团所采取的经济政策的不满："……实在难以置信，竟是现政府要取消生产资本货物的民族企业。"(113)

军人独裁政权也越来越遭到了其昔日可以信赖的盟友——罗马天主教会的反对。就如伊斯兰教早已植根在了中东各国的文化中一样，天主教也是拉丁美洲政治结构和社会结构中的重要组成部分，拉丁美洲 90% 的人信奉天主教。天主教会新的社会意识的觉醒充分体现在了 1968 年在哥伦比亚麦德林市召开的拉丁美洲主教会议上。这次会议上判定拉丁美洲贫困的"根本原因"时，与其说使用的是教会语言倒不如说是马克思主义语言。主教们谴责"外汇兑换比率下降"，这使"[拉丁美洲]原材料的价值……日益低于工业制成品的成本"。他们注意到了自己国家的"经济资本和人力资源正在迅速外流"。他们强烈要求结束当前的国际信贷制度，正是这一制度使得第三世界的各个经济体屈从在了"国际金融帝国主义"之下。最重要的是，主教们正式认可越来越多的神职人员到群众中间去工作，帮助他们进行土地分配和其他一些基本的经济改革。

受到正式鼓励及赞扬的牧师们和修女们也越来越多地参与到了政治活动中。他们帮助成立农场工人的联合会，帮助实施日托计划，从事释放政治犯和寻找"失踪者"的活动。他们在整个拉丁美洲地区成立了约10万个"基层社区"，以帮助穷人参与到"基督教活动"中，从而提高他们的生活水平。其中一些神职人员甚至离开教会参加到了游击队的武装斗争中。这些活动引起了当局的报复。据梵蒂冈的一份消息透露，整个1970年代超过1000名牧师、修女和非神职传道者被捕入狱、受到严刑拷打和被谋杀。然而，宗教领袖们并没有因此就停下自己的活动，尼加拉瓜的革命就得到了七位主教的公开支持。这些主教说："我们都受到了激烈的革命暴动的影响，然而要否认这些革命暴动在道义上和法律上的合法性是不可能的，因为它们发生的背景是长期的暴政正在消灭基本人权、威胁着民族的共同利益。"原玛利诺外方传教会修士、现任尼加拉瓜外交部长戴斯科托（Miguel D'Escoto）神父描述了他的教会与桑地诺革命者的合作情况：

> 起初，桑地诺民族解放阵线是信仰马克思主义而反对教会的，或许是因为那时的尼加拉瓜天主教会还没有开始基督教化的进程，外人认为它与特权阶层的利益相一致的缘故。不过，随着我们布道活动的激进化，我们站到了穷人和受压迫者一方，并且也没有过分背叛耶稣基督的教导，桑地诺民族解放阵线便向基督徒开放了。这是因为他们相信了教会是解放斗争中的重要力量，他们认识到了只有马克思主义者才是革命者的想法是错误的。因此，桑地诺民族解放阵线成熟了，成了名副其实的桑地诺主义者的组织。(114)

天主教会的独立只不过是拉丁美洲力量平衡变化的一个标志而已，无论如何美国都要应对。与此同时，各个大国也变得固执己见，欧洲和日本之间的商业竞争日趋激烈，革命暴乱的威胁一直存在。新的形势要求重新评估美国的拉丁美洲政策。重新评估的任务落到了以索尔·利诺维茨（Sol Linowitz）为主席的美国拉丁美洲关系委员会的头上。利诺维茨曾担任过驻美洲国家组织大使，也是高特兄弟律师事务所的高级合作伙伴。委员会在泛美关系中心的资助下于1976年12月发布了一份名为"美国与拉丁美洲"的报告。它所提出的建议包括解决巴拿马运河问题，支持基本人权，实现与古巴关系正常化，减少武器转让和核扩散，着眼于帮助发展中国家实现发展目标而为其提供经济援助、实行贸易政策自由化。

其中的一些政策建议得到了实施，比如解决巴拿马运河问题和支持基本人权。此外，当多米尼加军政府准备使一次选举进步总统的选举夭折时，卡特政府作出了与约翰逊政府完全不同的反应。它与委内瑞拉、哥伦比亚和巴拿马三国政府一道出面，防止了一场迫在眉睫的政变。然而另一方面，卡特也和其他总统一样，其拉丁美洲政策也让一种基本考虑束缚了手脚。肯尼迪曾于1961年8月清楚地表达了这种基本考虑，那时正值多米尼加独裁者拉斐尔·特鲁希略（Rafael Trujillo）被谋杀，美国正在寻找一位可靠的继任者。"只有三种可能性：上策是出现一个体面的民主政府，中策是维持特鲁希略政府，下策是出现一个卡斯特罗式的政权。我们应该努力寻求上策，然而在确有把握避免下策之前，也着实不能放弃第二种选择。"(115)

卡特接受了这一指导原则，这也就不难理解为何在最后一刻他还在设法组织桑地诺民族解放阵线接管政权——他提议美洲国家组织派出维和部队，施压要求保留国民卫队、在新政府中派出索摩查的追随者。这也可以解释为何美国因怀疑萨尔瓦多安全部队涉嫌杀害三名美国修女和一名天主教非神职传道者而停止了对萨尔瓦多的经济援助后，又于1981年对其恢复了援助。

卡特的白宫继任者也没有受困于犹豫不决。里根坚信苏联应对"当前所有的动乱"负责。里根总统宣誓就职后，立即提升了对萨尔瓦多的经济和军事援助水平，派遣军事教官前去训练政府军，还发布了一份为其一系列政策进行辩护的《白皮书》。其基本目标是清除卡特和里根都一再叹息的"越南综合征"，要让全世界相信越南只是一个例外，美国有能力也有意愿去粉碎第三世界的任何一场社会革命。

萨尔瓦多有一些对美国有利的特定因素，这与越南形成了鲜明对比。萨尔瓦多面积较小，人口也较少。其脆弱的民主革命阵线，无论在纪律上、凝聚力上还是在革命经验上都无法与胡志明领导的民族解放阵线相提并论。此外里根政府似乎也做好了准备，可以随时向第三世界任何地方派遣美国的快速部署部队，以便在那里的游击队力量还比较弱小时就消灭它们。然而，从另一方面来说，无论是欧洲还是拉丁美洲各国政府都在公开场合或私下里表达了它们对美国干涉中美洲事务的不满。此外，先前美国各宗教团体总体上支持美国干涉越南的行动，但现在它们却从一开始就强烈反对美国干涉萨尔瓦多。

更重要的问题是，萨尔瓦多的"动乱"计划是否是在哈瓦那和莫斯科制定的。这一里根政府官员总体上认可的假设，此刻不仅引起了拉丁美洲和西欧的广泛质疑，也引起了美国内部的怀疑。三位来自北卡罗来纳大学的专家于1980年10月给美国国务院准备了一份冠名"拉丁美洲的民主：前景和影响"的报告，他们在报告中指出，"暴乱"早在卡斯特罗革命甚至在十月革命之前就有了。它可以一直追溯到19世纪晚期，那时以种植咖啡为基础的寡头集团开始征收农民的土地，致使今天65%的农民成了彻底的无地者。在分析了萨尔瓦多经历了几十年地主家族和军人统治的状况后，报告得出结论：华盛顿支持的军政府并不是改良主义的中心，而是"已变成国中之国的极右翼势力"。因而，报告认为华盛顿的政策"是一个外交失误，它误读了萨尔瓦多的历史，这根本无助于在拉丁美洲和其他地区推进民主事业"。

有着25年职业外交官生涯、曾于1961—1964年间担任过美国驻萨尔瓦多大使的穆拉特·威廉斯（Murat Williams）也对美国现行的萨尔瓦多政策明确表示了不满：

> 我们政府提供的"证据"［用来说明其援助萨尔瓦多军政府的合理性］强调古巴和苏联向萨尔瓦多输入武器。这不能不说是个讽刺，毕竟是美国的武器三十多年来一直源源不断地流入萨尔瓦多。它［军政府］既不是中间派，也不是基督徒，也不是民主者或改良分子……那些想要"安全装备"以维持现状的人正再次唤醒颠覆古巴的幽灵。如果出现了这样的颠覆行动，并不是因为缺少武器，而是因为缺乏社会进步。
>
> 我们的军事援助项目并不能使这个国家平定下来，就像我们不能使那些我们派出"反暴乱"部队前往的国家平定下来一样。只有在萨尔瓦多掌握了自己的命运且解决了贫富悬殊的问题之后，和平才会到来。(116)

1980年11月，一份长达30页的未署名报告在华盛顿流传，里面也表达了同样的观点。尽管从严格的官僚政治意义上说这并不能算是一份"异见分子"文件，但它却是由国务院、国家安全委员会和中情局的"现任和前任官员"准备的。文件中指出，如今萨尔瓦多部队正在巴拿马接受反暴乱战争训练，"美国还从未在一年之内给任何拉丁美洲国家提供过这么大的训练项目资助"。报告中还提到了"巴拿马运河区贮存武器的情况，在萨尔瓦多和危地马拉部署军队……应对突发事件的详细计划"，以及其他"进行军事干涉的准备步骤"。文件认为，如果干涉成真，将无任何收益，只会扩大成一场"从哥伦比亚一直延伸到墨西哥边界的"地区战争。届时，美国、危地马拉和洪都拉斯将会援助萨尔瓦多军政府，反对尼加拉瓜和古巴；巴拿马和哥斯达黎加的局势将会变得更加动荡，墨西哥和委内瑞拉与美国的关系将会变得更加疏远。

文件认为，要想解决这一困境，首先是要承认萨尔瓦多的民意支持的不是现在的军政府，而是民主革命阵线，这是一个由反政府各派组成的联盟。因此，美国应该承认民主革命阵线是"萨尔瓦多政治中一股有代表性的合法力量"。这将是导向谈判的关键性一步，若能走好这一步，就有可能通过谈判实现津巴布韦式的和平解决，而不会导致越南式的流血冲突。(117—122)

三、社会革命政权

在两次世界大战之间的年月里,苏联一直是"资本主义海洋中的社会主义孤岛"。然而,第二次世界大战打开了另一场突发革命的闸门,在战争期间和战后的动荡局势中诞生了相当一批新的社会主义政权。它们可以分成两类,一类是东欧的社会主义国家,这些国家都是由苏联军事力量在办公室里建立的。除了南斯拉夫、(某种程度上也除了)罗马尼亚,这些国家都是仿照苏联模式而且在很大程度上也是依赖苏联红军而生存的。

除了这些由外力强建的共产党政权,第二次世界大战也在第三世界催生了第二种类型的社会主义国家。这些国家都是在本土农民革命的基础上建立起来,并没有依赖苏联红军。这种类型的革命,或者反对轴心国的占领,如在亚洲,或者反对西方殖民统治,如在非洲。但不论是哪种情况,这些新的革命政权都迥异于那些苏联红军在东欧首都建立起来的较好管理的政权。其中一些政权一开始就是由本土共产党领导的,后者在解放后也继续执政,比如中国和越南。其他政权则诞生于激进的民族主义运动,并且有些民族主义运动曾遭到当地以城市为基地的共产主义的小党反对。不过解放后,这些属于少数派的共产党与游击队联合形成了新的组合体,后者之后逐步成了实际上占统治地位的共产党。这一过程发生在古巴和南也门,而且这一过程的演变与苏联有着密切关系。这一过程也曾发生在葡属非洲殖民地(尽管形式上并不是那么明显),这些国家由于有着较为有利的地缘政治条件,从而避开了对苏联的过分依赖,而古巴和南也门就未能避免。

这些第三世界中的社会革命国家,不论是怎么诞生的,既有着相同的有利条件,也受制于相同的不利条件。如前文所述,那些保守的民族主义国家在解放后依然在经济上处于从属地位,而这些社会革命国家,从其名称上就可以看出,它们一开始就着眼于既要进行社会改组又要实现经济独立。除了具有明确的目标外,这些激进政权还有一个很大的优势,就是它的领导者们和群众早已在革命斗争中被动员起来并得到了锻炼。反之,就像阿卜杜勒·巴布(Abdul Babu)所说,通过和平方式赢得独立的坦桑尼亚就非常"缺乏训练有素的干部"[参见本章第二节(3)]。而莫桑比克总统萨莫尔·马谢尔也对其国内武装斗争因葡萄牙革命爆发而于1974年突告结束而感到遗憾。如果继续打下去,就有可能既把莫桑比克南部人民动员起来也可以把北部人民动员起来。马谢尔曾说:"武装斗争是一所极好的大学。"[123] 莫桑比克经济计划部长也作了相同的评论:

> 我们的经济计划和社会计划的基础是纪律。莫桑比克解放阵线游击队

第二十三章 第二波全球性革命浪潮（1939— ）：全球性革命现象

发起了卓越的民族解放斗争，他们与七万葡萄牙军队打了11年的仗，正是在作战过程中我们形成了统一……莫桑比克民族阵线可以把彼此独立的民族主义势力整合到统一的领导之下，并且形成了一种不仅仅是限于民族独立的意识形态和纲领。[124]

在另一葡萄牙前殖民地安哥拉，也有人表达了相同的观点。《纽约时报》记者迈克尔·考夫曼（Michael Kaufman）注意到，在首都卢安达，"很明显，革命热情和邻里紧密团结已经扎下了根"。29岁的蒂尼托（Tinito）先前是一名法律专业的毕业生并曾在葡萄牙的囚犯营里被关押了七年，他向考夫曼解释了群众动员的根源：

> 我们认为这种形式的组织是符合我们革命需要的，它来自于我们的特殊经历。假如我们像其他非洲国家一样在1961年实现了独立，我们就没有机会通过武装斗争形成如此强的民族意识了。我们也许就会成为新殖民主义国家，而不会像现在一样实现了真正的团结一致。这听起来多少会有些讽刺意味。[125]

然而这些新的革命国家也一直经受着严重的不利条件，致使它们的历史上出现了动荡不安甚至是悲剧性的章节。一是西方一直对它们抱有敌意，美国入侵古巴之后对古巴实行禁运，美国入侵越南之后一直不承认统一的越南，南非袭击安哥拉和莫桑比克，这些都反映出了西方的敌意。同样让它们感到痛苦的是中苏长期争执不和，使得这些激进运动和激进国家不得不选边站。印度左派内讧激烈、造成分裂，部分原因也是中苏对立。越南和柬埔寨也都背着选择的痛苦包袱，下面会讲到这点。西哈努克亲王不无悲伤地说："东边那个大国喜欢反动派，他们没有时间去和欧洲共产主义分子打交道，也不与分裂的共产党打交道。他们的时间都花在讨好美国反动派、英国反动派、德国反动派和日本反动派上去了。为何他们不能学着去喜欢一个像我这样的柬埔寨反对派呢？"[126] 答案当然是大国之间的高级政治斗争，无论社会主义大国还是资本主义大国都会玩这种游戏。

贫困是第三世界社会革命国家面临的最大困难。然而吊诡的是，社会贫困一开始却成了它们的挡箭牌，这让它们一开始就有朝着新方向出击的自由。由于经济发展迟滞不前，它们可以孤立于全球性市场经济之外，从而降低了它们受到外部经济压力和政治压力影响的风险，增加了变革和改造的自由。1917年的布尔什维克革命历经了几年灾难性的内战和国外干涉后还是生存了下来，就是因为80%的人口生活在农村，而剩下的20%也与他们的农村亲戚保持着密切关系。同样，在中国革命期间，不管谁控制着城市和交通线，最后还是几亿农民胜利了。在越南，群众的积极能动性抵消了落后状态,这远比计算机、火力发电和电子发明等管用。在葡属非洲殖民地，正是其独一无二的落后状态，促使那些无法糊口的农民发动了革命斗争，这在较为发达也较易受到外部影响的非洲其他地区和拉丁美洲是不可能的。相对来说比较发达的智利社会则提供了一个反例。智利的民主社会主义之所以被颠覆，就是因为智利依赖国际市场、外国银行及外国军工企业。

如果说极度贫困状态帮助实现了政治独立的话，那么它也是政治独立后为经济独立而斗争的沉重负担。这迫使这些国家常常要在满足消费需要还是促进发展需要之间作出无法周全的选择，进而造成了极为不利的影响。而撤走的殖民主义分子的破坏，以及随后加在它们身上的贸易禁运和金融制裁，更使形势进一步恶化。经济上的落后也迫使它们不得不放弃之前计划的在外交上采取不结盟的立场。仅仅是为求生存，古巴倒向了苏联，柬埔寨倒向了中国。一旦它们所倒向的国家对其扶持不力，很可能就会给其造成悲剧后果。

上述内外压力的交织，解释了为何社会革命国家在实现国家解放后会出现一段动荡不安的历史，下文中举的这三个国家越南、莫桑比克和古巴就是其例证。

（1）越南

印度独立后，尼赫鲁于1948年4月向制宪会议宣布，应当避免"对现有体制造成大的破坏"。接着他又说道："我还没有勇敢到作更多破坏的地步。"⁽¹²⁷⁾然而，在美国军队撤出印度支那后，越南共产党第四次全国代表大会却引用胡志明主席的话宣布："为了建设社会主义，我们首先必须要有在社会主义爱国主义和无产阶级国际主义旗帜下朝气蓬勃的社会主义人民。"这些新的人民注定要完成下列目标："促进国家社会主义建设；建立社会主义的物质基础和技术基础；确保我们国家从小规模的社会主义建设逐步推进到大规模的社会主义建设。"⁽¹²⁸⁾

目标和战略上的本质不同，在很大程度上解释了为何1945年后印度和越南会出现不同的历史状况。英国政府派出蒙巴顿勋爵去安排把权力移交给像甘地、尼赫鲁和真纳这样的行为可测、可靠的领导人。然而在越南，抗日民族斗争的领袖却是共产党人胡志明。正因如此，英国之后才派遣军队帮助法国重夺殖民地。也正因如此，几届美国政府都不断声明，越南共产主义不仅对美国而且对一切西方文明都是致命的危险。

艾森豪威尔宣称："……我们正在支持越南人和法国去打仗，因为我们认为，这是独立自由国家在反抗共产主义的侵略。"约翰逊告诉参议院一位态度严谨的研究外交的学者："如果我们不在越南制止红色分子的话，明天他们就能出现在夏威夷，下周就会出现在旧金山……"尼克松颇带一点启示录意味地警告道:"……越共的胜利……最终将会意味着,不仅在亚洲,而且在美国,所有人在任何时间里的言论自由都将被摧毁。"(129)

然而这些慷慨激昂的话语却在根本上违背了富兰克林·罗斯福总统的政策。在罗斯福看来,印度支那殖民地最不应该再次归到法国的殖民统治下。"法国在那里统治了快一百年了,"他向哈利法克斯爵士解释道:"可是那里人民的生活却比殖民统治之前还糟。"(130)不过罗斯福的主张遭到了美国国务院内部一些势力及英法两国的反对。1945年3月15日,他极不情愿地作出让步:"如果我们能从法国那里得到保证它能独立担负起托管义务,那么我可以以这些殖民地最终要导向独立为条件而同意法国保留这些殖民地。"(131)自此,罗斯福在实际上认可了法国战后控制印度支那。

杜鲁门继任总统后,美国很快就转向全面支持其西方盟友维护殖民利益。其中一个原因是,美国在杜鲁门主义的声明(1947年3月12日)中承诺"支持自由世界的人民反抗来自武装少数派和外部压力下的任何破坏企图"。另外一个原因是中华人民共和国的成立,这在美国决策者看来是一个大灾难。此外,按照威廉·邦迪(William Bundy)所说,朝鲜战争意味着"我们承认了过去以岛屿连线所建构的环形防卫地带并不能充分界定我们的至关重要的利益,我们至关重要的利益可能会受到亚洲大陆上所发生事态的影响。"(132)这标志着是对麦克阿瑟声明的重大转变。麦克阿瑟曾于1949年声明:"我们的防线是由沿亚洲海岸线边缘的一系列岛屿连接而成。"他所界定的这一岛链从菲律宾群岛经过冲绳、日本列岛,一直延伸到阿留申群岛。(133)最后,东西方集团的对抗日益加剧,两大军事集团北约和华约的成立就体现了这一点。

鉴于这些形势变化,美国决策者随即转向了全面支持法国在印度支那的行动,他们认为这样做会像他们之前在希腊和南朝鲜的做法一样取得成功。由此美国也就卷入了一场一拖就是25年的战争,有关各方都付出了骇人听闻的代价。接下来的分析将着重从以下几个方面展开:(1)越南是如何成功地组织了反对法国和美国的抵抗战争;(2)何以军事上取得胜利的越南却在与法国签订协约(1945年3月)之后、《日内瓦协议》(1954年7月)签订之后、《巴黎协议》(1973年1月)签订之后三次遭到背叛;(3)为何越南不仅遭到其敌人法国和美国的背叛,而且遭到其盟友的出卖;(4)赶走了美国人、最终取得胜利的越南又是如何失望地发现其越来越受制于其盟友和美国持续冲突的东南亚政策之影响,而其自身又是如何努力强制建立印度支那联邦并视之为反抗外国干涉的必要条件的。

越南斗争最终取得胜利的一个原因在于法兰西帝国主义殖民统治的剥削和压迫

本质。法国采取了传统的分而治之的帝国主义政策，夸大各地区间的分歧，在越南用一派对付另一派。为了提高大米和橡胶的出口价格，法国殖民者引入了大种植园制度，大部分农民都成了无地或少地的农民。出口的确增加了，法国商人的利润也增加了，然而农民的人均粮食消费量实际上却减少了。只有2%的越南人念过小学，只有0.5%的人上过初中。越南虽有一所所谓的大学，但从那里毕业的本土学生在就业机会和工资待遇上都受到严重歧视，很多人都因不满起而反抗最后横遭入狱。

越南本土最早的抵抗斗争出现在19世纪晚期，那时是由一些老的汉学名儒即文绅领导的。之后，一些留法归来的中产阶级知识分子接管了领导任务，然而他们缺乏与工农的接触。共产党作家阮恪炎（Nguyen Khac Vien）曾这样描述这些知识分子："他们完全没有能力组织起一场罢工、连续多年在矿山和种植园工作、打上几十年游击、整天在稻田的泥浆里劳作。"他这样描述并非有失公正。而共产党就不同了："共产党在越南成立之后不久，发出的第一道指令就是要求其政治积极分子到矿山去工作，去做人力车夫，和工人农民生活在一起，以便建立起群众基础。"[134]

备受越南人敬重的抵抗运动领袖胡志明的一生，也说明了共产党人与那些知识分子所具有的不同阶级背景和阶级态度。他15岁还在上学时就从事了反叛活动，随后成了顺化府的革命青年。之后他做过商船水手，在伦敦做过厨师副手，在圣-阿德莱斯做过园丁，还在巴黎的照相馆做过照片洗印师。他曾加入过法共、苏共和中国共产党，又分别在不同时期在法国、英国和中国被拘捕过。这些经历加上他的理论学习背景使他认识到，用他自己的话说："只有社会主义—共产主义能够解放被压迫民族，只有社会主义—共产主义能把世界劳动人民从奴隶状态中解放出来。"[135] 同毛泽东一样，胡志明也认为马克思主义不是抽象的教条而是有用的工具。此外，尽管他曾是共产国际的代表，但他却毫不迟疑地谴责法共领导人多列士那份"最出名的见解"：第二次世界大战结束后，法国应该恢复对印度支那的统治。

第二次世界大战期间，胡志明组织了一个统一战线组织：越南独立同盟（简称越盟）。当日军把注意力转向别处时，越盟开始不断袭扰先前法国军队在越南农村建立的各个哨所。之后他们从美国那里获得了空投的武器装备，又占领了法国的供应储备库，到1945年夏，越盟已经控制了越南北部五省的大部分地区。战争结束后，越盟军队开进了河内。1945年9月2日，胡志明在河内宣布成立越南民主共和国。新政权迅速把法国人和之前与其勾结者的土地分给了无地的农民。此外，新政权还开办了新的学校，颁布命令在城市实施每天八小时工作制，降低税收标准，将公用事业（之前这些公用事业完全归外国所有）收归国有，帮助工人建立起属于他们的工会，释放了几千名政治犯。

1946年3月6日，胡志明与法国签署协议，法国承认越南民主共和国是"拥有自己政府、议会、军队和财政系统的自由国家,是印度支那联邦和法兰西联邦的一个组成部分"。作为交换,胡志明允许1.5万名法国士兵回到越南北方。"我是不高兴的,"胡志明在签约仪式上说,"因为基本上是你们赢了,不过我相信你们也不可能在一天内就把所有好处都占了。"(136)

胡志明的担忧是不无道理的,因为随后越盟就迎来了三次背叛中的第一次。根据安排,越南北部的日军向中国国民党人投降,而南部则向英国人投降。按照要求,他们的任务应该是"聚拢日军、解除其武装,抢救盟军战俘和被拘侨民"(137)。然而实际上中国国民党人却在北部把心思全放在了趁火打劫上,而英国人则不惜一切代价让法国重返越南。他们重新武装起了羁留在西贡的法国军队,当法国军队夺回对首都的控制权时,英国却假装没看见。在农村,英国人一直在利用印度雇佣军和日军打击越盟,等待法国前来接收。之后,法国向胡志明提出了要求,实际上是让他投降。在遭到拒绝后,法国舰队于1946年11月23日轰炸了海防的越南人聚居区,造成6000名平民死亡。之后不到一个月的时间,越盟切断了河内的水电供应,发动了袭击。由于缺乏武器装备,他们未能占领河内。之后越盟领导人和士兵一起潜逃到了农村。

印度支那战争开始了!法共中央机关报《人道报》(*L'Humanite*)遵循克里姆林宫当前的反革命路线,向其读者发出疑问:"我们在昨天失去叙利亚和黎巴嫩后,明天还要失去印度支那和北非吗?"(138)胡志明的回答直截了当而又寓意丰富:"今天是蚂蚱斗大象,不过明天蚂蚱就会把大象的内脏一点点撕出来。"(139)

越盟发动了一场人民战争,它基本上采取的是和延安共产党人相同的方法,不过却是经历了长期的摸索和失败后才发展出来的。重点还是强调群众动员和群众的积极性,既要满足群众当前的需求又要进行抵抗。这就包括进一步进行土地改革,建立更多学校,开展群众扫盲运动,建立公共卫生设施,修路,兴办乡村工业。(140)鹰派记者约瑟夫·艾尔索普(Joseph Alsop)曾于1954年冬季沿湄公河三角洲走访了其中的越盟控制区,他表达了对越南人斗争精神的钦佩,尽管做得有些勉强:

> 我倒想这样报道,我也曾设想过这样报道:在前往永平省的那段悠长而缓慢的运河旅途中,我脑中浮现的都是我前几次到东德时看到的那些无处不在的苦难和压迫,正是这些景象一度让我感到我的东德之行就像是通向"1984年"[乔治·奥威尔的小说]的噩梦般的旅行。然而这里的情况却并非如此……起初我难以理解,一个共产党政府会真心地"为人民服务"。我也几乎没有想到一个共产党政府竟然是一个受群众欢迎的政府,它几乎就是一个民主政府。然而这个棕榈小屋国家的政府就是这样一个政府,尽

管它与法国的战斗还在继续。如果没有人民坚强而团结一致的支持,越盟几乎不可能坚持抗战一年,更不用说它已坚持了九年。"(141)

法国采用了传统方式来应对这种局面:控制中心城市和交通线,之后设法"安抚"农村。然而村民们早就被有效地组织起来并做好了战斗准备,法国发现自己反倒被孤立在了自己的据点里,这与日本和国民党人当年在中国遭遇的情形是一样的。到1950年,越南北方的法国驻军受到袭扰已成常态。与此同时,美国正在朝鲜打仗,因此华盛顿方面认为这两场战争是国际共产主义企图征服全亚洲的阴谋。美国因而把对法国的财政援助从1950年的1.5亿美元提高到了1954年的10亿美元。尽管美国进行了大规模的干预,越盟还是不断壮大。如今其军队利用美国的武器已经把自己较好地武装了起来,这些武器要么是从法国人手中夺来的,要么是由中国共产党人从逃跑的国民党人的巨大武器储备库中拿出来提供的。

1954年4月,12个师的法国军队在越南乡村奠边府中了埋伏,导致一场危机。在接下来的战斗中,越盟有条不紊地"撕出了"法国这头"大象"的内脏。亨利·纳瓦尔(Henri Navarre)将军选择奠边府作为据点是希望能借此控制通往老挝和中国的补给通道。然而他忽视了一个情况,周围的道路极易受到敌军袭击,也容易受到恶劣天气的影响。结果他非但没有建立起追击越盟军队的基地,反而陷入了敌军的重围。越盟军队依靠人背马驮,把200门重炮和许多多管火炮发射器穿过那"无法通行"的丛林运到了战斗前线。

法国军队每天不得不依靠空投下来的200吨给养撑持,之后受困山谷中的法国士兵更是不得不匍匐在枪林弹雨中毫无掩蔽地去收回榴霰弹。而越盟则有几千名男女老少给他们提供给养。他们夜间用扁担挑着物品走在林中的小路上,手里都拿着用来指路的小油灯,以便其他人可以看到而加入到这络绎不绝的支援队伍中来。他们送来的物资大都是大米,每个人背负的东西最后有十分之一到达了目的地,其他十分之九都在长途的负重行走中被吃掉了。

尽管如此原始落后,越盟的补给系统还是要优于法国。越盟的大炮像滂沱大雨般不断从周围的高地上倾泻下来,大批被围的法军遭到射杀,其暴露在外的炮位也成了废铁。法国政府呼吁华盛顿进行直接武力干涉。国务卿杜勒斯建议使用核武器,该建议得到副总统尼克松的支持,因为"自由世界领袖的美国负不起从亚洲后退的代价"(142)。不过丘吉尔直接予以反对。美国国会也怕这会带来不利的内外影响,而且此时的法国民众早已厌倦了战争。5月7日,将近1万名法军投降,另有2000名横尸山谷,只有73名设法逃了出去。

尽管取得了惊人的胜利,越盟却在随后的日内瓦会议上迎来了第二次大背叛。

法国的首要目标是找到一条损失最小的路径，通过外交手段而脱身。然而，美国却在幕后竭尽一切努力劝说其盟友不要作任何让步。莫洛托夫和周恩来都参加了这次会议。苏联外交那时的首要目标是设法不让法国批准"欧洲防务集团"计划。尽管没有明确证据可以证明莫洛托夫曾与法国的孟戴斯-弗朗斯总理进行交易，企图用支持对法国有利的印度支那安排来换取法国不批准欧洲防务集团，然而其一系列姿态已经充分体现了这一意图，只是没有写明而已。正如五角大楼的一名历史学家所说：

> 很明显，向越盟施压使其向法国作出让步是符合苏联利益的。从印度支那撤退的法国军队会补充法国在欧洲大陆的军事水平，这就很可能会抵消法国对欧洲防务集团的需求。苏联的利益在于不管采取什么手段都要防止重新武装德国，因此它注定会牺牲越盟的目标。[143]

这位历史学家说，苏联在日内瓦会议上的立场"似乎一直与中国的观点相吻合"。[144] 正如俄国人关心欧洲事务一样，中国人也关心其南部边界的安全。因而周恩来在会议上坚决主张印度支那中立化，这包括不允许外国在这里建基地，撤退外国军队。为了促成这一目标，周恩来向安东尼·艾登和孟戴斯-弗朗斯建议，越盟的军队撤出老挝和柬埔寨，将越南划分成两部分，并仍让其与法国保持某些联系。这些建议几乎没有一条符合越盟利益，因而遭到他们强烈反对。之后，周恩来到达中越边界，在那里与胡志明举行了个人会晤。会晤之后，周恩来通知法国结果"非常好""会对法国有利"。[145]

五角大楼的那位历史学家自然会得出这样的结论："……中国人是在为自己的安全谈判，而不是为了让越盟得到领土上的优势……中国人一开始就很明确，尽一切办法从会上得到他们想要的东西……"[146] 法国在日内瓦的代表肖伟尔（Jean Chauvel）也得出了同样的看法："……不论俄国人还是中国人都给了越盟相当大的自由，来看看它能走多远，不过当他们发现越盟的要求远到了法国不能接受的地步时，他们就介入了……"[147] 肖伟尔因此认为："……中俄调和的努力会成为越盟背负的压力。"[148]

面对会议上这样一队人，战争的胜利者成了和平的失败者也就不足为奇了。最终于1954年7月达成的协议规定，暂时以17度线把越南分成南北两部分，两边的军事力量留待1956年7月举行的普选之后进行改组整编。北方由越盟实施民政管理，南方则由法国管辖。越盟在普选之前可以充分自由地参加南方的政治活动。为了确保该国的中立，双方都不能和他国结盟，也不能接受外国军队和军事设施进驻。成立一个由加拿大、印度和波兰组成的国际监督委员会，监督协定的执行情况。

越南人可能是在诱导下接受的这一安排，部分原因是各方面的压力，另外也是因为协议中承诺中立化且举行普选。然而，美国一开始就破坏了这些承诺。如果说河内对会议的结果感到苦恼，那美国就是苦不堪言了。美国负责远东事务的助理国务卿沃尔特·罗伯逊（Walt Robertson）说："我们不喜欢刚刚缔结的停火协议的条件，即便这样说都有点轻了。"(149)那位五角大楼的历史学家也指出，美国视日内瓦会议的解决方案为一场"灾难"，正是这种态度促使"……美国越来越深地卷入到了暴力冲突和复杂之事纠缠在一起的越南内部事务之中，从而成了导致《日内瓦协议》最终瓦解的一个直接角色。"(150)

不过此时的华盛顿也有一些头脑清醒的声音，李奇微（Matthew Ridgway）将军就是其中之一。他曾担任驻朝美军总司令，1954年时担任美国陆军总参谋长。日内瓦会议之后几个月，他给国防部长准备了一份秘密备忘录，其中他指出了美国现行的反对中国、挑衅中国之政策的弱点。他转而呼吁采取一项新的战略："……把中国从苏联集团中分离出来……实际上，我认为［像中国］这样的军事大国的崩溃只会对美国的长远利益有害。这会导致出现权力真空，而只有一个国家能去填补这一真空，这就是苏联……"李奇微从这个前提出发得出结论："真正的政治家采用的办法似乎会是让红色中国认识到其长远利益来自与美国的友好关系，而不是与那个觊觎其领土和资源的苏联之友好关系……"(151)

其实，中国人根本不需要在别人的劝说下去认识"与美国修好"的"利益"。早在掌权之前他们就曾向华盛顿发信，其主张的政策恰恰就是李奇微现在推荐的政策。然而"冷战"那些年中所流行的狂热反共情绪，使得美国决策者忽视了李奇微的备忘录。李奇微建议的向中国打开大门的政策最终由尼克松和基辛格采纳了，卡特和布热津斯基则更进了一步，然而在这之前却付出了几十年惨痛的代价。

艾森豪威尔拒绝了杜勒斯、尼克松和海军上将雷德福所支持的极端军事措施，转而选择执行一条折中路线，加文（Gavin）将军对其作了描述："我们不去袭击北越，而是去支持一个南越人的政府，我们希望能提供一个独立的、稳定的、可以代表人民的政府。"(152)这是对《日内瓦协议》越南中立化条款的公然破坏，然而美国却一直遵循这一政策，直到最终这一政策失败而不得不对越南南北进行武装入侵为止。

为对加紧干预越南做好准备，杜勒斯在日内瓦会议后一个月便组织起了东南亚条约组织。其成员有美国、英国、法国、澳大利亚，以及仅有的三个亚洲国家：巴基斯坦、泰国和菲律宾。东南亚条约组织单方面把保护权扩展到了柬埔寨、老挝和"越南国家管辖之下的自由领土"（这是对南部区域的委婉称呼），从而再次破坏了《日内瓦协议》。杜勒斯曾对《纽约时报》记者苏兹伯格（Cyrus Sulzberger）说，东南亚条约组织的首要目的是"为总统干预印度支那提供合法权限"(153)。与此同时，劳顿·柯林斯（Lawton Collins）将军宣布美国将会花费 20 亿美元来支持一个军事代表团去履行使命，代表团"很快就将按照美国特定的方法去指导越南军队，这一方法曾在韩国、希腊、土耳其及世界上其他地区都取得了成效……"[154]

除了在军事方面进行干预外，还有必要找到一个政治人物，让他发挥李承晚在韩国的作用及麦格赛赛（Ramon Magsaysay）在菲律宾的作用。爱德华·兰斯代尔（Edward Lansdale）曾成功地指导了对菲律宾"胡客人"（人民抗日军）的镇压行为，这给杜勒斯留下了深刻印象。于是在奠边府告急之际，杜勒斯派遣他到了越南。兰斯代尔认为吴庭艳是合适人选。吴庭艳是一个颇具官僚气息的神秘人物，信奉天主教，1930 年代曾在法国文管机关工作。之后他拒绝与日本人合作，1950 年他选择流亡美国。他居住在新泽西和纽约的玛利诺神学院里并且成了人们熟悉的反共斗士。他还赢得了一批有影响力的美国人士的关注和支持，这些人物有红衣大主教斯佩尔曼，参议员迈克·曼斯菲尔德和约翰·肯尼迪。因而在美国的要求下，法国任命吴庭艳担任越南南方的总理。吴庭艳立即着手工作，希望把越南从共产党的"世界计划"里解救出来。

对吴庭艳的支持主要有三个来源。首先，当然也是最重要的就是美国源源不断的援助。美国的援助包括每年提供 2.5 亿美元，此外还有大量武器装备，派遣军事顾问，中情局特工前往训练南越的警察力量，密歇根州立大学的教授们则为这些活动提供粉饰门面的理由，还有一群公关人士帮助吴庭艳打造其在美国人中间的形象。

第二大支持来源于天主教徒。天主教徒是信仰佛教为主的越南中的少数团体。然而，随着 88 万难民于 1954—1955 年间从北方逃入南方，这些天主教徒的力量大大加强。这些流亡者曾被援引为是共产党在北方暴政的例子，但却回避了中情局和北方的教区牧师在这一事件中发挥的作用。他们在信仰天主教的农民中间散播谣言，说共产党会压制一切宗教活动，他们的神父会受到审讯，美国人将会向他们的村子投放原子弹。这最终导致大规模群众出逃事件。正如法国学者伯纳德·福尔（Bernard Fall）所说，"这是一场公认的心理战的结果，它经过了精心筹划、有着明确的目标且执行良好，这是一场成功的行动"[155]。吴庭艳把这些难民安排在西贡的重要岗位上，或者安排他们去其他省份为官，这些难民完全转向了吴庭艳并对其宣誓效忠。

吴庭艳的第三大支持来源于湄公河三角洲的那些大地主。这一人数虽小但却极具影响力的群体是法国种植园制度的产物。越盟曾把他们的大部分土地都分给了农民，所以当他们看到吴庭艳恢复了久已废除的地租且把已经打碎的庄园重新建立起来时，他们无不欢呼雀跃。

然而，吴庭艳的土地政策在农村是不得人心的。由于有美国的支持，吴庭艳采取了全方位的镇压。他取缔了管理着南越 2560 个乡村的委员会，该委员会本是由选举产生的，代之以各省省长任命的官员。他还引入了"农业村计划"（历经多次失败后，农业村的名字改成了"战略村"和"新生活村"）。这些"农业村"都是强制劳动建成的，周围布满了铁丝网，铁丝网外面是钉着尖木桩的壕沟。"农业村"是用来对付游击队的革命战略的。游击队像大海里的鱼一样自由游弋，现在就是要把他们拉出水——强制农民进入新的定居中心，断绝他们对游击队的支持。截止到1963年，不少于800万村民挤在定居中心，就连美国官员都承认，这些定居中心简直就是"集中营"。⁽¹⁵⁶⁾

为了保住职位，吴庭艳不顾民众日益明显的反对，拒不执行《日内瓦协议》关于选举的条款。他的理由是自由选举在北越是不可能的，因而在全国范围内实现自由选举就更不可能了。艾森豪威尔总统在其回忆录《授权变革》(Mandate for Change)中写明了其真实目的："我与那些熟悉印度支那事务的人士谈话和通信时，没有人不认为在战斗未息的时候举行选举，很可能80%的民众都会把票投给胡志明……"⁽¹⁵⁷⁾

对于吴庭艳的镇压行径和拒绝举行选举的行为，北越表示了抗议。尽管没有得到满意的答复，胡志明还是决定不发动新的战争。他显然相信一个独立的南方国家是无法立足的，设想一个新的政府最终会诞生且愿与北方统一。然而那些留在南方的前越盟干部却不愿意作这么长远的考虑。他们时时受到吴庭艳的警察的追捕，此刻感觉自己不但被日内瓦会议出卖了，连北方的同志也背叛了他们。因此，他们于1960年12月组建了南越民族解放阵线，号召举行全国起义来反对西贡政权。

民族解放阵线很快就赢得了广泛支持，原因很简单，当年抗法斗争的越盟也是如此赢得群众支持的。与吴庭艳的警察和士兵不同，民族解放阵线游击队员彬彬有礼，他们说当地农民的方言，与农民同甘共苦，开办学校和医疗卫生中心，重新分配土地或减少地租。据一位美国行政顾问说，到1961年底，民族解放阵线已不同程度地控制了80%的农村。而此时的吴庭艳却一味坚持任何军事任命都必须效忠他个人，致使南方军队士气低落。从1963年5月开始出现了佛教徒骚乱和自焚事件，美国人在国内已经开始了解到南越民众的普遍不满情绪。

吴庭艳政权此时已是分崩离析，这也构成1963年11月2日越南将军们发动政变进而暗杀吴氏兄弟的背景。美国参议院的一个委员会调查了此次暗杀的情况，得出的结论是："美国政府纵容了这次政变，不过美国既不愿意看到这样的情况发生也没有直接卷入到暗杀事件中。相反，吴庭艳的遇刺似乎是越南将军们的自发行为，是由吴庭艳自己不愿意辞职、不愿意把自己放在政变头目们的保护之下酿成的。"⁽¹⁵⁸⁾

吴庭艳政权覆灭后，美国把其信任和援助都放在南方军人势力集团上。约翰逊总统承诺扩大战争范围，并利用1964年8月2日的"东京湾事件"从国会那里得到了一个联合决议,授权"采取一切必要手段击退对美国武装力量的军事进攻,以防对方进一步进犯"。后来对这一事件的研究[159]表明,所谓的美国"马多克斯号"驱逐舰遭到袭击一说完全没有根据,而是约翰逊想充分利用其对北越的秘密战争手段所创造出来的危机气氛,来确保得到国会授权以便在其认为任何合适的时间和地点在东南亚发动战争。

约翰逊利用国会授予他的权力不但轰炸北越也轰炸了南越,希望以此迫使河内停止向南方派遣军队且承认南越是独立国家。美国卷入战争的程度逐步加深,以至于其对越南采取的轰炸已经超过第二次世界大战和朝鲜战争的水平,50多万美国士兵投入到了地面战争。外界都认为战争行动的升级一定会使越南人覆灭。国防部长麦克纳马拉曾于1962年说:"每一次量化测度都显示我们正在赢得战争。"约翰逊的顾问沃尔特·罗斯托曾于1965年满怀信心地预言:"不出几个星期,越共就要垮台。不是几个月,而是几个星期。"威斯特摩兰(Westmoreland)将军也于1968年宣布:"敌人在每个回合中都遭到了失败。"

然而,1968年1月30日,越南发动了针对南越所有大城市、36个省会和64个区首府的新春攻势,新春攻势的展开打碎了美国的幻想。美国采取了回击,对被占领的城市狂轰滥炸,想要把民族解放阵线赶出去。对此次战争有许多令人难忘的评论。美国派到南越的一名军事顾问考察了湄公河三角洲槟榔市的废墟时说:"要想拯救它就得先破坏它。"[160]

美国民众对战争的支持度也急剧下降。总统候选人、参议院尤金·麦卡锡(Eugene McCarthy)也持反战态度,并在1968年3月民主党新罕布什尔州的初选中获得了40%的选票。三周后,约翰逊总统停止对北纬20度以北越南领土的轰炸,宣布退出总统竞选。

尼克松承诺制订计划结束战争,从而赢得了1968年11月的总统竞选。这就意味着美国要撤出其地面部队,实际上这也是不可避免的。一方面必须考虑国内舆论,另一方面还要继续支持西贡的阮文绍政权,于是新的战略就成了战争"越南化",这就意味着需要更多的钱、更多的武器装备、更多的非战斗军事人员,还要进行超过约翰逊时期水平的轰炸以支持阮文绍。战争仍旧在艰难地继续着,尼克松还"入侵"了柬埔寨(1970年4—6月)和老挝(1971年2—3月)。1971年2月8日,美国在南越发动了最后一次大规模攻势,此次战斗是对南方首次独立作战的一次考验——没有美国顾问参战,美国只提供空中支持——而事实证明,这是南越的一场大灾难。最后,面临着国内不断增多的游行示威活动,并且意识到军事解决没有任何前途的尼克松转向了北京,拿起了1954年李奇微将军所建议的战略。

美国如今充分利用了苏中矛盾,借助两国之手向河内施压来签订一个和平协定,否则河内是会坚决拒绝的。莫斯科和北京间的分歧要大于它们两国各自与华盛顿之间的矛盾。中国就像在日内瓦会议期间那样，一心希望美国从印度支那撤军，这样他们在对付苏联时就可以有更多的选择余地。基辛格也巧妙地利用了苏联的困难，向苏联抛出了增加贸易和技术援助的诱饵。如今的形势基本上和日内瓦会议期间的形势一致，基辛格因而可以游刃有余地主导谈判，双方于1973年1月签订了《巴黎协定》，这也意味着北越第三次被出卖。

在漫长的谈判期间，尽管莫斯科和北京都在设法"劝说和压服"河内，但是华盛顿却趁此机会放开手脚封锁和轰炸北越。不论苏联还是中国能做的不过是形式上的抗议。斯通（I. F. Stone）那时以其敏锐的洞察力和坦率的风格写道："如今似乎帝国主义的主要走狗是勃列日涅夫和周恩来。现在就等河内的看法了。"(161)实际上，这就是河内的看法，共产党报纸《人民报》（Nhan Dan）当时就是这么说的，当然它使用了必要的外交辞令：

> 帝国主义者寻求同某些大国的缓和政策，以便腾出手来……欺负弱小国家，粉碎民族解放运动……就社会主义国家来说……如果只关注眼前利益和狭隘利益而从其崇高的国际责任上退缩，不仅有害于全世界的革命运动，而且最终会给自己带来无穷的危害。(162)

河内的批评之后得到了基辛格的辩护。基辛格在其回忆录里坦言："北京的首要关切不是在其南部边界的战争而是与我们的关系。[尼克松访华]三个月后，莫斯科也更直言不讳地暴露了其相同的关切。莫斯科和北京尽管憎恨彼此，但或许恰恰是由于这层关系，它们才在这一点上达成了一致：不能再容忍北越不考虑它们首要的地缘政治关切。"(163)

这些情况解释了为何1973年的《巴黎协定》与1954年的《日内瓦协议》非常相似，尤其是其中都含有一些话语模糊的政治条款，这就注定了协议还是要被打破。处于压力之下的河内，在谈判中放弃了其长期以来坚持的要求，即"立即解散"西贡政权、阮文绍立即辞职。《巴黎协定》实际上包含两个部分。首先，美国停止轰炸和布雷以换取河内释放其关押的美国战俘。其次，利用在南越停火换取一个政治竞争和政治和解的进程，从而和平地解决南越控制权的斗争。因而，《巴黎协定》中包含了许多具体条款：承认越南是一个国家，沿17度线的划分只是一个暂时的安排；维护1954年《日内瓦协议》承认的"越南之独立、主权、统一和领土完整"；美国承诺不再继续进行军事介入，不再继续干预属于南越的内部事务；规定在军事区之间人员可以自由流动，释放政治犯，建立民族和解委员会；最后，保证临时政府有权参与由国际监督的选举之准备和管理工作。

然而一俟美军战俘回国,美国就抛掉了这些实现和平政治进程的条框。因此,《巴黎协定》就像之前的《日内瓦协议》一样,意味着越南人民再次被出卖了。这样说是因为,就在《巴黎协议》签署之前和之后,美国迅即向阮文绍政府移交了大量美国武器,尼克松还多次(1972年11月14日、1973年1月5日)向阮文绍写信保证,如果北越敢于破坏协定,美国将会"采取迅速而严厉的报复行动"。

得到美国支持和保证的阮文绍采取了激进的挑衅手段,破坏了《巴黎协定》,这不可避免地招致北越的报复。阮文绍把在南越公布《巴黎协定》全文定为犯罪,限制军事区间的人员自由流动,把政治犯重新分类并列为普通犯人继续进行收押,除了他的政党其他政党一律取缔,阻止成立民族和解委员会,而且就在停火协议即将生效之际他却发动了军事进攻。托马斯·穆勒(Thomas Moorer)于1974年2月报告说,阮文绍的部队"在过去一年里加强了全面控制,其能动员的人数从去年的76%提高到今年的82%"。而同样重要的是,他在报告中指出,北越的政策"还是聚焦在了政治行动上……并没有辅以扩大军事行动。他们已经公开了这一路线,并一直在贯彻这一路线。"(164) 梅纳德·帕克(Maynard Parker)也在《外交事务》(*Foreign Affairs*)杂志中写道(1975年1月):"在阮文绍政府的进攻行动面前,共产党人……并未做好准备,而且有些不知所措。……在这幅军事画面中,相当重要的一点,当然是北越部队所表现出的克制程度。"

最后当北越人民和南方临时革命政府于1975年初发动报复性进攻时,他们无论如何都不应该为破坏《巴黎协议》承担责任。把责任强加在他们身上,实际上是要他们在西贡军队的入侵和政治压迫面前交出武装。然而,基辛格却坚称北越应当为破坏《巴黎协定》承担责任,在此基础上他宣布《巴黎协定》"寿终正寝"——这一立场也方便了美国从其对协定21条的承诺中解脱出来,21条规定美国应该"帮助越南民主共和国和整个印度支那医治战争创伤,帮助进行战后重建"。

北越迅速取得了完全胜利,这一成就让他们自己都感到意外。这并不是因为他们的军事实力有多强大,而是因为西贡政权早已腐烂透顶。经历了几次失败后,阮文绍总统命令从中央高地上撤退,而撤退则引发了一场全面的溃逃,就连北越部队都发现他们赶不上敌军溃逃的速度。常常是西贡的士兵和官员逃出一两天后,他们才赶到一些村庄和城镇。有些方面的人士谴责说,阮文绍政权的倒台是因为美国提供给它的援助不如河内从北京和莫斯科得到的援助多。美国参议院对外关系委员会根据"美国情报系统"的消息得出的结论是,北越从北京和莫斯科得到的援助总数1973年为3亿美元,1974年为4亿美元。而美国给西贡的军事援助在1973财政年度就达到了22亿美元,1974财政年度为9.37亿美元,而在1975财政年度还维持在

7亿美元。况且这还不包括在《巴黎协定》签订前后援助给西贡的大量物资。

就在西贡政府垮台前几天，美国总统福特还和他的几位前任一样表现得毫无眼光。为取得国会批准给西贡提供更多援助，他于1975年4月3日宣布："此刻我不期望越南陷落……只要给南越人民一个为自己的自由而斗争的机会，就有挽救局势的机会。"然而就在4月底，格雷厄姆·马丁（Graham Martin）大使便腋下夹着美国国旗逃出了西贡，南方临时革命政府宣布"西贡解放了"。

美国于1975年被迫接受了其于1954年拒绝的东西，然而代价却是打了一场历史上最长的战争，造成56717名美国士兵死亡，30多万人受伤，花费的费用超过1000亿美元。南越方面有18万人丧生。北越和南方民族解放阵线有92.5万人丧生。在整个印度支那，连年的炮轰和化学战造成的物质破坏和生态破坏更是无法衡量。

美国在越南采取的政策，根本目的是想证明在第三世界发动社会革命是不可能的，美国的军事力量可以并有能力将其粉碎。而越南战争的历史意义则在于粉碎了美国的这一目标，从而证明，即便是生活在小国的人口较少的民族，只要充分动员起来，且有较好的领导力量，就能赢得独立、维护独立。西贡陷落之时，日本有影响力的报纸《朝日新闻》论述了这一基本观点："越南战争无论从哪方面说一直都是一场民族解放战争，任何一个大国可以无限制地压制民族主义崛起的时代都已一去不返。"(165)

越南战争提供给第三世界的第二个教训是，意识形态方面的联系对大国决策几乎不会产生什么影响。河内伤心地提到的"崇高的国际义务"只有在与大国自己的国家利益相一致时才会去履行。如果二者不一致，"国际义务"就会被抛在脑后，随之施行的会是与"义务"完全背道而驰的政策。印度支那独立战争期间苏中的所作所为已经充分证明了这一点。在独立之后,社会主义国家间（越南、柬埔寨和中国）的战争也证明了这一点，而且正是这一点很大程度上导致它们之间的战争，当然这些国家过往历史上的纠纷也是一个重要因素。

美国于1973年撤出印度支那后，北京担心苏联会渗透进去填充美国造成的权力真空，因而敦促华盛顿在这一地区保持力量存在，并且开始扶植保守的东盟（东南亚国家联盟）。这与中国对苏联的看法相一致，中国对苏联的看法经历了"三步走"：起初是把苏联看成是修正主义超级大国，将其和美国一样看待，之后认为苏联是比美国更危险的超级大国，最后认为苏联是三个世界组成的全球联盟共同反对的对象，最终则形成了"三个世界理论"。这三个世界的力量包括美国和中国，由发达国家组成的第二世界，由落后国家组成的第三世界。

中国的对苏政策经历了三步走，越南的对华政策也经历了三步走。越南最初认为美国是其安全和利益的首要威胁。之后，河内把美国和中国放在同等地位，认为它们都是越南的敌人,都是"国际帝国主义分子和反动派"。最后,河内认为其主要威胁来自中国,因此有必要与美国进行接触来抵制这一主要威胁。

中越关系恶化的部分原因是中国督促美国留在东南亚。河内认为这是在包围越南,认为北京企图迫使越南进入自己的轨道。之后,中国给柬埔寨提供经济援助和军事援助,美国却对越南实施贸易禁运且反对越南加入联合国,这些举动进一步加重了越南的疑心。

华盛顿和河内最终没有实现关系正常化,这源于双方的误判。首先,河内于1977年两次拒绝美国的正常化提议,并且要求把美国援助河内进行战后重建作为协议的一部分。布热津斯基于1978年5月访问北京后,华盛顿转而寻求在《第二阶段限制战略武器协议》签订之前与中国实现关系正常化。与此同时,河内与中国和柬埔寨的关系急剧恶化,以至于河内于1978年7月间接通知华盛顿,其愿意放弃正常化的前提条件。不过华盛顿此时已经决定先与中国达成协议,之后在"四到六周内"与河内签约。越南领导人认为鉴于北京的敌对态度和华盛顿政策的不确定性,有必要入侵柬埔寨,并与苏联签订条约以威慑北京的进攻。因此,1978年11月,《苏越友好合作条约》签订,12月越南就入侵了柬埔寨并在金边建立了一个傀儡政权。

越南入侵柬埔寨,以及之后中国反击越南,这些进攻行动的根源可以追溯到几个世纪前的历史纷争,当然当前大国之间的纠葛也是一个重要因素。早在苏联诞生之前,甚至是在马克思出生之前,中国历代封建王朝都试图征服越南,同样越南也在不断蚕食柬埔寨的岛屿。1930年,印度支那共产党成立之时,越南是其中的主导力量,那时他们就设想驱逐法国殖民者后建立一个越南、老挝和柬埔寨在内的"印度支那联邦"。第二次世界大战期间,印度支那共产党分成了三个独立的政党,以便使柬埔寨和老挝的抵抗者看起来更像是本土的抗法民族主义者。然而与此同时,越南也明确地设想过"抗战之后长期合作……从而在通往人民民主的道路上彼此帮助"。

然而这一建立印度支那联邦的设想却遭到极端民族主义的波尔布特集团(红色高棉)的破坏。红色高棉推翻了美国支持的朗诺政权后控制了柬埔寨。红色高棉对越南高度警惕,谴责越南与基辛格进行停火谈判是在出卖柬埔寨的利益,是让美国腾出手来轰炸柬埔寨。红色高棉也设想在战后建立一个完全不同于越南的社会。越南倾向于在自力更生和与外部大国建立多样化的经济和外交关系之间找到一个实际的平衡点,以便最大限度地得到援助进行重建。而红色高棉则更强调自力更生,着手创建一个吃苦耐劳、服从纪律且能自给自足的社会,使其既能应对来自邻国越南的威胁也能抵制来自大国的威胁。

红色高棉强制推行大规模的农业建设,拒绝外国援助,加重了柬埔寨农民的负担,也给城市居民和知识分子造成了骇人听闻的影响。与此同时,波尔布特政权拒绝在边界问题上与越南妥协,并于 1977 年 4 月对越南边界地区发动了几场大的袭击。这就是越南入侵柬埔寨的背景,然而越南却巧妙地将其伪装成了是柬埔寨人民自发起义反对波尔布特。

北京公开威胁"要教训下"越南。北京此时不但要对《苏越友好合作条约》和越南侵占柬埔寨作出回应,还要对越南全面驱逐在越南的中国少数民族作出回应。这些从越南南部逃离出来的人包括许多中国商人,他们无法适应新的社会主义社会,抵制官方的要求,不愿在农村定居区劳动。然而当他们到达中国云南省的国有农场后,他们也同样不满意。"这些人,"中国难民安置中心主任说,"想着自己做生意,不过很明显这在中国是不行的。他们不想在农场工作,整天待在家里,靠我们给他们的东西过活。"(166)

北京的反击准备工作做得太明显了,以至于在发动反击之前,中情局就"准确地预料到了"(167)。不过中情局的提醒显然未能使华盛顿在邓小平于 1979 年 2 月访问时向其施加足够的压力而放弃军事行动。在接下来持续了四周的交战中,中国承认其人员伤亡为 2 万,而宣称其给越南造成了 5 万人的伤亡。美国战地记者从现场发回了关于"教训下越南"的惨状。桥梁被炸飞,道路被炸毁,医院被炸塌,水泥电线杆被炸得粉碎,村庄成了废墟,大量坟墓也被炸开。越南政府决定让大部分废墟保持原状,以提醒人们中国的"侵略"。不过与此同时,外国记者也在不断报道有关越南洗劫柬埔寨的情况。"劫掠的证据可以从胡志明市和河内的古玩店里找到。从越南古玩店里的展品中就可以判断,盗窃和贩卖柬埔寨艺术珍品的行为非常猖獗。"(168)

与此同时,北京和河内也进行了几轮没有结果的谈判。事情最终如何收场,目前还不得而知。越南领导人将越南持续遭受的苦头归结为主客观两方面的因素。客观因素包括天气(接二连三的台风、旱涝灾害)和外国的压力,最终导致越南入侵柬埔寨并与中国交战。主观因素则在共产党的报纸《人民报》上刊登了出来,包括经济管理不善、党和国家官员贪污腐败。他们"已经堕落了,已经偏离了正道,利用他们的职位侵吞国家财产、行贿、欺压民众、与不法分子勾结从事非法营生"(169)。然而无论何种因素组合,都掩盖不了越南人民的苦境。越南最著名的医生孙柒松(Ton That Tung)博士曾于 1979 年 8 月描述了越南人民的生活境况:

> 越南人民吃不饱饭。你从他们的脸上就可以看出这一点。他们脸色苍白,毫无血色,皮包骨头。皮肤红斑将伴随一整代人一辈子。我已经看到了饥饿对我的员工(在医院里工作的人)的影响。做完两个手术后,我的医生就感到疲劳……婴儿和小孩子尤其受到了长期食物匮乏的影响……

出生婴儿的平均体重已经降到先前的标准之下，哺乳期母亲的奶水也严重不足。⁽¹⁷⁰⁾

（2）莫桑比克

1975年6月25日，在莫桑比克共和国的成立仪式上，萨莫拉·马谢尔总统在致辞中直截了当地宣布：

> 先前的殖民地国家，这个外国资产阶级和帝国主义控制和剥削的工具，已经在我们的斗争下部分摧毁了。必须要用一个由工农联盟铸造的人民国家来取代它……人民的国家是消灭剥削的国家，是充分释放群众创造性的国家，是充分解放生产力的国家……我们必须认识到，我们因袭下来的国家机器，就其性质、组成和机构来说，是一个十足落后和反动的体制，必须要将其彻底革命化，使其为大众利益服务。⁽¹⁷¹⁾

革命政权并没有诞生在前英法殖民地上，这一点并不意外。那些殖民地都是英法通过和平的宪法程序允许它们独立的。这类和平过渡总是保留下了殖民主义时期的体制，亚洲的印度、马来亚、锡兰和非洲的肯尼亚、尼日利亚、象牙海岸莫不如此。革命政权往往诞生于那些通过武装斗争取得独立的前殖民地，在武装斗争过程中，殖民结构和买办因素消亡，代之而起的是新的体制和群众组织。在亚洲，中国的革命政权是在长期的抗日斗争和反对国民党的斗争中建立起来的；印度支那的革命政权是在长期的抗法抗美斗争中建立起来的。非洲的革命政权同样诞生在两个经历了最严重暴力斗争的地区。其中一个地区是在非洲之角，埃塞俄比亚帝国统治的日益僵化既在其内部引发了革命，也诱发了厄立特里亚和索马里的分离主义斗争。非洲第二个革命中心是葡萄牙前殖民地，那里的民族主义者们由于缺乏改良主义的选择余地，被迫走上了革命道路。

现在我们把论述重点转到葡萄牙殖民地上来。1926年葡萄牙共和国被推翻后，代之而起的是1932年建立的萨拉查（Salazar）的新国家，这就完全断绝了这些殖民地和平演变的可能性。萨拉查宣布："我们绝不出卖；绝不让步；绝不放弃一小块领土……我们的宪法禁止这样做，即使宪法保证不了，我们的国民意识也不许我们这么做。"⁽¹⁷²⁾ 里斯本于1950年宣布其殖民地是"海外省"，因而拒绝再向联合国托管理事会报备。葡萄牙驻联合国代表宣称："……我们国家并没有实行任何形式的所谓的殖民主义……我们是一个多种族国家……我们的领土和人民分布在几个大洲……不过我们组成了一个单位……一个具有相同的强烈民族感情的国度。"⁽¹⁷³⁾

这种文过饰非的致命弱点恰恰在于缺乏"强烈的民族感情",至少就安哥拉、莫桑比克和几内亚比绍的本土居民来说,他们就缺乏对葡萄牙的感情。理论上,所有的殖民地人民经过"同化"都可以获得正式的葡萄牙公民身份,这包括讲一口流利的葡萄牙语,完成义务兵役制,赚得足够的工资来养家,采取欧洲的生活方式,放弃部落权利等。然而,只有极少数土著能够符合这些标准,所以在1950年的人口普查中,只有0.74%的安哥拉人被登记为"同化者",而这一比率在莫桑比克是0.44%,在几内亚比绍是0.29%。事实上,几乎所有的非洲人都被剥夺了公民权利,并被排除在任何政治参与之外。

这就使得非洲人在剥削面前毫无招架之力,这一点在葡萄牙殖民地表现得更加公开,也更为残酷。葡萄牙宪法规定,任何一块领土"都要服务于葡萄牙国民经济且要纳入世界经济体系之中"(174)。于是非洲农民的任务也就成了种植经济作物:咖啡、棉花、剑麻、椰子,消费葡萄牙工业制成品,而许多制成品也都是依赖殖民地的原材料。马谢尔说,他自己的政治教育不是始于"书本上写的东西,不是来自于读马恩著作,而是亲眼看着我父亲被迫为葡萄牙种棉花,又跟着他到市场上去看着他被迫以极低的价格把棉花卖出去——这个价格远远低于白人葡萄牙种植者出售棉花的价格"(175)。最苛刻的是,强制劳动成了葡萄牙殖民地经济运行的基础,其繁重程度远远超过其他殖民地。加在非洲人身上的强迫劳动不少于六类:

劳动教养:这是对触犯刑法和劳动法规的人、或没有缴纳人头税的人依法施行的一种惩罚。

义务劳动:这是在公共工程施工过程中,当志愿劳动力不足时,政府指派的强制性劳动。

合同劳动:任何非洲人若不能证明自己前一年受雇佣劳动的时间不低于半年,便必须依法为国家和私人雇主劳动。工资水平依工作领域和雇主而有所不同,不过怎么着都不能超过象征性的工资水平。

志愿劳动:志愿工人直接与私人雇主签订合同而不需要走官方雇用程序。这些工人大都是害怕成为合同劳工而被迫走上志愿劳动之路,实际上两者情况基本一致,志愿劳动唯一的好处就是劳动者可以在自己的居住区域劳动。

强迫种植:垄断经营的特权公司给他们发放农作物种子,政府规定种植面积份额,强迫他们在土地上种植指定作物,并以远低于市场价格的水平再卖给这些公司。强制改种经济作物的土地是靠削减种植维持生计的粮食作物之土地而来的,结果沃土区发生饥荒成了常事。

流动劳工：1909 年签订的《莫桑比克—德兰士瓦公约》分别于 1928 年、1936 年、1940 年三次续订，其中规定每年最多可容许 10 万名莫桑比克人在德兰士瓦的金矿上工作。每招募一名工人，葡萄牙政府除了可以得到 18 先令，还可以拿到其他补偿。莫桑比克极端恶劣的生活条件使得莫桑比克人实在无法生存，他们宁愿签约在金矿工作，一些人还非法越境跑到约翰内斯堡的金矿，就像墨西哥人跑到美国一样。

殖民政府高级官员高尔旺（Henrique Galvão）曾于 1947 年 1 月向葡萄牙国民议会报告了非洲帝国的状况：

> 各个地区的人口都在减少，在那里如今能看到的都是些老病妇孺……正是越来越普遍的非法移民才使得几内亚、莫桑比克和安哥拉的人都走空了……出生率严重下降、婴儿死亡率高得让人难以置信、病弱人数以及由于各种原因（最重要的是工作条件和招募雇工）而死亡的人数不断增多……这一切都给我们提供了一幅那里极端贫困的活生生画面。
>
> 土著居民不过是一群驮兽而已，这一观念依然流行；对劳工的身心健康漠不关心实在太明显了……在某些方面，情况比奴隶制下的情况还要严重。在奴隶制条件下，主人买进来的人虽然像牲口一样，但主人还是会把他们当成财产。他会让他们保持身体健康，保持躯体灵活，像照料自己的牛马一样照料他们。而如今，土著连买来的都算不上——他们只不过是从政府那里租来的，尽管他看上去似乎享有自由民的社会地位。只要他还活着还在继续劳动，主人就不会关注他是病了还是死了……如果他死了或者不能工作了，主人会立马找到人补上去……只有死人才能真正免去强迫劳动。(176)

这些非人的条件摆在了那一群人数少少的同化者面前，让他们不得不作出选择。他们可以永远接受他们的特权地位，这就意味着他们要否认自己的民族并对同胞的遭遇视若未睹。或者他们也可以诉诸葡萄牙人留给他们的唯一选择：武装革命。留学里斯本的非洲学生仔细考虑了这一选择，走向了革命。然而问题是如何搞革命？欧洲的马克思主义强调城市无产阶级的作用，然而这对非洲最落后的几块殖民地来说并没有实际意义，因为那里几乎就没有什么无产阶级。里斯本的学生们认为他们除了回国并使自己"重新非洲化"别无选择。革命的战略只能是通过反复实验、历经多次失败后才能形成。拉丁美洲的革命者们把军事中心作为起义的基地，非洲革命的领导者却花了多年时间和农民待在一起，既在农民面前当学员、又在他们面前当教员。⁽¹⁷⁷⁾几内亚比绍伟大的革命家卡布拉尔下面这段经常被人引用的话，清楚地显示出他同样重视与广大人民群众建立并保持密切关系：

> ……永远都要记住，人民不是为观念而斗争，也不是为任何头脑中的东西而斗争。他们斗争……是为了物质利益，是为了活得好些，是为了活在和平之中。他们希望自己的生活能好下去，能给他们的孩子提供保障。民族解放、与殖民主义作战、缔造和平与进步——独立，所有这一切对民众来说都没有实际意义，除非他们的生活条件能够得到实实在在真正的改善。⁽¹⁷⁸⁾

正是考虑到这一方面，安哥拉革命（1961年）、几内亚比绍革命（1963年）和莫桑比克革命（1964年）都是准备了两三年后才正式爆发。起义者几乎没有从非洲统一组织那里得到什么帮助，非洲统一组织既缺乏资金也缺乏军事能力。阿尔及利亚和埃及只提供了很少一部分装备和训练，重要的援助都是来自共产主义世界。中苏分裂对这些革命运动是有利的，因为两个社会主义大国都想争夺非洲革命的领导权。莫桑比克民族解放阵线得到的援助大部分来自中国，安哥拉人民解放运动从苏联和古巴获得援助，几内亚比绍的几内亚和佛得角非洲独立党则得到苏联、古巴和北越的援助。西方大国，尤其是美国，则向葡萄牙提供了财政援助和军事援助，正因如此，这个贫困不堪的国家才将三场旷日持久的殖民战争支撑了下去。美国之所以慷慨解囊，一个原因在于亚速尔群岛上的战略空军基地，这是美国空军在中东地区活动的一个必不可少的燃料补充站。莫桑比克民族解放阵线领导人埃德瓦尔多·蒙得拉纳（Eduardo Mondlane）因而于1969年作出了以下评论，之后中情局前特工马尔凯蒂和斯托克韦尔在其书中揭露的事实证明了该结论的正确性：

> 西方外交一方面在口头上谈多种族主义和民主，而另一方面西方政府却又在行动上继续反对这两者。英国重申了其与葡萄牙的盟友关系；英国停止向南非供应武器，然而并没有打算削减其他贸易……法国乘虚而入，成了南非的武器供应国，并向罗得西亚输送石油，而戴高乐则宣称自己是维护第三世界的斗士。美国向葡萄牙输送武器；西德帮助葡萄牙进行自己的武器生产；美国、法国和西德都在葡萄牙领土上建有军事基地；所有这些国家都有大公司在南非、葡萄牙、莫桑比克和安哥拉进行大量投资。无论外交家们说得多么漂亮，实际情况都是，葡萄牙白人独裁政权背后的那

些西方盟友，正在施加影响力反对民族解放运动。(179)

成功的胜算非常渺茫，令革命者感到沮丧。在几内亚比绍，约 6000 名游击队员要抵抗 4 万葡军；在莫桑比克，游击队员的数量是 1 万，而敌军则有 7 万；在安哥拉则是 5000 人（安哥拉人民解放运动 3000 人，再加上安哥拉彻底独立全国联盟和安哥拉民族解放阵线的 2000 人）要对抗 5 万葡军。那些革命领袖原本预计战斗会一直持续整个 1970 年代，不承想葡萄牙国内 1974 年 4 月 25 日发生的革命结束了这一切。葡萄牙革命具有特殊的历史意义，它代表了殖民地造成了宗主国事变的案例！

三场同时进行的殖民地战争迫使里斯本的独裁统治者要把 40% 的预算花在军费开支上，且每四个达到服兵役年龄的人就有一个得去当兵。长期的战争不但使得葡萄牙本就贫乏的资源更加紧张，而且游击队宣扬的革命意识形态竟也赢得了与他们作战的军官的青睐。军官们说，他们在与战俘长谈时认识到，"那些战争的受益者就是大都市里那群财团，就是这批人在剥削着人民，他们舒舒服服地生活在里斯本、波尔图或居住在国外，贪污腐败的政府成了他们的工具，强迫葡萄牙人民在非洲打仗以维护他们的巨额利润。"非洲的经历因而导致他们重新评估国内发生的一切。"我们看到的事实是，葡萄牙自己就是第三世界的一部分。里斯本和波尔图只是虚幻的表象，这个国家实际上极端贫困，广大农民不但没受过什么教育，还遭受着剥削。"(180) 因而殖民地的革命直接导致宗主国的革命。且不论葡萄牙革命的结果如何，这都是一场有意义而新颖的革命，以至于海军上将安东尼奥·库蒂尼奥（Antonio Coutinho）会对一群企业界人士演讲说："武装部队认为这场革命是一场解放运动，与非洲的解放运动一样，不但是要寻求正式的独立，还要实现人民的彻底解放。"(181)

新独立的葡属殖民地的革命政策和机构自然沿袭了解放斗争中形成的革命政策和机构。解放斗争以大规模的农民动员及其积极性迸发为基础。正如莫桑比克民族解放阵线的一份报告所说："游击队离不开人民就像鱼离不开水……没有人民的支持，游击队根本维持不下去。"(182) 为了赢得农民的支持，游击队每周都与解放区的农民见面开会。农民有了表达自己见解的机会，这在他们的历史上还是首次，因而他们很快就积极地参与到了讨论中来。他们选举自己信任的人士担任社区领导，取代那些之前与葡萄牙勾结且侵吞社区财产的头目。新的领导（不论男女）组织集体生产，主持公众集会，帮助组建民兵队。民兵队消除了民族解放阵线游击队与农民之间的界限，从而创造了可以让"鱼"游弋的"海洋"。

群众的意识觉醒和积极性迸发不仅保证了解放斗争的成功，还为独立后的建国工作提供了基础。就拿莫桑比克来说，群众动员工作在独立后仍在继续，其指导原则是"人民的权力"。巴兹尔·戴维森曾于 1979 年 5—6 月间花了五周时间在莫桑比克游历，并与莫桑比克民众进行了深入交谈，之后他对这一"基本原则"作了总结："就是每个社区都要自我组织起来分析问题和各种可能性，找到恰当的政策方案，并将这些政策方案付诸行动……关键是'他们'并不是在为'我们'做事；'他们'只是来帮'我们'做我们自己的事。"[183]

践行"人民的权力"的一个方式就是运用带头小组，这些小组是由农村、城市社区和工厂的群众委员会选举产生的，履行三项基本职能："提高劳动群众的政治觉悟"，通过集体劳动提高生产，动员民众解决其所在社区的社会问题。明尼苏达大学教授艾伦·伊萨克曼（Allen Isaacman）描述了这些带头小组是如何工作的：

> 我在全国出席了一些周例会，与会者审查了一系列复杂问题，诸如部落主义的分裂影响，需要打造工农之间的联盟，国家重建问题，提高警惕的必要性，以及集体行动的重要性等。此外，带头小组的成员还解释了政府的重要指示及新近提出的国家计划项目。
>
> 除了这些严肃的国家大事，他们还讨论了社区或工作场所的政治动员问题。与会者常常进行坦率的批评和自我批评。对于那些拒不参加集体活动、不做分内之事、酗酒、谋取暴利及虐待妻子等一切妨碍社会变革的行为都会严加斥责。被谴责之人听到意见后有作出回应的机会，并且可以说明准备采取什么行动来进行补救。
>
> 出席这些会议的全过程中，让我印象特别深刻的是这么多人自愿参会并有很多成员积极参加讨论。沉默了这么多年的民众终于有了发言机会，所以他们都不肯放弃这样的机会，会反复表达他们的观点，直到说清楚了才停下来。尽管这样的情况延长了会议时间（在外国人听来实在是冗长乏味、云山雾绕），然而它们的确提供了一个直接参与的独一无二的机会，并且进一步提高了公众的参与意识。说到这一某种程度上看来拖沓麻烦的基层政治教育过程时，马舍利诺·多斯·桑托斯（Marcelino dos Santos）指出："这种形式的会议给长期受压迫的群众创造了新的信心，让他们相信他们有能力改造莫桑比克。"他提醒我说："这是真正的人民的权力。"他的这句话也结束了我们之间的讨论。[184]

除了带头小组外，莫桑比克推进社会变革的另一个主要组织是民族解放阵线，该组织于 1977 年 2 月进行了重组而成了一个"马列主义政党"。之所以会出现这种变化，是因为民族解放阵线最初的目标实现民族独立已经完成了，现在进行建设社会主义社会的新任务阶段需要一个全国性的"先锋政党"来发挥领导作用。由于需要许多新的成员融入进来完成社会重组这一艰巨的任务，因而在申请入党的人中就产生了预备党员这一形式。预备党员的资格由他们村庄里、工厂里、合作社和军队的同事讨论决定。他们的同事知道候选人的优缺点，这些优缺点会进行公开充分的讨论。地方议会、省议会和全国议会的选举也是遵循这样的程序。不过不同之处在于，普选情况下是投票者来选他们喜欢的候选人，而在党员招募中则是省级党委会决定哪些候选人有资格成为党员，尽管其决定主要也是依赖民众在公共会议上的讨论来作出的。

对党和政府来说，独立后最迫切的任务是要推进这个极其贫困落后国家的经济发展。独立的莫桑比克诞生时带来的是一个僵化的经济体制。其农业主要是满足出口而不能满足国内人民的需要。整个国民经济，对内依靠由白人殖民者组成的技术和管理阶层，对外则依靠罗得西亚和南非的白人定居者。此外，独立之际的几大问题也进一步加重了经济困境。这些问题包括大量欧洲人逃亡，北部出现了严重的旱灾而南方又出现了洪水，政府为了显示其原则性又关闭了与罗得西亚的边境，罗得西亚在边境地区发动多次袭击［给莫桑比克］造成的严重损失，以及养活约4000名来自罗得西亚的难民所耗费的大量钱财。

民族解放阵线从重建农村着手，组建了村社。这遭到了酋长和比较富裕的非洲农民的反对。带头小组发动了一系列教育运动来解释合作制农业的好处，战争年代解放区的实践已充分证明了这一点。截止到1978年3月，政府报告说已经建立起了约1500个村社，9800万人中已有1500万加入了村社。尽管不同的村社会有一些细则不同，但是所有的村社都要遵守三个原则：集体参与到所有决策过程中，集体劳动、按贡献分配，提供如教育和卫生设施等基本服务。更特别的是，村社的所有成年人都要帮助修路，挖井，清理农田，建造房屋、学校和医务室。这些基本任务完成后，成员分成几个农业生产队，每个小队由20—30个成年男女组成，每个人都有明确分工。生产队要定期开会来讨论增产的方式，进行批评和自我批评。每周通常工作五天半，周六下午和周日则留作休息和娱乐时间，以及各家耕种自留地的时间。

除了村社，政府还利用2000个废弃庄园建立起一系列国营农场。这里也是把工人分成了生产队，并定期举行会议讨论增产方式。每个生产队推选一名代表参加负责监督检查整体农业运行情况的理事会。理事会作为农场员工的代表，要与国家指定的生产委员会一道决定来年生产目标，制定工资登记表。这点与村社不同，农场的工资水平是按工种差别而定。据一位法国记者说，无论是在村社还是农场，莫桑比克农民看起来都深受"自给自足和发挥主动性精神的鼓舞，不是坐等一个遥远的指挥中心给他们解决问题，而是清楚自己的能力，自己做主来慢慢改善日常生活，而且毫无疑问他们有自己的办法可以做到"(185)。

事实证明，要把工业部门重组起来更加困难。葡萄牙人撤离时破坏了大批机器，又把硬通货进行了非法转移，熟练工人也走掉了。非洲工人自身也有一些问题，他们认为殖民主义结束了他们就可以拒绝与白人一起工作，或者不服从工厂监工，并且要求大幅提高工资，有时还会举行短期罢工。政府的回应是进行改革，具体办法是由每个工厂的工人推选一个生产委员会来监督日常生产活动。委员会主要关心的事情是：提高工人的技术、保证原材料稳定供应、改善工作条件、制定晋升的客观标准，以及开办扫盲班、托儿所，建立舒适的休息区、完善医疗设备等各方面的社会服务。政府期望到1980年工业产值可以达到殖民时代末期的水平。

最后，民族解放阵线自始至终都在强调改善所有莫桑比克人的生活水平。独立后第一年，莫桑比克解放阵线实现了全民免费教育、公费医疗，把数以千计的家庭从贫民窟迁出，重新安置到了先前与民众隔离开的城市现代居民区，开办了一系列的人民商店，以公平的价格提供基本商品服务。尤其重视学校建设。用马谢尔总统的话来说，学校"是新人的铸造者，科学思想的铸造者，新社会的铸造者……学生必定会是做好准备为人民服务的工人"(186)。课程中既不再颂扬航海者亨利的伟大功绩，也不再吹捧天主教传播文明的使命。学生学习的是他们的民族特性、文化遗产和莫桑比克人民长期反对殖民主义的斗争。不过也学习了解了传统社会中的反动因素，包括非洲商人在奴隶贸易中发挥的作用，非洲部落首领长期与殖民当局勾结，通过一夫多妻制和买卖婚姻来欺压凌辱妇女。不论学生还是老师，每周都需要花一部分时间在田里劳作。所有大学生和大学教职员工整个7月都要在农村修建公共厕所，种植庄稼，传播卫生健康知识，协助进行扫盲运动。人民报刊是专门为刚刚识字的民众准备的。还有大型的木板宣传栏，宣传栏里的文字是简单的葡萄牙语，并配以大量图画，来描述最近发生的事件，解释政府的计划。

非洲革命政权有两层重要意义。首先，它们已经证明了如何发动一场解放战争、如何赢得这场战争；其次，它们开拓性地形成了新的社会制度和实践，取代了殖民时期的制度和实践。如今仍在继续的社会实验的结果如何，仍不明朗。一项针对几内亚比绍解放后发展状况的报告描述了几内亚比绍的"社会主义导向"，然而得出的结论却是"是否能维持下去则是没有保证的"。(187)当一名美国人对莫桑比克的前景表示怀疑时，莫桑比克一个绩效较好的生产合作社的主席雷蒙多·沃洛伊（Raimundo Voloi）是这样回应的："从殖民主义走向未来是一条漫长漫长的道路。"(188)

这的确是一条漫长的道路，而且到处都会遇到障碍。从外部来说，既要同白人殖民政权的堡垒南非作战，又要承受西方的压力，还要受到来自彼此不合的中苏的压力。从国内来说,在基本政策上还有严重争议,正是这样,实际的武装斗争才压倒了倒行逆施的种族主义。此外,还有从殖民时期延续下来的势力,一直以精英主义、部落主义、性别歧视和官僚主义的形式体现出来,与激进的社会变革做着斗争。马谢尔总统在1980年2月一次全体部长会议上,指出了这些因素的影响程度之大:

> 我们在工作中还没有完全脱离殖民时期的方法。我们坐在办公室里,淹没在文山会海中,连我们自己的秘书都不认识,更何谈去视察医院、学校、农场,等等;我们不倾听群众的意见,只从备忘录和紧急文电中来了解情况。我们把精力都放在了琐碎的日常例行公事上,迷失了方向……我们不去惩罚破坏分子,反倒与他们合作,甚至还给他们发工资。礼貌待人、本着理解和彬彬有礼的态度去为民众服务的精神,还没有融入到国家机构公务人员的行为之中……(189)

尽管存在这些不利情况和不确定因素,莫桑比克还是取得了一些重大进步。《纽约时报》记者迈克尔·考夫曼曾在莫桑比克旅行,在这场全长4800公里的旅行中,他发现了"一种自律意识,而这却不是在把国家变成军营的情况下养成的……一种建立在全国动员和自我牺牲基础上的普遍信心,而且这是在独立后的非洲国家中极为少有的现象"。考夫曼引用了马谢尔总统的话:"历史不会忘记的不是我们打败了殖民主义,而是我们懂得如何用武装斗争这一方法去改变人民的思想意识。"一名莫桑比克青年也告诉考夫曼:"我们一直等待新人从莫斯科降生已经等了60年,这是一次漫长的妊娠期,而且或许也会流产,但是新人也有可能会在古巴、在越南,或在我们这里到来。"(190)

莫桑比克的妊娠是否会比莫斯科的有更好的结果,没人敢做什么保证。然而,如果这确实成真的话,就会对其他黑非洲地区产生重要影响,同样也会对白人非洲地区产生重要影响。最后,我们应该看到其他非洲地区(安哥拉、几内亚比绍和非洲之角的国家)也正处于不同的妊娠阶段,而且还会有其他国家追随前行。最重要的是,每个国家都会走自己的路,正如《纽约时报》专栏作家安东尼·路易斯(Anthony Lewis)在与津巴布韦总理穆加贝交谈后所做的那份重要报道中指出的那样:"他在莫桑比克住了几年,他不喜欢那里僵化的意识形态,也不喜欢看到的种种经济困境,他不希望犯同样的错误。他反复说到'现实',以及什么是'可行的',这倒也配得上一些了解他的西方人所说的那个穆加贝。"(191)

（3）古巴

菲德尔·卡斯特罗之所以重要，并不在于他领导的游击运动取得了成功。民众起义是拉丁美洲历史上司空见惯之事，而有些运动，比如萨帕塔和比利亚领导的起义，在几年时间内还控制了大片领土。卡斯特罗的游击战无论是从广度上还是持续时间上都不能与拉丁美洲许多其他运动相提并论。不过卡斯特罗有两项意义非常重大的独特成就，这为他赢得了声誉。首先，他不但在 1959 年夺取了权力还维持住了权力，并组建了一个现今已经根深蒂固且不可逆转的政权。其次，卡斯特罗成就了一场根本性的社会革命，塑造了一种不可逆转的潮流，不但对整个拉丁美洲产生了重大影响，还对整个第三世界尤其是非洲产生了更大影响。

卡斯特罗之所以会取得成功，一个原因在于他是最后才选择共产主义的，这一点不免会让人感到出乎意料。而也正因如此，他才没有引起国内外既得利益者的坚决反对，否则事情就会完全是另一个样子。发动革命之前的卡斯特罗明显不属于任何马克思主义派别。他早年的一位至交艾蒂·桑塔玛丽亚（Haydée Santamaria）证实道："所有［与卡斯特罗有关］的小组的思想范围都仅限于马蒂……如果我们说他们是在学习马克思主义，我们肯定没说实话。"[192] 卡斯特罗的弟弟劳尔也告诉《纽约时报》记者赫伯特·马休斯（Herbert Matthews）："菲德尔从未想过加入任何党派，他不想受任何命令和纪律的约束。他从不能容忍任何形式主义的东西。这就是他一贯的秉性。"[193] 正是这一秉性决定性地促成了卡斯特罗最初的成功，因为它使卡斯特罗内外潜在的对手解除了戒心。然而其他拉丁美洲革命者现在想要模仿卡斯特罗通过武力去夺取权力，肯定是更困难了。为了应对卡斯特罗势如破竹的社会革命，以及其与苏联的结盟，美国在整个拉丁美洲地区动用起了比 1959 年之前要有效得多的反革命力量。

卡斯特罗成功的另一个因素在于，古巴的形势对一场革命运动特别有利。1902 年的《普拉特修正案》（参见第十八章第三节）把古巴变成"美国的保护国"[194]。1906—1922 年间，美国在古巴的私人投资，光是蔗糖这一领域就从 3000 万美元上升到 6000 万美元，在铁路和运输领域从 2500 万美元上升到 1.2 亿美元，在公用事业方面的投资从 1750 万美元上升到 1.15 亿元。利兰·詹克斯在其 1928 年出版的一本书里写道："美国资本……已经开始而且一直在使古巴成为由特许会计师和证券经营人经营的蔗糖庄园。这已经引发了一个很严重的问题：一个国家过于依赖由不在本国的业主所经营的以单一作物种植为基础的大种植园，这样的国家能持久吗？……"[195]

《普拉特修正案》既强化了美国对古巴的政治控制，也加强了美国对古巴的经济控制。"美国政府时常介入古巴共和国的内部事务"[196]，通常都会支持那些偏向美国利益的保守势力。利兰这一富有洞见的结论，不仅适用于他生活的那个年代的古巴，也适用于今天的整个第三世界：

> 古巴的经济地位与［美国］最南部那些生产单一作物的地区很相似，它们处在了永久的债务人和债权者的合同关系之中，而那些步履维艰的种植者根本无法控制产品价格……古巴努力让自己的独立国家身份服从于外国公司和资本的持续渗透之下，这进一步凸显了现阶段世界历史的主要问题。他们的注意力都集中在商业体制和政治制度潜在的冲突上，由此产生的后果之大，也许会如近代历史开端时教皇与民族国家的斗争一样。[197]

《普拉特修正案》于1934年被废除，不过这只是意味着美国的代表们只需通过行贿而不用诉诸武力就可以得到他们期望的政治决议。蔗糖依然是重中之重，这就意味着岛上居民的失业现象非常普遍。甘蔗从种植到收割只需要四五个月，因而，一年中剩下的日子也就成了窝工期，其间20%的工人会处于失业状态。即便在甘蔗收割季节，失业率也从未降到过10%以下。各个城市也无力吸收盈余劳动力，因为城市的工业仅限于加工原材料和为旅游者服务。资本货物的进口量从1949年的52.6%提高到60.9%。因而英国经济学家杜德利·希尔斯（Dudley Seers）在卡斯特罗发动革命后得出了以下结论："古巴在1923—1958年这35年间几乎没有任何进步。经济停滞问题之严重程度、持续时间之久，都远甚于其他拉丁美洲经济体（或许像玻利维亚和海地这样一两个面积较小的穷国除外……），民众缺少粮食、没有工作，而与此同时土地却在闲置、工厂则在破落，这种种情况再也难以维持下去了。"[198]

1958年的古巴不论是社会结构还是经济基础都非常脆弱。这里没有独立的中产阶级或民族资产阶级。美国企业在这里有着强大的利益根基，以至于在1927年之前连保护性关税都无法保护古巴民族企业。形形色色的工会组织都受政府控制，而且工会是对政客负责而不是对工会会员负责。知识分子阶层也是备受苦难而极端不满的少数群体，他们几乎对国家政策没有任何影响。农村几乎不存在天主教堂，全国只有725名牧师照拂着600多万人口，也就是说每8276人中才有一位牧师。牧师不但数量少，素质也非常低，许多牧师都是在美洲大陆触犯教规而被驱逐出来的。因此，古巴的教会缺乏力量来调动群众为自己的利益服务，或是服务于现有的社会秩序。最后，主要政党也都名声不佳，它们主要关心的是如何谋得一官半职来参与分赃。当时的巴蒂斯塔政权尤其缺乏合法性，它是通过政变上台的，依赖欺骗性选举、滥用宪法和赤裸裸的镇压而维持着统治。

这就是古巴当时的形势，正是这一形势使得那个勇敢机智且极富个人魅力的年轻律师卡斯特罗可以用军事领袖人物马塞奥和马蒂时代的传统方式夺取政权。卡斯特罗曾于1953年7月发动了一场针对圣地亚哥蒙卡达军营的袭击，袭击失败后，他被赦免、流亡到了墨西哥。1956年12月他又出来了，这次是在奥连特省登陆，他进入山区并在山中开始了他的游击战。双方力量对比悬殊，他的队伍只有12个人，每人只有一支来复枪和十发子弹，而巴蒂斯塔的军队却有3万人，且装备着机关枪、大炮、坦克和飞机。两者之间的差距一目了然，似乎胜利毫无希望。然而卡斯特罗却利用了基本上和中国及东南亚相同的方式抵消了不利局面。游击队无论买什么东西都付钱。他们得到了器材，在马埃斯特腊山建立了一家野战医院，就像对待自己的伤员一样给农民提供医疗服务。短短两年内，他们便建立起30所起义军学校，为成年农民和儿童提供教育。最重要的是他们进行了土地改革，其实土地改革早在作战期间就在山中开始了。1959年5月17日最后批准的《土地改革法》早在1958年10月10日就向全国公布了。随着"起义之声"从1958年2月24日开始对外广播，"从马埃斯特腊山的自由古巴领土上"传出的这些政策的影响力也大大加强。

通过应用这种方法，这些先前人数较少的中产阶级革命者首先得到了农民提供的粮食，之后通过征募农民加入而大大充实了他们的力量。新加入的人接受了游击战争的速成训练后，迅速投入到了实践中：他们多次袭击了巴蒂斯塔的军火库。1958年5月5日，巴蒂斯塔发动了一场1.2万人的攻势，想彻底消灭起义军。但不到三个月攻势即告失败，其中的十分之一或开小差、或被俘、或被杀、或受伤。起义军此时也从山上下到了平原上，在这里他们又得到了对巴蒂斯塔政权进行破坏的地下工作者的援助。随着一座座城市落入游击队之手，巴蒂斯塔登上了一架飞机，于1958年新年前夜流亡到了国外。

土地改革为卡斯特罗赢得了农民的支持，但却恶化了他与华盛顿的关系。与此同时，卡斯特罗政府中的许多中产阶级出身的成员也在意识到卡斯特罗既是一个社会革命者又是一名考迪罗分子后开始退出政府。卡斯特罗的批评者一直批评他承诺的是一种革命，实际上做的却是另一种，并用这种假定的说法来为猪湾入侵事件进行辩护。然而卡斯特罗想要通过社会革命来让古巴独立于美国的愿望从未动摇。他事先并不清楚如何才能实现社会革命，只能是通过一次次的失败、一次次的实验去不断摸索。他的想法也随着他试行的政策产生的不同结果而变化着。直到今天，他的想法和政策还在变来变去，不过唯一未变的是他那实现民族独立和社会公平的目标。马休斯说："如果他在社会革命上妥协了，如果他和美国修好了，如果他保持了古巴革命前的公司—资本主义—议会制度，那他才真是'背叛'了革命。"(199)

卡斯特罗试验中的一个突出例子是他在1976年试图举全国之力去收获1000万

吨蔗糖。在之后的一次著名演讲中，他承认了这场灾难性的失败。他承认与目标相差 150 万吨，而且集中力量生产蔗糖也减少了大米、牛奶、化肥、鞋子、衣服和面包等的供应，还破坏了外贸和运输。总而言之，这是一场灾难性的经济失败。许多人都感到沮丧，旷工率上升，政府不得不采取措施惩罚那些不到场工作的人。卡斯特罗政权认识到了新政策之需要，承认单有精神刺激和动员是不够的，承认社会改革的幅度和速度必须与客观条件相适应。古巴领导人现在更加注意苏联和其他社会主义国家的经验。他们开始较少依赖志愿劳动力，把物质刺激与精神刺激结合到一起，降低存款利率以鼓励民众多购买消费品。古巴也加入了经互会，这为古巴的出口商品提供了稳定的价格，并且以补贴价格保证了古巴的石油、机器和消费品的供应。然而，加入经互会也意味着要继续依赖苏联集团，而在很多情况下，苏联集团商品的质量都赶不上资本主义国家商品的质量。

古巴采取的更为特殊的经济策略是故意压制哈瓦那的发展，从而矫正首都与地方省份之间的发展不平衡状态。哈瓦那的市容看起来脏乱破败，市区店铺中的消费品种类也很有限，街上的轿车都是半旧不新的状态，楼房也急需修葺粉刷。然而，哈瓦那却是唯一一座周边没有连片贫民区和贫民的拉丁美洲首都。学校、医院、道路、堤坝、试验农场和工厂在农村地区如雨后春笋般兴起，有效地防止了贫苦农民大量涌入城市，而其他第三世界国家的首都则几乎都面临着这一情况。

古巴经济的另一个显著特征是，自 1970 年以来，经济多样化的步伐加快了。制糖业实现了机械化，正在不断释放劳动力；非甘蔗农产品（谷物、块茎作物、蔬菜和水果）的产量快速上升；捕鱼业的渔船游弋在从纽芬兰到南非的大西洋海面上，并延伸到了秘鲁一侧的太平洋上；新的奶牛场正在使古巴人首次吃上冰淇淋、喝上牛奶。建筑业也随着全岛道路、学校、住房、堤坝、水库、灌溉和排水系统的兴起而繁盛。几乎不存在失业现象，男人全部就业，35% 的妇女就业，而且这一比例也在随着儿童看护设施和服务的扩展而逐年提高。尽管市民依然抱怨消费品价高质劣、购买消费品的环节依然繁琐，不过从 1970 年开始的这十年里，消费品的数量已经在不断增多。

古巴最严重的经济弱点在于它依然把蔗糖作为主要出口产品。而从蔗糖全球价格的波动来看，以出口蔗糖作为国民经济基础是不可靠的。不过，古巴还是取得了坚实的进步。近期它与欧洲和日本建立了经济关系，再加上苏联集团的支持，古巴抵抗住了美国无限期的经济禁运，当然经济禁运也使得古巴的经济增长率陷入停滞。古巴看到，仍然需要把许多国内紧俏的商品用于出口。1978 年 12 月，卡斯特罗解释说："我们需要形成一种出口思维，如果我们有一个新的水泥厂，我们就必须出口更多水泥；如果我们有一座新的纺织厂，我们不会消费那么多纺织品，我们就必

须出口它们。"⁽²⁰⁰⁾

经济成就是最基本的成就，然而这却并不是古巴最突出的成就，也不是唯一的成就。赫伯特·马休斯认为："没有什么会比单纯从经济方面或物质方面去衡量古巴革命的成就更易让人误入歧途……菲德尔·卡斯特罗给了他们很多他们从未有过的东西，政府廉明，每个市民都可享有优良的教育、医疗和社会服务，几乎所有人都实现了就业。"⁽²⁰¹⁾只有那些偶尔前往古巴旅游的人才能看到"优良"社会服务的结果。儿童都得到了很好的营养，这一点随处都可以看出。他们穿上了鞋子可以保护他们免受钩虫和其他传染病的危害。他们进了学校，不再流浪街头，也不再沿街乞讨。政府开展的大规模扫盲运动使得成人识字率已经提高到1961年末的96.1%，这在拉丁美洲甚至整个世界都是最高水平。

同样突出的是在农村兴建了大量中学。这些新的寄宿制学校中，只有100所是1974年前就有的，从1974年开始一直到1980年，政府每年都额外修建100所中学，几乎所有国民都上到了初中。

这些中学投入了大量经费。除创办时修建校舍而花费的经费外，学生从家里到学校的往返交通一律免费。一份预测显示，政府每年花在每个学生身上的费用为750美元，这对一个欠发达国家来说实在不是一笔小数目。这就是为什么从小学到大学都是实行劳动与学习相结合的一个原因。卡斯特罗宣称，除非是让学生努力劳动来抵偿其教育花费，否则只能采取革命前只有一小部分精英家庭才能上得起学的制度。

政府专门预留出农田供各级学生耕种。每天早晨，一半的学生和教师在乡村中学的土地上劳作，另一半则继续留在课堂里。到了下午，他们进行换班。政府希望，通过老师和学生的生产劳动可以使乡村中学在1980年代实现自给自足。这一半工半读计划也有意识形态方面的目标——培养起一代人强烈的公有制感情，让他们从拉丁人轻视体力劳动和厌恶体力劳动的传统中脱离出来。

哈瓦那大学的办学模式就清楚地体现了这些目标。1972年，哈瓦那大学的1.6万名学生处于工读结合状态，另有1.4万名工人则在注册上课的同时，继续做着他们的固定工作。最终的目标是把大学打造成一个由学校、工厂、医院和矿山组成的庞大复合体，从而逐步消除工人与学生之间的界限。卡斯特罗强调："一所大学在塑造人才方面明显比不上一座工厂。"⁽²⁰²⁾

医疗卫生领域也和教育领域一样，旨在把脑力劳动与体力劳动结合起来，缩小城乡之间传统的不平等状态。医学专业的学生和其他专业的学生一道在农田和工厂劳动，他们开始行医之初，必须先要在农村的医疗中心服务三年。古巴革命后，全国6000名医生有半数都移民到了国外。政府迅即采取了一项应急计划，多多少少弥补了这一损失,到现在全国有9000名医生在行医,而且每年都有1000名新增的医生。这些人中的10%在十多个发展中国家服务,这些发展中国家有牙买加、圭亚那、刚果、几内亚、坦桑尼亚、安哥拉、索马里、莫桑比克和南也门等。

古巴的医疗重视通过定期检查、群众性免疫、卫生教育、普及饮食常识和母婴保健等措施实现预防。这些服务连同必要时去医院看病都是免费的,这是通过由省一级的医疗中心和保健中心以及地方一级的综合医院组成的综合医疗网来实现的。最终取得的效果非常突出:脊髓灰质炎在1963年消失,疟疾在1968年消失,白喉在1967年消失;婴儿死亡率也降到1974年的27.4‰,拉丁美洲其他国家的婴儿死亡率则是古巴的4—10倍。

世界卫生组织驻古巴代表丹尼尔·霍利(Daniel Joli)博士于1980年得出结论:"毫无疑问,古巴在整个拉丁美洲世界有着最佳的健康统计数字。古巴很穷,然而其卫生组织却赶上了发达国家水平。"[203] 在婴儿死亡率不断下降的同时,古巴的出生率也在不断下降。婴儿出生率已从1957年的26.1‰下降到1978年的15.3‰。这又与其他拉丁美洲国家形成鲜明对比,拉丁美洲的婴儿出生率一直高于亚洲和非洲。塞莱斯蒂诺·莱翁歇雷(Celestino Lejonchere)博士是一名妇产科医生(她主管婴儿保护和妇女权利),据她所说,古巴婴儿出生率降低的原因是教育水平提高了,并且有越来越多的妇女都在做全职工作。

教育和医疗卫生领域出现显著变化的同时,妇女的地位也出现了明显变化。1953年的劳动力构成中妇女只占17.3%,到1975年这一比例已经提高到28%。医学院的学生中,女性占到46%;自然科学方面的在校生中,女性占了一半;经济学方面,女性占了42%;而在小学和中学教育专业上,通常都是女性占优势。1975年通过的新《家庭法》规定,男女平等不仅要像革命社会所期望的那样出现在工作地点和法庭上,还要出现在家庭里。"男女双方必须关心他们所组建的家庭,并要在孩子的教育、抚养和指导上相互合作……双方都有权利从事专业工作或技术工作,互相帮助对方学习和提高知识是彼此的义务。"(第26条、第28条)

有影响力的古巴妇女联合会负责监督法规的具体实施,以防这些法律条款成为一纸空文。古巴妇女联合会有200万会员,其主席是备受人尊重的比尔马·埃斯平(Vilma Espin)女士,她是劳尔·卡斯特罗的妻子,也是四名孩子的母亲。在她的领导下,该组织成了最具影响力的群众组织之一。从1960年成立以来,该组织就一直致力于从事妇女扫盲运动,培训先前的家庭女仆从事生产性劳动,建立全国范围的托儿所网,为申请者提供人工流产手术,以及取缔娼妓。尽管做了这么多努力,拉丁人传统的男尊女卑习俗仍旧还在。妇女距离成为现实政治权力的杠杆明显还有一段路要走。卡斯特罗(1974年11月29日)在古巴妇女联合会第二次全国大会上讲话时承认:"歧视妇女的主客观因素依然存在……许多习惯从妇女被视为社会财产的时代起一直延续到现在……妇女和男子都必须要严肃认真地考虑这个问题。他们必须一起打响这场战斗。"然而根据向古巴共产党第二次代表大会(1980年)提交的报告来看,打赢这场"战斗"的路上取得的进步微乎其微。报告中指出:"尽管已经把妇女提升到了政府的高级岗位上,但对现在的进步我们还无法感到满足。"[204]然而考虑到第二次代表大会上100名中央委员中只有比尔马·埃斯平是唯一一名女性,这种说法显然是有些轻描淡写了。

官方话语与社会现实之间存在相当大的差距,这不仅仅体现在性别关系上。多明戈斯(J. I. Dominguez)指出,尽管发动了多次针对官僚主义的运动,但是政府显要还是在享受着特权,这很容易让人想到密洛凡·吉拉斯(Milovan Djilas)所说的"新阶级":

> 官僚分子、技术专家、外国顾问和先前的富裕人士享受着特权。他们赚得的钱能够付得起奢华饭店的消费,在那里他们不需要加入排得很长的队伍就可以直接走进去。饭店向官僚分子供应的食品都是质量较好的非配给品。这些特权阶层,即使在1960年代,也在购买轿车方面享有优待。他们休假时更容易前往疗养胜地,他们的住房条件也很好,住房短缺似乎对他们没有什么影响。他们可以出国,可以到外交使团工作,可以受邀参加外交性质的招待会……1970年卡斯特罗严厉地谴责了这些从"特权中,甚至从贪污腐败中"受益的党员,并要求将他们开除党籍。[205]

此外,多明戈斯还提供了犯罪率统计表,这说明社会健康程度正在逐步降低,这不仅会发生在发达国家,也会发生在欠发达国家。

1959—1968年间的犯罪率（以10万人为基数）

年份	全部罪行	谋财罪	杀人罪
1959	2905	543.1	38.2
1960	2855	482.7	36.7
1961	2440	461.6	37.2
1962	2304	489.4	35.0
1963	2415	232.6	13.7
1964	2033	133.2	8.0
1965	1529	272.2	8.4
1966	1638	317.0	7.6
1967	1270	335.2	6.8
1968	1179	341.4	6.1

Source: J. I. Dominguez, *Cuba: Order and Revolution* (Cambridge, Mass.: Harvard University Press, 1978), p.507.

政治领域的指导原则是群众动员和群众参与。卡斯特罗曾对这一方针作出了明确的界定，他的话语很容易让人想起毛泽东的群众路线。"没有群众，社会主义就会输掉战斗，还会变成官僚主义……我们认为即便一个有着超级智慧的群体也不可能指导消极无为的群众。那不是革命……在一个集体主义社会里，只有群众最广泛地参与到解决他们问题的实践中，战斗才能打赢。"(206) 实现期望的群众动员的媒介是一系列群众组织，如保卫革命委员会、工会中央组织、古巴妇女联合会、小农场主全国协会、中等教育学生联合会和古巴先锋队联盟等。

比如，保卫革命委员会是于1960年当革命受到国内反革命势力和流亡国外的武装分子严重威胁时成立的。其主要功能是反颠覆，即便是现在依然还有一些此类活动。但是随着革命日益得到巩固，保卫革命委员会也承担了许多其他功能，成了人民群众与政府官僚之间进行民告官调查和调解的专员。各个保卫革命委员会负责组织儿童的父母、充当训导员检查旷课逃学情况、安排种痘计划、回收和整理废品、制订应急计划以对付飓风一类的天灾。保卫革命委员会的成员从1962年的近120万增加到1976年的480万，占成年总人口的80%以上。

古巴军队实际上也是一个社会群众组织，其中还包括了被称作"民兵"的兵种。[207] 人们往往指责军队是一个严重的负担，为了缓和民众的批评，古巴军队承担了一系列社会和经济工作，而且比包括中国在内的任何国家的军队承担得要多。实际上，自从卡斯特罗掌权之后，军队比党更多地成了群众动员的基础。1970年，29%的甘蔗收割由部队完成，在此期间他们还修路铺轨，搭建了许多临时住房。古巴军队还购买了适于空中播种的飞机，派出250名飞行员承担驾驶工作，完成这一农业任务。当部队到达安哥拉后，卡斯特罗给他们的命令是"必须既要做士兵也要做工人"。古巴的"民兵"还在几内亚修建了道路和机场，在秘鲁修建了医院，在坦桑尼亚修建了学校，与此同时，他们还承担着军事教练和顾问的任务。

在"人民的权力"这一口号的号召下，不论是在工作场所还是行政机关中，参与的群众人数一直在上升，这成了最新的政治潮流。许多经济企业的管理已经移交给了市政大会，市政大会的成员必须由公开的社区大会任命，至少要有两名候选人同时竞选，在直接的不记名投票下，得到大多数选票的候选人当选。代表们在任职期间每周必须要到他们所代表的区现场办公，要在半月举行一次的"述职大会"上汇报自己的工作，解释行动的理由，而且要服从选民的罢免。美国一位观察人士发现，"人民的权力"已经在实践中成为现实：

> ……我花了一晚上时间去观察一位地方代表办公时的情况，这证实了之前和别人聊天时得到的情况：古巴人把这种地方代表制度看成是自己的民主权利，坚持说他们的代表应当解决他们的问题。其中一个代表坦承，如果说有什么问题的话，那就是他的选民们对"人民的权力"期望过高。他解释说，尽管他经常指导选民们去相应的部门，或者事先给上面打个电话疏通一下，但他并不能解决他们的工作、住房和婚姻问题。乍看起来，地方民主似乎正在古巴扎根。[208]

各省议会和国民议会是由各市议会选举产生的，而不是由选民直接选举产生的，所以省议会和国民议会的民主实现程度并不明朗。各省议会授权管理经济计划，而国民议会，至少在法律意义上说，有权通过立法，监督国家各部委的工作，批准部长级官员的任命、经济计划和政府预算等。1976年由全民公决通过的新宪法效仿了其他社会主义国家的一些做法，大量列举了保证政治、经济和社会权利的条文。古巴发言人宣称，他们在"群众参与"方面特有的传统和革命经验，将会使他们宪法上保证的权利比其他任何地方实现的更富有意义。这一构想是把苏联的结构形式、当地条件和古巴的期望融为了一体，时间将会检验这一构想的正确性。

肯尼迪总统于1961年8月提出了争取进步同盟计划，着眼于促进拉丁美洲的经济发展和人民生活水平的提高,从而为拉丁美洲提供了卡斯特罗主义之外的另一选择,这也从侧面凸显了古巴革命的意义。然而,如今古巴却是争取进步同盟中民众主义期望得以实现的唯一一个拉丁美洲国家。此外,吊诡的是,古巴的成功逆转了肯尼迪战略设想中的拉丁美洲大陆的潮流。并不是一个改良的和富裕的拉丁美洲大陆不搭理古巴,而是古巴给充满矛盾和张力的拉丁美洲新殖民主义提供了一个日具吸引力的选择模式。参议员爱德华·肯尼迪(Edward Kennedy)在1970年4月的一次演讲中评估了其哥哥这一实施了十年的计划,对该计划进行了公开谴责,实在具有讽刺意味:

> 我几乎可以一字不差地重复肯尼迪总统于1960年、罗伯特·肯尼迪于1966年援引的那些令人沮丧的事实,就现今情况来看,它对个人来说是一场悲剧。争取进步同盟是人类的一次失败。仍有超过30%的人活不到40岁,对绝大多数人来说贫困、营养不良和疾病消耗了他们的精力,也降低了他们的积极性……
>
> 争取进步同盟一直是一种经济失败。甚至就连我们对经济发展的种种期望也没有实现。过去十年的人均经济增长率为1.8%,这比同盟计划提出之前还要低……
>
> 争取进步同盟一直是一种社会失败。土地仍然保留在了占总人口比例少得可怜的人手中。在一些国家,占人口不到10%的人却拥有全国90%的土地。三分之一的农村劳动力处于失业状态……此外我们也都知道,城市还没有显现出其吸纳当前劳动力的能力。
>
> 争取进步同盟计划也一直是一种政治失败。它原本是想在拉丁美洲的政治历史上书写新的一页,然而结果却是书写了充满家族独裁统治和军事政变的一章。九年里,13个拉丁美洲大陆的民选政府都被推翻……
>
> 此外,争取进步同盟的精神在我们国内已经失败了。尽管我们有着很强的民主传统,但美国却依然在支持拉丁美洲那些否定基本人权的政权……(209)

并非只有参议员肯尼迪作出了这样的评价。美国参议院对外关系委员会办公室主任帕特·霍尔特(Pat Holt)曾于1974年7月到访古巴,之后他在提交的报告中指出,在卡斯特罗的领导下,这个岛国已经成了"西半球的社会主义橱窗"。美国历史学家卡尔曼·西尔弗特(Kalman Silvert)也强调了革命古巴的积极历史影响:

古巴有一个方面的经验并没有为美国认识到,无论从社会方面来说,还是从政治方面来说,这个小岛都是伊比利亚文化世界第一个近乎现代的国家……古巴政府似乎是第一个在其社会内部激起了强大凝聚力的国家,并能把这种凝聚力有力地推行下去。拉丁美洲对古巴的兴趣远远超过了那种可以理解的自豪感,即"我们的伙伴之一做成功了",它顶住了美国的压力并生存了下来……在拉丁美洲,人们会认为古巴已经突破了传统的社会模式而进入了现代国家的早期阶段。⁽²¹⁰⁾

革命的现代古巴之影响力远远超出了拉丁美洲,许多古巴医生、教师、专业技术人员、军事顾问和士兵都出现在了第三世界(尤其是非洲),就充分说明了这一点。此外,分别有 2000 名莫桑比克及安哥拉儿童、1000 名埃塞俄比亚儿童,与古巴儿童一道在松木岛上的大型寄宿制学校里半工半读。《纽约时报》记者苏兹伯格解释了为何卡斯特罗会如此积极地进行外部干涉:"卡斯特罗这个共产主义的后来者,如今把意识形态考虑放在了眼前的国家利益之上,这已经成了他在全球范围内发动一系列军事干涉的动机,他不仅在安哥拉干涉,还在阿尔及利亚、叙利亚、刚果、几内亚、几内亚比绍、索马里、南也门甚至阿曼进行干涉,更不用说早在 1960 年代他就介入了扎伊尔、多米尼加共和国、委内瑞拉、巴拿马和玻利维亚。"⁽²¹¹⁾

美国国务院情报研究局准备了一份报告(1976 年 4 月 13 日)并由专栏记者杰克·安德森(Jack Anderson)发布在《华盛顿邮报》上(1979 年 10 月 12 日),这份报告证明了苏兹伯格的分析。报告中指出,尽管卡斯特罗在很多方面与苏联保持一致,不过他"依然保留了特立独行的一面,依然认为自己是第三世界的领袖"。报告认为,考虑到古巴 12 年来介入非洲的情况,"苏联主导或约束古巴在非洲活动的程度是一个没有实际意义的问题。苏联的政策或许可以决定古巴采取的措施的外部限度,这也就是说,古巴不会主动采取苏联直接反对的行动,而且古巴任何大规模的军事行动都需要苏联的后勤和财政支持……"报告把卡斯特罗描述成了一个持枪的传教士。报告还说:"在反对西方'经济帝国主义'、欧洲殖民主义残留和南非及罗得西亚白人少数政权上,卡斯特罗给他的使命灌注了一种近乎救世主的热情,他似乎并不关心他扶持的运动是否严格遵循马克思主义的正统,而更关心其反对'资本主义帝国主义'势力的潜在能力和实际能力。"

关于古巴在非洲的军队数量,华盛顿多次发出警告,不过在许多非洲人士包括许多美国人看来,美国提供的数字前后矛盾。杰拉尔德·本德尔(Gerald Bender)教授指出,有 2000 名法国公民作为顾问和技术人员工作在非洲法语国家,一万多名法国士兵和 1600 名法国军官在非洲军队服务。本德尔教授认为,如果国家安全委员会根据适用于古巴的标准来计算在非洲的法国人数目,那么"法国在非洲的人数将大大超过古巴在非洲的人数"。本德尔还指出,许多非洲人也观察到古巴在非洲没有经济利益关系,而法国公司却控制了塞内加尔、加蓬、喀麦隆和象牙海岸50%的现代经济部门。本德尔总结道:"因此,责备古巴而宽恕甚至帮助法国,不但会损害美国在非洲的信誉,还会使我们尚在雏形中的非洲政策处于极易受到指责的境地,别人会指责说卡特政府最关心的是援助法国新殖民主义。"(212)

1978年12月在喀土穆举行的非洲统一组织大会上,撒哈拉以南非洲最大的国家尼日利亚首脑奥卢桑贡·奥巴桑乔(Olusegun Obasanjo)的声明支持了本德尔所做的上述推论:

> 主席先生,我们清楚西方现在关心的是他们所认为的苏联和古巴在非洲的干涉。我们自己的评估是,考虑到我们社会制度的特性,没有哪个非洲国家会全盘接受共产主义,也没有哪个非洲国家会愿意全盘接受资本主义。现在是任何一个非洲国家在西方看来都是在"走共产主义",而这则恰恰是西方政策失败的直接结果。
>
> 事实的真相在于,殖民非洲的是西方列强而不是苏联。非洲国家在民族独立和自由的斗争中,唯一有效的援助来自东欧集团国家。因而苏联是被非洲国家邀请来的,本着把这些国家从凄惨的遭遇、落后、压迫和剥削中解放出来的目的而邀请来的。除非我们希望非洲继续维系那种令人不满的情况——欧洲和美国最近的做法加剧了我们的怀疑——我们不应该过分担心那些应我们之邀前来非洲为了特殊事业而战斗的人们,他们除了这没有其他目的。
>
> 当然,古巴在非洲很大程度上还是一个新来者。他们来这里的背景和苏联是一样的。无论什么地方只要古巴介入了,就意味着西方政策失败了,而他们则是代表非洲人民的合法利益而介入的。我们没有权利去谴责古巴,也没有权利去谴责那些认为它们需要古巴援助来巩固主权和领土完整的国家。

最后,上述分析又如何对得上1980年夏天大批古巴人逃往美国这一事实呢?这难道不是证明了卡斯特罗政权是一个"极端独裁政权"吗?难道不是证明了他在压制那些他"治下的百姓"以至于他们一有机会就"奔向自由"吗?逃亡事件,实际上既反映了古巴革命的长处,也揭露了其短处。美国移民和归化局所做的一份调查显示,1980年4月和5月到达美国的1.5万名移民中,只有15%是黑人和混血种人，而黑人和混血种人则占了古巴总人口的 30%—40%。此外，只有 15%—20% 的人来自农村，而农村人口则占了古巴总人口的 35%。这些统计数据支持了"在古巴社会非白人公民和农村地区获得了最大收益"这一论点。同时在佛罗里达沿海登陆的古巴人和海地人之间的情况形成了鲜明对比，这也能反映一些事实。海地人总的来说没有受过教育，营养不良，失业严重。他们离开家园是因为基本需要无法得到满足。而古巴人则受到了教育，身体健康且有就业岗位。他们离开是因为不满单调乏味的食物，是因为住房不足，是因为衣服和其他消费品的供应受到限制。对他们来说，革命未能满足他们像美国中产阶级一样生活的需求。

1980 年的大逃亡事件与其说是共产主义的失败造成的，不如说是大众消费主义的诱惑所致。美国的生活方式整天在美国之音的哈瓦那站播放，迈阿密的西班牙语频道也向古巴播放美国的生活方式，越来越多的外国游客前往古巴，尤其是美籍古巴人更是大肆称赞美国的生活方式。1979 年就有十多万美籍古巴人回到其先前的家园，其中不少人都成了成功和富足的例证。这往往是最清晰的信息且最有说服力。这揭示了一个重要事实，革命之后已经 20 多年了，但对许多人来说，个人的舒适生活和地位提升，仍比集体福利和目标更为重要。

这对卡斯特罗来说是一剂苦药，为了应对这一问题，他实施了双重政策：更多强调物质刺激，纠正官僚主义滥用权力和生活腐化的问题。劳尔·卡斯特罗严厉谴责那些官员"滥用来自其职位的特权和事业中的资源解决自己和朋友的问题"[213]。菲德尔·卡斯特罗也承认"我们在劳动纪律上存在问题"。他把这一切都归因于"所有生产活动过于强调精神刺激而忽视了物质刺激。似乎热情可以解决一切，然而光有热情是不够的。"[214] 因而，1980 年 7 月 1 日，新的工资政策开始执行。它大大提高了古巴工人的最低收入水平，并给那些超额完成工作的个人和单位发放奖金。耶鲁大学的彼得·温（Peter Winn）所做的结论，似乎是对古巴革命现状和未来的一个合理总结：

> 在当前的形势下，的确面临着不止一件窘迫之事，但这并不能说成是古巴社会主义的危机。值此经济困难期，这批离心离德的逃亡者，他们平时就是能少干就少干，能多消费就多消费，如今他们到处传播他们的不满情绪，他们的出逃造成的国际影响远远超过国内。
>
> 最重要的是，当前的危机给了古巴领导人一次改正路线、修复业已显现的漏洞的机会。过去菲德尔·卡斯特罗和其同志们的长处就不在于他们可以避免错误——实际上他们犯了很多错误——而是在于他们可以从错误中吸取经验教训，并根据这些经验教训来重新制订新的革命方针。这种能

力在 1980 年依然具有重要意义,就如同其在 1970 年那样。那次 1000 万吨蔗糖运动给古巴社会主义带来的危机远比今天的危机要严重。如果他们能像上次那样,自我批评,发扬创新精神来应对危机,那么出走几万人的损失,完全可以用这些人走后加强的革命成果来抵消掉。(215)

四、白人移民政权

除了民族主义政权和社会革命政权,第二次世界大战后出现的第三种类型的政权就是白人移民政权,南非和以色列是其中的突出代表。

在非洲,最初只有几个白人移民政权散布在这块大陆上,如阿尔及利亚、肯尼亚、安哥拉、罗得西亚、西南非洲和南非。这些移民国家大都经历了哈罗德·麦克米伦(Harold Macmillan)所说的"席卷非洲大陆的变革之风"的洗礼。在阿尔及利亚,民族主义者经过几年野蛮的战争之后取胜,法国在此期间差不多也已认输。肯尼亚的英国人少得根本无法维系一个可靠的移民国家,所以在粉碎了茅茅起义后,伦敦政府同意肯雅塔政府独立,而英国的利益也在肯雅塔政府的统治下得到了繁荣。第二次世界大战后,安哥拉的葡萄牙殖民主义者人数迅速上升,达到 40 万。然而独裁的里斯本政府既拒绝将自治权移交给自己的移民,也拒绝将自治权给予人口占绝大多数的非洲人。因而当革命席卷里斯本时,安哥拉的白人移民者既没有什么装备,也没有经过什么训练,实在无力发动一场自己的革命。结果也就只有南部非洲的几个白人移民政权生存了下来,这些政权包括作为强大的白人堡垒的南非,以及其卫星国罗得西亚(津巴布韦)和西南非洲(纳米比亚)。

以色列通常并不被视为是移民者建立的国家,然而事实上以色列人认为自己的使命就是定居——回到锡安山。我们已经看到(参见第二十一章第五节)犹太复国主义者从一开始就有意识地担负起了殖民开拓者的角色,他们成功地利用了欧洲帝国主义的权力和观念。在 19 世纪末,西奥多·赫茨尔就提议,如果英国允许"我们的人民在埃及和印度—波斯利益交汇处的战略要点进行实质的殖民拓殖",以色列就会成为"欧洲在亚洲的防卫墙"。半个世纪之后,时任以色列防卫部队总参谋长的摩西·达扬(Moshe Dayan)承认,"实质性的殖民拓殖"在那一段过渡时期已经实现了,它取得了成功,产生了重要影响。1953 年,在被阿拉伯暴徒杀害的一位以色列年轻先锋队员的葬礼上,达扬在悼词中说:

> 今天我们不必去控诉凶手。我们是什么人?我们应该为他们的仇恨而争辩不已吗?八年来,他们坐守在加沙的集中营里,眼睁睁地看着我们把

> 他们和他们的祖先所生活的土地和村子变成我们的家园。我们是定居者的一代，没有钢盔和炮弹我们便不能种一棵树，不能建一座宅子。当我们看到我们四周的阿拉伯人心中燃起血海深仇并怒形于色时，我们绝不能退缩。我们绝不能把目光转开，这样我们的手就不会放松。这就是我们这代人的命运，这是我们人生的选择，要准备好，武装起来，坚强起来。否则剑就会从我们的掌中掉下来，我们的生命也就完了。(216)

南非和以色列绝不是相同的移民者社会，下文自有分解。不过它们也确有一些共同特征，它们共有的特征也解释了为何它们生存了下来并且一直繁荣到今天。这两个移民社会都拥有大量的足以居于支配地位的同民族人口，这就给它们提供了坚实的统治基础。在以色列，犹太人占总人口的85%；而在南非，欧洲人占18%，虽然处于少数，但这个数量也相当可观。无论是以色列人还是布尔人，都以圣经信条作为自己要求的合法性基础。犹太人认为他们占据巴勒斯坦的土地是在收回上帝赐予他们的土地，而布尔人则认为教化那些劣等黑人是神授的使命。到目前为止，南非已经发展成为非洲大陆上最发达的经济体，以色列在中东也是如此。而且这两个国家都建立了与它们的经济实力相匹配的军事机构和力量，从而既在经济上又在军事上成为地区主宰。最后，不论是南非还是以色列，都从西方大国那里获得了重要的经济支持和外交支持，这确保了它们可以解决发展中的危机，维持现在的霸权。

西方支持以色列和南非的基本原因出于对地缘政治和经济两个方面的考量。从以色列方面来说，这两个方面是非常明显的：中东处于三大洲交界处，战略位置非常重要，而且中东地区的油田对西方经济来说更是必不可少。伊朗国王于1979年被推翻后，毫无疑问提高了以色列在西方决策者考虑中的重要性和价值。南非对西方列强来说也具有重要的经济和地缘意义。南非拥有对西方来说至关重要的自然资源，吸引了西方投资者近250亿美元的投资，并一直发挥着次帝国主义大国的作用，在整个撒哈拉以南非洲保护着西方的资本利益。

尽管既有其自身优势又有强大外援，但在这个把它们视为不合时宜之物的年代里，南非和以色列（1967年以后的扩张加强了其主导地位）依然是移民者建立的国家。以色列情报机构前首脑、现任希伯来大学中东问题研究专家叶赫沙法特·哈尔卡比（Yehoshafat Harkabi）将军最近提出了这个中心问题。哈尔卡比将军一度曾对巴勒斯坦持强硬立场。1978年他致信以色列总理贝京，提出辞职后仍当情报顾问。在没有收到贝京答复的情况下，哈尔卡比便给以色列当局的主要机关报《晚报》（Maariv）写了长信予以解释。他的信中包含了以下内容，解释了为何以色列和南非，虽然有着压倒性的军事实力，但却依然是四面被围攻的堡垒，并成为内部长期紧张和周期性国际危机的焦点：

> 我认为阿拉伯人迟早会在朱迪亚和撒玛利亚建立统治，要阻止这一点是不可能的。每一个时代都有属于自己的一系列占支配地位的观念和规范。我们这个时代的规范就是已经承认的共同体都应该有自决权利。企图去阻碍这样一个共同体的自决是不合时宜之举，难以持久。(217)

（1）南非

南非的博塔于1978年当选时（参见第二十一章第七节），他早已以"强硬杀手"之名而人所皆知。他在几届政府期间担任国防部长时残酷无情，这为他赢得了一个"武器"的外号。然而，博塔采取的并非人们所预料的顽固保守主义，而是通过议会推动了一系列改革，并且公开讨论进一步的变革。政府现在允许黑人安全地生活在城市里，允许黑人加入合法组织，允许黑人在矿业和工业中担任技术性工作。在社会层面，允许黑人同白人一道参加某些体育项目，也准许他们在一些剧院、餐馆、旅馆和公园内同白人混杂在一起。为了进一步凸显这些方面，博塔和他的部长们作出了史无前例的姿态，到访了班图斯坦地区，并访问了黑人城索韦托城。

博塔现在也被视为布尔人中的开明人士之一。这导致了他的国民党发生分裂，一组人数较少但敢于直言的右翼党员宣布脱党并成立了纯粹主义国民党（PNP）。此外，工会也毫不妥协地反对黑人去竞争工资较高的技术性工作。虽然看似种种事情吵得沸沸扬扬，但在南非国家事务研究所的大卫·威勒斯（David Willers）看来，最近的变化"仅仅就是在'泰坦尼克号'的甲板上重新安排了下座位而已，社会上和工作场所里的种族隔离情况有所改观，但他们自己却并没有触及政治权力这一根本问题"。(218)

这一分析是完全站得住脚的。博塔不是开明而是务实。他非常实际地把小规模的隔离或歧视现象同大的隔离或剥夺现象区分了开来，并且摒弃了前者以求保留下后者。为了保留大的隔离问题，他采取了一项长期战略，希望在班图斯坦地区实现"分离发展"。这可以保证只让占总人口18%的白人享有公民权，并永久地占有全国87%的土地，包括最好的农业用地、几乎所有工业用地。推行大范围隔离的依据是，南非是一个多民族社会，而不是一个多种族社会。每个非洲语言群体都可以视为一个族群，因此有权享有自己的聚居家园或班图斯坦。假如这种骗人的把戏得逞，那么结果就会是在南非根本没有黑人多数。而实际上，这里许多大的族群都有着"国家"规模的人口，比如拥有500万人口的祖鲁族，拥有480万人口的科萨族，拥有430万人口的白人族群，等等。

那些种族隔离的鼓吹者起初打算强迫这些民族成员进入他们各自的聚居区。然而工业化进程以及由此带来的对劳动力的需求，使得黑人早在 1940 年就在城市占了绝大多数，而且从那时开始，城市黑人的人数就在稳步增长。实际上，60% 的黑人都居住在"白种人"的南非，而不是他们的班图斯坦。政府在解决理论与现实严重脱节这一令人头疼的问题上采取的办法就是让非洲人成为流动工人，每天乘公交往返于自己的班图斯坦和白人的"南非"。因而，每天坐公交车上下班的人次从 1973 年的 3400 万增加到了 1976 年的 1.1 亿。

按照计划，接下来的五年内，班图斯坦的数目将会从现在的三个增加到最终的十个。这一进程完成后，就没有南非黑人这一说法了——只有各班图斯坦国的公民之说，他们在各自的班图斯坦享有充分的公民权利，包括"一人一票"的选举权。这一特权当然是仅限于班图斯坦内。1968 年时任总理沃斯特向议会说："问题的实质在于，我们需要他们，他们为我们工作……不过尽管他们为我们工作……但这却不能作为他们要求享有政治权利的依据。现在不行，将来也不行……不论什么情况下，我们都不会在我们的领土上给予他们政治权利，现在不会，永远都不会。"[219] 博塔也同样固执地坚持上述做法。1979 年他在没有得到混血种人的支持后便破口大骂这群人，并说"一人一票在这个国家完了，永远结束了"[220]。

在这一安排下，虽然黑人人口占到南非总人口的 75%，但他们却只能享有南非 13% 的土地，且都是不毛之地。这实际上就是一种以班图斯坦为幌子的劳工储备体系。为了使这种十足的剥削体系行得通，政府正在不遗余力地创造一个以部落首领领导下的班图斯坦官僚为基础的黑人资产阶级。这样的资产阶级正在出现，不过人数非常少且信誉不佳。然而无法逃避的一个事实是，广大黑人群众缺少足够的土地来种植自己的粮食作物，在邻近的"白人"地区也找不到工作。黑人全部劳动力的 30% 都处于失业状态。各个班图斯坦地区的人均国民生产总值低于所有非洲国家（十个国家除外）。"独立的"特兰斯凯地区的婴儿死亡率是 287‰（南非白人区则只有 12‰），这要高于大部分第三世界国家。南非长期以来宣称其国内的非洲人在经济上要比非洲大陆其他地区的黑人过得好，这些数据推翻了这一说法。

博塔不仅在南非的内政上作了革新，在对外政策上也有所革新。如果说大规模的隔离是其国内政策的基础，那么"内部解决"则是其对外政策的基础，而这原本是想强加给津巴布韦和纳米比亚的。拿津巴布韦来说，伊恩·史密斯（Ian Smith）和以艾贝尔·穆佐雷瓦（Abel Muzorewa）主教为首的一批精心挑选的黑人领袖于 1978 年 3 月达成了《索尔兹伯里协定》。协定中的条款制造了一种多数人统治的假象：制定一部宪法，让白人（占总人口的 4%）控制警察、军队、法院和行政部门；分期选举——依照西方标准这种选举是有缺陷的，但它却意味着自决；解除小规模的隔离现象；最后，呼吁西方大国取消贸易禁运。卡特政府认为穆佐雷瓦政府的成立只是为罗得西亚的白人少数统治打了一面幌子，这个评价非常中肯。华盛顿的反对迫使撒切尔夫人于1979年举行了兰开斯特厅会议，与爱国战线领导人达成了一项协议，规定制定新的宪法并于1980年3月举行选举走向独立。

穆加贝的津巴布韦非洲民族联盟（ZANU）赢得了议会100个席位中的57席，另一位主要的游击队领袖约书亚·恩科莫（Joshua Nkomo）赢得了另外20席，这一压倒性的胜利让西方观察家和罗得西亚白人为之震惊。剩下的23席中，有3席留给了收到大量资助的穆佐雷瓦，另外20席则留给了《兰开斯特厅协议》中规定的白人。博塔对这次选举结果尤为不满。就在选期临近前，他宣布南非渴望成为包括津巴布韦和纳米比亚在内的"一群国家"的"养母"。而一直作为不合法政党存在的南非非洲人国民大会则在此刻宣布："津巴布韦的胜利标志着南非末日的开始。"

非洲人国民大会并不是一味沉溺于空洞的辞藻。津巴布韦的胜利激发了其战斗精神，使其摆脱了过去的保守状态。非洲人国民大会成立于1912年，过去40多年里一直致力于为黑人权利进行请愿和游说，之后它又发动接二连三的非暴力温和抵抗运动，并对违反人性的一些目标进行破坏。直到1960年代，非洲人国民大会才认识到，只有通过全面武装才能把占南非人口绝大多数的黑人解放出来。早期的游击战争都惨遭失败。不过安哥拉和莫桑比克革命的胜利再加上津巴布韦选举的胜利，给非洲人国民大会提供了训练新兵和发动起义的方便基地。数以千计的青年逃往国外的基地，在那里拿到了武器，接受了训练，组织起了号称"民族之矛"的非洲人国民大会游击队。

非洲人国民大会的武器装备大都来自苏联和东欧。它没有其他来源，因为美国依然选择支持南非，就像当年支持葡萄牙殖民政权一样。拿到这些武器的非洲人国民大会寻求建立的不是黑人统治而是它所说的一个"没有种族主义"的南非。它的成员中也有一些白人，而且非洲人国民大会欢迎更多的白人加入进来。武装斗争的步伐逐步加快，非洲人国民大会开始袭击警察站、银行和炼油厂。如今游击队在发动这些袭击之后，可以迅速逃入周围的群众中间，这也表明群众支持的有组织程度进入了一个新阶段，具有重要意义。

反种族隔离活动如今也不再仅限于武装战士，各种名义、各种水平的反抗运动平地而起。有名望的教会领袖（不分黑人白人）有意去违背种族隔离的法律，也一同被押进了警察的囚车。许多过去沉默的混血学生，现在也拒绝去有种族隔离的学校上课，自称是和非洲人一样的"黑人"。城市黑人工人的战斗精神也日趋加强，约翰内斯堡从事市政建设的黑人工人、开普敦肉食品工厂的工人、从事秘密石油煤气厂（SASOL）建设的建筑工人、德班和伊丽莎白港形形色色的杂工，以及福特、通用、大众等汽车公司的工人和固特异轮胎公司的雇员，都纷纷掀起了罢工，表示支持。

由于失业率不断上涨、工资歧视问题依然还在，城市黑人工人的战斗无疑还会继续下去。如今四名黑人中就有一名失业，威斯特沃特斯大学的德朗格（Aart Roukens de Lange）最近的一份研究显示，到 2000 年，黑人工人的失业率将会达到 40%。同时，支付给白人和黑人的工资差距也在不断拉大。1977 年 10 月 24 日的《商业周刊》（Business Week）报道说："矿山上白人矿工的月均工资是 1027 美元，而黑人矿工的月均工资则只有 124 美元，这 903 美元的差距远远超过了 1974 年 722 美元的差距水平。"南非统计部门 1980 年 6 月的统计数据也显示，工作在矿业、制造业、建筑业、电力、运输和通讯等部门领域的黑人，其平均工资要比白人低 79%。超过半数的黑人居住和工作在班图斯坦地区，这里的条件非常差，许多黑人成了合同工，定期从班图斯坦到占全国总面积 87% 的指定"白人区"去工作。饥饿、拥挤不堪、疾病流行，班图斯坦地区诸如此类的情况甚至比津巴布韦的农村地区还要糟糕，这就给爱国战线游击队提供了肥沃的土壤。

这一系列内外事态的结合，使南非滑入了自由主义的《兰德每日邮报》（Rand Daily Mail）所说的"革命战争状态"。不过从过去的情况来看，博塔是可以指望西方援助来对付这山雨欲来的局势的。事实是，南非的自然资源：金、铬、铂、煤炭、钻石、铜、铀，对西方世界至关重要。正如《财富》（Fortune）杂志（1978 年 8 月 14 日）所载："在美国人看来，战略物资加重了南非的分量，就如同石油加重了沙特阿拉伯的分量一样。"此外，在 1978 年南非举借的 78 亿美元的外债中，有 22.7 亿美元来自美国银行，而且美国银行的贷款利率正在不断上升。此外，西方各公司在南非的投资额是 250 亿美元。1974 年南非的投资总额大幅增加，原因就在于美国投资者在南非的投资收益率为 19.1%，而在其他各国投资的平均收益率只有 11%。

西方这些实实在在、有利可图的利益存在，解释了为何南非与西方之间有着秘密的事实上的同盟关系。每当危机困扰着这个实施种族隔离政策的政权时，西方政府和公司就会给其提供经济、军事和外交方面的援助。1960 年 3 月发生的沙佩维尔大屠杀中，69 名反对《通行法》的示威游行者被杀，之后时任警察部长约翰·沃斯特下令进行镇压。由此引发的全世界抗议严重损害了南非经济，然而由美国多家银行组成的借款团却及时向南非提供了 4000 万美元的贷款，从而保证了种族隔离政策得到维持。另一场大的危机是 1970 年的索韦托起义，官方公布危机期间 231 人死亡，1200 人受伤。一些工业公司因此而减少了投资，然而美国的各大银行却依旧无动于衷。有着很强实力的美国银行支持的国际货币基金组织向南非贷款 4.64 亿美元，以便于其支付比勒陀利亚在这段时期内急剧增加的军费开支。

除了经济援助，西方的军事援助也同样重要，这使得南非建立起了一支强大的现代化部队，既可以用来对付本国黑人，又可以用来对付其北部非洲国家。1963 年联合国宣布对南非实施武器禁运时，南非士兵只有 1.3 万人，配备的也都是老式的英美武器。而到 1978 年，南非已有 5.5 万常备军和 13 万后备军，配备有 362 架战斗机、91 架直升机、170 辆坦克和 1600 辆装甲车。军备增强到如此程度是通过各种手段完成的，其中之一就是从西方公司购买专利权来自己制造武器，小到小型武器，大到仙人掌-响尾蛇地对空导弹都可以制造。另一种安排是拿着法、意、美、英的许可在本土制造精密武器。南非还可以从国外购得"非军事"货物，如计算机、轻型飞机和运输机，而这些随即就被用于军事目的。1979 年 9 月 22 日，观测卫星显示南大西洋上空出现了一次强烈的光闪，普遍认为这标志着南非已经进入了核俱乐部。

最后，南非还获得了西方的外交援助，虽然这是用内政原因来做幌子。华盛顿支持殖民主义的倾向清楚地体现在 1960 年的"欺骗式"报告中，这份报告实际上是国家安全委员会 39 号备忘录。这份在白宫顾问亨利·基辛格委托下所做的各部门间的政策评估，对"黑人决心的深度和持久性"提出了质疑，认为起义运动是"不切实际的，不能支持的"。尼克松总统于 1970 年初采纳了 39 号备忘录建议中的第二个选择，要求采取下述"总姿态"：

> 在公开场合，我们还是要反对种族压迫，不过我们要放松对白人种族主义国家的政治孤立和经济限制。一开始我们要有节制地显示我们的放松，并把我们同这些国家的关系和联系扩展到某种程度，以影响白人那里初见端倪（尽管不大且是渐进性）的温和政策向实质性转化。在罗得西亚问题上，我们不应该采取损害美国和英国利益的公开立场，我们要在对待史密斯政权上显示出更为灵活的态度。我们应该把当前的葡萄牙政策视为在葡萄牙殖民地上将会进一步发生变化的暗示……

为了践行这一战略，华盛顿放宽了对罗得西亚的制裁，取消了对南非的武器禁运，支持葡萄牙进行殖民战争。反过来，那些解放运动组织却被污蔑为恐怖主义组织和苏联的工具。之后 1974 年 4 月发生的葡萄牙革命揭示了尼克松-基辛格战略的前提是错误的且不可靠。华盛顿对此作出的反应是想用多年前对付刚果卢蒙巴的手段来对付内图（Agostinho Neto）和他的安哥拉人民解放运动。当时执行这项任务的中情局特工出版的书里揭露了美国制止安哥拉革命的企图。斯托克韦尔的《搜寻敌人》[221] 揭示，某一外来势力干涉安哥拉及每一次干涉升级都是华盛顿主谋的，而与苏联和古巴无关。此外，1975 年 10 月 23 日，南非袭击安哥拉，之后安哥拉人民解放运动向古巴提出请求,古巴派遣部队到达了安哥拉,这一决定是在事后而不是事前告诉苏联的。基辛格决定支持亲西方的安哥拉民族解放阵线(安解)和争取安哥拉彻底独立全国联盟(安盟),因为正如斯托克韦尔被告知的那样,基辛格"仅仅是从全球政治的角度着眼去看待安哥拉的冲突,他绝对不容许苏联在世界上任何一个偏远角落行动而不会受到美国的军事反抗"(222)。

助理国务卿纳撒尼尔·戴维斯(Nathaniel Davis)曾向基辛格提交了一份关于在安哥拉实现多民族和平解决的备忘录,但却遭到基辛格的拒绝,他于1975年8月愤而辞职。戴维斯警告说,支持安解和安盟终会失败,因为"不论是萨文比(安盟领导人)还是罗伯托(安解领导人)都不是好的战斗者。这是一场错误的游戏,我们选择的棋手是失败者。"(223) 短短一年零四个月后,幻想破灭的斯托克韦尔得出了相同的结论,并离开了美国中情局。之后,他在《华盛顿邮报》(1977年4月10日)上刊登了一封公开信,陈述了理由:

> 越南的任务结束之后,我接到任务,安排我为安哥拉特别任务小组组长。尽管我和其他在中情局和国务院的官员认为既然我们不能承担全部的义务,也不能确保我们的盟友胜利,这样的干涉不论从增进美国利益的角度还是从道义的角度来说——这会使得一场本已血腥的内战大大升级——都是极不负责任的、极为拙劣的,然而美国还是作出了这样的安排。
>
> 从一个棋手的角度来看,这场干预也是个大错误。1975年7月,安哥拉人民解放运动已经控制了15个省中的12个,其胜利迹象再明显不过,而且一些负责任的美国官员和参议员都认为它是统治安哥拉的最佳选择,而且安哥拉人民解放运动也不敌视美国。中情局花了3100万美元来反对安哥拉人民解放运动,然而六个月后安哥拉人民解放运动还是取得了决定性胜利,1.5万名古巴正规军在安哥拉扎下了根,此举还得到了第三世界大部分国家的同情,而且还得到了几个非洲国家首脑的支持,这些元首过去就曾批评过任何超越洲界干涉非洲事务的举动。
>
> 与此同时,美国暗中勾结南非对非洲事务进行秘密军事干涉也以失败收场,这一切都被抖搂了出来,致使美国名誉扫地。(224)

为了应对这一失败,参议院通过了《克拉克修正案》,禁止美国对安哥拉反政府势力予以暗中军事援助。不过,布热津斯基和中情局官员进行了游说,希望支持对萨文比的安盟重新恢复援助,国会内外的强大势力也支持这一援助。作为回应,卡特政府拒绝与安哥拉建交,使美国成为持这种立场的唯一西方大国。在1980年的总统竞选中，里根宣称，向那些在安哥拉"与古巴作战"的人士"提供武器"，他"看不出来这有什么错误"。同时，南非也积极支持安盟，借以动摇安哥拉政府，从而间接钳制纳米比亚的西南非洲人民组织的游击队。因此，新的里根政府统治下的美国很可能会再次卷入在安哥拉的秘密战争，并与南非维持事实上的同盟。

这一进程的含义清楚地体现在了尼日利亚（美国第二大石油出口国）总统谢胡·萨格里（Shehu Shagari）的一段话中："尼日利亚不但会继续向争取纳米比亚解放的游击队提供金钱和其他援助，还会向在南非争取自由的斗士提供援助。我们会继续在物质上和道义上尽我们的一份力。我们把这场战斗视为我们自己的战斗，而不仅仅是南非被压迫人民的战斗。"[225]

1979年10月太平洋电台的记者采访坦桑尼亚总统尼雷尔："你如何看［美国］1980年的选举？"他的回答值得注意，因为我们可以将其视为一个尺度来判断未来的政策和事件：

> 吉米·卡特总统提出的精神境界让我们这里每个人的生活都变得比较容易了，因为这里有一位你能坐下来和他谈谈的人，他会理解你正在和他谈论什么。如果我们说"我们在南非并不是为共产主义而战"，他会理解我们真不是在为共产主义而战。即便我与他想的有所不同，他也不会认为我有什么隐瞒的。所以这就使个人间的交往变得更容易。
>
> 不过我不清楚这会对政策带来多大变化。美国的政策是美国权力机构的政策……如果美国让第三世界失望了，问题并非出在卡特身上。问题出在这个体制上。美国是资本主义国家，是帝国主义国家，是超级大国，也是霸主。
>
> 我不知道一个人是不是会故意显得公平，不过我还是要说，一位好总统会让我们的生活变得容易一些。因为你可以坐下来：你可以与他进行讨论。然而坦桑尼亚的问题还是不会有什么变化。第三世界的问题也是如此。为何？原因不在于白宫里坐着的那个人是谁，而在于美国的体制。不管选不选举，美国的体制都会继续下去。[226]

（2）以色列

"把没有人民的土地还给没有土地的人民"是早期犹太复国主义者的口号之一。这的确是一个鼓舞人心的口号，但它却是错误的。它完全无视原居民的存在，恰恰反映了拓殖者的思想实质。但是，20世纪不同于19世纪，巴勒斯坦的阿拉伯人也不是美国印第安人或西伯利亚雅库特人，前往巴勒斯坦的犹太移民也不能像西班牙人在新世界或俄国人在西伯利亚所做的那样。阿拉伯民族意识已经被19世纪西方帝国主义的侵略、第一次世界大战的惨痛经历和同盟国背誓、1930年代轴心国的宣传攻势和节节胜利激发了出来（参见第二十一章第五节）。

随着第二次世界大战的临近，英国政府设法使阿拉伯世界的"亲德"势力中立化。1939年5月，英国政府发布《白皮书》，宣称巴勒斯坦不能成为一个违背其原住民意愿的犹太王国，而且将来要限制犹太移民，使犹太人口永远处于总人口的三分之一以下。此举激怒了犹太人社会，但当三个月后战争爆发时，他们除了支持英国去抗击希特勒德国，别无他法。全世界范围内共有2.6万名巴勒斯坦犹太人（其中包括4000名妇女）志愿参战，并且奔走在广阔的前线战场，包括中东、北非、埃塞俄比亚、印度、澳大利亚、英格兰和欧洲大陆。他们在医药单位、工厂车间、陆军通信兵部队、炮兵、空军、海军、伞兵、突击队和妇女辅助团等地接受训练。通过在与纳粹的战争中发挥作用，犹太人得到了宝贵的经验和锤炼，这为他们后来在巴勒斯坦进行的斗争奠定了基础。

第二次世界大战不仅为犹太人提供了接受军事训练的机会，也把民族主义进一步推向了好战性质。犹太民族主义战斗性一面的凸显，也是慑于对第二次世界大战期间大屠杀的恐惧，以及对基督教国家拒绝接纳犹太难民的反应。新的战斗精神反映在了1942年在纽约通过的《比尔特莫尔纲领》中，纲领要求成立一个"犹太联邦"[227]，这实际上是建立一个犹太国的幌子，主张这个国家应该拥有自己的军队，在本国的国旗下奋力斗争，移民将不再受到限制，并由犹太事务局进行管理。

鉴于后来的发展，需要提及的是，具有社会主义思想的两个民族共存论者们继续倡导同阿拉伯世界组成统一战线，来抗击两个民族的共同敌人：帝国主义。但本-古里安凭借激情的演讲主导了比尔特莫尔会议，"除非犹太复国主义者为成千上万失去家园的犹太人的迫切需求做好进行激进、快速牺牲的准备，并且通过大规模的移民和定居，为建立一个自由、自主的犹太教巴勒斯坦打下坚实的基础，否则一切都将是毫无意义的。"[228]摩西·史密兰斯基（Moshe Smilansky）是1890年代一位老资格的移民，他替那些不遵循犹太复国主义的少数派说话，他抱怨道："比尔特莫尔方案实施以来，思想和言论自由被禁止了。握笔的人变成了宣传上级指示的'羊角号'（号角），任何持有自己观点的人都被视为叛徒，任何宣扬独立自主的作者都被强行禁言。"[229]

随着战争的结束，犹太人认为他们将会因其忠诚的付出而获得回报，尤其是在1945年7月"友好的"英国工党大选获胜之后，他们的这一想法变得更加迫切。然而他们的希望很快就破灭了，因为工党试图在犹太人诉求、阿拉伯人施压，以及他们自己的帝国利益之间寻求平衡。犹太复国主义者用两种截然不同的战略作为回应，它可以被概括为由受人敬仰的魏茨曼博士倡导的"和平犹太复国主义"和由贝京倡导的"暴力犹太复国主义"。

"暴力犹太复国主义"是由贝京的一名副手乌里·阿弗纳瑞（Uri Avneri）创造的一个词汇，它根源于前面提到的亚博京斯基的修正主义。尽管主流犹太教领导阶层视其为"复国主义的狂热分子"而不予理睬，但是亚博京斯基和他的地下组织伊尔贡武装力量仍有相当多的追随者，因为他们取得了振奋人心的功绩，而且更重要的是，事实往往证明他们是正确的而不是错误的。他们坚持认为除非犹太人为争取国家独立做好斗争准备，否则他们将永远得不到国家独立，这一说法就像预言一样准确。

1939年亚博京斯基去世之后，贝京成为伊尔贡的领导者。他既不是枪手，也不是革命诗人，更不是什么浪漫的传奇人物。他身材短小，相貌平平，对衣着和行为比较讲究，他看上去更像是一名小镇律师或教师，而不是一位发号施令的革命领导人。然而他的勇气和决断力、他的地下活动组织天赋和他的战略抉择能力，却使他在晚年成为无可争议的伊尔贡领导者，就像亚博京斯基早年那样。在贝京看来（他无视阿拉伯人，认为他们无关紧要），"当然阿拉伯人有他们的权利，但是我们的权利远比他们重要，我们的需求凌驾于他们之上"[230]。贝京将英国视为头号敌人，并坚信可以通过武力将他们逐出巴勒斯坦。"历史和观察告诉我们，如果我们能够成功地摧毁在加沙-以色列［以色列的国土］的政府权威，英国的统治就会自动结束。此后我们就可以给这个软弱不堪的政府不断制造事端。随着我们在这些年里不断进行起义［队伍不断壮大］，我们就可以故意地、不知疲倦地、不停地打击英国政府的权威。"[231]

尽管看上去希望渺茫，但是贝京实施的战略却取得了令人惊叹的成就。暴乱始于1944年，当时仅有600名伊尔贡成员和不足100件武器装备。然而日复一日，被英国媒体称作"希伯来斗士们"的贝京武装力量制造了无数起事端，如炸毁桥梁、布设地雷、摧毁铁路、炸沉舰船、攻击军营和装备、抢劫军械库和给士兵运送给养的运输车。其中最引人注目的事件是其炸毁了英国军政总部所在的大卫王饭店。超过88人死在废墟中，其中大都是英国人、阿拉伯人和犹太人。英国当局采用常规安全措施予以回应：架设带刺铁丝网，设置路障，筑起沙袋，提高警戒和实行戒严。英属巴勒斯坦托管地被围成了一所监狱，然而暴乱活动仍旧势头不减。最终，1947年2月14日，英国政府向全世界声明，英国看不到解决冲突的希望，"决定将所有问题递交联合国处理"[232]。

"暴力犹太复国主义"在巴勒斯坦广为流行占有压倒性优势，现在是时候由"和平犹太复国主义"在联合国锁定胜局了。魏茨曼和本-古里安是这一新的斗争阶段的领导者，他们的主要资源是生活在美国的犹太人社会，犹太人社会得到杜鲁门总统的政治支持。"对不起，先生们，"杜鲁门对常驻阿拉伯地区的美国大使们说，"我不得不向成千上万的人们作出回应，他们对犹太复国主义的成功非常期盼；然而我的选民中可没有成千上万的阿拉伯人。"(233)"和平犹太复国主义"的首要关注点是要求向不断激增的犹太难民开放巴勒斯坦，并且只能是巴勒斯坦。作为一位美国律师，莫里斯·厄恩斯特（Morris Ernst）曾被杜鲁门总统任命去说服尽可能多的国家接受难民，他对犹太复国主义者组织的敌对反应感到非常吃惊。"当那些激进的犹太领导者们纷纷诋毁、讥讽甚至攻击我时，就像我是一个叛徒，我感到非常吃惊，甚至觉得自己被羞辱了。在一次晚宴上，人们当众指责我试图通过搁浅自由移民计划来削弱和平犹太复国主义。"(234)

联合国俨然成了一个格斗场，各成员国都力图捍卫它们各自提出的巴勒斯坦困境的解决办法。最终这项议题以苏联和美国经过游说而达成的分割巴勒斯坦方案而告终。苏联出乎意料的立场明显源于他们对阿拉伯民族主义潜在力量的估计不足，而对从一个独立自主的犹太教国家所能获得的优势的估计又过高。

分割巴勒斯坦的联合国决定性解决方案的具体进程已经众所周知。1945年8月，杜鲁门总统提议允许10万犹太人进入托管地。1946年4月，一个英美联合调查委员会的报告支持总统提议。阿拉伯国家联盟对此举发出警告，他们坚决反对让犹太人这样涌入，并认为如有必要他们将会采取武力阻止措施。随后联合国向巴勒斯坦派驻了一个调查委员会，待该委员会的报告出炉之后，联合国大会于1947年11月29日投票决定支持分割巴勒斯坦。在接下来一年的5月14日，犹太人援引分离方案，宣告新建成的犹太教国家的名称是以色列。同一天，杜鲁门总统宣布承认这个新国家。第二天，阿拉伯人兑现了他们长期以来所做的威胁，将军队推进至以色列边境地区。

正如结果所示，阿拉伯国家的攻击被证明是送给这个新生犹太教国家的一份大礼。联合国将巴勒斯坦总面积一万平方英里中的5700平方英里分给犹太人，将剩余的4300平方英里分给阿拉伯人。这样一来，提议中的犹太教国家自成立之初，就将拥有人数近乎均等的犹太人和阿拉伯人——但是考虑到阿拉伯人的高出生率，犹太人的前景很不乐观。然而，阿拉伯世界的入侵却使犹太复国主义者倡导的"清理"家园的口号和超越联合国划定的边界线进行大量扩张成为可能，犹太人再也不用面对那种惨淡的前景。

1948年以色列和阿拉伯国家联盟（埃及、约旦、叙利亚、伊拉克和黎巴嫩）之间的战争就像大卫与歌利亚的斗争。事实上，阿拉伯人显然处于劣势，巴勒斯坦阿拉伯人在1930年代被英国人打得一败涂地，以至于在1948年他们只能召集起一些非正规部队和地方武装力量,这些部队装备水平低劣,训练素质低下,并且缺乏后勤保障。因此,这场战争主要是犹太复国主义者和阿拉伯国家联盟武装力量之间的较量。尽管双方的预期有所不同,双方看上去参战人数也相当,但在实力和弱点上双方的差异还是很明显。

以色列的部队受过良好的训练,有优秀的指挥官,更为重要的是,他们被有效地组织起来,斗志昂扬。战争持续越久他们就变得越强大,因为他们在欧洲和美国运行着一个高效的犹太复国主义网络,这个网络能够源源不断地投送额外的军队和志愿者。在战争结束前夕,约6万名犹太士兵与4万名阿拉伯士兵相对峙。后者最初装备精良,拥有一定数量的坦克和战斗机。他们还拥有本土作战的优势,在这里当地居民通常都是友好的、愿意配合的。可是尽管拥有众多优势,但是攻打进来的阿拉伯军队却像他们所代表的政府一样,空虚无力,颓势尽显。

穆萨·阿拉米(Musa Alami)是一个著名的巴勒斯坦人,他前往阿拉伯国家的各个首都去探究他的人民可以期望从他们的阿拉伯同胞那里得到什么样的帮助。每到一处,他都能听到言过其实的保证。伊本·沙特的挚友们告诉穆萨·阿拉米:"只要英国方面给我们开绿灯,我们就可以轻易赶走犹太人……"在伊拉克,人们告诉他说,现在我们唯一需要的就是"几把扫帚",把犹太人都扫进大海里。阿拉伯国家联盟秘书长充满自信地说:"如果阿拉伯国家打赢不了这场同犹太人的战争……你可以绞死他们所有的领导人和政治家。"最自信的莫过于叙利亚总统,他向穆萨·阿拉米保证"……我们的军队和装备是最好的,解决这一小撮犹太人不在话下,并且我可以有信心地告诉你,我们甚至拥有原子弹。"看到穆萨面露疑色,总统继续说:"没错,是我们自己制造的;我们幸运地发现了一个聪明的家伙,他是一名锡匠……"(235)

除了这些空洞的大话之外,穆萨还发现这些阿拉伯国家的领导者们是长期不和的竞争者,而不是结成统一战线援助巴勒斯坦人的盟友。"他们宣称的目标是解放巴勒斯坦,"穆萨总结道,"他们说解放后应该由巴勒斯坦人决定其命运,但这只是表面之辞,他们心里都在为自己盘算,大多数人都想极力阻止他们的邻居抢先捞到好处,哪怕只剩下内脏和骨骼。"(236)战争开始后,穆萨的结论很快就被阿拉伯国家间的背叛所证实。例如,埃及人担心阿卜杜拉国王有占领巴勒斯坦的野心,故意采取行动,通过切断通往外约旦王国的军事补给来削弱外约旦王国的效率。此外,阿拉伯军队的指挥官们更多的是无能的政治投机者,而不是训练有素的军事领导者。他们的军事行动是临时采取的,而不是提前计划的。他们最成功的行动是因为幸运,他们鲜有的斩获从来都不是主动进攻得来的。很多普通士兵所关注的也只是个人所得,而不是巴勒斯坦人的事业。"来到海法为阿拉伯胜利而斗争的阿拉伯和外国志愿者们，"海法阿拉伯的领导者伊利亚斯·库萨（Elias Kussa）写道，"给当地居民带来了巨大的失望。他们行为傲慢，蔑视当地居民，一心只想抢劫和掠夺。向送来这些志愿者的大马士革'公共委员会'提出的投诉都是徒劳，根本无人理会。"也有一些材料涉及阿拉伯"拯救者"对巴勒斯坦裔阿拉伯人施加的暴力、抢劫和强奸等罪行。根据穆罕默德·阿里－哈蒂布（Muhammad Al-Khatib）所述，雅法的阿拉伯人害怕"拯救者"军队更甚于犹太人，因而当他们的"拯救者们"被获得胜利的犹太人赶走时，他们丝毫不感到难过。⁽²³⁷⁾

在这样的情况下，1948年战争中犹太人的胜利不能被称为"奇迹"，甚至可以说如果犹太人打败了那才真是名副其实的奇迹。战争结束后，犹太复国主义者控制了77%的土地，而不是联合国当初分配给他们的57%。此外，战区中130万阿拉伯人中有90万人早已逃走了，这使犹太人在他们新成立的国家中占据了绝对多数。

魏茨曼博士将这一转变称为"一场奇迹般的国土清理"。但是，这场"清理"不仅仅是依靠军事胜利所取得的奇迹。大量的阿拉伯人离开他们城市和村庄的原因，是一个有争议的问题。阿拉伯方面指责犹太复国主义者的恐怖主义行径是罪魁祸首，但犹太方面则声称难民们有序地撤离，是为了遵从他们领导者的清场命令，以便于随后的阿拉伯进攻。然而，主要因素还是阿拉伯国家士气低沉，意志涣散，而这则是因为作为管理者的英国撒手不顾、犹太人取得节节胜利、阿拉伯国家领导者们鲜于露面，以及政府各项职能陷于瘫痪。犹太复国主义领导者们用惊人的成就彻底打击了阿拉伯国家的士气。在一些区域存在着阿拉伯人－犹太人合作的惯例，犹太人力劝阿拉伯人不要走。但是犹太复国主义者制订出全面的"达勒特计划"，该计划的目的在于"控制联合国赋予我们的区域以及在我们的边界之外新占领的区域"，并"清理"生活在这些新占区的阿拉伯居民。⁽²³⁸⁾该计划的执行涉及"军事和心理闪电战的微妙结合，由官方的哈格纳组织和持不同政见的伊尔贡组织具体实施，最终将巴勒斯坦人驱逐出去"。⁽²³⁹⁾军事闪电战包括武装袭击，最臭名昭著的事件是发生在阿拉伯村庄德尔亚辛的大屠杀。心理闪电战包括在阿拉伯地区利用犹太复国主义的秘密电台和安装在武装车上的扩音器散播谣言，播放危言耸听的广播。作为地下组织伊尔贡的领导人，贝京向团结协作的犹太人团体公开宣称，要将阿拉伯人驱逐出联合国向新建的犹太国承诺分配的土地：

> 在托管结束前的一个月，犹太事务局决定承担一项艰巨的任务，在英国军队撤离和他们的阿拉伯居民疏散之前，拉开占领阿拉伯城市的序幕。犹太事务局同我们达成协议，我们应该履行这些协议，而他们将反对我们所做的一切，并且假装我们是持不同政见的一方，就像我们在抵

抗英国时他们所做的那样。因此我们狠狠地对阿拉伯人进行打击，从而让他们心生恐惧。这样我们就完成了将阿拉伯人逐出联合国给犹太国所划定区域的目标。(240)

前总理伊扎克·拉宾（Yitzhak Rabin）也在他的回忆录中描述了自己如何参加将阿拉伯人驱逐出均与特拉维夫相邻的城市吕大和拉姆勒的行动。不过这些相关的段落后来被贝京内阁的司法部长所主导的审查委员会删除了。(241)

当英国托管在 1948 年 5 月中旬结束时，阿拉伯军队跨进了巴勒斯坦。经过一个月的战斗后，吃了败仗的阿拉伯国家同意休战，由联合国负责监督。这次休战仅仅持续了一个月，双方都用来休整他们军队的战斗力。以色列人效率更高，以至于在休战结束时他们显得要比以前更加强大。然而，阿拉伯国家政府曾向他们的民众许诺过一场快速胜利，因此他们觉得有必要拒绝延长休战期。当战争于 7 月 8 日再次爆发时，以色列将军队推进至所有的前线，并大幅度扩大他们的控制区域。最终，以色列在 1949 年 2—7 月间分别同各个阿拉伯国家签署了停战协议。

值得一提的是，1948 年战争是在一个全球性政治框架下打响的。当时正值"冷战"刚刚开启：希腊内战爆发，苏联霸权在东欧得到巩固，毛泽东在中国取得节节胜利。在同英国的战争结束并且得到苏联的支持后，以色列的左翼犹太复国主义者们极力反对帝国主义。相应地，他们也反对停火，支持继续"同英国的阿拉伯走狗们的战争"，直到巴勒斯坦全域得到解放。然后他们计划建立一个两个民族并存国家或者将特定区域移交给巴勒斯坦人。本－古里安运用策略胜过了左翼犹太复国主义者们，他同约旦国王阿卜杜拉合作结束了战争，然后将新建的以色列国家拉进了西方阵营。

1948 年战争将前巴勒斯坦托管地转变成了以色列国家、埃及占领的加沙地带和约旦河西岸地区。这次政治大洗牌将原来的阿拉伯－以色列同巴勒斯坦之间的民族冲突，转变成以色列和三个毗邻阿拉伯国家的国家间冲突。巴勒斯坦裔阿拉伯人现在处于被动服从的地位，或者隶属于以色列，或者离开以色列成为难民。他们成为阿以冲突的次要因素，他们在战争中被视为一个"麻烦"而不是主角。巴勒斯坦人普遍接受了从属地位，由于遭受意想不到的战争惨败，又被驱赶出祖祖辈辈的家乡，他们意志极其消沉，试图向周边国家寻求帮助，以拯救他们于绝望的困境之中。这是 1949—1967 年间明显的时代特征。

巴勒斯坦从属于其周边阿拉伯世界已被证明是完全不合理的。1948 年的灾难使阿拉伯人士气低落，陷入分裂。穆斯林兄弟会以主张回归伊斯兰教义的方式作出激烈回应。世俗派阿拉伯民族主义者不赞同他们，但是缺乏类似的组织或理念。一些人支持阿拉伯复兴社会党，该党转而分裂成了长期不和的叙利亚复兴党和伊拉克复兴党。其他人支持埃及极具魅力的纳赛尔政权，纳赛尔的计划是致力于阿拉伯世界的团结一致和实现"阿拉伯社会主义"。还有一些人加入到无组织的阿拉伯社会主义运动中，其中一个分支由乔治·哈巴什（George Habash）领导，从民族主义转变成为马克思主义。最终，这些派系都质疑现存阿拉伯政府和王国，认为他们贪污腐败，效率低下，不值得信赖。

反过来，这些政府和王国借助反以色列的噱头，将公众的注意力从他们的军事失败所暴露出的对国内改革的各种需求上转移开来。叙利亚总理声称："叙利亚、伊拉克和埃及必须在内部达成一项团结协作的计划，使他们有能力一举歼灭以色列。"巴格达电台通告听众们："阿拉伯人将永远不会停止将以色列视为敌对国家，犹太人是我们的敌人，这与他们所展示的缓和程度无关……我们将为复仇日做准备，一刻也不会耽搁。"沙特阿拉伯国王在这条道路上走得更远，他声称："为了清除掉以色列，如果有必要，阿拉伯民族必须做好牺牲五分之一人口的准备……必须像根除癌症一样将其连根切除。"(242)

尽管这些威胁空洞无力，但却还是削弱了那些仍然坚持认为胜利的以色列应该率先提出倡议促进"两个民族之间的和平和合作"的犹太人力量。(243) 他们的倡议不可能在当时的情境下取得进展，以至于本－古里安这位多年来一直持强硬态度的领导人，虽历经挫折，如今却占了上风。最终结果便是，以色列与阿拉伯国家之间持续对抗，各方都深陷采取咄咄逼人措施的自我恶性循环。

阿拉伯国家采取的措施包括对以色列的联合抵制和陆海禁运。禁运的行政总部设在大马士革，在其他阿拉伯国家则设有分支机构。苏伊士运河对以色列船只关闭，并将停靠过以色列港口的船只列入"黑名单"，阻止其在阿拉伯港口享受服务。加盖以色列签证的护照持有者被拒绝进入阿拉伯国家。在阿拉伯国家运营的石油公司被警告不能向以色列供给原油。所有这些措施虽不能使以色列经济陷入瘫痪，但确实给这个新国家施加了巨大的金融压力。据估算，以色列在高额的航运成本、石油价格和航运费率方面每年损失四五千万美元。此外，由于受到阿拉伯国家的经济压力，还有一些没有被计算在内的潜在的外国贸易和投资损失，这些损失数额巨大，难以估量。

阿拉伯国家针对以色列的经济联合抵制与政治联合抵制遥相呼应，以至于阿拉伯国家拒绝参加以色列出席的地区性组织或体育盛事或政治会议。因此，由于阿拉伯国家威胁将联合抵制亚非国家的万隆会议（1955年4月），尽管会议的参加原则是公平性和开放性，以色列最终还是没有被邀请参加。更为严重的是，阿拉伯国家在以色列边境定居点频繁制造突然袭击，使当地居民难以忍受。阿拉伯突击队员组织即是以此为目标组建而成，招募的新兵几乎都来自难民营。得到阿拉伯产油国的石油美元支持，阿拉伯突击队员致力于从事间谍、抢劫、破坏和暗杀等行动。

这些团结起来的阿拉伯攻击行为对以色列起到了持续的刺激作用，然而从来都称不上是严重威胁。以色列军队组织开展卓有成效的反击行动，其杀伤率远高于阿拉伯国家。与此同时，以色列政府出台了一系列措施，限制住了国内的阿拉伯少数派。绝大多数阿拉伯人都隶属于军政府，后者是根据英国1945年推行的防卫条例组建而成的。当时，未来的以色列司法部长亚科夫·沙皮拉（Yaacov Shapira）公开指责防卫条例"在任何一个文明国家都是无与伦比的"，甚至连"纳粹德国"都没有。[244]然而，以色列现在却将这些条例变本加厉地施加到阿拉伯人身上。以色列军队有权清理整个社区、在军政府边界范围内强行戒严、攻占土地、毁坏或征用财产、闯入并搜查任何地方、不经审讯就可将任何人拘禁或者将其管制于家中。

以色列进行控制的另一个主要手段是抢占土地。该项措施是没收1948年战争期间出逃者的房产，然后通过专门立法制定各种应急条例：耕种荒土条例（1948年）、非常时期土地征用法（1949年）、外出者财产法（1950年）等，以及法令与赔偿生效法（1953年）、长期占有法（1958年）、有选择地运用防御条例（1945年）等。通过这些司法手段，以及利用阿拉伯人的大量出逃，1948年之前阿拉伯村庄所占据土地的大约三分之二都被犹太人没收，用于耕作或者其他用途，这些村庄在1948年战争之后即由以色列行使主权。即便如此，仍然留给1948年前以色列地区阿拉伯村庄22.6%的农作物耕作区域，但是政府只给阿拉伯人持有的22.6%的土地分配1.98%的国家农业用水指标。

由于缺乏财政、技术支持和水资源，许多阿拉伯农民离开农村，前往城镇从事低微的、肮脏的工作。直到1959年，以色列总工会（Histadrut）才允许阿拉伯人工作者进入他们的等级评定系统。1967年7月1日，获得许可的阿拉伯人数仅占总工会会员的4.5%。受防御条例所限，从占领地而来在以色列城市里工作的阿拉伯人不能在此生活。"大多数阿拉伯人工作者，"阿哈隆·科恩总结说，"都在薪酬待遇和社会福利方面遭受歧视，他们在前往工作的路上花费了大量时间和金钱，他们经常处于游离状态，不停地更换工作和地点……没有适当的社会生活，并且要长期远离家乡。阿拉伯人工作者的就业机会也与期望值大相径庭，尤其是对阿拉伯青年和妇女而言。"[245]

在健康领域，以色列阿拉伯人的生存状况得到实质性改善。每千名婴儿的死亡率从1947年的96降低至1978年的31（以色列是14.2）。小儿麻痹症的免疫接种对阿拉伯儿童和犹太儿童一视同仁，并且卫生部在一些阿拉伯村庄建设了卫生服务站、社区中心和妇幼诊所。尽管取得一些进展，阿哈隆·科恩仍然指出，"在其他地区，改善阿拉伯人健康状况的成就并没有跟上全国的步伐，而且随着时间推移，差距变得越来越明显，越来越让人痛心。即使到了 1966 年 6 月，仍有近一半阿拉伯村庄还没有一名医生，并且几乎没有任何医疗服务。"(246)

在教育领域，1967 年前以色列疆界的阿拉伯小学，其人数在 1975 年占以色列所有小学人数的 21.4%（阿拉伯人占总人口的比例是 15%，由于阿拉伯家庭人口较多，这个比例是与之相符的），但中学人数的比例下降至 10%，大学下降至 2.23%。这种不平衡在一定程度上是以色列故意策划的政策带来的结果，正如前阿拉伯事务顾问乌里·卢布拉尼（Uri Lubrani）向总理陈述的那样："如果没有小学生，情况会更好或更稳定。如果阿拉伯人都是伐木工人，我们就能更轻易地控制他们。但是仍有一些事是我们控制不了的，这是不可避免的。我们力所能及的就是提出我们的建议并解决问题。"(247)

培养"伐木工"（苦力）的愿望在教育领域表现在大量的不公平待遇实践上。应试者要想进入希伯来大学，不管他们的入学考试成绩高低，都被要求参加与臭名昭著的种族主义相关的智力测试，因此，想要顺利通过这些测试，对阿拉伯学生来说是极其困难的。此外，一些科目设置对阿拉伯学生来说也是不合理的，包括以色列理工学院的航空工程学和先进的电子学。那些克服种种藩篱并接受大学教育的阿拉伯学生们，发现自己没有资格在几乎所有的依赖先进科技的工厂里工作，因为这些企业被列为保密机构。而其他行业则需要服满义务兵役后才能申请，这就间接但却有效地将阿拉伯学生排除在外。种种障碍迫使阿拉伯毕业生大量外迁，留下的则成了犹太人所希望的"伐木工"。

以色列阿拉伯人的处境比之前好多了，也要强于他们在阿拉伯国家的同胞，这是犹太人普遍的看法。阿哈隆·科恩认为："这种看法回避了问题的本质。不能认为，若没有犹太国其境内阿拉伯人在总体发展和公共服务等方面就会处于静止状态，其周围国家过去 20 年的发展就是例证。"科恩还指出，更为重要的是，巴勒斯坦的阿拉伯人"不断听到民主、公民平等等诸如此类的话语，并且看到所有这一切在犹太地区越来越成为现实——他们不会拿自己的处境与这个阿拉伯国家或那个阿拉伯国家的同胞去比，而是会与生活在同一国家的犹太邻居去比"(248)。总之，拿巴勒斯坦的阿拉伯人处境与周围阿拉伯国家的阿拉伯人处境相比既没有意义也没有说服力，这就好比是在拿南非黑人的境况与周围非洲国家的黑人状况作比，或者拿美国的黑人境况与非洲的黑人状况作比。

无论绝对意义上还是相对意义上的物质福利如何，一个不争的事实是，巴勒斯坦的阿拉伯人并未在以色列的统治下驯服。恰恰相反，尤其是在阿拉伯国家经历了第二次灾难（1967 年的"六日战争"）后事情走到了反面。"六日战争"证明了阿拉伯国家在反对现代化的以色列上是没有效果的，也是没有希望的。1948 年的第一次灾难之后，巴勒斯坦的阿拉伯人支离破碎，又失去了领导，自然会向周边的阿拉伯国家求救。然而第二次灾难之后，他们认识到只有依靠自己的努力他们才能真正得到救赎。而如今他们也有了自己努力的基础，毕竟1967年的灾难后没有出现像1948年之后的大逃离。新被占领土地上的阿拉伯人人数依然不少，而且组织性也不错。取得了胜利的以色列领导人原本指望其势如破竹的征服会给他们带来一代人的和平，如今却发现胜利的犹太复国主义催生了逆向的犹太复国主义。

逆向的犹太复国主义采取的形式是巴勒斯坦解放组织和其突击队，即"自我牺牲之人"组成的队伍。这些人，组织在法塔赫或其他组织之下，把犹太复国主义的以色列作为自己的榜样。"我们的人民，受苦受难的人民，本能地知道以色列不会因一场自然灾害而消失，也不会因外界的说服、阿拉伯国际组织的决议和空洞无效的政治而消失……以色列说'我们是仗剑而来的'，我们得完善这一说法：'只有靠剑才能把以色列赶出去。'"(249)

巴勒斯坦解放组织在亚西尔·阿拉法特（Yasir Arafat）的领导下，决定在1967年后实施勇敢的新战略。之前，突击队的活动仅限于跨过停火线实施打了就跑的袭击。如今，阿拉法特和其助手们跨过了约旦河，希望在落入以色列统治的100万巴勒斯坦阿拉伯人中间组织起自给自足的游击运动。按照毛泽东的名言，这些突击队员从理论上将成为革命海洋里的鱼，将在其中自由游弋。阿拉法特隐藏在一个养兔场里，这里也有着纳布卢斯时代的城堡。在这里，阿拉法特招募人员，成立地下组织，决定策略，计划军事行动。在叙利亚受训的年轻士兵，穿过枪林弹雨来到这里参加战斗。

尽管突击队作出了巨大的无私无畏的牺牲，巴勒斯坦解放组织也从外部获得了大量的资金和后勤援助，但其战绩依然平平，基本上是得失相抵。诚然，他们的武装反抗恢复了巴勒斯坦人的自豪感和自信心，卡拉迈之战更是发挥了这样的作用。在卡拉迈战役中，一支法塔赫队伍决心掘壕固守进行战斗，他们给那支于1968年3月21日黎明时分穿过约旦河的以色列部队造成了1.5万人的严重伤亡，摧毁了大量坦克。尽管游击队员损失了一半，但是整个阿拉伯世界的难民营都在"庆祝巴勒斯坦人民的复活"。他们为"殉难者"举行了隆重的葬礼，许多志愿者也涌入了法塔赫的征兵中心。巴勒斯坦人再也不被视为难民营里坐等联合国物资到来的消极受害者了。此外，巴解组织还赢得了一系列外交胜利。1974年在拉巴特举行的阿拉伯峰会上，各阿拉伯国家都承认巴解组织是巴勒斯坦人民的代表。阿拉法特也出现在了联合国大会上，并在那里发表演讲，受到了国家元首的礼遇。翌年，联合国大会指责犹太复国主义是"一种种族主义和种族歧视运动"。以色列还被排斥出了联合国教科文组织，以抗议其对巴勒斯坦的耶路撒冷犹太化。与此同时，巴解组织则被接纳为国际劳工组织和国际原子能机构等联合国组织的观察员。

尽管巴解组织取得了一系列胜利，但它也经历了一系列失败。巴解组织所宣扬的胜利和给以色列造成的伤亡有严重夸大之嫌，因而以色列无可非议地嘲笑其为"东方的幻想曲"。此外，以色列的防卫手段日趋有效，致使法塔赫部队不得不诉诸不加区别的恐怖主义手段，从而殃及平民百姓。而且巴解组织内部相互竞争的游击队还把这一做法拓展到了"国外行动"之中，比如劫持飞机，在慕尼黑奥运会上暗杀以色列运动员。诸如此类的活动引起了全世界的注目，不过这些活动反映出的是巴勒斯坦的软弱而不是强势。他们远离了真正的战场，其最终实际效果很可能为负。

随着一些阿拉伯政府也组织起自己的游击队组织，巴解组织也开始面临着各种意见纷争。此外，还有乔治·哈巴什博士的解放巴勒斯坦人民阵线组织，这是一个马克思主义倾向的组织，其意识形态比巴解组织的大部分成员还左。最严重的是，阿拉伯政府每当认为巴解的活动违背了它们的国家利益时，总是不断威胁会抛弃巴解组织。如今巴勒斯坦人还是会痛苦地提到"黑色九月"。1970年9月，侯赛因国王命令其贝都因部队把巴解组织突击队驱逐出约旦。摩西·达扬认为侯赛因"11天里杀死的巴勒斯坦人比以色列20年里杀死的巴勒斯坦人还要多"，这一判断是有根据的。(250) 1976年叙利亚总统阿萨德派其部队进入黎巴嫩驱逐了巴勒斯坦突击队，巴解组织再次遭到类似挫折。最后的结果是，原来人人希望的解放战争并未实现。周围的海洋并没有为巴解的鱼儿提供足够的革命之地，阿拉法特不得不放弃在西岸地带的运动，而重新回到了约旦河东岸。

如果说1967年的"六日战争"在巴勒斯坦人中激发了逆向的犹太复国主义运动，那么它也在犹太人中间激发了更富进取心、更加自信的犹太复国主义。按照以色列经济学家阿哈隆·杜夫拉特（Aharon Dovrat）的说法，战争之前的以色列正被经济困难和个人疑虑搞得焦头烂额，而军事上取得胜利、领土上实现了扩张之后，一切都变了：

> "六日战争"之前，这个国家正经历着一场萧条。人们的士气非常低落，许多人正在其他地方寻找机会。1966年有个常讲的笑话："最后一个离开利达机场的人，最好请把灯开得暗一些。"
>
> 这场战争把国家从低落的士气里解救了出来。一时间机会到处都是。在新占领的领土上，我们有了100万新消费者，也有了新的劳动力。自那以后，一切都蒸蒸日上：政府开支、移民、外国投资，概莫能外。(251)

上文中说到的占领地区的"新消费者"和"新劳动力资源"发挥了重要作用。

第二十三章 第二波全球性革命浪潮（1939— ）：全球性革命现象

1968—1974年间，从占领领土上来到以色列工作的巴勒斯坦人从1.2万上升到7.8万，占到西岸地带和加沙地带劳动力总数的49.8%。他们从事着最卑贱的工作，拿着最少的工资。以色列银行的一份报告指出，1972年，以色列的平均工资要比占领地上来的阿拉伯人的工资高50%。实际上的差距比这还要大，毕竟那些巴勒斯坦工人并没有资格享受以色列工人所有的各种保险待遇。此外，在没有特许的情况下，阿拉伯工人不能在以色列过夜。这一规定经常会因雇主的默许而被打破，所以巴勒斯坦工人常会在工作场所附近凑合着过夜——睡在工厂的地下室里，睡在尚未建好的房屋地下室里，睡在饭店的厨房里，睡在农场的院子里和果园里。不过付给这些来自占领地的阿拉伯人的工资，的确要比他们在故土得到的工资高些。

约旦河西岸地带的失业率也从1967年的20%降到1979年的0.5%。阿拉伯的村民现在也可以享受到之前几乎不可能买得起的消费品。然而他们付出的劳动都是在建设以色列而不是在建设自己的家园，那里的劳动力早就被抽空了，当地企业不得不关闭。先前占领区的小业主如今也成了靠双手劳动而领工资的工人，这壮大了巴勒斯坦无产工人阶级的队伍。到1973年，西岸地带和加沙地带有不低于90%的货物进口来自以色列，而以色列从这里进口的货物则只占进口总额的2%。因而，占领区也成了以色列产品的第二大市场，仅次于美国而超过了英国。

正如联合国特别委员会在1972年指出的那样，这种占领者与被占领者之间的关系状态诠释了"殖民主义经济控制和剥削的典型模式"[252]。西岸地带的哈尔胡尔市市长穆罕默德·米勒海姆（Mohammed Milhem）也作出了同样的判断：

> 人们现在有钱了，比他们之前梦想的还要有钱，这倒是事实。然而个人所赚的钱是与以色列经济联系在一起的，以色列政府每天也在设法不断地把我们拖入到他们的经济体系中去。我们正在变成他们的附属品。
>
> 是的，生活水平也大大提高了，商店里琳琅满目，然而从长远来说，我们却会输得精光，因为我们已经没有了创建自己经济体系的基础。[253]

如果说是占领地捆绑在了以色列经济上，那么反过来说同样成立。以色列工业依赖占领区的劳工和市场，这对结束占领带来了不可克服的障碍，遑论各种安全考虑。

同样的殖民类型的依附关系也盛行于农业领域。许多巴勒斯坦人都工作在以色列的果园里，而加沙地带果园里的柑橘却因劳动力缺乏而无人采摘。以色列社会这种廉价劳动力供应所带来的影响已经引起了不小的担忧。住在以色列一个集体合作社（类似集体农场）的一位母亲给摩西·达扬写了一封信，该信已广泛流传，其中就体现了上述担忧。她说 1967 年战争之后，她先前是小农场主的丈夫如今成了一名为以色列农业提供阿拉伯工人的包工头。"如今我们有五名工人，"她写道，"我们已经到了不会在农场上动一根小指头的地步，我儿子甚至连草坪上的草都不会去割一下——'穆罕默德会去的'——更不会去做浇地这样的脏活了。"

这位妇女继续说道，她的丈夫和村合作社的大部分男人都在合作社周边建立了小屋子，供那些阿拉伯工人住宿，而无视阿拉伯人晚上必须要回到占领区的规定。"阿拉伯人就睡在离我们房子几米外的林子里，"她写道，"我们的生活方式已经成了阿拉伯封建地主的生活方式。"

她认为以色列已经"到处充斥"着这种类型的工人，因此督促摩西·达扬禁止这种工人再进入以色列。"如果说五年后的形势都让人吃惊，那十年后呢？或者更多年以后呢？每过一年，问题就会变得更糟，那些正在变富的包工头今天内心深处尚存一丝良心的谴责，而之后他们就会成为反对任何变革的压力集团。"[254] 这名妇女担心改变占领领土上的利益关系现状将会变得越来越困难，事实证明，她的担心是有道理的。1967 年 6 月，以色列发动战争时，国防部长摩西·达扬下达作战命令："以色列的士兵们，我们的目标不是占领。我们只是要粉碎占领我们领土的企图，要打破他们对我们的封锁，要粉碎一切威胁我们的侵掠。"[255] 而到 1970 年 1 月，达扬的目标就变了，他在《以色列国防部公报》上写明了他的新看法：

> 从解放战争到"六日战争"这 20 年来，我们一直都有这样一种感觉：我们生活在巅峰，呼吸着清新的空气。我们是通过战斗走上巅峰的，我们满意于我们取得的成就……然而在我们内心深处，我们并不高兴，并不满意。我们让自己满意于接受埃拉特港作为我们的南部边界，接受以色列国家的边界从卡尔基利亚到海边还不到 15 公里。耶路撒冷旧城却处于边界线之外——这就是以色列。在日常生活中，我们让自己苟安于这一切。而今天我们则能感觉到内心深处极大的不安，其源头就在于我们认识到自己错了。我们必须承认这一点。我们以为自己到达了巅峰，然而摆在我们面前的事实是我们还在爬山的路上。山顶还远得很。[256]

是年晚些时候，达扬详细解释了他所说的"顶峰"在"更高处"的含义：

> 这就是过去人们常说的"犹太人之后还有犹太人""一波移民潮后会有另一波"，或者说"一亩地接着一亩地""一只羊接着一只羊"。这意味着扩张，意味着更多的犹太人、更多的村子、更多的定居点。20 年前我

们只有 60 万人，今天我们已经快有 300 万了。不应该有犹太人说"这就够了"，也不应该有人说"我们就要走到路的尽头了"……就土地来说也是如此。不会有人抱怨我这代人，说我们没有开始这一进程……不过却会有人抱怨你们［达扬在戈兰高地上对集体农庄青年联合会演讲］，因为你们说："就到这里吧。"你们的义务是不要停，是保持利剑出鞘，要有信念，旗帜鲜明。你们千万不能安于现状——上帝不许这么做——不能说"这就够了，到此为止，到德甘尼亚为止，到穆法拉西姆为止，到纳哈勒奥兹为止！"因为那并不是尽头。(257)

以戈尔达·梅厄和伊扎克·拉宾为首的几届工党政府也严格遵循这一扩张主义的意识形态而行动。他们拒绝在西岸地带成立一个独立的巴勒斯坦国的想法，并于 1967—1977 年间斥资 3.5 亿美元在那里总共建立了 90 个定居点。此外，耶路撒冷地区和西岸地带的大部分土地也通过公开购买或私下购买的方式进入了以色列公民个人之手，非以色列的犹太人之手，有的则落入了土地管理局和犹太民族基金会之手。据估计，在政府的协助下，到 1977 年中，西岸地带以色列所拥有的土地已经达到 16 万公顷，占西岸地带总面积的三分之一。

几届"温和"的工党政府还鼓励以色列企业在这些土地上建立工厂，这进一步凸显了工党政府想要控制占领区的目的。1972 年，这些公司运转所需资金的一半都是由政府贷给的，政府贷款的最高利率为 9%，而借贷者只需要提交任何企业运转所需资本的 20%。政府还提供了机械设备方面三分之一的投资，在建筑物和场地方面的投资高达 20%，此外还提供折旧补助，并免除五年所得税。(258)

尽管政府在占领的领土上采取了如此多的进取政策，但贝京还是赢得了 1977 年的选举，而这则部分是因为他宣称朱迪亚和撒玛利亚（西岸地带）在历史上就是犹太人的土地，而且永远都是犹太人的土地，并呼吁进行大规模移民，使这两块土地不但在教义上是犹太人的，而且实际上也是犹太人的。贝京赢得选举胜利后，立即有人问他对占领区的计划。"什么占领土地？"他回答道，"如果你说的是朱迪亚、撒玛利亚和加沙地带，它们是被解放的领土，原本就是以色列国的一部分。"(259) 贝京说得到更做得到，1979 年与埃及的和平协议签订后，他所采取的一系列强硬政策便体现了这一点。协议规定给予西岸和加沙地带"完全自治"之权，"以色列军政府及民政机构将一律撤出"。

但是贝京给"完全自治"加了种种限制性解释，以至于"完全自治"成了一个托词。军政府会"撤出"，不过仅仅是撤到这些领土的战略要点上去，在那里军政府将继续实施管理。"完全自治"也是对人民而言，而非对土地而言，所以以色列将会攫取更多土地，继续控制至关重要的水源，继续把安保控制在以色列军队手里。贝京进一步宣布，以色列绝不允许在西岸和加沙地带建立一个巴勒斯坦国，在五年的过渡期后，以色列会坚持索要这两个地区的主权。

与此同时，以色列也在占领区执行了一项激进的定居政策。农业部长阿里尔·沙龙于1979年6月直言不讳地解释了他的政府的政策。"再有一年，定居活动或许就不可能了。所以我们必须现在就行动——大规模定居，快速定居。首先要建立事实上的定居点，之后美化这些定居点，进行规划，然后扩大。"[260] 这些政策得到了大力执行。1977年贝京上台时，西岸地带的以色列定居点为32个，定居者有3200人。而到了1980年底，定居点的数量已经到了69个，定居者也达到了17400人。另外四个定居点已经在规划之中，而且规划方案中要求到1984年西岸地带的犹太定居者达到10万人。

犹太复国主义组织定居处处长马蒂亚胡·德罗博斯（Mattiyahu Drobles）在其1977年的"定居工程总计划"的前言中提出了下述战略[261]："在整个以色列土地上建立定居点是为了安全，这也是我们的权利。沿战略地点建立一连串的定居点有利于维护内外安全，也能使……我们对以色列土地所有的权利……具体化……不但要把定居点建在那些少数民族聚居区的周围，还要穿插在它们中间。"

德罗博斯所说的"少数民族"就是当地的阿拉伯人，1980年的时候他们在西岸和加沙地带的总数为75万，而上面只有1.74万犹太定居者。这反映了典型的定居者思维。只要这一思维盛行下去，现在的政策就会继续下去，而以色列也将继续是个定居者社会。以色列自由民权运动者苏拉米特·阿罗尼（Shulamit Aloni）写道，一个"以色列模式的种族隔离"正在兴起。[262] 这项帽子似乎有些牵强附会，不过这只是程度问题，而不是实质问题。以色列领导人显然不会去建构一个种族隔离的国家。不过他们确实在有目的地、热情地创立一个定居者国家。而正如犹太复国主义运动的先驱几十年前所警告的那样，一件事必然会引起另一件事的连续反应。伊兹哈克·爱泼斯坦（Yitshak Epstein）于1886年移民到巴勒斯坦，在那里他当过农民也当过教师，他曾写过一篇题为"背后的问题"（A Hidden Question）的文章：

> 在与"我们的人民在自己的土地上复兴"这一观念密切相关的一系列严重问题中，有一个更为严重的问题，其分量远远超过了其他问题加起来的严重程度。这就是我们与阿拉伯人的关系。我们自己的民族期望能否实现，取决于能否正确解决这一问题。这个问题并未消失。只不过是复国主义者把它忘掉了……
>
> 这些人［巴勒斯坦的阿拉伯人］只是一个伟大民族的一小部分，这个

伟大的民族统治着我们周边的所有领土：叙利亚、伊拉克、阿拉伯半岛和埃及……我们不要指望土灰可以掩盖余烬：只要一点火星就能使灰烬复燃，进而形成不可扑灭的燎原大火……

我并不是说此刻我们应该卑躬屈膝，向当地阿拉伯人投降。不过如果我们轻易地抛弃了我们的首要武器：正义和真诚，我们就会对我们的人民和未来犯下严重的罪行……我们的目的不是要使阿拉伯人犹太化，而是要让他们过上一种更加充实的生活……这样在岁月的长河里，他们就会成为我们的忠实盟友，成为我们真正的朋友和兄弟。[263]

就像上文指出的那样，犹太复国主义中的两个民族共存论一直持续到现在，只是它从未占过上风。相反，受到重视的是建立犹太民族之家的目标而不是手段，这在犹太复国主义运动中占据主导地位的领导人的演讲和政策中体现得很清楚。赫茨尔的亲信马克斯·诺尔道（Max Nordau）在1897年的巴塞尔犹太复国主义大会上解释道，他用"犹太民族之家"这个概念来作为"可以表达清楚所有含义的遁词，这样说是为了避免引起土耳其统治者对这块土地的垂涎。我所说的'家园'……是含糊其辞的，不过我们所有人都理解其含义。对我们来说，它指'犹太国'，现在就是这个意思。"[264]《贝尔福宣言》发布以后，魏茨曼博士急匆匆地赶到巴勒斯坦向阿拉伯人保证："我们的目标不是在巴勒斯坦掌握至高无上的权力和行政权，也不是要剥夺任何土著居民的财产。"[265] 不过仅仅两年后，魏茨曼博士便对伦敦听众说："我相信一个犹太国就要诞生了；不过其诞生不是通过各项政治宣言，而是通过犹太民族流血流汗换来的……我们可以输送大批犹太人去那里定居，最终在巴勒斯坦建立一个社会，使巴勒斯坦成为犹太人的巴勒斯坦，就像英格兰是英国人的英国、美利坚是美国人的美国一样。"[266]

如今我们正在目睹爱泼斯坦在20世纪初所预料到的不可扑灭的"燎原大火"。个中原因不言而喻。巴勒斯坦是可以变成犹太人的巴勒斯坦，就像英格兰成为英国人的英格兰一样，然而唯一的办法就是把那些土著阿拉伯人全部赶走；只有这样，建立一个定居者国家才能实现。然而定居者政权，从其源头和性质上来看，就是要卷入到和那些被赶走的土著人的长期战争中，在某些情况下还要和宗主国进行长期斗争，最终导致与宗主国相分离。不论是南非的历史还是以色列的历史，都不可避免地长期被这一双重战争所主导。两国都通过反抗英国统治的武装斗争赢得了独立，当然在南非英国实施的是公开的殖民统治，而在以色列实施的则是打着幌子的委任统治。之后，两国都要去处理让它们的土著居民处于从属地位的问题，而这则必然会诉诸形式上一致但具体并不完全相同的措施。

首先，两国都采取了官方或非官方的政策，迫使土著居民离开自己的土地，把先前耕作在土地上的农民转变成了农业工人和工业工人。两国都认为有必要采取各种安全措施，比如外出管制、居住管理、戒严条令、拆除住宅、行政拘留，等等。两国都会施展出最后一招：严刑拷打，这在南非是大规模毫无顾忌地执行，在以色列则有所克制，比较谨慎。尽管如此，其使用的程度也足以证明伦敦《星期日泰晤士报》、瑞士人权联盟、大赦国际和国际红十字会等机构的调查和批评性报告是有依据的。

以色列与南非的经济关系和外交关系也越来越接近。它们在经济上互为补充，以色列向南非提供军事设备和先进技术，南非则为其提供煤炭、钻石和铀等原材料。两国之间也有一些非物质化的其他联系，它们都有着相同的圣经方面的宗教遗产，都有着定居者社会受围困的心态，《纽约时报》记者苏兹伯格写道：

> 布尔人认为以色列是另一个为敌人所围困的小国，在这个国家里圣经和复兴的预言是至关重要的因素。正如《德兰士瓦报》前编辑詹妮·克鲁格（Jannie Kruger）所写："布尔人……是无愧于圣经的民族。"那些原教旨主义的布尔人向北艰难地跋涉着，一手持枪，一手拿着圣经……
>
> 沃斯特总理甚至说以色列现在正面临着种族隔离问题：如何来处理其境内的阿拉伯人。没有一个民族希望把自己的未来全部交到一个包围他们的多数人手里，他们宁愿选择战斗。
>
> 不论南非还是以色列，都是某种意义上的闯入国家。两国的开拓者先驱从国外来到这里，在那些居民不多的地方定居下来，之后才慢慢形成了这两个国家……沃斯特说："我们对以色列的处境和问题表示理解和同情。他们像我们一样，不得不对付渗透到边界以内的恐怖主义者；像我们一样，他们也有许多一心想毁掉他们的敌人。"[267]

以色列和南非有着真正的和固有的相似之处，不过二者之间也有很大的不同。在可以预见的未来，南非似乎要固定在定居者模式上。欧洲殖民者一开始就认为这块土地他们可以随便剥夺，这里的居民他们可以随便剥削。这一设想依然是延续至今的种族隔离制度的基础，并且赢得了绝大多数白人的热情支持。虽然博塔的改革措施仅浮于表面，其本质仍是保留种族隔离制度的基础，但却还是引起了白人的强烈反对。和他共事的一个人抱怨道："他是在种族隔离的框架下进行的改革，可就是这样，看看他遇到了什么样的麻烦！"[268]

然而在以色列，排外的犹太复国主义自一开始就受到了运动本身的一些不同力量和以色列国内力量的挑战。比如，以色列的批评人士虽然在美国发表言论时受到了一些美国犹太人组织的干扰，然而其在国内发声时还是没有什么障碍的。马蒂亚胡·佩雷德（Matiyahu Peled）少将（已退役）于1978年6月在哈佛大学做访问教授时曾说，尽管他在口头上反对以色列的官方政策，但"司法部……对我们所做的事情，从来不会指责为有不忠或叛国的动机。不过我确实意识到了美国的犹太人社会越来越倾向于认为这些话语偏离了官方路线。在几件事上，我个人已经感觉到了这种情况，但这倒尚未跨过海洋传到以色列去。"(269) 希伯来大学的伊斯雷尔·沙哈克（Israel Shahak）教授1977年10月19日在美国参议院小组委员会上作证时说：

> ……在近来两年半多的时间里，以色列在国内一直没有遇到什么困难，反倒是来自美国方面的困难一直不断……如果我得到了一个教会团体的赞助，之后通常那个城市的所有犹太人组织都会向这个教会团体施加压力，直到最后还要它撤回对我的资助。此外，反对我的匿名材料到处散播。里面都是谎言，既没有日期也没有地址……我已查证这伙人都是特定的组织……雇来给我添乱的……像圣约信徒理事会、反诽谤联盟等。(270)

允许以色列国内的异见分子发表意见的一小块余地已被充分利用起来。知名哲学家马丁·布伯呼吁在犹太人与阿拉伯民族主义者之间进行"对话"和接触。历史学家、希伯来大学的迈克尔·布雷克尔（Michael Brecher）指责贝京在巴勒斯坦问题上的"欺诈性谈判"。《阿里尔》（Ariel）杂志（一家由以色列外交部赞助的关于以色列艺术和文化的杂志）前主编雅艾尔·罗滕（Yael Lotan）也直截了当地批评官方政策：

> ……没有什么比继续占领西岸和加沙地带更糟的了。没有什么奥妙的公式会让那里的居民接受这一地位。他们的克制正在毁灭我们，犹太复国主义的美梦也正在迅速成为噩梦。因此我们必须下定决心离开那里——不是通过谈判或讨价还价，而就是简简单单地撤出那里……一个独立的巴勒斯坦是以色列能够活过20世纪的唯一机会。(271)

以色列的持不同政见者言行一致。1978年9月9日，10万名以色列人涌上街头发起了该国历史上最大的一次政治示威游行。他们要求贝京在戴维营谈判时拿出灵活变通的诚意。他们的旗帜上写着"和平比大以色列国好"的宣言。戴维营谈判结束之后，针对贝京在巴勒斯坦自治问题上的固执态度，他们再次掀起了游行示威。

当以色列在西岸的殖民政策如火如荼地进行时，三万名"现在和平"的支持者也在特拉维夫市举行示威。他们的标语牌上写着"给和平一次机会"这样的字眼。这些群众抗议运动足以触动阿里尔·沙龙去埋怨以色列的电视网和报纸已经说服了"相当多善良而忠心"的公民都去"支持国家的敌人"。⁽²⁷²⁾

以色列本国内部的支持和平运动，也迎来了巴勒斯坦解放组织内部支持妥协的呼应。1967年以色列给予阿拉伯军队的毁灭性打击，使得巴解组织担负起了阿拉伯民族斗争的领导角色，这进一步削弱了阿拉伯各国政府和阿拉伯联盟的信誉。紧接着，阿拉伯国家于1973年10月发动的战争，使阿拉伯各国政府和阿拉伯联盟恢复了信誉。石油价格的飙升也进一步增强了阿拉伯国家的威望，抬高石油价格也相应地增加了那些保守的产油国的财力和影响力。阿拉伯世界权力格局的变化，解释了为何巴解组织会在约旦迎来1970年的"黑色九月"，并于1972年和1973年在黎巴嫩迎来两次大的挫折。1979年的《戴维营协议》对巴解组织来说又是致命一击，因而布热津斯基不再理睬巴解组织并嘲笑道："巴解，拜拜。"

然而巴解组织并没有消失，它不但生存了下来，还因其迎合了形势的变化而在壮大。它的政策并非一成不变，实际上巴勒斯坦民族委员会一再改变巴解的政策。1974年，巴勒斯坦民族委员会正式通过了《过渡纲领》，其中呼吁巴解在今后任何解放的巴勒斯坦领土上都要行使主权。巴解组织副主席阿布·伊亚德（Abu Iyad）对这句话作了如下解释："如果我们有一天有了自己来管理的国家、自己来守卫的国家，就不会再有什么破坏活动了。"⁽²⁷³⁾ 巴解组织政治部主任法鲁克·卡杜米（Farouk Kaddoumi）1979年1月在大马士革与美国代表团会晤时重申了这一立场。美国代表团的成员包括了美国中东和平计划主任艾伦·索罗莫诺夫（Alan Solomonow）。卡杜米说："只要我们有了自己的国家，我们就会承认以色列的安全边界，承认以色列享有和平生活的权利。"他补充说，以色列如果有所表示，就会在巴解内部引起重大的转变，可以使温和派更加坦率地说出自己的意见。

而此时以色列内部那些"马上和平"势力却表达了相反的观点。《纽约时报》的一则评论较好地总结了因此导致的僵局："巴解组织领导人把承认以色列生存的权利作为他们的一张外交王牌，他们是不会轻易打出这张牌的，除非能换来以色列对他们的承认。然而考虑到以色列总理贝京依然认为巴解组织不过是一个致力于毁灭以色列的恐怖主义组织，这种承认只怕是遥遥无期。"⁽²⁷⁴⁾

尽管存在这一僵局，在以色列改变这种定居者国家的体制和做法的希望还是要比南非明朗一些。然而，即便是在以色列，希望与现实之间依然有着鸿沟。有权有势的神学政治势力和经济利益集团将会坚持到最后，反对从占领的土地上撤出，不论是出于圣经的信条，还是出于这里提供的有利可图的市场和巨大的劳动力储备，他们都会反对。"我们正在设法用这样一种方式实现［中东］和解，"国家安全顾问亨利·基辛格说道，"就是要加强那些温和政权，而不是激进政权。"(275)

之所以偏爱"温和政权"，是因为无论从地缘意义上说，还是从经济意义上说，中东都要比南非对美国和西方重要。因此，华盛顿一直坚定地支持以色列，支持那些保守的产油国，而孤立巴解组织。《戴维营协议》标志着这一政策达到了顶峰，美国有意把在南非内部解决问题的办法用在中东的政治和解上。具体来说，在南非要维持白人统治的实质，而在中东则要维持以色列的统治地位。然而，从长远来看，以色列的统治并不像南非的白人统治那么可行。它涉及以色列长期的占领，无论是从包括保守的产油国在内的阿拉伯国家来看，还是从激进的政权来看，这都是不能接受的。华盛顿和以色列工党偏爱的选择是采取约旦式的解决方案，即把西岸地带一部分留在以色列手里，一部分还给约旦的哈桑王朝。然而许多巴勒斯坦人都对这一进程持有矛盾心态。此外，恰恰是梅厄和拉宾的工党政府在占领地区建立了几十个定居点，吞并了东耶路撒冷，在其周围建立了犹太聚居区。

改变以色列定居者国家制度和做法的最后一个障碍是政治迫害这一延续了两千年的遗产。以色列人由此产生的一种心态清晰地反映在了"再也不会"这一口号中。1980 年只有 50 个国家承认以色列，而承认巴解的国家则有 115 个，这当然不能缓解以色列的上述心态。此外，1979 年 11 月的一份民意调查显示，美国首次有近半数公众支持美国与巴解组织谈判。因此许多以色列人坚持认为，保留 1967 年后的边界是在一个敌对的世界里保证国家安全的前提条件。

然而，这一假定不但引起了"现在和平"运动的质疑，也遭到了以色列知识分子阶层、政界和军界领导人物的质疑。以色列知名历史学家雅各布·塔尔曼（Jacob Talman）在其 1980 年 6 月去世前夕写道："企图违背阿拉伯人的意志而去统治 100 万阿拉伯人也许会使得我们实现民族复兴和精神复兴的美好设想看起来非常可笑。"他认为继续控制或兼并占有领土是对以色列国家安全的威胁而不是保障。"在当代，"他在以色列《国土报》（Haaretz）上写道，"起决定意义的不是作为遗产传承下来的领土，而是居于其上的人民的觉醒和意志，以色列生存的真正威胁在于继续徒劳地妄图奴役巴勒斯坦人。谁要是没有看出我们正在面临着一场种族战争威胁，谁就是个瞎子。"(276)

佩雷德将军也认为扩大前线并不意味着更安全，这只是一种"教条式的冬眠"。他指出，在 1967 年之前，以色列只需要几千个边防战士就够了，那时的国防预算只占国民生产总值的 12%。然而得到了 1967 年的边界后，虽说口头上说着更容易守了，但实际上需要的边防部队却成了几个师，而且需要几万名士兵去守卫，国防预算占国民生产总值的比例也飙升到了 36%。对这一矛盾做法的解释是，维持驻扎在西奈沙漠那一边的边防部队要比维持像1967年之前那样只集中在东部前沿的部队花得多。佩雷德还认为，以色列现在占领的戈兰地区面积实在太小，没有多少战略价值。最后，约旦在1967年之前就一直驻扎在西岸地带的两个师并没有引起以色列多少担忧。佩雷德因而论定，如果建立一个军队不到两个师的巴勒斯坦国，把一个非军事化的戈兰高地还给叙利亚，把一个非军事化的西奈半岛还给埃及，将至少会使以色列用小得多的代价来换取高度的安全。如果新的巴勒斯坦国要用军队来反对以色列，"这就意味着战争，新成立的巴勒斯坦国必将一败涂地"[277]。

本-古里安在其光彩夺目的一生即将结束之际也得出了相似的结论：

> 首先，永远不要忘记，这个国家在历史上属于两个民族——巴勒斯坦的阿拉伯人和世界上的犹太人，首先是以色列人统治，后来是阿拉伯人统治，每个民族都差不多统治了1300年左右。
>
> 其次，记住阿拉伯人的繁衍速度要远远超过我们，要确保犹太国的生存，必须总是确保在其边界线内犹太人处于不可争议的多数地位。
>
> 再次，这一切的逻辑是，若想得到和平，就要首先在原则上回到1967年的边界上。我们甚至没有那么多的犹太人去居住到圣经上所说的整个巴勒斯坦。因此，每当我考虑以色列的未来，我想到的总是"六日战争"之前的情况。我们应该归还所有的土地，当然东耶路撒冷和戈兰高地除外，这两个地方必须要经过谈判……和平远比土地重要。只要有适当的灌溉技术，我们现在有足够的内陆土地来养活世界上所有的犹太人——如果他们来的话。他们当然不会全部都来。
>
> 说到安全问题，即军事上可以防守的边界，尽管让人欣喜，但却并不能保证我们的未来。我们中有一部分人仍然没有意识到这个教训。要和我们的阿拉伯邻居实现真正的和平，要相互尊重，甚至相互爱慕；或许可以建立一个阿拉伯—以色列联盟；无论如何都要寻求和解的办法，他们不但不会不情愿地接受，反而会发自内心地欢迎这样的协议，认为这是对我们的共同未来必不可少的——这就是我们真正的安全。之后，我们就可以戮力同心把中东打造成第二个伊甸园，使其成为地球上最具创造力的中心之一。[278]

内森·亚林-莫尔（Nathan Yalin-Mor）曾于1946—1948年间担任过犹太人解放运动地下组织斯特恩的领导人，他对佩雷德和本-古里安的上述论述作了引申，得出了以下合乎逻辑的结论：

第二十三章 第二波全球性革命浪潮（1939— ）：全球性革命现象

……当我听到贝京总理用"谋杀组织"或"纳粹组织"来指巴解时，我想到了伊尔贡的历史……贝京于1944年成了伊尔贡的首领。如果在他当上司令之前让他忘掉伊尔贡的历史，对他来说也许会更方便一些。然而事实就摆在那里，那是在一场不加选择的战争中用无辜阿拉伯人的血泪凝成的历史。[援引过伊尔贡袭击中"无辜的阿拉伯人"被杀害的具体例子后，亚林-莫尔接着说道：]很可能会出现这样的情况，一方面把巴勒斯坦的一些组织叫做破坏主义组织或恐怖主义组织，而另一方面却又忽视了这一事实：几乎所有媒体也曾把我们叫做恐怖主义者。我们就是恐怖主义者，承认这一点我不感到羞耻。与征服者的力量相比，那时我们的力量是弱小的，真要在战场上直接对抗，我们早已被消灭殆尽。留给我们的唯一道路成了恐怖手段，我们不断地去恐吓那些统治者，直到他们相信他们不可能完全消除我们人民中间的战斗者，直到我们得到了想要的东西：自由。

并不是这个或那个标签，妨碍了我把手伸向巴解组织的代表。困扰我的是它的最终目标，这清楚地体现在了《巴勒斯坦誓约》中，那里面说道，我的人民在他们的国度里没有一点过上自由主权生活的空间。只有改变誓约才会发出一个信号，表明巴解组织理解了：要想走出冲突，唯有承认两个民族有在各自独立的主权国家里肩并肩共存的权利，最终导向建立联邦。

如果巴解组织有了这样的认识，那么以色列历届总理之前所做的声明："我们将永远不会和巴解组织坐在会议桌上，我们只会和他们在战场上见"，也就失去了意义。所有形式的战斗都会带来牺牲。一个优秀政治家的职责不是去哀悼牺牲者，也不是去谴责造成这些牺牲的"犯罪组织"，而是去创造一种形势，在这样的形势下不会再有牺牲者，不会再有流血杀戮。[这一天到来得]越快越好！[279]

亚林-莫尔的声明把问题摆在了桌面上。以色列人，这个有着救世主情结、军事上占优势、受到外国支持且在历史上受尽了磨难的民族，会从他们现在的殖民主义立场上后退吗？巴解组织会放弃它那张"拒绝承认以色列生存权"的"外交王牌"吗？双方都能正视无论是殖民主义还是"外交王牌"都不是力量之源而是相互毁灭之源这一问题吗？

[注释]

1. Cited by H. Luethy, *France Against Herself*（New York: World, 1955）, p.218.
2. A. Eden, *Memoirs: The Reckoning*（Boston: Houghton Mifflin, 1965）, p.593.
3. A. J. P. Taylor, *The Second World War*（London: Hamish Hamilton, 1975）, p.205.
4. G. Kolko, *The Politics of War: The World and United States Foreign Policy, 1943-1945*（New York: Random House, 1968）, p.455.
5. Cited by F. Claudin, *The Communist Movement*（New York: Monthly Review Press, 1975）, Vol. II, p.470.
6. Ibid., p.337.
7. Ibid., p.338.
8. Ibid.
9. Cited by V. Dedijer, *Tito Speaks*（New York: Simon & Schuster, 1953）, p.331.
10. Cited by Claudin, op. cit., p.432.
11. J. Nehru, *The Discovery of India*（New York: John Day, 1946）, p.432.
12. Ibid., p.299.
13. Jamil-Ahmad, ed., *Some Recent Speeches... of Mr. Jinnah*（Lahore: Ashraf, 1943）, Vol. I, p.180.
14. B. C. Dutt, *Mutiny of the Innocents*（Bombay: Sindhu, 1971）, pp.135, 202.
15. M. Zinkin and T. Zinkin, *Britain and India*（Baltimore, Md.: Johns Hopkins University Press, 1964）, p.98.
16. Ibid., p.99.
17. Cited by G. Myrdal, *Asian Drama: An Inquiry into the Poverty of Nations*（New York: Pantheon Books, 1968）, Vol. I, p.275.
18. Ibid., p.261.
19. M. Weiner, *Party Building in a New Nation*（Chicago: University of Chicago Press, 1967）, p.300.
20. Cited by D. Hiro, *Inside India Today*（London: Routledge, 1976）, pp.98, 99.
21. New York *Times*（Apr. 10, 1978）.
22. Cited by Hiro, op. cit., p.49.
23. Los Angeles *Times*（Sept. 15, 1979）.
24. Cited by C. Payer, *The Debt Trap*（New York: Monthly Review Press, 1974）, p.171.
25. A. G. Frank, "Unequal Accumulation: Intermediate, Semi-Peripheral, and Sub-Imperialist

Economies," *Review* II（Winter 1979）: 313, 314.

26. Cited ibid.: 316.
27. Ibid.: 319.
28. Ibid.: 329.
29. Los Angeles *Times*（Sept. 23, 1980）.
30. New York *Times*（Sept. 12, 1979）.
31. G. Myrdal, *The Challenge of World Poverty*（London: Allen Lane, 1970）, pp.424, 431, 486.
32. New York *Times*（Dec. 20, 1979）.
33. Ibid.
34. Ibid.
35. Ibid.
36. A. H. Hourani, *Syria and Lebanon*（London: Royal Institute of International Affairs, 1946）, pp.230, 231.
37. New York *Times*（Dec. 29, 1959）.
38. M. Abdel-Fadil, *Development, Income Distribution and Social Change in Rural Egypt 1952-1970*（Cambrdge: Cambridge University Press, 1975）, pp.49, 121.
39. R. Mabro and S. Radwan, *The Industrialization of Egypt 1939-1973*（Oxford: Clarendon Press, 1976）, p.239.
40. New York *Times*（July 28, 1980）.
41. New York *Times*（July 21, 1977）.
42. Cited by E. Ahmad, "The Iranian Revolution: A Landmark for the Future," *Race & Class* XXI（Summer 1979）: 3.
43. Los Angeles *Times*（Mar. 29, 1979）. Details in K. Roosevelt, *Countercoup: The Struggle for the Control of Iran*（New York: McGraw-Hill, 1979）.
44. M. A. Katouzian, "Land Reform in Iran: A Case Study in the Political Economy of Social Engineering," *Journal of Peasant Studies*（Jan. 1974）: 220.
45. New York *Times*（Nov. 16, 1978）.
46. *Employment and Income Policies for Iran*（Geneva: ILO, 1973）.
47. Cited by F. Halliday, "Iran: The Economic Contradictions," *MERIP Reports*, No. 69（July-Aug. 1978）, p.17.
48. New York *Times*（May 25, 1979）.
49. New York *Times*（Apr. 20 and June 3, 1980）; and M. Ledeen and W. Lewis, "Carter and

the Fall of the Shah," *The Washington Quarterly*（Spring 1980）, pp.3-40.

50. *An-Nahar: Arab Report and MEMO*, Vol. 2, No. 2（Apr. 17, 1978）.
51. Los Angeles *Times*（Nov. 26, 1978）.
52. *An-Nahar: Arab Report and MEMO*, op. cit., p.15.
53. T. Hodgkin, *Nationalism in Colonial Africa*（New York: New York University Press, 1957）, p.140.
54. Cited by M. Perham, *The Colonial Beckoning: The End of Imperial Rule in Africa in Light of the British Experience*（New York: Alfred A. Knopf, 1962）, p.114.
55. K. Nkrumah, *I Speak of Freedom*（New York: Grove Press, 1968）, p.70.
56. F. Fanon, *The Wretched of the Earth*（New York: Grove press, 1968）, p.70.
57. Cited by M. Harris, "Portugal's Contribution to the Underdevelopment of Africa and Brazil" in R. H. Chilcote, ed., *Protest and Resistance in Angola and Brazil*（Berkeley: University of California Press, 1972）, p.222.
58. Cited by B. Davidson, "African Peasants and Revolution," *Journal of Peasant Studies* 1（3）（Apr. 1974）: 288.
59. Cited by B. Davidson, "Outlook for Africa," *The Socialist Register,* 1966, ed. R. Mililband and J. Saville（New York: Monthly Review Press, 1967）, pp.207, 208.
60. Cited by B. Fitch and M. Oppenheimer, "Ghana: End of an Illusion," *Monthly Review*（July-Aug. 1966）, pp.36, 37.
61. J. Stockwell, *In Search of Enemies: A CIA Story*（New York: W. W. Norton, 1978）, pp.160, 201.
62. M. F. Lofchie, "Political and Economic Origins of African Hunger," *Journal of Modern African Studies* 13（4）（1975）: 562. See also H. Ruthenberg, *African Agricultural Production Development Policy in Kenya, 1952-1965*（Berlin: Springer, 1966）.
63. *Alleged Assassination Plots Involving Foreign Leaders: An Interim Report of the Select Committee to Study Governmental Operations with Respect to Intelligence Activities*, U. S. Senate, 94th Cong., lst sess.（Washington, D.C.: U. S. Government Printing Office, 1975）, p.15.
64. Stockwell, op. cit., p.105.
65. New York *Times*（Jan. 4, 1976）.
66. *International Bulletin*（June 19, 1978）, p.3.
67. Los Angeles *Times*（Mar. 4, 1979）.
68. Text of Nyerere's speech（June 8, 1978）in *Nation*（July 8-15, 1978）.

69. Los Angeles *Times*（Oct. 24, 1979）.
70. A. Dobrin, "The Vanishing Herds," *Food Monitor*（May-June 1978）, p.23.
71. Cited by B. Davidson, *Let Freedom Come: Africa in Modern History*（Boston: Little, Brown, 1978）, p.330.
72. Ibid., pp.331, 332.
73. *Internews*（June 18, 1979）.
74. P. Kiven Tunteng, "External Influences and Subimperialism in Francophone West Africa," in P. C. W. Gutkind and I. Wallerstein, *The Political Economy of Contemporary Africa*（Beverly Hills, Calif.: Sage Publications, 1976）, p.212.
75. *International Bulletin*（Aug. 29, 1977）, p.3.
76. Cited by Obi Bini, "OAU Holds Conference," *Guardian*（May 28, 1980）, p.15.
77. Cited by R. L. Ayres, "Development Policy and the Possibility of a 'Livable' Future for Latin America," *American Political Science Review* 59（June 1975）: 507.
78. Ibid.
79. World Bank, *The Assault on World Poverty*（Baltimore, Md.: Johns Hopkins University Press, 1975）, p.215; F. M. Lappe and J. Collins, *Food First: Beyond the Myth of Scarcity*（Boston: Houghton Mifflin, 1977）, passim: and U.S. Agency for International Development, *Summary Economic and Social Indicators, 18 Latin American Countries: 1860-71*（Wahsington, D.C.: AID, 1972）, p.44.
80. R. J. Barnet and R. E. Muller, *Global Reach*（New York: Simon & Schuster, 1974）, p.154.
81. New York *Times*（May. 18, 1981）.
82. G. Myrdal, *The Challenge of World Poverty*（London: Allen Lane, Penguin Books, 1970）, p.469.
83. A. Schlesinger, *A Thousand Days*（Boston: Houghton Mifflin, 1965）, p.792.
84. D. Rockefeller, "What Private Enterprise Means to Latin America," *Foreign Affairs*, Vol. 44（Apr. 1966）, p.408.
85. New York *Times*（Feb. 12, 1979）.
86. Los Angeles *Times*（Oct. 27, 1979）.
87. A. Schlesinger, "How Dulles Worked the Coup d'Etat," *Nation*（Oct. 28, 1978）, p.425.
88. A. Papandreou, *Democracy at Gunpoint: The Greek Front*（Garden City, N. Y.: Doubleday, 1970）, pp.85-93.
89. Schlesinger, op.cit., p.441.
90. Ibid., p.443.

91. Ibid., p.439.
92. G. Kolko, "A Major Documents Collection," *Journal of Contemporary Asia* VIII（1978）：545,546, and J. K. Black, *United States Penetration of Brazil*（Philadelphia: University of Pennsylvania Press, 1977）, pp.xi, xii, 253-61.
93. P. Agee, *Inside the Company: CIA Diary*（London: Allen Lane, 1975）, p.362.
94. Ibid., pp.363-65.
95. Detailed statistics in Black, op. cit., pp.263-66.
96. Los Angeles *Times*（Nov. 8, 1978）.
97. New York *Times*（Jan. 24, 1976）.
98. Los Angeles *Times*（May 15, 1978）.
99. New York *Times*（Sept. 16, 1980）.
100. Ibid.（June 13, 1977）.
101. Ibid.（Nov. 20, 1977）.
102. Ibid.（May 19, 1973）.
103. Los Angeles *Times*（Nov. 27, 1980）.
104. Ibid.（Feb. 20 and 22, 1976）.
105. Ibid.（Oct. 9, 1979）.
106. Ibid.（Oct. 18, 1979）.
107. Cited by P. Lernoux, "On the Petroleum Merry-Go-Round," *Nation*（Feb. 15, 1975）, p.166.
108. Los Angeles *Times*（Feb. 20, 1979）.
109. Ibid.（Feb. 22, 1981）.
110. New York *Times*（May 20, 1975）.
111. Ibid.（Aug. 22, 1980）.
112. E. J. Hobsbawm, "Guerrillas in Latin America," *Socialist Register*（1970）, pp.51.53, 59-60.
113. Cited by A. Boron, "New Forms of Capitalist State in Latin America," *Race and Class* XX（Winter 1979）：274.
114. Cited by P. Lernoux, "The Church Revolutionary in Latin America," *Nation*（May 24, 1980）, p.623.
115. P. Gleijeses, "Carter's 'New Policy' in Nicaragua is Neither Moral nor New," *In These Times*（Nov. 8-14, 1978）, p.17.
116. New York *Times*（Apr. 17, 1980; Los Angeles *Times*, Mar. 11,15, 1981）..
117-122. Los Angeles *Times*（Nov. 28, 1980）.

123. New York *Times*（Nov. 12, 1977）.

124. Ibid.

125. Ibid.（Jan. 31, 1976）.

126. Los Angeles *Times*（Oct. 28, 1979）.

127. Cited by Myrdal, *Asian Drama*, Vol. I, p.275.

128. *Guardian*（Feb. 2, 1977）.

129. A Collection of such statements is given in the chapter "Justification of the War-Public Statements" in *The Pentagon Papers: The Senator Gravel Edition*（Boston: Beacon Press, 1970）, Vol. I, pp.584-629. Hereafter referred to as *Pentagon Papers*.

130. Cited by R. J. Barnet, *Intervention and Revolution: The United States in the Third World*（Cleveland, O.: World, 1968）, p.182.

131. Cited by W. LaFeber, "Roosevelt, Churchill, and Indochina: 1942-45," *American Historical Review*（Dec. 1975）: 1293.

132. *Pentagon Papers*, Vol. III, p.726.

133. Cited by A. S. Whiting, *China Crosses the Yalu: The Decision to Enter the Korean War*（Stanford, Calif.: Stanford University Press, 1968）, p.39.

134. Nguyen Khac Vien, "The Vietnamese Experience and the Third World," *Bulletin of Concerned Asian Scholars* VI（Sept.- Oct. 1974）: 10.

135. Cited by C. Fenn, *Ho Chi Minh*（New York: Charles Scribner's Sons, 1973）, p.41.

136. Cited by Barnet, op. cit., p.184.

137. *The Indochina Story by the Committee of Concerned Asian Scholars*（New York: Bantam Books, 1970）, p.13. Hereafter reffred to as *Indochina Story*.

138. Cited by Barnet, op. cit., p.185.

139. Cited by *Indochina Story*, op. cit., p.14.

140. Ibid., p.16.

141. Ibid., p.17.

142. Ibid., p.19.

143. *Pentagon Papers*, Vol. I, p.168.

144. Ibid.

145. *United States-Vietnam Relations, 1945-1967: Study Prepared by the Department of Defense*, 12 Books（Washington, D. C.: U.S. Government Printing Office, 1971）, Book 9, pp.582, 589, 590, 622.

146. *Pentagon Papers*, Vol. I, p.154,157.

147. Ibid., p.549.

148. Ibid.

149. Cited by *Indochina Story*, op. cit., p.21.

150. *Pentagon Papers*, Vol. I, p.283.

151. *United States-Vietnam Relations*, op. cit., Book 10, pp.712, 713.

152. Cited by *Indochina Story*, op. cit., p.24.

153. Ibid.

154. Ibid., p.25.

155. Ibid., pp.30, 31.

156. New York *Times*, international ed.（Dec. 3, 1969）; cited ibid., p.33.

157. Cited by *Indochina Story*, op. cit., p.26.

158. *Alleged Assassination Plots Involving Foreign Leaders: An Interim Report of the Select Committee to Study Governmental Operations...* United States Senate, 94th Cong., 1st sess（Washington, D.C.: U.S. Government Printing Office, Nov. 20, 1975）, p.217.

159. "The Gulf of Tonkin: The 1964 Incidents," *Hearing Before the Committee on Foreign Relations, United States Senate, 90th Cong., 2nd sess*（Washington, D.C.: U.S. Government Printing Office, 1968）; A. Austin and E. G. Windchy, *Tonkin Gulf*（Garden City, N. Y.: Doubleday, 1971）.

160. New York *Times*（May 1, 1975）.

161. I. F. Stone, "Why Nixon Won His Moscow Gamble," *New York Review*（June 15, 1972）.

162. Cited by M. Thee, "The Indochina Wars: Great Power Involvement-Escalation and Disengagement," *Journal of Peace Research* XIII（2）（1976）, p.125.

163. H. Kissinger, *The White House Years*（Boston: Little, Brown & Co., 1979）, p.1087. See also pp.1090, 1091, 1144.

164. *Vietnam 1976: A Report by Senator George McGovern to the Committee on Foreign Relations, United States Senate*, 94th Cong. 2nd sess.（Washington, D.C.: U.S. Government Printing Office, Mar. 1976）, p.10.

165. Cited by New York *Times*（May 2, 1975）.

166. New York *Times*（Sept. 11, 1979）.

167. Ibid.（Mar. 26, 1979）.

168. Los Angeles *Times*（Oct. 24, 1979）.

169. New York *Times*（Nov. 19, 1980）.

170. Ibid.（Aug. 20, 1979）.

171. *Southern Africa* VIII（Oct. 1975）：8.

172. Cited by B. Davidson, "In the Portuguese Context," in C. Allen and R. W. Johnson, eds., *African Perspectives*（Cambridge: Cambridge University Press, 1970）, pp.331, 332.

173. Cited by R. von Albertini, *Decolonization: The Administration and Future of the Colonies 1919-1960*（Garden City, N.Y.: Doubleday, 1970）, p.517.

174. Cited by A. Isaacman, *A Luta Continua: Creating a New Society in Mozambique*［Southern Africa Pamphlets No. 1］（State Universuity of New York at Binghamton, Fernand Braudel Center, 1978）, p.10.

175. Cited ibid., p.10

176. Cited by J. Duffy, *Portugal in Africa*（London: Penguin Books, 1963）, p.15.

177. B. Davidson, "African Peasants and Revolution," *Journal of Peasant Studies* I（Apr. 1974）, 280, 281.

178. Cited by B. Davidson, "In the Portuguese Context," op. cit., p.344.

179. E. Mondlane, *The Struggle for Mozambique*（London: Penguin Books, 1969）, p.209; V. Marchetti and J. D. Marks, *The CIA and the Cult of Intelligence*（New York: Alfred A. Knopf, 1974）, pp.143-45; Stockwell, op. cit., pp.47-53.

180. K. Maxwell, "The Hidden Revolution in Portugal," *New York Review of Books*（Apr. 17, 1975）, pp.31, 32.

181. New York *Times*（June 30, 1975）.

182. Cited by Isaacman, op. cit., p.17.

183. B. Davidson, "The Revolution of People's Power: Notes on Mozambique," *Race and Class* XXI（Autumn 1979）：135,136.

184. Isaacman, op. cit., p.38.

185. *Le Monde*（Sept. 5, 1976）; cited ibid., p.54.

186. Cited by Isaacman, op. cit., p.72.

187. L. Rudebeck, "Development and Class Struggle in Guinea-Bissau," *Monthly Review*（Jan. 1979）, p.30.

188. Cited by A. Beccar-Verela and F. M. Lappe, "Mozambique: Nourishing a New Nation," *Food Monitor*（Nov.-Dec. 1978）, p.13.

189. Cited by P. Epstein and A. Epstein, "Mozambique Reorganizes," *Southern Africa*（June 1980）, p.16.

190. New York *Times*（Nov. 12,14, 1977）.

191. New York *Times*（Feb. 10, 1979）.

192. New York *Times*（Oct. 4, 1974）.

193. H. L. Matthews, *Revolution in Cuba*（New York: Scribner's Sons, 1975）, p.47.

194. J. I. Dominguez, *Guba: Order and Revolution*（Cambridge, Mass.: Harvard University Press, 1978）, p.13.

195. L. H. Jenks, *Our Cuban Colony*（New York: Vanguard Press, 1928）, p.302.

196. Dominguez, op. cit., p.18.

197. Jenks, op. cit., p.312.

198. Cited by Matthews, op. cit., pp.34,35.

199. Matthews, op. cit., p.146.

200. Los Angeles *Times*（Apr. 22, 1979）.

201. New York *Times*（Dec. 14, 1972）.

202. Matthews, op. cit., p.345.

203. Los Angeles *Times*（June 16, 1980）.

204. New York *Times*（Dec. 19, 1980）.

205. Dominguez, op. cit., pp.232, 233.

206. *Guardian*（June 15, 1977）.

207. Dominguez, op. cit., Ch. 9.

208. P. Winn, "Evolution in the Revolution," *Nation*（Apr. 29, 1978）, p.496.

209. Speech by Senator Edward Kennedy delivered at the annual Mansfield Lecture, University of Montana（Apr. 17, 1970）.

210. K. H. Silvert, "A Hemispheric Perspective," in J. Plank, ed., *Cuba and the United States*（Washington, D.C.: Brookings Institution, 1967）, p.120.

211. New York *Times*（Feb. 25, 1976）.

212. New York *Times*（June 1, 1978）.

213. Cited by P. Winn, "Is the Cuban Revolution in Trouble?" *Nation*（June 7, 1980）, p.685.

214. *Washington Star*（Feb. 10, 1980）.

215. Winn, "Is the Cuban Revolution in Trouble?" loc. cit.

216. Cited by D. Hirst, *The Gun and the Olive Branch*（London: Faber & Faber, 1977）, p.172.

217. Cited by M. Viorst, "A Dialogue After Darkness," *Nation*（Sept. 30, 1978）, p.289.

218. *Wall Street Journal*（July 27, 1979）.

219. Cited by L. Phillips, "No Easy Walk to Freedom," *Working Papers*（Mar.-Apr. 1979）, p.30.

220. Los Angeles *Times*（Nov. 11, 1979）.

221. New York: W. W. Norton, 1978; another important source is the Cuban-Authorized

account by Garcia Marquez, written for the Mexican weekly *Proceso* and excerpted in the Washington *Post*（Jan. 10-12, 1976）.

222. Stockwell, op. cit., p.43. William Colby gave the same reason for supporting the Angola intervention, in his *Honorable Men*（New York: Simon & Schuster, 1978）, pp.339, 340.

223. Seymour Hersh, New York *Times*（Dec. 14, 1975）.

224. Stockwell, op. cit., pp.271, 272.

225. New York *Times*（Sept. 25, 1980）.

226. *Guardian*（Oct. 31, 1979）.

227. Text in J. C. Hurewitz, *Diplomacy in the Near and Middle East*（Princeton, N.J.: D. Van Nostrand, 1956）, Vol II, pp.234, 235.

228. D. Ben-Gurion, *Rebirth and Destiny of Israel*（New York: Philosophical Library, 1954）, p.663.

229. Cited by Hirst, op. cit., p.112. Details of the activities of Arab as well as Jewish binationalists are given in A. Cohen, *Israel and the Arab World*（Funk & Wagnalls, 1970）, pp.289-308.

230. Cited by J. B. Bell, *Terror out of Zion*（New York: St. Martin's Press, 1977）, p.107.

231. M. Begin, *The Revolt*（Los Angeles: Nash, 1972）, p.52.

232. Cited by B. Halpern, *The Idea of the Jewish State*（Cambridge, Mass.: Harvard University Press, 1961）, p.360.

233. Cited by Hirst, op. cit., p.114.

234. Cited by Hirst, op. cit., pp.114, 115.

235. Cited by Hirst, op. cit., p.135.

236. M. Alami, "The Lesson of Palestine," *Middle East Journal*（Oct. 1949）: 385.

237. Cohen, op. cit., pp.457-59.

238. Cited by Hirst, op. cit., pp. 138, 139.

239. Cited by Hirst, op. cit., p.140.

240. Al-Hayat（Beirut）（Dec. 20, 1948）; cited by Alami, op. cit., pp.381,382.

241. New York *Times*（Feb. 19, 1980）.

242. Cited by Cohen, op. cit., pp.477, 478.

243. Cited by Cohen, op. cit., pp.490, 491.

244. Cited by Hirst, op. cit., p.185.

245. Cited by Cohen, op. cit., p.500.

246. Cited by Cohen, op. cit., p.503.

247. Cited by A. A. Elrazik, R. Amin and U. Davis, "Problems of Palestinians in Isreal," *Journal*

of *Palestine Studies* VII（Spring 1978）: 48.

248. Cited by Cohen, op. cit., p.504.

249. Cited by Hirst, op. cit., p.274.

250. Cited by P. Duff, ed., *War or Peace in the Middle East?*（Nottingham: Spokesman, 1978）, p.17.

251. New York *Times*（Sept. 4, 1973）.

252. *UN Special Committee Report*, Doc. A/8828（1972）, para.77, p.88.

253. Los Angeles *Times*（Nov. 2, 1979）.

254. New York *Times*（Apr. 12, 1973）.

255. Cited by Cohen, op. cit., p.538.

256. Cited by Hirst, op. cit., pp.220, 221.

257. Cited by Hirst, op. cit., p.221.

258. *The Colonization of the West Bank Territories by Israel: Hearings before the Subcommittee on Immigration and Naturalization of the Subcommittee on the Judiciary*, United States Senate, 95th Cong., 1st sess.（Oct. 17, 18, 1977）（Washington, D.C.: U.S. Government Printing Office, 1978）.

259. *Time*（May 30, 1977）.

260. New York *Times*（June 16, 1979）.

261. Los Angeles *Times*（Nov. 24, 1980）.

262. Cited by Hirst, op. cit., p.245.

263. Cited by Cohen, op. cit., pp.67, 69; emphasis in original.

264. D. Ingrams, ed., *Palestine Papers 1917-1922*（London: John Murray, 1972）, p.5.

265. Ibid., p.30.

266. Cited by Hirst, op. cit., p.40.

267. New York *Times*（Apr. 28, 1971）.

268. Los Angeles *Times*（Oct. 14, 1979）.

269. J. Judis, "General Peled on Israel and the PLO," *In These Times*（June 14-20, 1978）, p.2.

270. *The Colonization of the West Bank Territories by Israel*, op. cit., pp.8, 9.

271. Y. Lotan, in "Symposium" in *Nation*（Nov. 3, 1979）, p.426.

272. New York *Times*（June 16, 1979）.

273. M. Garbus, "the Politics of the PLO," *Nation*（Nov. 3, 1979）, p.429.

274. New York *Times*（Sept. 2, 1977）.

275. Cited by E. Ahmad, "Whose Third World?" in New York *Times*, op-ed page（Mar. 28, 1979）.

276. New York *Times*（June 18, 1980）.
277. New York *Times*（Dec. 16, 1977）.
278. New York *Times*（Feb. 8, 1975）.
279. Los Angeles *Times*（Nov. 25, 1979）.

> 我今天留心观察德黑兰；要是在1915年，我就会留心观察墨西哥。我们曾经有过潘乔·比利亚、萨帕塔、拉戈斯·查萨罗。那是动乱的年月，并花了好些年才能安定下来。可是，某种东西当时正在诞生……
>
> 如果说真有一种东西正在全世界诞生，那它就是民族自决权，也就是不再仅仅接受西方资本主义或者苏联社会主义这两种不可或免的进程，而是寻求将技术的力量与他们自己传统的活力结合起来的各种途径。
>
> ——卡洛斯·富恩特斯（Carlos Fuentes，1980）

第二十四章　共同的认识

农业革命早在大约一万年前即开始由农民取代了食物采集者，农民从这时起也就在人类社会中占据压倒性多数。今天，农民的劳动正在被第三次工业革命所引起的具有能动性的资本主义工艺所替代。如果当前的趋势再持续几十年，那么，全世界农民都将步食物采集者的后尘而变为历史的陈迹。这是波及第三世界并间接波及世界上其他地区不断发展的革命浪潮汹涌澎湃的根本原因。周恩来总理在中国共产党第十次全国代表大会（1973年8月24日）上的报告中，恰如其分地将世界范围的骚动描述为"天下大乱"。动乱是当前和可以预见的未来全球事务中最重要的一点。

一、天下大乱

在突出表现 20 世纪后期特色的"动乱"的背后隐藏着经济方面的因素，也就是说，富裕国家与贫困国家、第三世界内部富裕公民与贫穷公民之间的差距拉大了。第三次工业革命的技术将农民赶出了家园，迫使他们进入城市里的贫民窟（参见第十九章前三节）。没有相应地进行适当工业化的都市化，是使农民变成一个过剩的、可牺牲的低等阶级的祸因。第三世界全部 12 亿劳动力中有 40% 常常无业可就。而在今后 20 年间将会新添 20 亿人，其中 90% 都出生在欠发达国家；在这 20 年间，寻找工作的人数会翻一番。今后给那些希望加入劳动大军行列的青年人提供足够的新工作的机会是很小的。

显然，新的永久性失业者比他们父母那一辈更不甘心听凭命运的摆布。在当前全球性动乱的背后，心理因素也同经济因素一样重要。历代文明史不时被农民暴动所中断，但这些起义大体上是复古主义的。农民通常并不对现存的社会秩序提出挑战，他们只是起而保护自己。中世纪后期，欧洲农民拿起了武器以维护传统封建秩序，这一秩序当时正被新兴的资本主义经济所削弱。在沙俄帝国，农民几乎自始至终都把沙皇奉为小上帝：如果他了解情况的话，他绝不会容忍贪官和地主非正义的行径。用陀思妥耶夫斯基小说中那位大法官的话来说，前资本主义时代是"奇迹、神话与权威"的时代，"对人性普遍而持久的渴望"等同于"找到某个人并加以崇拜"。

资本主义由欧洲扩展到第三世界农村的量变破坏了安于现状的传统观念。土地变成商品，买卖和使用土地都随着市场的各种势力而不是当地农民的需要而定。由此而带来的商品化、贫固化及都市化具有毁灭性的破坏力。不间断的破坏也正在打碎"奇迹、神话与权威"的心理枷锁——千百年来把贫困与剥削看作命中注定而接受的这一枷锁。昔日盲目的农民暴动，正在变为力求推翻而不是改革现存社会秩序的有目的的农民革命。

领导当前革命的知识分子也显而易见正在摆脱种种约束。迟至 1940 年代中期，在希腊民族解放阵线所开展的抵抗运动中，共产党领袖们把他们国家的控制权拱手交给了丘吉尔，因为他们不能向克里姆林宫父权式人物的权威进行挑战。虽然南斯拉夫共产党人最终胆敢于 1948 年采取这样的行动，但其整个领导阶层（包括铁托本人在内）都遭受了严重的身心失调。相反，今天世界各地的革命领袖都公开表示，欢迎来自几乎任何方面的外援，但却并不会因此就对援助者承担义务或效忠。

第三世界的群众与领袖同时都变得激进而成熟，这可以说明为什么 1980 年代会首先迎来伊朗、津巴布韦和尼加拉瓜成功的革命，为什么革命火焰还继续在阿富汗、厄立特里亚、西撒哈拉、纳米比亚、东帝汶、萨尔瓦多和菲律宾燃烧着。在伊朗，中情局的克米特·罗斯福居然在 1953 年凭着一小包美元支票、一小股伊朗军官的力量就推翻了摩萨台政府。但当罗伯特·海瑟将军试图在 1979 年促成"直接军事接管"，抢先夺取霍梅尼的胜利果实时，最终实现"接管"的并不是伊朗国王的军队，而是带有政治色彩的人民。

二、全球性对抗

杰出的政治学家汉斯·摩根索评述说，美国外交政策所面临的基本问题并不是如何维持稳定，而是如何在革命面前缔造稳定。不仅是美国政府、而且所有的各国政府都正处在缔造而不是维持稳定的困境——不管是在发达的第一、第二世界，抑或是在欠发达的第三世界。迄今为止，无论在什么地方，正是由于缺乏创造性，而创造性也就显得愈发惹人注目。

首先，我们来看一看第三世界几个国家的政府。一般而言，第三世界国家的政府包括两种类型：保守的民族主义政府和社会革命政府。这两种类型的政府都未能或多或少地对第三世界革命作出创造性反应。以保守政权为例。由于扮演了支持反对一些地方叛乱的"地区性亚帝国主义"角色，这些政权得到了美国大量的经济军事援助。然而，伊朗革命和沙特阿拉伯、印度尼西亚、巴西、菲律宾等地的长期动乱，都对有美国撑腰的地区性力量能否遏制第三世界革命的洪流提出了严峻的问题。

如果把这些保守政权统治下的国家境况同工业革命初期的英国作一比较，这些国家固有的经济脆弱性就会显得十分明显。在英国，由于中世纪行会力量衰微，而工会组织还尚未合法化，工业家残酷无情地剥削着工人，因而出现了［19 世纪初捣毁机器反对企业主的自发工人运动］卢德运动和宪章运动、1819 年彼得卢大屠杀和 1830 年农业工人暴动。但及至 19 世纪中叶，实际工资日渐增加；因此，1846—1847 年以后西欧农村不再有真正饿死人的事情发生。牲畜饲养家罗伯特·贝克韦尔（Robert Bakewell）一本正经地说，他养羊不只是为了给绅士们佐餐，也是为了广大民众。马修·博尔顿谈到他那制造黄铜纽扣的工厂时也说："我们认为把产品供应给人民要比将其单卖给贵族的意义更为重要。"(1)

因此"利益点滴下淌"的说法虽然广为第三世界所谈论但却很少兑现，然而事实上在英国则确有这种现象，并且在 19 世纪中叶以后确确实实给英国工人阶级带来了实惠。之所以能够这样，乃是由于英国工业具有垄断世界市场这一得天独厚的有利条件。兰开夏棉纺织业之得以"起飞"，是因为它打进了非洲和美洲的连在一起的市场。及至 1814 年，英国出口的棉布超出其国内消费量的 14%；而到 1850 年，尽管国内消费量急剧增加，英国出口的棉布与国内消费的棉布之间的差额仍然增加到了 24%。

然而，对于今天企求实现工业化的第三世界国家来说，却没有这种可供外销产品的世界市场。相反，已经实现工业化的国家的工人和雇主都极力反对危及他们就业和利润的进口品，不论其为纺织品、钢材、鞋子抑或衣服。只有在人人有足够的就业机会而可以各专其业时，自由贸易才是可取的。但从当前趋势来看，由于世界范围内经济危机的拖长，人们越来越需要"公平贸易"——这是新近对保护主义最委婉的说法。

对第三世界国家来说，同样严峻的问题是，它们自己国内的市场也缺乏弹性。国内工业不仅有难以打入国外市场的问题，而且也为国内购买力不足的情况所束缚。报酬极低的工人和被赶出家园的农民对经济理论家所假定的"利益点滴下淌"的经验毫无切身体会。恰恰相反，利益却"往上流入"当地精英分子、"往外流入"多国公司手里。因此，劳工组织与政府之间不断发生冲突，后者竭力推行私人银行和像世界银行及国际货币基金这样的国际借贷机构所要求的经济紧缩措施。巴西工人阶级领袖、以"卢拉"（Lula，葡萄牙语意为"鱿鱼"）著称的钢铁工人路易斯·伊纳西奥·达席尔瓦（Luis Inacio da Silva）即由于领导"非法"罢工而被判处监禁八年半，后又由于所谓煽动"阶级暴力"而被判处 30 年有期徒刑。在审讯达席尔瓦的法庭上，汽车工人联合会一位观察员的报告更是揭示了第三世界的保守主义政府只是在"维持"而不是"缔造"稳定。"在我看来，将巴西和共产党国家波兰相比较，如果认为在巴西比在波兰有更多的自由，那是令人难以置信的。瓦文萨比卢拉要更自由些。在波兰，政府同意和他进行对话；搁在巴西却做不到这一点。这是最根本而令人惊讶的差异之所在。"(2)

如果说第三世界的保守主义国家为其固有矛盾所困扰，那么，对那些实行社会革命的社会来说，情形亦复如此。尽管它们都明确或不明确地以马克思主义作为指南，但是它们在革命以后的发展却往往采取了非马克思主义乃至反马克思主义的形式。它们并没有消灭阶级，也不可能在可以预见到的将来做到这一步。它们也没有消灭国家；国家反倒变得更有控制力，而无所不能。在经济事务方面，它们并未独立于全球性资本主义秩序之外，也没有发展起它们所期望的自力更生的经济。相反，实际情况恰恰是适得其反。

拥有巨大人力资源和自然资源的中国，一度在打破旧习的毛泽东的领导下赢得了渴望的经济独立。然而在他逝世后，中国的政策很快就发生了转变。一名日本商人注意到中国正在竭力追求资本主义的科技、贷款和合作生产协议。出现新变化的另一个标志是苏联大使馆所在的那条街道改了名字。在 1960、1970 年代这条路得到了一个新名字"反修路"。1980年这条道路又恢复了原名。中国共产党私下承认了这一转变，1979年底高层干部中间下发的一份文件，告知他们不要再把苏联视为修正主义。

第三世界一些马克思主义领袖意识到他们所面临的困境并公开讨论这些问题。人们向萨莫拉·马谢尔总统问道，莫桑比克认为应该如何处理一些社会主义国家中出现的"党员滥用职权"问题。马谢尔回答说，在争取独立的过程中，他的党制订了一些揭发和惩处那些误用其权威者的措施，并已将其加以制度化。由于保护和鼓励自由运用这些程序，因此有些党和国家领导人就因有错误行为而受到公开指责并被解除职务。马谢尔得出结论说："在这种情况下，我们可以保险地说，万一出现滥用职权的人，就会被迅速发现和受到惩处。"[3]

即便马谢尔的乐观主义是有道理的，人们也应该注意到，他只是谈到了马克思主义危机的政治方面。依然存在同样严重的经济困境。在1979年8月的一次重要政策讲话中，马谢尔总统表示，相信莫桑比克能够在不从属于他人和不进行剥削的情况下发展其经济。他承认需要资本和技术，但他表示愿意以劳动力和自然资源作为交换。他欢迎"与其他国家的私人公司合作"，但他坚持说，莫桑比克将"拒绝以从属的地位加入国际分工，即以高价购进制成品而以低而又低的代价出售我们的劳动力"[4]。

马谢尔的目标值得称道，但他实现这一目标的策略却不是革命政权所能理解的。乔治·贝克福德和克莱武·托马斯这两位西印度群岛经济学者的著作就明显地表现了这一点。与马谢尔总统一样，他们也都寻求自力更生的发展模式。贝克福德建议把5—25公顷的土地分配给农民家庭，因为事实证明这种家庭要比大地主更有革新精神和生产能力。托马斯则号召以集体化作为引进先进农业技术的前提条件。然而，集体化会冒农民反抗的风险，而土地分配则会阻止技术进步。因此，无论是在理论上还是实践上，如何实现自主的经济发展这一基本问题都未得到解决。

发达的第一、第二世界各国政府在应对全球性革命这一问题上并不比第三世界各国政府更富有创造性。华盛顿一般都是预先制止或镇压革命，莫斯科则是为了其自身民族利益而力求利用革命。这两种策略显然都未能奏效，并给第三世界人民带来极大的损害和痛苦。最异想天开的莫过于从亨利·基辛格到里根总统一系列的美国决策者。基辛格认为没有任何理由因为"某国的国民不负责任"[5]，就袖手旁观，听任该国走向共产主义。里根总统则宣称，"苏联怂恿一切正在发展着的骚动"，如果不是由于克里姆林宫的阴谋诡计，"世界上就不会有任何热点"[6]。从这些前提导出的结论便是，当今第三世界的叛乱既不是固有的，也不是合法的，因此它们都被污称为"国际恐怖主义"且被宣布为非法。

不言而喻的事实是，即便一次地质灾变把苏联从地球上消除掉，人们所不满意的"热点"和"国际恐怖主义"仍然只会有增无已。这一不言自明之理，正是美国力图在第三世界维持其难以保住的现状而屡屡受挫的基本原因。这些挫折从越南一直绵延到伊朗、南部非洲地区和当前困难重重的中美洲。苏联在整个第三世界所受到的相应的损失同这种挫折也在伯仲之间。基地设在华盛顿的国防情报中心的一项研究得出的结论是，1945 年，苏联对世界上 9% 的国家发生影响；在 1950 年代后期高峰期时达到 14%；1980 年则下降至 12%（或者说全世界 159 个国家中的 19 个国家）[7]。苏联曾经进行过大量财政和军事投资后来又被排除在外的七个主要国家包括伊拉克、埃及、印度尼西亚和中国。最后一个国家两度享受被人"丢弃"的殊荣，即两个超级大国各把它丢弃了一次。可以预料，其他国家不久也将会分享这种殊荣。尽管北京极力警告"霸权主义"，但事实上，第三世界却长期处在华盛顿和莫斯科的控制之外。

三、"是让步，还是进行结构变革"

国际复兴开发银行政策与规划主任马赫布·哈克（Mahbub Haq）评述说，欠发达国家对于它们所真正企求的究竟是"暂时的让步"还是"长期的结构变革"[8]尚未打定主意。在这一非此即彼的两种抉择背后，掩盖着欠发达国家所面临的资本积累这一无法逃避的窘境。经济学家瓦西里·列昂季耶夫（Wassily Leontief）在他递交联合国的报告《世界经济的未来》（*The Future of the World Economy*）中估计，这些国家必须积累起国民收入的 30%—40% 才能实现自力更生的发展。列昂季耶夫还强调说，要达到这种水平的积累，必须采取"意义重大的社会和制度变革"，其中包括"更平等的收入分配"。[9]

这一分析指出了第三世界渐进而又独立的发展道路上一切方案的内在矛盾。在以租金和利息形式从农民身上榨取来的剩余价值却被穷奢极欲的地主挥霍浪费的社会中，要打算为进行自力更生的发展储蓄必需的资金是难以想象的。因此，正如列昂季耶夫所认为的，调动经济资源必须以牺牲地方精英分子及其在大都市的合伙者的利益为代价来重新改组社会。实际上，这意味着建立民族主义的社会革命政权，采取敌视地方和外国既得利益者的发展政策。这将引起受威胁的既得利益者的报复，并断绝"外国投资的来源"，而这种投资则被列昂季耶夫认为是"国内资金来源"的必要补充。

在这种情势下，上述固有矛盾将会使第三世界的精英分子进退维谷。一方面，他们的财富和地位所赖以为基础的现状显然难以维持，20 年来发展工作失败的结局即其明证。另一方面,与历史上所有的精英分子一样,他们并不甘愿接受道德感召而放弃其特权和财源。因此,他们的现行策略是通过新的国际经济秩序(NIEO)谋求让步,以反对进行急剧的社会变革。

为了处理第三世界的三个最迫切的问题,新的国际经济秩序的倡导者力求从发达国家取得让步。首先,他们企图改善日益恶化的贸易条件,方法是将原料价格与发达国家出口的制造品价格联系起来。其次,他们想通过取得大宗国际基金来实行"缓冲储备金"制度,从而控制他们的主要出口品价格出现大幅波动。一旦原料价格开始下降,即动用这笔基金购买足量的原料以维持其价格。最后,新的国际经济秩序的改革者们建议通过勾销部分未偿清的债务、重订或者延长其余债务的归还期限来解决第三世界负债过多的问题。

对于人们提出的这些改革方案,曾举行过无数次国际会议加以讨论。1975 年,改革之路似乎正在通向成功。石油输出国组织显示出了原料生产国协同行动的力量,商品繁荣使得从黄铜到大豆这一切物品的价格急剧上涨。但随着剩余产品大量积压,价格骤然下跌,原料市场的不可预见性又立即显现出来。第三世界出口获利下降。与此同时,工业化国家的通货膨胀却使第三世界进口品的价格上升。第一世界的领袖们并不乐意救人于水火。正如基辛格在内罗毕召开的第四次联合国贸易和发展会议(1976 年 6 月 5 日)上的直率讲话中所表明的:"美国几乎比任何国家都更能在经济战中活下去。我们能够经受得住对抗与舆论的攻击,如果其他国家愿意选择这条途径的话。我们能够对不现实的和先发制人的要求[原文如此]置之不理。"[10] 在 1979 年联合国贸易和发展会议的马尼拉大会和 1980 年联合国工业发展组织的新德里大会上,第一世界的其他领导人同样持不合作态度,尽管[他们的表态]不是那么令人生厌。

同时,发达国家中的改革家积极推行旨在给予第三世界以制度化援助的计划。巴巴拉·沃德建议以"真正的国际税务制度"作为"在世界范围内互相承担责任的基本表现"。这样,它准会成为"我们这个小行星"进化的先决条件,就像累进所得税已成为现代国家进化的一个先决条件一样。巴巴拉·沃德的结论是:"自动转变必然发生,否则我们将会生活在特权与特许的秩序之下。正像我们从历史上认识到的,这类秩序并不会持续多久。"[11] 同样,诺贝尔奖获得者、荷兰经济学家简·廷伯根(Jan Tinbergen)领导一个小组,为罗马俱乐部写了一份题为《重塑国际秩序》(*RIO: Reshaping the International Order*)的报告[12]。报告评述了富裕国家和贫困国家之间日益拉大的差距,并提出了各种建议,其中包括对富裕国家征收占国民生产总值 0.07% 的"国际团结税"。廷伯根还建议,跨国公司应当向国际发展基金组织纳税。

人们所建议的第一世界向第三世界提供的这种援助,实质上并未解决全球性经济不平等的问题。首先是提供的援助数量不够。联合国的一些决议往往号召发达国家将其援助增加到占国民生产总值的1%,而除了新近富裕起来的产油国平均贡献了国民生产总值的2%以外,很少有国家达到上述标准。相反,几个主要工业国1980年所给予的还不到其国民生产总值的0.25%。

比资金不足更关键的是,由于错误的程序原则,能够获得的资金也分配不当。食品与发展政策研究所在各种出版物[13]中分析国内及国际机构的援助方案如何在实质上成了经济学的演算,而不问首先应该对贫困负责的政治、社会和文化诸方面的因素。外国专家根据计量统计的贫困情况来草拟政策报告并分配外来资源,以此刺激出口农作物的生产。用1975年世界银行政策报告中的话来说,人们一厢情愿地认为,如果银行计划不想从内部被搅乱的话,主要是应当避免农村社会中强大而有影响的地区的反对。这一意见也为世界银行总裁罗伯特·麦克纳马拉所强调,因为他规定世界银行的农业计划"主要不是强调收入与财富的再分配——尽管这在我们的许多成员国中可能很有必要——而是提高穷人的生产率,以便大家能够比较公平地分享经济增长的利益。"[14]

尽管这一计划的结尾有些想入非非,但归根结底还是相信"利益点滴地下流"。然而,实际经验和理论研究都表明"往下淌"今天变成了"往上流"。食品与发展政策研究所的约瑟夫·柯林斯(Joseph Collins)和弗朗西斯·拉佩(Frances Lappé)就世界银行(及其他援助机构)得出的结论是:"提供基金以干预产生利润的投资,而另一方面却赞成产生贫困的社会结构原封不动,这就只能加强上层精英分子的控制。其结果是穷人越发贫穷,尽管世界银行宣称它正在帮助穷人摆脱贫困。"[15]同样,卡特总统的世界饥饿委员会在1980年8月提议,美国应当增加外援,并敦促第三世界统治阶层帮助"他们的穷人"。这意味着美国还在继续推行过去已经失败的政策。这些政策之所以失败,是因为第三世界农民贫困的根本原因在于他们毫无力量,在于他们无力改变造成他们贫困的社会结构。由于对这些社会结构给予直接支持(如在智利和危地马拉)和间接支持(通过国家的和国际的援助组织),美国非但没有减轻总统委员会所调查的"世界饥饿"情况,反倒使它长期存在了下去。[16]

试图缩小富国与穷国之间差距的援助计划未能奏效的最后一个原因是,援助的分配办法主要不是决定于受援者的需要,而是决定于援助者的政治目的。这有悖于官方的理论。早在1943年联合国善后救济总署即规定:"在分配[援助]时,不应因种族、宗教或政治原因而有所歧视。"[17]实际上,希腊的君主派和中国的国民党得到了帮助,而印度却在1946—1947年饥荒时遭到忽视,原因是艾奇逊国务卿不把这个国家看作反共的前沿地带。同样，按照马歇尔计划，把大量谷物以赊账方式提供给法国和意大利，以免它们成为共产党国家。马歇尔当时即表白："食品是我们对外政策中的决定性因素。"正如本书第十九章第二节中所提及的，这一策略一直延续至今。因此，"外援"可以被定义为为了宁愿维持的现状而赐予的战术上的小恩小惠。国务卿迪安·腊斯克（Dean Rusk）在1964年3月的国会证言中作出了实质性的定义。他说，从1940年代开始，我们就着手"制订和执行"对外援助计划，"用以服务于美国的重大利益……倘若没有援助计划，我们的安全将会岌岌可危"。[18]

剑桥大学经济学家琼·鲁宾逊用一句话总结了一切："援助的目的是要使援助成为必要的制度而长期存在下去。"[19]

当今第三世界中活生生的现实使历史学家杰弗里·巴勒克拉夫（Geoffrey Barraclough）得出这样的结论："当前最清楚不过的一件事……就是，1945年以后存在达25年之久的自由世界经济正在走向崩溃的边缘。"[20]可见，原先是"让步"还是"结构变革"的问题至少部分得到了解答。让步并不能奏效，道理很简单，因为它们并未在任何具有意义的程度上得到第一世界与第三世界占主导地位的既得利益者的支持。这也不难理解，因为既得利益者的财富与权力都有赖于现存世界秩序的维持。

如果"让步"不是建立其所希望建立的新的国际经济秩序的可行性办法，那么，问题就在于"结构变革"能否提供切实可行的另一抉择。它们能否解决列昂季耶夫提出的问题，即第三世界国家为了实现自力更生的发展，有无必要以国民收入的30%—40%作为积累？鉴于第三世界典型的村庄极端贫困，这样大规模的资本积累似乎显然是不可能的。但事实倒并非如此，原因是，资本不等于银行里的货币。第三世界一些典型村庄所特有的未充分利用的大量土地和劳力代表着潜在的资本。潜力一旦得到发挥，就会像1949年以后中国取得的最惊人的成就那样，必定能够突然得到大量的资本积累。

然而，"结构变革"是把土地和劳动力结合起来并将二者的潜力变为资本的先决条件。根据1930年代约翰·卜凯（John Buck）的研究，在中国，由于工作的季节性差异，农村每个男强劳力每年的空闲时间是1.7个月，即占全年时间的14%。卜凯还发现，由于土地使用期以及诸如墓地和地埂（即田地之间分界的埂子）等社会习惯的影响，可耕地有9%未被耕种。社会上各种游手好闲的人像寄生虫一般吸去了实际农产品中相当大的一部分，用于购买非生产性的奢侈品，恣意浪费。其吸取的形式有农民向地主缴纳的地租、付给高利贷者的利息、向收税人员缴纳的高额税款、向土匪和军阀付出其敲诈勒索的财物，等等。[21]

1949年以后，共产党之所以建立公社［应为农业合作社］，不仅是由于意识形态方面的原因，而且是因为公社从制度的结构上为在更大程度上发挥土地和劳力资源的潜力、为使千百年来横遭勒索的剩余产品白白地流入非生产性渠道的历史宣告结束提供了一条途径。公社的规模使得终年都可以兴办大型公共工程，从而将剩余人力转变为资金，资金又物化为水井、水电工程、水利灌溉系统、新开垦的田地以及乡村工厂，等等。而且，人民使用水、电和谷物磨坊都较为便当，妇女从传统的、耗费时间的家庭杂务中解放了出来，可以去参加公社田间的农活。大寨大队之所以被树为全中国农业的榜样，正是由于一群农民把山西省的一片不毛之地变成丰产田。他们不是依靠外界的援助，而是全凭自己的集体努力。最终结果是，1956年，中国耕种的土地（16.77亿亩）比1933年时耕种的土地（15.33亿亩）面积扩大了9.3%，这相当于卜凯在1930年代所估计的未被利用的土地面积。据彼得·席兰（Peter Schran）计算，1952—1956年间，平均每年花在农活上的工作日增加了40%，产量增加了35%。因此，中国的净积累率由1949年的1%—2%上升为1953年的20%。[22]

人类学家凯思琳·高夫（Kathleen Gough）在印度东南部及越南红河流域的考察[23]，对似乎贫困不堪的村庄里资本积累和自力更生的情况提供了又一例证。在印度的坦贾武尔地区，四分之三的土地属于不在地主所有，他们榨取农产品的一半到四分之三供个人消费或投资于非农业部门。在越南的太平省，土地为合作社所有，由农民合作耕种，收成的45%、相当一部分畜产品及手工艺品都由国家按照分配制度收购。所得现金及剩余55%的农作物则由村民均分。其中70%作为工资和行政费用，20%用于工程、机械和化肥方面，另外10%用于社会福利事业，其中包括住房和医疗。因此，生产的价值又投入发展本村的经济，而不是转移到个人奢侈的消费和向外投资。

这两个地区在人力资源利用方面的差异，也同土地资源利用方面的差异一样突出。在坦贾武尔地区，60%的村民一年至少有一半时间无事可做，而且仅有11%的妇女是积极的劳动力。在太平省，几乎每一个强劳力每周都要在合作社里工作达40小时，这还不包括在家庭的小园子里的劳动。在那里，他为自己家或市场额外种菜、养猪和饲养家禽。倘若公有的庄稼地里不需要劳力，农民就在手工作坊里干活，如制作垫子、毛巾、地毯、蚊帐、陶瓷器皿、砖瓦、绳索、家具或衣服，供当地居民使用，或出售给政府。相反，坦贾武尔的手工艺生产都被从外部输入的制造品排挤得一蹶不振。这更加剧了本就已经十分严重的失业问题，从而迫使处在崩溃边缘的农民家庭放弃农活而加入城市失业者的行列。

同样具有意义的是这两个地区在技术效率方面的差异。一个典型的太平省村庄用 12 台抽水泵灌溉 300 英亩的农田,而坦贾武尔的一个村庄却需要用 18 台水泵来灌溉 175 英亩。换句话说,要多用 50% 的水泵才能灌溉比太平地区少 42% 的土地。原因在于,坦贾武尔地区私人所有的水泵安装的地点仅局限于灌溉私人的地块,所以按照高夫的说法,印度的农学家发现,即便想把堤岸或水渠挪动"一呎"也是困难重重,因为这需要得到几个土地所有者的许可。

在太平省,所有的农民把一点一滴的人畜粪便都拾起来作为肥料。他们利用炸弹坑来养鱼和种植水藻作为肥料。还栽种树木,以便提供燃料、绿肥,并给庄稼以保护。因此,太平省的村庄能够生产出的有机肥足有它们全部肥料的 70%。而在坦贾武尔,高价的化学肥料几乎取代了有机肥,并对庄稼、鱼和牲畜造成了一定的有害的副作用。在饲养家畜、养鱼及制造和使用碾米机、拖拉机、打谷机和生产运输蔬菜水果的卡车之类的农业机械方面,两个地区之间的技术显然也很悬殊。据高夫观察,同坦贾武尔相比,在太平省,所有这一切"通常多半都是当地所产,比较轻便小巧,而且价格较低,数量较多"[24]。

上述分析表明,独立发展经济的先决条件并不在于能够得到外资和外国技术;否则像尼日利亚、伊朗、印度尼西亚和委内瑞拉这些拥有大量从石油得来的外汇收益的国家今天都会成为灿烂夺目的陈列柜。恰恰相反,独立发展经济的先决条件是"结构变革",或者说是旨在促进群众参与的社会结构改组;没有群众参与,经济的独立发展是不可能的。群众反过来又会要求社会公平,尽管这一主张在经济学著作里受到怀疑。人们常常以为,为了使一小部分人富裕起来,收入不均是必要的,这样他们就会把消费后的剩余资金用于投资,从而刺激经济增长。事实上,这一小部分人更可能将资本耗费在高消费上,或者在本国首都或外国购置不动产和经营商业。反之,如果小农场主有平等的机会得到灌溉、改良的种子、肥料、信贷及技术指导,他们的收获往往能超过大农场主。在这种情况下,一旦金融机构的计划能够符合他们的需要,他们也会以引人注目的速率进行储蓄和投资。

经验表明,群众的参与和主动性必须是真正的才能结出硕果。一个常见的错误是,人们所宣扬的"自力更生"实际上只是自上而下的管理。因而人民就会感到,他们只是在替政府工作——他们是主顾,而不是主人。这种自上而下的控制已经成为斯里兰卡、坦桑尼亚和苏联等国困扰农业的问题的根源。

哪里有真正的自力更生和群众参与,哪里就更易于采用自由或分权的基本战略,或者用食品与发展政策研究所所宣扬的口号说,哪里就更易于采用"优先发展食品"的策略。"优先发展食品"意味着,在任何国家中,农业的目标不在于使出口作物的产量最大限度地增加,而在于尽可能地提高能满足当地人民营养需要的作物产量。食品与发展政策研究所宣称:"世界上没有一个国家的人民不能以其自身资源养活他们自己。"他们能否这样做,不是依赖人口数量的多寡或者土地面积的大小,而是依赖谁控制这些土地以及土地是用来生产什么。

优先发展食品生产并不意味着单纯发展食品生产,而是意味着优先生产一系列食品。只有在食品生产多样化而且人民能够养活自己的时候,食品出口才可能起到积极作用。在基本需要得到满足以后——这是绝对的先决条件——贸易才能成为进一步满足当地需求的手段,而不是成为以当地需求为代价来迎合国外需求的手段。优先发展食品是一种战略,它可以确保在当地基本需求得到满足后以贸易作为扩大选择的范围,而不是像当今第三世界绝大多数国家一样,确保贸易变成维系生存的孤注一掷的办法。

古巴和多米尼加共和国的鲜明对照,为这一基本论点提供了具体例证。在古巴,自从卡斯特罗推翻巴蒂斯塔统治以后,人们突然强烈地反对种植甘蔗的单一经营,以致最初蔗糖产量大为削减,而改种粮食作物。1969年,国家土地改革委员会采纳了一项更加稳定而实用的政策,强调蔗糖生产实行机械化,以便解放其中的劳动力将其输送给多样化的农业和工业部门。古巴今天仍旧是世界上最大的蔗糖出口国,但与此同时,甘蔗以外的农产品产量在1971—1975年间增加了38%;1971年,甘蔗收割机械化程度仅为1%,而及至1975年,机械化程度达到25.8%。同一时期内,家禽产量增加了两倍,蔬菜产量增加了一倍,水果供应量提高了60%,渔业产量在1959—1974年间增加了五倍。人均食品消费量在1971—1975年间增加了20%,而同期内农作物种植总面积的40%继续用于种植甘蔗,这为购买必须进口的物品赚得了外汇。营养条件的改善和雷厉风行的公共卫生计划,使得古巴人民的身体健康水平远远高于其他拉丁美洲国家。

多米尼加共和国政府的政策恰恰与古巴相反,因而其所产生的社会影响也大相径庭。1965年,林登·约翰逊总统派遣了2.2万名美国海军陆战队士兵阻止胡安·博什重新就任总统,并确保建立一个可靠的亲美保守政权。华金·巴拉克尔(Joaquin Balaguer)取代博什成为总统。他选择了一项有利于外国公司的税收和劳动政策。原先在美国中西部经营汽车零件生意的"海湾和西方公司"对多米尼加的"诱饵"(政策)作出了回应,于1967年买下南波多黎各蔗糖公司。"海湾和西方公司"占有的土地迅速增多,并与土地所有者签订合同,让他们为公司的作坊种植甘蔗。该公司目前拥有全国土地面积的9%,并在全岛其他大约90家企业里持有股权,其中包括大牧场、为旅游者建筑的豪华旅馆、专供出口而生产的蔬菜与水果以及金融公司。这些企业虽然没有促进多米尼加人的福利事业,但却大大增加了"海湾和西方公司"的利润和土地。先前一家单一经营的中西部公司,现在成了一个多种经营公司,其经营项目扩展到电影业(派拉蒙影片公司)、糖果业(施拉夫茨公司)、烟草业(穆列尔产品公司）、出版业（西蒙－舒斯特公司）、娱乐场（麦迪逊广场花园）乃至选美比赛（宇宙小姐赛会）等。

与此同时，在多米尼加共和国，尽管受到通货膨胀的影响，工资却也比1967年时更低。多米尼加有30%的工人失业，全国人口有25%营养不良，婴儿死亡率超过30%，而古巴的婴儿死亡率还不到3%。罗伯特·莱多加尔（Robert Ledogar）在对消费者同盟进行研究之后得出如下结论："对占农村人口75%的营养不良的小农场主、仅能糊口的农场主和无地的劳动者来说，一望无垠的甘蔗地就像是在慢慢毁坏着他们土地的绿色瘟疫。"[25]财政部长波利瓦尔·巴埃斯·奥尔蒂斯（Bolivar Baez Ortiz）明确地认识到了从属于国际市场经济的另一后果："1975年，我们出售蔗糖得利5.5亿美元，购买石油花去5000万美元。1978年，我们出售蔗糖得利2.25亿美元，购买石油却耗费3.25亿美元。"[26]

这就是生产粮食只为公司提高利润而不是为了满足当地居民需求的最终结果。一个可取的办法是，首先必须在基本生活资料方面能够自给；这时，也只有在这时，第三世界国家才有可能在平等互惠的条件下参与世界贸易。

杰出的阿根廷经济学家普雷维什在近来的一次讲话中强调说，就今天的欠发达国家而言，首要事务就是进行社会改组。第二次世界大战后，普雷维什因其著述而得到国际上的承认；在这些著作中，他提出了进口替代战略。这一战略包括一系列国家措施，旨在刺激地方工业以生产原先依赖进口的各种制造品。这一策略已被广为采纳，也确曾提高了当地工业的生产力。然而，在1979年的一次谈话中，普雷维什承认，这与其说是经济方面的问题，倒不如说主要是社会政治方面的问题。"我们原本以为提高经济增长率就会解决一切问题……[实际情况表明]这是一大错误。"普雷维什注意到，一些国家国民生产总值连续30年高速增长，而其人口的40%却并未得到任何实惠。他解释说，原因是"我们正在阻止社会结构方面的任何变革"，因此，经济增长后的受益者是"社会上拥有特权的消费者"。他的结论是，如果不进行"一场彻底的社会变革"[27]，一切发展计划都必然失败。

四、共同的认识

当今第三世界的一个关键性问题就是如何使普雷维什所说的基本的"社会变革"成为现实。实质上，它需要重新调整权力关系，而且这种重新调整如果要奏效的话，必须是全面的调整。这种调整不仅必须在第三世界国家内部落实，而且必须落实在发达国家与欠发达国家之间的关系中。这就要求把这种调整扩大到第一世界和第二世界发达国家内部的权力关系方面。

首先来考虑第三世界国家的内部结构。印度提供了一个昭然若揭的例证，因为甚至就在具有改革思想的连续几届政府的领导下，印度的经济增长与社会贫困仍然同时并存（参见第二十三章第二节）。国际复兴与开发银行的经济学家、印度计划委员会顾问阿伦·舒瑞尔在《外交》季刊（1973年1月）上分析了这一反常现象。他注意到，连续几届印度政府都制定了许多改革法规与福利计划，可是贫困现象却依然有增无减。他的解释极其重要：

> 人们期望土地所有制和经营方式的改变，能够凭借首都与各邦的首府通过法律，依靠巡回官员实施这些法律，并使各项改革受到法庭的管辖等步骤而得以实现。简言之，人们期望，所有的局外人——也就是鞭长莫及的立法者、巡回官员和学者式的法官们——能够改变乡村生活的最重要的特征，亦即土地所有制和经营方式。但这些人又如何监督每一份租契，如何考察每一个分成制佃农与地主之间的确切关系，如何确定每一个地主究竟真正耕种了自己多少土地？而一个地位卑微的佃农又如何汇拢书面证据、召集证人，并在一个超越西方所有审判准则的公开法庭上控告他的地主呢？他可得在官员们离开以后长期继续生活在村子里；他的租约也多半是口说为凭的；而且他极有可能是一字不识，势单力薄，还欠下地主的债。
>
> 在这种环境下，穷人极端贫困，而又散居各地，毫无组织。因此，政府的一切措施最终都有利于有钱有势的人，而不利于穷人和弱者。

由于穷人毫无力量，富人却势力强大，舒瑞尔证明了政府信贷机构最终如何把贷款全都交给地主、商人和高利贷者；政府口头上说是为大众供水而开凿运河，实际上仅仅给豪门大户供水；政府贸易公司的宗旨本来是要取代中间商，实际上又是如何通过这些商人而上下其手。因此，同普雷维什一样，舒瑞尔的结论也是，这基本上是个政治问题："经济增长的性质如果不从根本上得到改变，穷人便无法按照适当的比例得到经济增长的好处……而只有政治上的大变革才能带来这种改变……"舒瑞尔补充道，这种变革将会要求英迪拉·甘地一反其过去的路线：

> ……把她的党变成群众的政党——也就是一个能把无产者动员起来，使他们自信可以确保自己具有监督改革的权利和能力的政党；党员同广大群众一道执行建设性的方案；这个党不再依靠从富人手上索取来的金钱；党员的生活方式和社会实践证明它是献身于为群众谋福利的政党……党的

政治领导阶层必须抛弃其现有的一切生活方式——如一定要住豪宅，外出非乘带有空调的舒适的汽车不可，在接受进口汽车、使用电话、家庭用电及其他享乐等方面所付的费用都必须远远低于其理应代表和服务的人民所应付的费用。

这一变革并未发生，这也可以说明为什么印度当前会出现社会和政治骚动。这就是第三世界流行的格局，由此而产生出从印度选举中的混乱一直到中美洲的武装叛乱种种形式的不安定，在这中间还有许多不同层次的不安定现象。

再看发达国家与欠发达国家之间的权力关系，重新调整对整个世界舞台就像它对印度的一个村庄一样至关紧要。正如上一节所提到的，独立自主的经济发展需要包含一定程度的收缩，也就是说，发展中国家的经济同全球性市场经济之间应保持一定距离。但是，经济自主过去和现在都遭到那些利益受到威胁的国家的反对。穆罕默德·阿里在19世纪初期试图使埃及在经济上和军事上获得独立时，帕麦斯顿勋爵即痛斥这个"无知的野蛮人"，并发誓要把他"扔"进尼罗河——他仅象征性地实现了这一恐吓。同样，阿连德总统在智利推行妨害美国公司利益的改革时，尼克松总统发布命令说："我们必须拯救智利……要用1亿美元，如果必要的话，或者用更多些钱来搞垮智利的经济。"[28] 美国总统的报复比英国外交大臣的报复来得更加迅速也更有杀伤力。

第三世界中埃及式与智利式的经历都表明，普雷维什所号召的"彻底的社会变革"在第一世界和第二世界也像在第三世界一样必要；而且，这也并不单单是为了第三世界的利益。今天，发达国家的公民也和欠发达国家的公民一样不能得到富有意义的自决权。这一事实的具体表现比比皆是，有目共睹。

- 波兰共产党的普通党员中的积极分子在1981年4月要求彻底变革党的结构，并要求把那些因为国家的问题而受到他们责难的政治局委员清除出政治局。一位积极分子宣称："我们需要真正受群众欢迎的领袖人物。这是一个'我们—他们'关系的社会，人民和团结工会被归入'我们'一类，政府和党则被归入'他们'一类。波兰共产党必须加入'我们'行列。"[29]
- 原先是乌克兰煤矿领班的45岁的弗拉基米尔·克列巴诺夫（Vladimir Klebanov）于1978年1月在莫斯科宣告了"保卫工人工会"的诞生。这是苏联历史上第一个独立的工会组织。克列巴诺夫道出了工人的许多怨言，其中包括工厂里违犯安全条例，毫无原因的失火，工资过低，管理人员腐败等。克列巴诺夫宣称:"单人独马反对不公道行为毫无用处,我们不得不共同合作。"但这个工会的会员很长时间都无法"共同合作"[30]。1978 年 2 月,工会主要成员均被警方逮捕,当成精神病患者拘留在他们的家乡。

- 1980 年 1 月 3 日,《纽约时报》登载了发自玻利维亚矿城米尤尼的一篇生动的报道,叙述矽肺病、事故和贫困的生活条件如何使当地居民大多不幸夭折。记者询问一个 25 岁名叫何塞·阿乔的矿工是否知道当前对矿工寿命的预测表明他只能再活上七年,他干脆地答道:"我知道,但我不能不工作。"在此之前一个月,即 1979 年 12 月 8 日,《纽约时报》刊载了发自纽约州北部古维诺尔一条类似的电讯。由于开采石棉状的云母,当地矿工正在染上"白肺病"。当地的年轻人仍旧报名参加工作,尽管他们的父母和朋友正在因为这种病窒息而死。当地的失业率是 14%,他们"没有别的地方可去"。

- 跨国公司在第三世界的标准经营程序就是不断地搬迁工厂以便利用尽可能低的工资比率。因此工厂不断地从墨西哥迁往海地,从香港迁往马来西亚,从新加坡迁往印度尼西亚。同样迁移工厂而无视其对当地社会发生影响的现象也发生在美国。工厂的经理们通常解释说,被关闭的厂家已经不再有利可图。然而康乃尔大学一项研究报告揭示,许多有利可图的工厂也都被关闭了,因为它们未能完成联合大公司官员规定的上缴利润指标。马萨诸塞州中部的奇科比制造业公司要求上缴其出售服装收入的 12%。但其母公司、经营制药业的约翰逊-约翰逊公司却不愿意接受任何低于 16% 的上缴利润,于是他们就关闭了奇科比公司。由于同样的原因,尤尼罗耶尔公司在 1978 年关闭了已开办 87 年之久的印第安纳波利斯的一家内胎工厂。华尔街的一位分析家做了如下解释:"你有一个从一个很小的实体来看很大的实体,可是对于那些在厂内工作的人来说,那个小的实体就是一个很大的实体。我认为,最明显不过的是,许多公司发展到了非常大的规模,以至于对小市场竟不屑一顾。"[31]

- 农药生产业一直在急剧发展。目前它的年产量是 40 亿磅,换句话说,地球上每人每年平均有 1 磅农药。美国在这一产业中居于领先地位,其农药产量的 20% 都输入到第三世界国家。而美国的这些出口农药中至少有 4% 是在美国受到严格限制或者从未被注册使用的。这在第三世界产生了具有极大危害的影响,在那里,没有规章制度可循,人们的文化水平极低,而且压制性的劳动条件甚至可以将"安全"农药变成一枚定时炸弹。由于第三世界农业综合企业正在不断增加生产专向美国出口的农产品,所以据估算,美国人消费的进口粮食中有10%都受到了污染。所有农药大都使用在赢利性的出口作物上,所以也就没有给第三世界的穷人增加粮食的供应量。戴维·韦尔和马克·夏皮罗对这一世界性问题所进行的最详尽研究得出了一个对发达国家和欠发达国家都有重大意义的结论:"我们在物质生活条件方面的差异往往掩盖了我们的共同点,即私有权力越来越集中到相对来说为数不多的全球性公司手中,我们面对此种情况都束手无策。全球性公司势力强大这一客观现实——在这里反映于农药贸易上——迫使我们寻求解决办法,其中包括同第三世界人民一道去寻求重新分配世界范围内经济力量的新途径。我们必须开始将第三世界人民看作盟友,而不是看作负担或威胁。"[32]

上述议论清楚地表明了第三世界历史所揭示的必然的、关键性的结论,即我们所面临的问题并不单单是第三世界的欠发达,而且还是第一世界的过度发达或者畸形发达;而且这两者相互联系,相互影响。欠发达社会的特点众所周知,而人们对过度发达社会的平行存在物却知之较少。其病理症状被掩饰为肯尼思·博尔丁(Kenneth Boulding)所谓的"牛仔经济学"[33]。过分发达社会的领袖们设想,他们的自然资源无边无垠,可以无限期地开发以维持永远继续增高的生活水平。

当今的基本问题是,所谓无边无垠的资源是在收缩而不是在扩张,持续发生的"滞胀"即是明证。资源被损耗,环境被剥蚀,第三世界的反抗有增无已,从而削弱而不是增强了宗主国中心,这一切都一直在束缚着无限度的扩张。宗主国曾一度依赖殖民地提供廉价原料、受保护的市场和独占的投资场所。现在却有许多原先的殖民地要求经济援助甚至军事干预。正如法国和美国在印度支那所发现的那样,这些地方在财政上和政治上都是灾难性的;而且这一现象还很有可能会在中东和南部非洲这样一类薄弱地区旧剧重演。

在国际发展途径基金会的赞助下,1979年7月联合国在荷兰组织召开了一次专题讨论会,主题是关于世界范围的危机。与会者一致认为,需要一种新的发展战略,它不仅必须是针对畸形发达的第一世界,而且也必须针对欠发达的第三世界。第一世界的畸形发达被定义为"浪费资源,剥蚀环境,消费主义被制度化,生活必需品完全依靠国外来源,失业人数增多,工商业进一步衰退,大量贫困户继续存在,价值观念与文化同一性都面临深刻危机"。专题讨论会认为,这些症状的根源在社会组织中，所以需要"从结构方面加以纠正"。

> 北方国家存在着与南方国家一样带有根本性的危机。因此，新的发展战略应该是致力于南方、北方及与南北双方有关的体制与进程的全球性战略。这一战略应该包括南方、北方所出现的根本弊端，以及北方的畸形发达同南方的不充分、不公正和不平衡的发展类型之间关系上所发生的毛病。这种现象偶尔也给发生在北方和南方的年轻一代的普遍反抗与疏离提供了社会环境。这一新的发展战略必须同这种全球性结构方面的巨大变革和文化变迁的背景结合起来。(34)

这次专题讨论会还特别为南北双方的重新组合规定了新的共同观点必须含有的因素。"如果没有权力分散，没有广大的群众和世界上被压迫、被剥削的广大地区的参与，重新改组社会经济秩序也就无从谈起，这基本上是一项政治任务。"

接受和实施这种基于非集中化和群众参与的共同观点的前景将会如何？首先应该注意的是，历史地看问题，这两大原则似乎都是真实可信的。大凡每一历史阶段中的诸"现代"社会都要把群众参与提高到一个新的水平。这种量的跃进构成了这些先驱社会的现代性，并为它们提供了质量更高的社会内聚力与动力，进而使它们无论如何都优于同时代的其他社会，给各该时代留下了印记。

这种获致"现代性"的量的跃进足以说明为什么亚历山大大帝成功地从爱琴海地区进入旁遮普地区，摧毁了一个个王国和帝国，尽管它们在人数上占有很大优势。它也说明了西班牙征服者为什么征服了阿兹特克帝国和印加帝国，尔后一小股英国商人征服了印度莫卧儿帝国。在这两种情况下，欧洲的士兵和商人不仅能征服，而且能保持并治理辽阔的领土，之所以如此，与其说是具有技术方面的优势，不如说是社会方面的优越性。

同样，在今天，能在我们这一时代留下印记的"现代"社会，就是那些最能使当前人们的参与冲动得到满足的社会。很少有人敢于试图识别出那些社会。我们生活在这样一个时代里：经济学家约翰·加尔布雷思（John Galbraith）不禁要问："为什么在如此［滞胀］的情况下世界还需要经济学家呢？"(35) 美国马克思主义者老前辈保罗·斯威齐（Paul Sweezy）则撰文论述"马克思主义理论的危机"(36)。甚至就在不那么动荡的时代，因为人们眼光短浅，所以政客与学者的远见卓识颇为引人注目。又有多少人曾料想到过去半个世纪里有过大萧条、希特勒－斯大林协定、第二次大战后一些帝国的分崩离析、苏南及苏中分裂、当前资本主义世界的滞胀和社会主义世界的停滞之类的历史转折点呢？

然而，如果说过去的模式未能产生占卜吉凶祸福的水晶球，那么它们确实可以作为预示未来发展轮廓和总体特征的标志。只有根据在荷兰召开的联合国学术讨论会上提出的非集中化和群众参与这两个原则来进行全球重新组合，才能获致汉斯·摩根索在面临革命时所倡导的"创造性"。根据这两大原则建立起来的世界秩序将会朝着达·伽马以前的时代割裂开来的分散式世界的方向变化。在公元1500年以前的1000年间，人类社会都孤立在各自的地区之内。澳大利亚土著居民和美洲印第安人几乎完全不为世人所知；除了个别沿海地区以外，非洲人也同样默默无闻，甚至欧亚大陆上的民族彼此间也只有零星接触。显然，恢复到这种地区之间彼此孤立的状态是根本不可能的。但从今天高度一体化的世界变化为一个地域自治的世界却大有可能而又合乎需要。与从前的孤立状况以及今天既不公平又不平等的一体化相对比，地方自治将会包含在平等互利基础上各个自主的组成部分的自愿参与。这一全球性重新组合的前提就是各个国家本身的组成部分也应有类似的再组合。它的经济将会导向国内市场而不是国外市场，随着适当规模的国内市场的出现，群众的收入必然会有所增加。但目前这些群众绝大多数都是农民，因此农业结构也必然会发生改变。

在这种非集中化的世界上，跨国公司将不会像今天这样炙手可热。但这却可能是一桩幸事，因为当马萨诸塞食品的85%靠从外地输入，其中10%甚至来自4800公里之外的加利福尼亚时，究竟是谁得到了实惠？近在1900年之际，美国食品的50%以上是在其产地周围80公里内被消费掉的。今天，中国每个城市所吃的蔬菜有80%也是在市区周围9.6公里内种植的。一般人惯常认为，这些统计数字反映了1900年的美国和今日中国欠发达的景况。而对一个为价格极高的能源所困扰的国家来说，毫无疑义，今天平均每一只鸡都得经过1960公里的行程才能到达美国消费者的餐桌上，这就反映出美国过度发达到了什么地步。

再看国外。当第三世界农民不再种植自己的粮食作物，却在为了满足外国爱嚼槟如树坚果和购买心爱食品的顾客而工作，而美国农场则为了向第三世界国家输出而生产大量谷类作物时，从中获利者又是谁呢？这一七颠八倒的世界粮食市场景象，现在是世界上一大部分人苦难的根源，值得更加注意。

在1970年代初期，尤其是在石油输出国组织发生石油危机以后，美国政府面临着粮食供应过剩和不断增加的贸易逆差问题。美国政府决心刺激粮食出口以抵消贸易逆差。这一策略看似无可非议，但它所产生的影响却是远非如此。极力增加农产品出口量的结果，必然导致耕地面积相应增加，而这些新增加的耕地则大多易受侵蚀。根据食品与发展政策研究所的研究成果，在艾奥瓦州，农场主每收获一蒲式耳谷物就得损失两蒲式耳的耕作层土壤。按照这种侵蚀速度，不消100年，以肥沃著称的艾奥瓦州的全部耕作层土壤都会损失净尽。同样,地下水位也将迅速下降,几年之内许多州的现有灌溉系统都会毫无用处。与此同时,农业综合企业正在勒索中等规模的农场,这些中等农场至少在生产粮食方面的效率并不亚于大农场,只因政府政策才使它们处于极端不利的地位。

在第三世界,美国刺激粮食出口的政策所产生的影响同样有危害性。进口的美国谷物得到补贴,从根本上损害了当地传统粮食的生产。最好的土壤都被资本集约的农业综合企业用来专为西方市场生产经济作物。被迫离乡背井的农民最后在附近城市或流落外国了此一生。墨西哥的情况最为典型:它同时向美国消费者出口冬季水果、蔬菜,又向美国农村、工厂输送剩余劳动力。

由于美国输入石油和由此而带来的贸易逆差是全球性机能失调的两大重要因素,1981年完成的关于美国能源状况的两项研究提出了一个解决问题的简单办法。第一项研究是由科罗拉多州戈尔登市太阳能研究所为美国能源部进行的。它的结论是,大力投资以提高能源效率并使用再生资源,到20世纪末可使美国能源消耗量减少25%,因此也就无须进口石油。匹兹堡市的卡内基·梅隆大学能源生产力研究中心进行的第二项研究工作得出了相同的结论。推行保护能源的措施,可使进口外国石油的费用由1980年的800亿美元下降到1990年代年均150亿美元,2000年以后将不用花一分钱来买进口石油。(37)

尽管这两份报告书得出了这些结论,但能源部却在1981年3月宣布,正在准备制定立法以废止或者急剧减少旨在鼓励保护能源、发展再生型燃料及其他替代石油的能源方案。这一拟议中的立法影响所及的联邦计划包括:太阳能的研发,风能及海洋暖气流的开发,电动车及以沼气为燃料的运输工具的研究,住宅能源的效用,商用建筑物的能源保护,有关能源保护的消费者教育,小规模水电工程,以及对公用事业所耗能源的稽核等。

能源部建议的立法一旦通过并得到贯彻,其后果不言而喻:目前给美国提供石油的跨国公司将会继续攫取空前巨额的利润;目前控制着世界谷物贸易额高达80%的六大跨国谷物公司也将继续攫得空前的巨额利润;美国将会继续依赖从外国进口石油,尤其是从波斯湾地区进口石油。

把这一方案加以扩大是无须多费脑筋的。波斯湾诸国脆弱不堪,早已声名狼藉。1979年11月麦加大清真寺被当地一伙伊斯兰原教旨主义分子占领就证明了这一点。他们是因沙特阿拉伯王朝背叛伊斯兰教义"追求世俗之事"而拒不服从沙特阿拉伯王朝的。沙特阿拉伯一位有20多年外交经验的大使评述道,这一暴动早该爆发,"人们对那变化无常的不公平现象普遍感到不安,也实在忍无可忍""麦加民众正在要求改变统治制度""这场运动的声势比运动的领袖们所主张的要大得多"(38)。美国中情局也和这位大使持同样看法。1980年1月,中情局一位分析家给《新闻周刊》和《华盛顿明星报》两位记者打电话证实,中情局的确向卡特政府提出过如下警告:沙特阿拉伯王朝的政权"维持不了两年"[39]。

如果中情局的警告有根有据,无疑华盛顿将会动用它驻扎在周围水域和基地里的海军部队,并派遣正是为对付这种意外变故而大大充实了的快速部署部队。但沙特阿拉伯油田里的一半工人是什叶派教徒,他们一再掀起暴力示威以支持霍梅尼。在白宫工作的两名陆军军官丹尼尔·克里斯曼少校和韦斯利·克拉克少校在一份题为"国外能源资源与军事力量"的研究报告中得出结论,"美国军事力量无法有效地强制产油国听从美国的意愿"[40]。反之,其结果很可能会扰乱波斯湾石油的开采,由此而激起的影响将会远远大于越南战争的影响,即不仅会影响到美国,还会影响西欧与日本。

这一远非幻想的方案,至少也会造成与1930年代的大危机旗鼓相当的经济灾难;往坏处说,则可能导致与苏联发生冲突,并会成为一个新的萨拉热窝,造成的死伤人数也将远比罗曼诺夫帝国、哈布斯堡帝国、霍亨索伦帝国和奥斯曼帝国所蒙受的损失大得多。如果认为这未免有些危言耸听,那么不妨考虑一下在黑格的意见听证会上参议员克莱本·佩尔(Claiborne Pell)同国务卿亚历山大·黑格如下的对话:"你是否认为在伊朗人质危机发生以来的任何时候,使用战略核武器都是一种可行性选择?"黑格答道:"我认为,若是给这个问题确定一个答复,将会削弱我们今天的和平与安全所赖以存在的基本的威慑力量。我不会沉迷在这一想法上。"[41]黑格的回答引出了另外一个问题,即美国在越南奉行的"为了拯救村庄就得摧毁村庄"这一策略是否已被推而广之,成为一种全球性的战略。

20世纪末的世界经受不起会导致类似狂人现实主义的那种超级大国的"强权政治"。认识和探讨过度发达与欠发达之间的相互联系大有必要。为此,也就要求我们能够对当前整个人类面临的前所未有的危险和前所未有的希望都有一个共同的认识。

[注释]

1. Cited by C. Hill, *Reformation to Industrial Revolution* (London: George Weidenfeld & Nicolson, 1967), p.202.
2. New York *Times* (Apr. 3, 1981).
3. *Southern Africa* (July-Aug. 1979), p.4.

4. *Southern Africa*（Nov.-Dec. 1979）, p.18.
5. New York *Times*（Sept. 26, 1974）.
6. New York *Times*（July 17, 1980）.
7. "Soviet Geopolitical Momentum: Myth or Menace-Trends of Soviet Influence Around the World from 1945 to 1980," *The Defense Monitor*（Jan. 1980）.
8. Cited by G. Barraclough, "Waiting for the New Order," *New York Review*（Oct. 26, 1978）, p.51.
9. W. Leontief et al., *The Future of the World Economy: A United Nations Study*（London: Oxford University Press, 1977）, p.11.
10. Speech by the Secretary of State（May 6, 1976）, Nairobi, Kenya（Department of State, Bureau of Public Affairs）, p.2.
11. Los Angeles *Times*（Dec. 30, 1977）.
12. New York: E. P. Dutton, 1976.
13. F. M. Lappe and J. Collins, *Food First*（Boston: Houghton Mifflin, 1977）, and *The Aid Debate*（San Francisco: Institute for Food and Development Policy, Working Paper No. 1, Jan. 1979）.
14. Cited in *The Aid Debate*, ibid., p.23.
15. Los Angeles *Times*（Sept. 24, 1978）.
16. *Overcoming World Hunger: The Challenge Ahead. Report of the Presidential Commission on World Hunger*（Washington, D.C.: U.S. Government Printing Office, Mar. 1980）.
17. Cited in *The Aid Debate*, ibid., p.11.
18. *Hearings of Committee on Foreign Affairs, House of Representatives*, 88th Cong., 2nd sess.（Mar. 23, 1964）, p.19.
19. Cited by A. Foster-Carter, "Neo-Marxist Approaches to Development and Underdevelopment," *Journal of Contemporary Asia* III（1973）: 20.
20. G. Barraclough, "The Struggle for the Third World," *New York Review*（Nov, 9, 1978）, p.56.
21. J. L. Buck, *Land Utilization in China*（Shanghai, 1937）.
22. C. Riskin, "Surplus and Stagnation in Modern China," in D. H. Perkins, ed., *China's Modern Economy in Historical Perspective*（Stanford, Calif.: Stanford University Press, 1975）, pp.49-84; J. Gurley, "Rural Development in China," in E. D. Edwards, *Employment in Developing Nations*（New York: Columbia University Press, 1974）, p.385.
23. K. Gough, "The Green Revolution in South India and North Vietnam," *Monthly Review*

(Jan. 1978), pp.10-21; K. Gough, *Ten Times More Beautiful* (New York: Monthly Review Press, 1978).

24. K. Gough, "The Green Revolution in South India and North Vietnam," *Monthly Review* (Jan. 1978), p.17.

25. Cited by Lappe and Collins, op. cit., p.377.

26. New York *Times* (Aug. 25, 1979).

27. R. Prebisch, "North-South Dialogue," *Third World Quarterly* II (Jan. 1980): 15-18.

28. J. Palacios, *Chile: An Attempt at Historic Compromise* (Chicago: Banner Press, 1979), p.150.

29. Los Angeles *Times* (Apr. 16, 1981).

30. Los Angeles *Times* (Jan. 27, 1978).

31. *Wall Street Journal* (Mar. 22, 1978).

32. D. Weir and M. Schapiro, "The Circle of Poison," *Nation* (Nov. 15, 1980), p.516. Full details in their book, *Circle of Poison: Pesticides and People in a Hungry World* (San Francisco: Institute for Food and Development Policy, 1981).

33. K. Boulding, *Beyond Economics* (Ann Arbor: University of Michigan Press, 1968).

34. The symposium was held at the initiative of the director-general for development and international economic co-operation, and its proceedings published as UN General Assembly Document A/34/467 (Sept. 18, 1979). Republished in *Alternatives*, V (1979-80): 397-426.

35. New York *Times* (May 7, 1979).

36. P. M. Sweezy, *Post-Revolutionary Society* (New York: Monthly Review Press, 1980), Ch. 9.

37. Summary of the two studies in New York *Times* (Mar. 27, 1981, and Apr. 6, 1981).

38. New York *Times* (Feb. 25, 1980).

39. Washington *Post* (July 22, 1980), cited by J. Stork, "Saudi Arabia and the U.S." *MERIP Reports* No. 91 (Oct. 1980), p.29.

40. Cited by R. J. Barnet, *The Lean Years* (New York: Simon and Schuster, 1980), p.227.

41. New York *Times* (Jan. 10, 1981).

参考文献

第二章

Amin, Samir. *Unequal Development: An Essay on the Social Formations of Peripheral Capitalism*. New York: Monthly Review Press, 1976.
Dobb, M. *Studies in the Development of Capitalism*. New York: International Publishers, 1947.
Frank, A. G. *World Accumulation, 1492-1789*. New York: Monthly Review Press, 1978.
——. *Dependent Accumulation and Underdevelopment*. New York: Monthly Review Press, 1979.
Hilton, R., ed. *The Transition from Feudalism to Capitalism*. London: NLB, 1976.
Mandel, E. *Marxist Economic Theory*, 2 vols. London: Merlin Press, 1962.
Myrdal, G. *Rich Lands and Poor*. New York: Harper & Brothers, 1957.
Rhodes, R. I., ed. *Imperialism and Underdevelopment: A Reader*. New York: Monthly Review Press, 1970.
Ribeiro, D. *The Civilizational Process*. New York: Harper & Row Torchbook, 1968.
Stavrianos, L. S. *World History*, 3rd ed. Englewood Cliffs, N. J.: Prentice-Hall, 1982.
Wallerstein, I. *The Modern World System: Capitalist Agriculture and the Origins of the European World Economy in the Sixteenth Century*. New York: Academic Press, 1974.

第三章

Blum, J. "The Rise of Serfdom in Eastern Europe," *American Historical Review* LXII（July 1957）: 807-36.
——. *Lord and Peasant in Russia from the Ninth to the Nineteenth Century*. Princeton, N. J.: Princeton University Press, 1961.
Kirchner, W. *Commercial Relations Between Russia and Europe 1400 to 1800*. Bloomington: Indiana University Press, 1966.
Lyashchenko, P. I., *History of the National Economy of Russia to the 1917 Revolution*. New York: Macmillan, 1949.
Malowist, M. "Poland, Russia and Western Trade in the 15th and 16th Centuries," *Past & Present* 13（1958）: 26-41.
Pach, S. P. "The Shifting of International Trade Routes in the 15th -17th Centuries," *Acta Historica* XIV（1968）: 287-319.
——. "Diminishing Share of East-Central Europe in the 17th Century International Trade," *Acta Historica* XVI（1970）: 289-305.

Postan, M. M. et al. *Eastern and Western Europe in the Middle Ages*. New York: Harcourt Brace Jovanovich, 1970, Ch. IV.

Rich, E. E. and Wilson, C. H.. eds. *Cambridge Economic History, Vol. IV: The Economy of Expanding Europe in the Sixteenth and Seventeenth Centuries*. Cambridge: Cambridge University Press, 1967.

Wallerstein, I. *The Modern World System: Capitalist Agriculture and the Origins of the European World Economy in the Sixteenth Century*. New York: Academic Press, 1974.

第四章

Beckford, G. L. *Persistent Poverty: Underdevelopment in Plantation Economies of the Third World*. London: Oxford University Press, 1972.

Chiappelli F., ed. *First Images of America: The Impact of the New World on the Old*, 2 vols. Berkeley: University of California Press, 1976.

Crosby, A. W., Jr. *The Columbian Exchange: Biological and Cultural Consequences of 1492*. Westport, Conn.: Greenwood, 1972.

Farb, P. *Man's Rise to Civilization as Shown by the Indians of North America....* New York: E. P. Dutton, 1968.

Frank, A. G. *Lumpenbourgeoisie, Lumpendevelopment: Dependence, Class, and Politics in Latin America*. New York: Monthly Review Press, 1972.

——. *World Accumulation, 1492-1789*. New York: Monthly Review Press, 1979.

——. *Dependent Accumulation and Underdevelopment*. New York: Monthly Review Press, 1979.

Genovese, E. D. *The World the Slaveholders Made*. New York: Pantheon, 1969.

Gibson, C. *The Aztecs Under Spanish Rule*. Stanford, Calif.: Stanford University Press, 1964.

——. *Spain in America*. New York: Harper & Row, 1966.

Parry, J. H. *The Age of Reconnaissance: Discovery, Exploitation and Settlement 1450 to 1650*. London: George Weidenfeld & Nicolson, 1963.

Riley, G. L., ed. *Man Across the Sea: Problems of Pre-Columbian Contacts*. Austin: University of Texas Press, 1971.

Sheridan, R. B. *Sugar and Slavery: An Economic History of the British West Indies 1623-1775*. Baltimore: Johns Hopkins University Press, 1974.

Stein, S. J., and Stein, B. H. *The Colonial Heritage of Latin America*. London: Oxford University Press, 1970.

Van Sertima I. *They Came Before Columbus*. New York: Random House, 1977.

Wachtel, N. *The Vision of the Vanquished: The Spanish Conquest of Peru Through Indian Eyes 1530-1570*. New York: Barnes & Noble, 1977.

Wallerstein I. *The Modern World System: Capitalist Agriculture and Origins of the European World Economy in the Sixteenth Century*. New York: Academic Press, 1974.

第五章

Amin, S. "Underdevelopment and Dependence in Black Africa-Origins and Contemporary Forms," *Journal of Modern African Studies* X（1972）: 503-24.

Beachey, R. W. *The Slave Trade of Eastern Africa*. Rex Collings, 1976.

——. *The Slave Trade of Eastern Africa: A Collection of Documents*. Rex Collings, 1976.

Curtin, P. D. *The Atlantic Slave Trade: A Census*. Madison: University of Wisconsin Press, 1969.
Davidson, B. *The African Slave Trade*. Boston: Little, Brown, 1961.
Goody, J. *Technology, Tradition, and the State in Africa*. London: Oxford University Press, 1971.
Hopkins, A. G. *An Economic History of West Africa*. New York: Columbia University Press, 1973.
July, R. W. *Precolonial Africa: An Economic and Social History*. New York: Charles Scribner's Sons, 1975.
Kilson, M. L., and Rotberg, R. I., eds. *The African Diaspora: Interpretive Essays*. Cambridge, Mass.: Harvard University Press, 1976.
Klein, M. A., and Johnson, G. W., eds. *Perspectives on the African Past*. Boston: Little, Brown, 1972.
Levtzion, N. *Ancient Ghana and Mali*. London: Methuen, 1973.
Oliver, R., and Fage, J. D., eds. *The Cambridge History of Africa*, 8 vols. Cambridge: Cambridge University Press, 1975 ff.
Reynolds, E. *Trade and Economic Change on the Gold Coast 1807-1874*. London: Longman, 1974）.
——. *Stand the Storm: African Slavery and the Slave Trade*. London: Oxford University Press, forthcoming.
Rodney, W. *How Europe Underdeveloped Africa*. Washington, D. C.: Howard University Press, 1974.

第六章

Ashton, E. *A Social and Economic History of the Near East in the Middle Ages*. Berkeley: University of California Press, 1976.
Barkan, O. L. "The Price Revolution of the Sixteenth Century: A Turning Point in the Economic History of the Near East," *International Journal of Middle East Studies* VI（Jan. 1975）: 3-28.
Cook, M. A., ed. *Studies in the Economic History of the Middle East*. London: Oxford University Press, 1970.
Ergil, D., and Rhodes, R. I. "The Impact of the World Capitalist System on Ottoman Society," *Islamic Culture* 48（Apr. 1974）: 77-91.
Gibb, H. A. R., and Bowen, H. *Islamic Society and the West*, Pt. I, II. London: Oxford University Press, 1950, 1957.
Inalcik, H. *The Ottoman Empire: The Classical Age 1300-1600*. New York: Praeger, 1973.
Issawi, C., ed. *The Economic History of the Middle East 1800-1914*. Chicago: University of Chicago Press, 1966.
Review. "The Ottoman Empire and the World Economy," a series of articles on this subject, II（Winter 1979）: 389-451.
Sousa, N. *The Capitulatory Regime of Turkey*. Baltimore: Johns Hopkins University Press, 1933.
Stavrianos, L. S. *The Balkans Since 1453*. New York: Rinehart, 1958.
Stoianovich, T. "Conquering Balkan Orthodox Merchant," *Journal of Economic History* XX（June 1960）: 234-313.
Sunar, I. *State and Society in the Politics of Turkey's Development*. Ankara, 1974.

第七章

Boxer, C. R. *The Portuguese Seaborne Empire 1415-1825*. New York: Alfred A. Knopf, 1969.
Hudson, G. F. *Europe and China*. Boston: Beacon Press, 1961.

Lach, D. F. *Asia in the Making of Europe*. Chicago: University of Chicago Press, 1965 ff.
Meilink-Roelofsz, M. A. P. *Asian Trade and European Influence in the Indonesian Archipelago Between 1500 and About 1630*. The Hague: Martinus Nijhoff, 1962.
Musselman, G. *The Cradle of Colonialism*. New Haven, Conn.: Yale University Press, 1963.
Panikkar, K. M. *Asia and Western Dominance*. New York: John Day, 1954.
Parry, J. H. *The Age of Reconnaissance*. London: George Weidenfeld & Nicolson, 1963.
Pearson, M. N. *Merchants and Rulers in Gujarat*. Berkeley: University of California Press, 1976.
Sanson, G. B. *The Western World and Japan*. New York: Alfred A. Knopf, 1951.
Simkin, C. G. F. *The Traditional Trade of Asia*. London: Oxford University Press, 1968.
Steensgaard, N. *The Asian Trade Revolution of the Seventeenth Century*. Chicago: University of Chicago Press, 1974.

第八章

Clairmonte, F. *Economic Liberalism and Underdevelopment*. London: Asia Publishing House, 1960.
Fieldhouse, D. K. *The Colonial Empire: A Comparative Study from the Eighteenth Century*. London: George Weidenfeld & Nicolson, 1966.
Gallagher, J., and Robinson, R. "The Imperialism of Free Trade," *Economic History Review* VI（1953）: 1-15.
Hannerty, P. *Imperialism and Free Trade: Lancashire and India in the Mid-Nineteenth Century*. Vancouver: University of British Columbia Press, 1976.
Hobsbawm, E. J. *The Age of Revolution: Europe from 1789 to 1848*. London: George Weidenfeld & Nicolson, 1962.
——. *The Age of Capital: 1848-1875*. London: George Weidenfeld & Nicolson, 1975.
Huttenback, R. A. *Racism and Empire: White Settlers and Colored Immigrants in the British Self-Governing Colonies 1830-1910*. Ithaca, N.Y.: Cornell University Press, 1976.
Semmel, B. *The Rise of Free Trade Imperialism*. Cambridge: Cambridge University Press, 1970.

第九章

Beckford, G. L. *Persistent Poverty: Underdevelopment in Plantation Economies in the Third World*. London: Oxford University Press, 1972.
Davis, D. B. *The Problem of Slavery in Western Culture*. Ithaca, N.Y.: Cornell University Press, 1966.
——. *The Problem of Slavery in the Age of Revolution, 1770-1823*. Ithaca, N.Y.: Cornell University Press, 1976.
Dean, W. *Rio Claro: A Brazilian Plantation System 1820-1920*. Stanford, Calif.: Stanford University Press, 1976.
Ferns, H. S. *Britain and Argentina in the Nineteenth Century*. Oxford: Clarendon Press, 1960.
Frank, A. G. *Lumpenbourgeoisie, Lumpendevelopment*. New York: Monthly Review Press, 1972.
Furtado, C. *Economic Development of Latin America*. Cambridge: Cambridge University Press, 1970.
Humphreys, R. A., and Lynch, J., eds. *The Origins of the Latin American Revolutions, 1808-1826*. New York: Alfred A. Knopf, 1965.
Lang, J. *Conquest and Commerce: Spain and England in the Americas*. New York: Academic Press, 1975.

Lynch, J. *The Spanish American Revolutions, 1808-1826*. New York: W. W. Norton, 1973.
Platt, D. C. M. *Latin America and British Trade, 1806-1914*. New York: Barnes & Noble, 1973.
Rennie, Y. F. *The Argentina Republic*. Oxford: Clarendon Press, 1945.
Stein, S. J., and Stein, B. H. *The Colonial Heritage of Latin America*. London: Oxford University Press, 1970.

第十章

Dike, K. O. *Trade and Politics in the Niger Delta 1830-1885*. Oxford: Clarendon Press, 1956.
Klein, M. A., and Johnson, C. W., eds. *Perspectives on the African Past*. Boston: Little, Brown, 1972.
Oliver, R., and Fage, J. D., eds. *The Cambridge History of Africa*. 8 vols. Cambridge: Cambridge University Press, 1975 ff.
Perham, M., and Simmons, J. *African Discovery: An Anthology of Explorational*. London: Faber & Faber, 1942.
Reynolds, E. *Trade and Economic Change on the Gold Coast, 1807-1874*. London: Longman, 1974.
Rodney, W. *Hou Europe Underdeveloped Africa*. Washington, D. C.: Howard University Press, 1974.
Schiffers, H. *The Quest for Africa: Two Thousand Years of Exploration*. London: Oldhams, 1957.

第十一章

Blaisdell, D. C. *European Financial Control of the Ottoman Empire*. New York: Columbia University Press, 1929.
Clark, E. C. "Ottoman Industrial Revolution," *International Journal of Middle East Studies* V (1974) : 65-76.
Cook, M. A., ed. *Studies in the Economic History of the Middle East*. London: Oxford University Press, 1970.
Issawi, C., ed. *The Economic History of the Middle East 1800-1914*. Chicago: University of Chicago Press, 1966.
——. *The Economic History of Iran, 1800-1914*. Chicago: University of Chicago Press, 1971.
Kazemzadeh, F. *Russia and Britain in Persia, 1864-1914*. New Haven, Conn.: Yale University Press, 1968.
Keddie, N. R. *Religion and Rebellion in Iran: The Tobacco Protest of 1891-1892*. London: Frank Cass, 1966.
——. "The Economic History of Iran, 1800-1914, and Its Political Impact: An Overview," *Iranian Studies* (Spring and Summer 1972) : 58-78.
Lambton, A. K. S. *Landlord and Peasant in Persia*. London: Oxford University Press, 1953.
Landes, D. *Bankers and Pashas*. Cambridge, Mass.: Harvard University Press, 1958.
Owen, E. R. J. *Cotton and the Egyptian Economy 1820-1914*. London: Oxford University Press, 1969.
Polk, W. R., and Chambers, R. L., eds. *Beginnings of Modernization in the Middle East: The Nineteenth Century*. Chicago: University of Chicago Press, 1968.
Radwan, S. *Capital Formation in Egyptian Industry and Agriculture 1882-1967*. London: Ithaca Press, 1974.
Richards, A. R. "Primitive Accumulation in Egypt, 1798-1882," *Review* I (Fall 1977) : 3-49.
Sunar, I. *State and Society in the Politics of Turkey's Development*. Ankara, 1974.

Tignor, R. L. *Modernization and British Colonial Rule in Egypt 1828-1914*. Princeton N. J.: Princeton University Press, 1966.

Ward, R. E., and Rustow, D. A. *Political Modernization in Japan and Turkey*. Princeton, N. J.: Princeton University Press, 1964.

Warriner, D. *Land and Poverty in the Middle East*. London: Oxford University Press, 1948.

第十二章

Bagchi, A. K. *Private Investment in India 1900-1939*. Cambridge: Cambridge University Press, 1972.

Clairmonte, F. *Economic Liberalism and Underdevelopment*. London: Asia Publishing House, 1960.

Gough, K., and Sharma, H. P., eds. *Imperialism and Revolution in South Asia*. New York: Monthly Review Press, 1973.

Harnetty, P. *Imperialism and Free Trade: Lancashire and India in the Mid-Nineteenth Century*. Vancouver: University of British Columbia Press, 1972.

Kessinger, T. G. *Vilyatpur 1848-1968: Social and Economic Change in a North Indian Village*. Berkeley: University of California Press, 1974.

Leach, E., and Mukherjee, S. N., eds. *Elites in South Asia*. Cambridge University Press, 1970.

Mukherjee, R. *The Rise and Fall of the East India Company*, new ed. New York: Monthly Review Press, 1974.

Murphey, R. *The Outsiders: The Western Experience in India and Chena*. Ann Arbor: University of Michigan Press. 1977.

Panikkar, K. M. *Asia and Western Dominance*. New York: John Day, 1954.

Thorner, D., and Thorner, A. *Land and Labour in India*. London: Asia Publishing House, 1962.

Whitcombe, E. *Agrarian Conditions in Northern India. Vol. I: The United Provinces Under British Rule, 1860-1900*. Berkeley: University of California Press, 1972.

Zinkin, M. *Asia and the West*. London: Chatto & Windus, 1951.

第十三章

Baran, P. A., and Sweezy, P. *Monopoly Capital*. New York: Monthly Review Press, 1966.

Brown, M. Barratt, *After Imperialism*. London: Merlin Press, 1970.

Beckford, G. L. *Persistent Poverty: Underdevelopment in Plantation Economies of the Third World*. London: Oxford University Press, 1972.

Clairmonte, F. *Economic Liberalism and Underdevelopment*. London: Asia Publishing House, 1960.

Hobsbawm, E. J. *Industry and Empire: An Economic History of Britain Since 1750*. London: George Weidenfeld & Nicolson, 1967.

Huttenback, R. A. *Racism and Empire Settlers and Colored Immigrants in the British Self-governing Colonies 1830-1910*. Ithaca, N. Y.: Cornell University Press, 1976.

Mandel, E. *Marxist Economic Theory*, 2 vols. London: Merlin Press, 1962.

Owen, R., and Sutcliffe, B., eds. *Studies in the Theory of Imperialism*. London: Longman, 1972.

第十四章

Cartey, W., and Kilson, M., eds. *The Africa Reader: Colonial Africa*. New York: Vintage Books, 1970.
Crowder, M. *West Africa Under Colonial Rule*. Evanston, Ill.: Northwestern University Press, 1968.
——. *West African Chiefs*. New York: Africana, 1970.
——. *West African Resistance*. New York: Africana, 1970.
Duignan, P., and Gann, L. H., eds. *Colonialism in Africa 1870-1960*, 5 vols. Cambridge: Cambridge University Press, 1969-75.
Gann, L. H., and Duignan, P. *The Burden of Empire: An Appraisal of Western Colonialism South of the Sahara*. New York: Praeger, 1967.
Isaacman, A. F. *The Tradition of Resistance in Mozambique*. London: William Heinemann, 1976.
Rotberg, R. I., and Mazrui, A. A., eds. *Protest and Power in Black Africa*. London: Oxford University Press, 1970.
Wolff, R. D. *The Economics of Colonialism: Britain and Kenya, 1870-1930*. New Haven, Conn.: Yale University Press, 1974.

第十五章

Chesneau, J. *Peasant Revolts in China 1840-1949*. London: Thames & Hudson, 1973.
Elvin, M. *The Pattern of the Chinese Past*. Stanford, Calif.: Stanford University Press, 1973.
Fairbank, J. K., Reischauer, E. O., and Craig, A. M. *East Asia: A Modern Transformation*. Boston: Houghton Mifflin, 1965.
Feuerwerker, A. *China's Early Industrialization*. Cambridge, Mass.: Harvard University Press, 1958.
——. *Rebellion in Nineteenth-Century China*. Ann Arbor: Michigan Papers in Chinese Studies, No. 21, 1975.
Franke, W. *A Century of Chinese Revolution 1851-1949*. London: Basil Blackwell & Mott, 1971.
Hao YEN-P'ing, *The Comprador in Nineteenth-Century China: Bridge Between East and West*. Cambridge, Mass.: Harvard University Press, 1970.
Jen Yu-wen, *The Taiping Revolutionary Movement*. New Haven, Conn.: Yale University Press, 1973.
Moulder, F. V. *Japan, China, and the Modern World Economy: Toward a Reinterpretation of East Asian Development ca. 1600 to ca. 1918*. Cambridge: Cambridge University Press, 1977.
Murphey, R. *The Outsiders: The Western Experience in India and China*. Ann Arbor: University of Michigan Press, 1977.
Perkins, D. H., ed. *China's Modern Economy in Historical Perspective*. Shanford, Calif.: Stanford University Press, 1975.
Selby, J. *The Paper Dragon: An Account of the China Wars, 1840-1900*. New York: Praeger, 1968.
Spence, J. *To Change China: Western Advisers in China 1620-1960*. Boston: Little, Brown, 1967.
Teng, S. Y. *The Taiping Rebellion and the Western Powers*. London: Oxford University Press, 1971.
Wolf, E. R. *Peasant Wars of the Twentieth Century*. New York: Harper & Row, 1969.
Workman, F., Jr. *The Fall of Imperial China*. New York: The Free Pree, 1975.

第十六章

Balzak, S. S., et al., eds. *Economic Geography of the U.S.S.R*. New York: Macmillan, 1961.

Blackwell, W. L., ed. *Russian Economic Development from Peter the Great to Stalin*. New York: Franklin Watts, 1974.
Crisp, O. *Studies in the Russian Economy Before 1914*. New York: Harper & Row, 1976.
Crouzet, F., et al., eds. *Essays in European Economic History, 1789-1914*. London: Edward Arnold, 1969.
Falkus, M. E. *The Industrialization of Russia 1700-1914*. New York: Macmillan, 1972.
Maynard, J. *Russia in Flux*. New York: Macmillan, 1941.
Mckay, J. P. *Pioneers for Profit: Foreign Entrepreneurship and Russian Industrialization, 1885-1913*. Chicago: University of Chicago Press, 1970.
Von Laue, T. H. *Sergei Witte and the Industrialization of Russia*. New York: Columbia University Press, 1963.
——. *Why Lenin ? Why Stalin ?* Philadelphia: J. B. Lippincott, 1964.
Wallace, D. M. *Russia on the Eve of War and Revolution*. New York: Vintage Books, 1961.

第十七章

Craig, A. *Choshu in the Meiji Restoration*, Cambridge, Mass.: Harvard University Press, 1961.
Halliday, J. *A Political History of Japanese Capitalism*. New York: Pantheon Books, 1975.
Lockwood, W. W. *The Economic Development of Japan*. Princeton, N. J.: Princeton University Press, 1954.
Maulder, F. V. *Japan, China, and the Modern World Economy: Toward a Reinterpretation of East Asian Development ca. 1600 to ca. 1918*. Cambridge: Cambridge University Press, 1977.
Moore, B., Jr. *Social Origins of Dictatorship and Democracy*. Boston: Beacon Press, 1966.
Nakamura, J. I. *Agricultural Production and the Economic Development of Japan, 1873-1922*. Princeton, N. J.: Princeton University Press, 1966.
Norman, E. H. *Japan's Emergence as a Modern State: Political and Economic Problems of the Meiji Period*. New York: Institute of Pacific Relations, 1940.
Sansom, G. B. *The Western World and Japan*. New York: Alfred A. Knopf, 1950.
Smith, T. C. *Political Change and Industrial Development in Japan: Government Enterprise, 1868-1880*. Stanford, Calif.: Stanford University Press, 1955.
——. *The Agrarian Origins of Modern Japan*. Stanford, Calif.: Stanford University Press, 1959.
Ward, R. E., and Rostow, D., eds. *Political Modernization in Japan and Turkey*. Princeton, N. J.: Princeton University Press, 1968.

第十八章

概述

Moore, Barrington. *Social Origins of Dictatorship and Democracy*. Boston: Beacon Press, 1966.
Wolf, E. R. *Peasant Wars of the Twentieth Century*. New York: Harper & Row, 1969.

美国黑人的反抗运动

Foner, R. S. *History of the Black Americans*. Westport, Conn.: Greenwood Press, 1975.
Foner, L., and Genovese, E. D., eds. *Slavery in the New World: A Reader in Comparative History*. Englewood Cliffs, N. J.: Prentice-Hall, 1969.
Genovese, E. D. *From Rebellion to Revolution*. Baton Rouge: Louisiana State University Press, 1979.
James, C. L. R. *The Black Jacobins*, 2nd rev. ed. New York: Vintage Books, 1963.

古巴和菲律宾的反抗运动

Foner, P. S. *The Spanish-Cuban-American War and the Birth of American Imperialism*, 2 vols. New York: Monthly Review Press, 1972.
Francisco, L. "The First Vietnam: The Philippine-American War of 1899," *Bulletin of Concerned Asian Scholars* V (Dec. 1973) : 2-16.
Pomeroy, W. J. *American Neo-Colonialism: Its Emergence in the Philippines and Asia*. New York: International Publishers, 1970.
Schirmer, D. B. *Republic or Empire: American Resistance to the Philippine War*. Cambridge, Mass.: Schenkman, 1972.
Wolff, L. *Little Brown Brother*. Garden City, N. Y.: Doubleday, 1960.

日俄战争与1905年俄国革命

Harcave, S. *First Blood: The Russian Revolution of 1905*. New York: Macmillan, 1964.
Mehlinger, H. D., and Thompson, J. M. *Count Witte and the Tsarist Government the 1905 Revolution*. Bloomington: Indiana University Press, 1972.
Spector, I. *The First Russian Revolution: Its Impact on Asia*. Englewood Cliffs, N. J.: Prentice-Hall, 1962.
Walder, D. *The Short Victorious War: The Russo-Japanese Conflict 1904-5*. New York: Harper & Row, 1974.

波斯革命

Browne, E. G. *The Persian Revolution of 1905-1909*. Cambridge: Cambridge University Press, 1910.
Kazemzadeh, F. *Russia and Britain in Persia, 1864-1914: A Study in Imperialism*. New Haven, Conn.: Yale University Press, 1968.
Lambton, A. K. S. "Secret Societies and the Persian Revolution of 1905-6," *St. Antony's Papers*, No. 4, *Middle Eastern Affairs*, No. 1. Carbondale: Southern Illinois University Press, n.d., pp.43-60.
——. "Persian Political Societies 1906-11," *St. Antony's Papers*, No. 16, *Middle Eastern Affairs*, No. 3. Carbondale: Southern Illinois University Press, n.d., pp.41-89.
Shuster, W. M. *The Strangling of Persia*. New York: Century, 1912.

青年土耳其人革命

Ahmed, F. *The Young Turks: The Committee of Union and Progress in Turkish Politics 1908-1914*. Oxford: Clarendon Press, 1969.
Ergil, D. "A Reassessment: The Young Turks, Their politics and Anti-Colonial Struggle," *Balkan Studies*

XVI（1975）：26-72.

Ergil, D., and Rhodes, R. I. "Western Capitalism and the Disintegration of the Ottoman Empire," *Economy and History* XVIII（1975）：41-60.

Sousa, N. *The Capitulatory Regime of Turkey*. Baltimore, Md.: Johns Hopkins University Press, 1933.

中国革命

Esherick, J. W. "1911: A Review," *Modern China* II（Apr. 1976）：141-84.

Sheridan, J. E. *China in Disintegration: The Republican Era in Chinese History, 1912-1949*. New York: The Free Press, 1975.

Wakeman, F., Jr. *The Fall of Imperial China*. New York: Free Press, 1975.

Wright, M. C., ed. *China in Revolution: The First Phase, 1900-1913*. New Haven, Conn.: Yale University Press, 1968.

Wu Yu-chang, *The Revolution of 1911: A Great Democratic Revolution of China*. Peking: Foreign Languages Press, 1962.

Young, E. P. "Nationalism, Reform, and Republican Revolution: China in the Early Twentieth Century," in J. B. Crowley, ed., *Modern East Asia: Essays in Interpretation*. New York: Harcourt, Brace & World, 1970.

墨西哥革命

Cockcroft, J. D. *Intellectual Precursors of the Mexican Revolution, 1900-1913*. Austin: University of Texas Press, 1968.

——. et al. *Dependence and Underdevelopment: Latin America's Political Economy*. Garden City, N. Y.: Anchor Books, 1972.

Hansen, R. D. *The Politics of Mexican Development*. Baltimore, Md.: Johns Hopkins University Press, 1971.

Ruiz, R. E. *The Great Rebellion: Mexico 1905-1924*. New York: W. W. Norton, 1980.

Russell, P. *Mexico in Transition*. Austin, Texas. Colorado River Press, 1977.

Womack, J., Jr. *Zapata and the Mexican Revolution*. New York: Alfred A. Knopf, 1969.

非洲反抗运动

Asante, S. K. B. *Pan-African Protest: West Africa and the Italo-Ethiopian Crisis, 1934-1941*. London: Longman, 1977.

Rotberg, R. I., and Mazrui, A. A. *Protest and Power in Black Africa*. London: Oxford University Press, 1970.

第十九章

Amin, S. *Unequal Development*. New York: Monthly Review Press, 1976.

Bairoch, P. *The Economic Development of the Third World Since 1900*. Berkeley: University of California Press, 1975.

Barnet, R. J., and Muller, R. E. *Global Reach: The Power of the Multinational Corporations*. New York: Simon & Schuster, 1974.

Burbach, R., and Flynn, P. *Agribusiness in the Americas*. New York: Monthly Review Press, 1980.

Carnoy, M. *Education as Cultural Imperialism*. New York: David Mckay, 1974.

Chaliand, G. *Revolution in the Third World: Myths and Prospects*. New York: Viking Press, 1977.

Chomsky, N., and Herman, E. S. *The Political Economy of Human Rights*, 2 vols. Boston: South End Press, 1979.

Frobel, F. *The New International Division of Labor*. Cambridge: Cambridge University Press, 1980.

George, S. *How the Other Half Dies: The Real Reasons for World Hunger*. London: Penguin Books, 1976.

——. *Feeding the Few: Corporate Control of Food*. Washington, D. C.: Institute for Policy Studies, 1978.

Klare, M. T. *War Without End*. New York: Vintage Books, 1972.

——. *Supplying Repression: U. S. Support for Authoritarian Regimes Abroad*. Washington, D. C.: Institute for Policy Studies, 1979.

Lappe, F. M., and Collins, J. *Food First: Beyond the Myth of Scarcity*. Boston: Houghton Mifflin, 1977.

Lernoux, P. *Cry of the People*. Carden City, N. Y.: Doubleday, 1980.

Magdoff, H., and Sweezy, P. M. *The End of Prosperity: The American Economy in the 1970s*. New York: Monthly Review Press, 1977.

Myrdal, G. *The Challenge of World Poverty*. London: Allen Lane, 1970.

Radosh, R. *American Labor and United States Foreign Policy*. New York: Random House, 1969.

Schiller, H. I. *Mass Communications and American Empire*. Boston: Beacon Press, 1971.

——. *Communication and Cultural Domination*. White Plains, N. Y.: International Arts & Sciences Press, 1976.

——. "Computer Systems: Power for Whom and for What ?" *Journal of Communication* 28（Autumn 1978）: 184-93.

Smith, A. *The Geopolitics of Information: How Western Culture Dominates the World*. London: Oxford University Press, 1980.

Vallianatos, E. G. *Fear in the Countryside: The Control of Agricultural Resources in the Poor Countries by Non-Peasant Elites*. Cambridge, Mass.: Ballinger, 1976.

第二十章

Bettelheim, C. *Class Struggles in the USSR: First Period 1917-1923*. New York: Monthly Review Press, 1976.

——. *Class Struggles in the USSR: Second Period 1923-1930*. New York: Monthly Review Press, 1978.

Carr, E. H. *A History of Russia: The Bolshevik Revolution 1917-1923*. New York: Macmillan, 1951.

Claudin F. *The Communist Movement*, 2 vols. New York: Monthly Review Press, 1975.

d' Encausse, H. C., and Schram, S. R. *Marxism and Asia*. London: Allen Lane, Penguin Books, 1969.

Levin, N. G., Jr. *Woodrow Wilson and World Politics*. London: Oxford University Press, 1968.

Lewin, M. *Russian Peasants and Soviet Power*. New York: W. W. Norton, 1968.

Mayer, A. J. *Politics and Diplomacy of Peacemaking: Containment and Revolution at Versailles 1918-1919*. New York: Alfred A. Knopf, 1967.

Silverlight, J. *The Victor's Dilemma: Allied Intervention in the Russian Civil War*. New York: Weybright and Talley, 1970.

Wilber, C. K. *The Soviet Model and Underdeveloped Countries*. Chapel Hill: University of North Carolina Press, 1969.

第二十一章

中国

Bianco, L. *Origins of the Chinese Revolution 1915-1949*. Stanford, Calif.: Stanford University Press, 1971.

Clubb, O. E. *Twentieth Century China*. New York: Columbia University Press, 1964.

Guillermaz, J. *A History of the Chinese Communist Party, 1921-1949*. London: Methuen, 1972.

Isaacs, H. R. *The Tragedy of the Chinese Revolution*, 2nd rev. ed New York: Atheneum, 1968.

Sheridan, J. E. *China in Disintegration. The Republican Era in Chinese History, 1912-1949*. New York: The Free Press, 1975.

印度

Gandhi, M. K. *An Autobiography*. Boston: Beacon Press, 1957.

Hiro, D. *Inside India Today*. London: Routledge and Kegan Paul, 1976.

Nehru, J. *The Discovery of India*. New York: John Day, 1946.

Segal, R. *The Crisis of India*. London: Penguin Books, 1965.

Thorner, D., and Thorner, A. *Land and Labour in India*. Bombay: Asia Publishing House, 1962.

Wiser, W., and Wiser, C. *Behind Mud Walls 1930-1960*. Berkeley: University of California Press, 1964.

中东

Abu-Lughod, I., ed. *The Transformation of Palestine*. Evanston, Ill.: Northwestern University Press, 1971.

Cohen, A. *Israel and the Arab World*. New York: Funk & Wagnalls, 1970.

Halpern, B. *The Idea of the Jewish State*. Cambridge, Mass.: Harvard University Press, 1961.

Lambton, A. K. S. *Landlord and Peasant in Persia*. London: Oxford University Press, 1953.

Lesch, A. M. *Arab Politics in Palestine 1917-1939: The Frustration of a National Movement*. Ithaca, N. Y.: Cornell University Press, 1979.

Lewis, B. *The Emergence of Modern Turkey*. London: Oxford University Press, 1961.

Radwan, S. *Capital Formation in Egyptian Industry and Agriculture 1882-1967*. London: Ithaca Press, 1974.

Sluglett, P. *Britain in Iraq 1914-1922*. London: Ithaca Press, 1976.

Sunar, I. *State and Society in the Politics of Turkey's Development*. Ankara, 1974.

非洲

Brett, E. A. *Colonialism and Underdevelopment in East Africa: The Politics of Economic Change 1919-1939*（New York: NOK Publishers, 1973）.

Chinweizu, *The West and the Rest of Us*. New York: Vintage Books, 1975.

Gann, L. H., and Duignan, P. *Colonialism in Africa 1870-1960*, 5 vols. Cambridge: Cambridge University Press, 1969-75.

Gutkind, P. C. W., and Wallerstein, I. *The Political Economy of Contemporary Africa*. Beverly Hills, Calif.: Sage Publications, 1976.

Hopkins, A. G. *An Economic History of West Africa*. New York: Columbia University Press, 1973.

Rodney, W. *How Europe Underdeveloped Africa*. Washington, D. C.: Howard University Press, 1974.

Wallerstein, I. *The Road to Independence: Ghana and the Ivory Coast*. La Haye: Mouton, 1964.

拉丁美洲

Blanksten, G. I. *Peron's Argentina*. New York: Russell & Russell, 1953.

Furtado, C. *Economic Development of Latin America*. Cambridge: Cambridge University Press, 1970.

Hansen, R. D. *The Politics of Mexican Development*. Baltimore, Md.: Johns Hopkins University Press, 1971.

Russell, P. *Mexico in Transition*. Austin, Texas: Colorado River Press, 1977.

Scobie, J. R. *Argentina: A City and a Nation*. London: Oxford University Press, 1964.

Wagley, C. *An Introduction to Brazil*. New York: Columbia University Press, 1963.

第二十二章

Belden, J. *China Shakes the World*. New York: Monthly Review Press, 1970.

Bianco, L. *Origins of the Chinese Revolution 1915-1949*. Stanford, Calif.: Stanford University Press, 1971.

Gurley, J. *China's Economy and the Maoist Strategy*. New York: Monthly Review Press, 1976.

Meisner, M. *Mao's China: A History of the People's Republic*. New York: The Free Press, 1978.

Milton, D., and Milton, N. *The Wind Will Not Subside: Years in Revolutionary China, 1964-1969*. New York: Pantheon Books, 1976.

Milton, D.: Milton, N.: and Schurmann, F., eds. *People's China*. New York: Vintage Books, 1974.

Selden, M., ed. *The People's Republic of China: A Documentary History of Revolutionary Change*. New York: Monthly Review Press, 1979.

Sheridan, J. E. *China in Disintegration*. New York: The Free Press, 1975.

Snow, E. *Red Star Over China*. New York: Grove Press, 1968.

——. *Red China Today*. New York: Vintage Books, 1971.

第二十三章

第三世界政治的动力

Albertini, R. von. *Decolonization: The Administration and Future of the Colonies 1919-1960*. Garden City, N. Y.: Doubleday, 1971.

Barnet, R. D. *Intervention and Revolution: The United States in the Third World*. Cleveland, O.: World, 1968.

Chaliand, G. *Revolution in the Third World: Myths and Prospects*. New York: Viking Press, 1977.

Chomsky, N., and Herman, E. S. *The Political Economy of Human Rights*, 2 vols. Boston: South End Press, 1979.

Horowitz, D. *Imperialism and Revolution*. London: Allen Lane, 1969.

Kolko, G. *The Politics of War*. New York: Random House, 1968.

Payer, G. *The Debt Trap: The IMF and the Third World*. New York: Monthly Review Press, 1974.

Shoup, L. H., and Minter, W. *Imperial Brain Trust*. New York: Monthly Review Press, 1977.

Worsley, P. *The Third World*, 2nd ed. Chicago: University of Chicago Press, 1970.

印度

Bettelheim, C. *India Independent*. New York: Monthly Review Press, 1968.
Brecher, M. *Nehru*. London: Oxford University Press, 1959.
Dutt, B. C. *Mutiny of the Innocents*. Bombay: Sindhu, 1971.
Frankel, F. R. *India's Green Revolution*. Princeton, N. J.: Princeton University Press, 1972.
Gough, K., and Sharma, H. P., eds. *Imperialism and Revolution in South Asia*. New York: Monthly Review Press, 1973.
Hiro, D. *Inside India Today*. New York: Monthly Review Press, 1976.
Menon, V. P. *The Transfer of Power in India*. Princeton, N. J.: Princeton University Press, 1957.
Myrdal, G. *Asian Drama: An Inquiry into the Poverty of Nations*, 3 vols. New York: Pantheon Books, 1968.
Weiner, M. *Party Building in a New Nation*. Chicago: University of Chicago Press, 1967.

中东

Abdel-Fadil, M. *Development, Income Distribution and Social Change in Rural Egypt（1952-1970）*. Cambridge: Cambridge University Press, 1975.
Amin, S. *The Arab Nation*. London: Zed Press, 1978.
Anthony, J. D. *Arab States of the Lower Gulf*. Washington, D. C.: Middle East Institute, 1975.
Graham, R. *Iran: The Illusion of Power*. New York: St. Martin's Press, 1978.
Halliday, F. *Arabia Without Sultans*. London: Penguin Books, 1974.
——. *Iran: Dictatorship and Development*. New York: Viking Press, 1979.
Hussein, M. *Class Conflict in Egypt 1945-1970*. New York: Monthly Review Press, 1973.
Lackner, H. *A House Built on Sand: A Political Economy of Saudi Arabia*. London: Ithaca Press, 1979.
Kazziha, W. W. *Revolutionary Transformation in the Arab World*. New York: Barnes and Noble, 1975.
Mabro, R., and Radwan, S. *The Industrialization of Egypt 1939-1973*. Oxford: Clarendon Press, 1976.
Sunar, I. *State and Society in the Politics of Turkey's Development*. Ankara, 1974.

热带非洲

Bender, G. J. *Angola under the Portuguese*. Berkeley: University of California Press, 1978.
Cabral, A. *Return to the Source*. New York: Monthly Review Press, 1973.
Davidson, B. *The Liberation of Guine*. Harmondsworth, Middlx.: Penguin Books, 1969.
——. *Let Freedom Come: Africa in Modern History*. Boston: Little, Brown, 1978.
Davidson, B.; Slovo, J.; and Wilkinson, A. R. *Southern Africa: The New Politics of Revolution*. Harmondsworth, Middlx.: Penguin Books, 1976.
Freyhold, M. von. *Ujamaa Villages in Tanzania: Analysis of a Social Experiment*. New York: Monthly Review Press, 1979.
Gutkind, P. C. W., and Waterman, P., eds. *African Social Studies*. New York: Monthly Review Press, 1977.
Isaacman, A. *A Luta Continua: Creating a New Society in Mozambique*［Southern Africa Pamphlcts No. 1］. Fernand Braudel Center, State University of New York at Binghampton, 1978.
Lappé, F. M., and Beccar-Varela, A. *Mozambique and Tanzania: Asking the Big Questions*. San

Francisco: Institute for Food and Development Policy, 1980.
Magubane, B. M. *The Political Economy of Race and Class in South Africa*. New York: Monthly Review Press, 1980.
Marcum, J. A. *The Angolan Revolution*, 2 vols. Cambridge, Mass.: MIT Press, 1969-78.
Mondlane, E. *The Struggle for Mozambique*. London: Penguin Books, 1969.
Nkrumah, K. *I Speak of Freedom: A Statement of African Ideology*. New York: Praeger, 1961.
Nyerere, J. K. *Freedom and Socialism*. London: University Press, 1968.
Seidman, A. *Planning for Development in Sub-Saharan Africa*. New York: Praeger, 1974.
Seidman, A., and Makgetla, N. S. *Outposts of Monopoly Capitalism: Southern Africa in the Changing Global Economy*. Westport, Conn.: Lawrence Hill, 1980.

拉丁美洲

Agee, P. *Inside the Company: CIA Diary*. London: Allen Lane, 1975.
Chilcote, R. H., and Edelstein, J. C., eds. *Latin America: The Struggle with Dependency and Beyond*. New York: John Wiley & Sons, 1974.
Cockcroft. J. D.; Frank, A. G.; and Johnson, D. L. *Dependence and Underdevelopment: Latin America's Political Economy*. Garden City, N. Y.: Doubleday, 1972.
Dominguez, J. I. *Cuba: Order and Revolution*. Cambridge, Mass.: Harvard University Press, 1978.
Furtado, C. *Economic Development of Latin America: A Survey from Colonial Times to the Cuban Revolution*. Cambridge: Cambridge University Press, 1970.
——. *Obstacles to Development in Latin America*. Garden City, N. Y.: Doubleday, 1970.
Langguth, A. J. *Hidden Terrors: The Truth about U.S. Police Operations in Latin America*. New York: Pantheon Books, 1978.
Lernoux, P. *Cry of the People*. Garden City, N. Y.: Doubleday, 1980.
Petras, J. *Latin America: From Dependence to Revolution*. New York: John Wiley & Sons, 1973.
Petras, J., and Morley, M. *The United States and Chile*. New York: Monthly Review Press, 1975.
Philip, N., and Herman, E. S. *The Fall of the Peruvian Military Radicals, 1968-1976*. London: Athlone Press, 1978.

东南亚

Chomsky, N., and Herman, E. S. *The Political Economy of Human Rights*, 2 vols. Boston: South End Press, 1979.
Committee of Concerned Asian Scholars. *Indochina Story*. New York: Bantam Books, 1976.
Fall, B. B., ed. *Ho Chi Minh on Revolution: Selected Writings, 1920-66*. New York: Praeger, 1966.
Kahin, G. M., and Lewis, J. E. *The United States in Vietnam*, rew. ed. New York: Delta, 1969.
Kissinger, H. *White House Years*. Boston: Little, Brown, 1979.
Lebra, J. C. *Japanese-Trained Armies in Southeast Asia*. New York: Columbia University Press, 1977.
Pentagon Papers, Senator Gravel Edition, 4 vols. Boston: Beacon Press, 1971.
Porter, G. *A Peace Denied*. Bloomington: Indiana University Press, 1976.
——. *Cambodia: Starvation and Revolution*. New York: Monthly Review Press, 1976.
——. *Vietnam: The Definitive Documentation of Human Decisions*. Pine Plains, N. Y.: Earl M. Colman Enterprises, 1980.
Shawcross, W. *Sideshow: Kissinger, Nixon and the Destruction of Cambodia*. New York: Simon & Schuster, 1979.

南非

Carter, G. M. *Which Way Is South Africa Going?* Bloomington: Indiana University Press, 1980.
Cervenka, Z., and Rogers, B. *The Nuclear Axis: Secret Collaboration Between West Germany and South Africa*. New York: Times Books, 1978.
Davidson, B., et al. *Southern Africa: The New Politics of Revolution*. Harmondsworth, Middlx.: Penguin Books, 1976.
Ehrensaft, P. "Polarized Accumulation and the Theory of Economic Dependence: The Implications of South African Semi-Industrial Capitalism," in P. C. W. Gutkind and I. Wallerstein, eds., *The Political Economy of Contemporary Africa*. Beverly Hills, Calif.: Sage, 1976, pp. 58-89.
First, R., et al. *The South African Connection: Western Investment in Apartheid*. Harmondsworth, Middlx.: Penguin Books, 1973.
Houghton, D. H. *The South African Economy*. London: Oxford University Press, 1973.
Serfontein, J. H. P. *Brotherhood of Power: An Expose of the Secret Afrikaner Broederbond*. Bloomington: Indiana University Press, 1978.

以色列

Begin, M. *The Revolt*. Los Angeles: Nash, 1972.
Ben-Gurion, D. *Rebirth and Destiny of Israel*. New York: Philosophical Library, 1954.
Chomsky, N. *Peace in the Middle East?* New York: Pantheon Books, 1969.
Cohen, A. *Israel and the Arab World*. New York: Funk & Wagnalls, 1970.
Davis, U. *Israel: Utopia Incorporated*. London: Zed Press, 1977.
El-Asmar, F. *To Be an Arab in Israel*. London: Frances Pinter, 1975.
Hirst, D. *The Gun and the Olive Branch*. London: Faber & Faber, 1977.
Jiryis, S. *The Arabs in Israel*. New York: Monthly Review Press, 1976.
Safran, N. *Israel: The Embattled Ally*. Cambridge, Mass.: Harvard University Press, 1978.
Said, E. W. *The Question of Palestine*. New York: Times Books, 1960.
Stevens, R. P., and Elmessiri, A. M. *Israel and South Africa*. New York: New World Press, 1976.
The Colonization of the West Bank Territories by Israel: Hearings before the Subcommittee on Immigration and Naturalization of the Committee on the Judiciary, United States Senate, 95th Cong., 1st sess.（Oct. 17,18, 1977）. Washington, D.C.: U.S. Government Printing Office, 1978.

第二十四章

Barnet, R. J. *The Lean Years: Politics in the Age of Scarcity*. New York: Simon & Schuster, 1980.
Caldwell, M. *The Wealth of Some Nations*. London: Zed Press, 1977.
Chomsky, N., and Herman, E. S. *The Political Economy of Human Rights*, 2 vols. Boston: South End Press, 1979.
Heilbroner, R. *An Inquiry into the Human Prospect*. New York: W. W. Norton, 1974.
——. *Business Civilization in Decline*. New York: W. W. Norton, 1976.
——. *Beyond Boom and Crash*. W. W. Norton, 1978
Henderson, H. *Creating Alternative Futures*. New York: Berkley, 1978
Kohr, L. *The Breakdown of Nations*. New York: E. P. Dutton, 1975.
Lappe, F. M., and Collins, J. *Food First: Beyond the Myth of Scarcity*. Boston: Houghton Mifflin, 1977.

Rifkin, J. *Entropy: A New World View*. New York: Viking Press, 1980.

Sweezy, P. M. *Post-Revolutionary Society*. New York: Monthly Review Press, 1980

Stavrianos, L. S. *The Promise of the Coming Dark Age*. San Francisco: W. H. Freeman, 1976.

Stokes, B. *Local Responses to Global Problems: A Key to Meeting Basic Human Needs*. Worldwatch Paper No. 17, Feb. 1978.

Thompson, W. S. (eds.) *The Third World: Premises of U.S. Policy*. San Francisco: Institute for Contemporary Studies, 1978.

Wallerstein, I. *The Capitalist World-Economy*. Cambridge: Cambridge University Press, 1979.

Zwerdling, D. *Democracy at Work: A Guide to Self-Management Experiments in the United States and Europe*. Washington, D.C.: Association for Self-Management, 1978.

本书翻译分工如下：迟越译前六章和第九章，王红生译第七、八、十、十一、十二章，何田译第十三、十四、十七章，罗晓译第十五、十六章，汪益华译第十八、二十四章，时伟通译第十九、二十、二十一、二十二、二十三章。